张建业李贽研究丛书 第一册

李贽评传

张建业 著

ZHANGJIANYE LIZHI YANJIU CONGSHU DIYICE

LIZHI PINGZHUAN

首都师范大学出版社
CAPITAL NORMAL UNIVERSITY PRESS

图书在版编目(CIP)数据

李贽评传/张建业著．—北京：首都师范大学出版社，2018.12
(张建业李贽研究丛书)
ISBN 978-7-5656-4859-5

Ⅰ.①李…　Ⅱ.①张…　Ⅲ.①李贽(1527—1602)－评传　Ⅳ.①B248.91

中国版本图书馆 CIP 数据核字(2018)第 275820 号

LIZHI PINGZHUAN
李贽评传
张建业　著

项目负责　马　岩
责任编辑　欧家作
首都师范大学出版社出版发行
地　　址　北京西三环北路 105 号
邮　　编　100048
电　　话　68418523(总编室)　68982468(发行部)
网　　址　http://cnupn.cnu.edu.cn
印　　刷　三河市博文印刷有限公司
经　　销　全国新华书店
版　　次　2018 年 12 月第 1 版
印　　次　2018 年 12 月第 1 次印刷
开　　本　710mm×1000mm　1/16
印　　张　27.5
字　　数　490 千
定　　价　96.00 元

总　序

1949年，我年12，考入故乡河南郾城中学。郾城中学的校址据传为“字圣”许慎的故居，人们都称之为许氏祠堂。家父原来曾任职于郾城另一中学召陵中学，所以我的幼年是在郾城度过的。后来因祖父仙逝，家中只有祖母一人，孝顺的父亲就辞职回乡，管理着几亩土地，照顾着祖母老人，同时兼任着村中的小学校长，继续着教育事业。受这种家教的影响，我在村中小学时就喜欢写点感想见闻。考入郾城中学后，由于这一习惯，得到了语文老师的看重，让我作语文课的课代表。老师姓甘，是位“五四”文化的追随者，讲课时不时提到“五四”新文学运动与王阳明、李贽的关系，我作为语文课代表虽对此毫无所知，却深有兴趣，老师就给我看了吴虞的《李卓吾别传》和李贽的《赞刘谐》、《题孔子像于芝佛院》等，使我对李贽有了一点浅薄的认知。

真正对李贽有进一步的理论上的认识，则是1956年我以一个小学教师的身份考入北京师范大学中文系以后。本科四年，毕业时我自己也没想到被留下作古典文学研究生，学习时间为两年。在这六年之中，授课老师有黄药眠、刘盼遂、李长之、钟敬文、俞敏、郭预衡、启功等学界泰斗，让我受益匪浅。特别是作研究生的二年，导师为刘盼遂教授、郭预衡教授，他们更是对我耳提面命，令我至今难忘。

在北京师范大学中文系的六年中，我收益极多。在学业方面，有两点应该特别提出，其一为刘盼遂教授的古诗词讲授，特别是对李商隐诗作的精辟诠释，给我留下了深刻的印象。在研究生期间，先生还先后送我两部李商隐的诗集，一为冯浩注《冯注李义山诗集》，一为朱鹤龄原注、程梦星删补的《李义山诗集》，并将两书的优劣处细细告之。我曾写了一篇《一书寄深情——缅怀我的导师刘盼遂教授》，登载在 2005 年 3 月 15 日的《北京日报》，记述了师生之间的情谊。正是在盼遂师的影响下，我对古典诗词极有兴趣，这些年先后著有《中国诗歌简史》（中国青年出版社 1986 年）、《中国诗歌史》（台湾文津出版社 1995 年）、《中国词曲史》（台湾文津出版社 1996 年）、《都门诗话》（远山出版社 2010 年）等有关诗歌的专著，以及众多的关于诗歌的论文。

其二是对儒学异端李贽进一步产生浓厚兴趣。当时的古典文学课分为两个部分，一是文学史的讲授，由李长之和郭预衡先生担任；一是文学作品的讲授，由刘盼遂和启功先生担任。长之先生学贯中西，多有独到的见解，在课余之时，或校内或家中，我大胆地向他请教问题，李贽即为重要课题之一。有一次我问到五四新文化运动与晚明王阳明及李贽有无内在的关系。他说："你可看一看我那本《迎中国的文艺复兴》，其中虽没谈到这一问题，但对'五四'文化运动却提出了我的看法，有些人说'五四'是一次文艺复兴，我认为那不确切，'五四'只可称之'启蒙运动'，从这一意义上说，与晚明以王阳明、李贽为代表的新思潮是有一定内在联系的，可惜人们对这方面的认识还很不足。"遗憾的是 1957 年反右时，长之先生被定为"极右"，从此受到精神上的极大折磨。在那种政治形势下，我已无法向长之先生请教了。在李贽的研究中，与郭预衡先生的交往达半个世纪。研究生毕业后，我被分配到北京师范学校（现首都师范大学），与预衡师的来往不断。郭先生是李贽的崇拜者，在学习与研究过程中，有什么疑难，我就直登他北师大乐育二楼的寓所，在他那堆满图书的不宽裕的书房中请教。有关李贽的研究会或纪念会，郭先生总是拨冗与会并提供论文。我先后出版的多种有关李贽的图书多有先生的推荐评语，并大部分由郭先生题签书名。预衡师不像长之师那样侃侃而谈，语带激情而雄辩，而是不苟言笑，娓娓道来，但总能一语中的，并在幽默中给人以启迪。

正是在诸位老师的启迪下，我对李贽产生了迷恋，在当时极为困难的情境下，在参加各种政治活动，在完成教学任务之后，就投入到对李贽著作的收集与研读之中，人们很难见到的《九正易因》就是我将中国科学院图书馆的手抄本又抄一副本，而后撰写成《李贽与〈九正易因〉》一文。台北大学教授袁光仪女士为研究李贽的易学思想，查遍中外有关索引，发现对李贽《九正易因》的研究仅此一文。“文化大革命”时期，李贽被作为法家加以推崇，北京市和福建省分别成立了“李贽研究小组”，北京市负责李贽作品选注的工作，福建省负责《焚书》注的工作，领导知道我对李贽有所研究，就命我加入了北京市的李贽研究小组，和工农兵代表一起做李贽作品选注，并做最后的统稿工作。当时参加这一工作的学人还有中国人民大学的冯其庸先生与一些青年学子。为了选文，我们对李贽的作品进行了全面系统的收集与阅读。李贽的著作从来无人对之注释，为了注释，我们就必须从原始文献入手，查阅各种典籍杂著，从而收集了大量的原始资料，成为一种意外的收获。《李贽作品选注》分上、下两册，上册选自《焚书》、《续焚书》，下册选自李贽的其他作品，上册由北京人民出版社于1975年出版，下册未能出版。《李贽作品选注》也算是李贽研究历史的一种记录。

“文化大革命”结束后，我对李贽的研究进行了反思，从明末到现今，对李贽的褒贬极为悬殊，“文化大革命”中又以法家对之推崇，那么李贽的真实面貌何在？他的思想精神价值何在？在叩问深思中我想写一评传，给李贽一个我认为确切的回答。在当时极其困难的条件下，深夜孤灯，墙角小凳，历时寒暑，终成《李贽评传》。由于不知分寸是否合度，很想请教有关学人的指导，我瞬间想到在北京师范大学读书时周扬先生到校作学术报告中对李贽的称赞，就不顾身份的悬殊，大胆托一友人将部分手稿试呈与他，没想到很快就收周扬先生的回信，称“甚觉有益，望您奋力完篇，早日问世。”使我受到极大鼓舞。而后谢国桢教授在为此书出版的推荐书中写道：“张建业同志所著《李贽评传》费了很大功力，引据了大量资料，排比其年代事实，考订其思想变迁，言之有物，确凿有据，是值得推荐的一部著作。……昔清代王懋竑撰《朱子(熹)年谱》，主要是把朱熹早年思想和晚年思想弄清楚了，遂成为有名的撰作。张建业同志所持研究学问科学的态度，大有后来居上之感。”《李贽评传》1981年由福建人民出版社出版，1992年出版了修订本，面世后受到中外文化界、学术界的称誉，多种文字的报刊给以评介，称之为“有独到的见解，理论的深度”，是“研究李贽思想的力作”等。日本东京大学的沟口雄三称该书“大概可以称为定版书了，”并表示要以此书“作为指导学生的指南”。日本二松学舍的疋田啟佑则称,《李贽评传》“是对李贽的真正评传”,“本书可以说是当今李卓吾评传中资料搜集最为翔实、论证最为精湛的著作”,“应该成为研究李贽必备的重要参考书”。美国莱斯(RICE)大学教授亚洲研究中心主任史密斯·理查德(中文名为司马富)则称从《李贽评传》中“受到很多教益,进一步加深了对李贽这一杰出人物的认识。”中国学者许苏民则称:“新中国的研究,又开新生面,以侯外庐为代表的中国老一辈思想史家,以马克思主义的观点重新研究李贽,提出了许多新颖而独到的见解。……而张建业的《李贽评传》一书则别具特色,将李贽的年谱与学谱的研究结合起来,分别论述了李贽在人生的不同阶段的经历与著作,最后得出了‘李贽不愧是一位顽强的坚决的反封建压迫反传统思想的英勇斗士’的结论。”王宝峰则评介说:《李贽评传》“以传主生平事迹为主线,全面考察论述了李贽思想的发展历程和主要内容。……由于作者在占有大量翔实材料基础上,对李贽思想进行了实事求是地学术探讨,使得这部专著成为李贽研究走出‘文化大革命’模式的标志,也是迄今为止全面研究李贽思想的代表作之一。《李贽评传》之后,李贽思想研究展现出丰富多彩的局面……李贽思想研究逐渐走出了政治话语笼罩,开始了从纯学术角度研究李贽思想的新阶段。”《李贽评传》多次获得省市级以上奖项,并被中外众多高校与研究单位指定为研究李贽与中国传统文化的必读参考书。

在进行李贽研究的过程中,我主编的《李贽全集注》也是一项重要的成果。作为反封建压迫反传统思想的李贽,他的著作被明清两代封建统治者一再禁毁,虽然有学者编辑了《李温陵集》、《李氏全书》等,但这些“集”、“书”,实际上只收录了李贽部分著作,而且从无人为之注释,这不能不说是李贽研究以及中国思想文化史研究的一大遗憾。多年来,我尽力从各方收集李贽的著作,虽仍不“全”,便主要代表作品得以汇集,而后组织首都师范大学的学人开始对这些著作进行注释。前面已述,从无人对李贽的著作进行过注释,又由于李贽出入儒、释、道,兼及文、史、哲,并有军事、民俗之作,其著作有些庞博又不易解,使注释工作存在不少困难。注释组在注释中,只能从原始文献入手,根据经、史、子、集,以及各种方志、笔记、杂著等，搜索勾稽，对李贽著作中有关儒、释、道的思想、用语，对有关事件的历史背景，对有关人物的生平事迹及其朋辈交游，以及有关的典章制度、地理沿革、历史传说、难懂词语等，都尽力予以注解。同时，对于所依之书，对李贽研究中的一些误说误传以及李贽著作本身的误书，也都细心考核与查对，以免以讹传讹。由于该课题的重要学术价值，1996年一立项，就被新闻出版署确立为国家古籍整理出版规划"九五"重点项目。经过十多年的努力，克服了种种艰辛，2010年由社会科学文献出版社出版。全书26册，1400万字。从立项到面世，国内外包括《人民日报》、《文学评论》，日本《阳明学》，美国《美南新闻》等20多家报刊发表了报导与评介，赞之为"重大的文化建设，艰巨的科学攀登"，"弥补了学术领域的空白"，"李贽研究的里程碑"，等等。很少为人作序的任继愈教授特为此书撰序，其中说："《李贽全集注》经过十多年的努力，终于结题并将面世，这是一项重要的文化建设，是填补中国文化思想史学术研究的空白之举。""本书广搜资料，务求精确，而且解决了一系列疑难问题"，"勾稽古籍，反复查核，都显示注释者认真、严谨的学术态度"，"其严谨求实的学风也非常可嘉。"又说："深信此《全集注》之问世，必将受到海内外学界的欢迎与赞许，对学界的文化思想史研究有所裨益。"这样一部巨著，几年就销售一空，2018年出版社再印。《李贽全集注》获2010年度全国优秀古籍图书一等奖。出版社从中抽印的《焚书注》，获2013年度全国优秀古籍图书二等奖。由此可见文化界、学术界对这一著作的肯定与需要。

由于多种原因，《李贽全集注》也并不全，李贽有些著作是孤本、珍本，有的甚至国内无存，流传海外。为了使李贽的著作得以全部呈现世人面前，这些年我又从海内外收集了《李贽全集注》中没有收入的李贽著作，成《李贽全集续集》，先以白文面世。在李贽研究中，我又感到应对他的学术思想进行不同方面的研究，从而对他在诸多方面的成就与精神有所认识。为此，我作了《李贽诗歌编年笺注》、《李贽文选笺注》、《李贽小品文笺注》、《李贽文论笺注》、《李贽论佛禅诗文笺注》等。我还汇集了明清以来学人对李贽的评说，分别成《李贽研究资料汇编》与《李贽赞》。在半个世纪的李贽研究中，与中外学人书札来往，交流李贽研究的心得，记录李贽研究活动的详情，对李贽研究也有一定的启示作用，汇集选录部分书札则成《中外学人书札论李贽研究笺释》。将这些作品加以汇集，就成了这套“张建业李贽研究丛书”。

习近平总书记2016年5月17日《在哲学社会科学工作座谈会上的讲话》中，把李贽列为中华民族悠久的文化发展中二十五位“思想大家”之一，可见李贽在我国文化思想史上占有多么重要的地位。因此，我们应该加深对李贽著作的整理，加深对李贽思想和精神的研究。我虽然对李贽的研究做了一些工作，但深感不足，而且难免存在不当之处与谬误。现在将这些著作汇集面世，一方面算是对半生来进行李贽研究的总结，一方面算是为李贽研究的深化做铺路之土石。我期待着李贽研究的进一步扩展与深化，期待着李贽的思想与精神得以发扬光大。在该丛书出版过程中，首都师范大学出版社编辑室主任马岩女士付出了极大心力，态度谦恭，工作认真，很使我感动，特示谢意。

张建业

2018年10月于首都师范大学

新版前言

《李贽评传》要出新版了，这样一本学术性的人物评传，从撰写到面世，得到学术界的一致肯定，能得以再版、三版，心中自感欣慰。初稿得到周扬同志“甚觉有益”的称赞，面世后又先后得到谢国桢教授与《北京日报》、日本《阳明学》等中外报纸杂志的热情评介（见附录与修订本《后记》）。1987年北京市举行第一届社会科学优秀著作评选活动，这是“十年动乱”之后对社会科学研究的一次检阅，包括冯友兰、张岱年、费孝通、王瑶、季羡林、白寿彝、陈岱孙等在内的众多学界泰斗都参与其中，在这极为激烈的竞争中，我以一个无名之辈，凭《李贽评传》获得二等奖，实为难得。1992年11月在北京通州举行“李贽学术国际研究会”，组委会决定将《李贽评传》作为李贽研究的成果赠送与会中外学者，为此，对原书进行了修订，仍由福建人民出版社出版。1993年由福建人民出版社申报参加华东地区优秀著作评选，再获二等奖。

值得欣慰的还有《李贽评传》获得海外学人的重视，为促进中外文化交流起到了微力。日本著名学者溝口雄三称此书“可以称为定版书了”，并把此书作为他“指导学生的指南”。溝口雄三的博士生现为北海道大学教授的佐藤錬太郎，就是在阅读《李贽评传》后开始深入系统地对李贽及中国文化传统进行研究，并取得了为世人瞩目的成绩，我们二人也因此成了挚友。二松学舍教授疋田啟佑也是因《李贽评传》与我成为三十年的学友。还有韩国庆熙大学教授申龙澈，韩国Han Bat国家大学教授金惠经女士，新加坡国立大学教授李焯然，美国莱斯（RICE）大学教授、亚洲研究中心主任史密斯·理查德（中文名为司马富）等，都是由《李贽评传》与我结下了深厚的友谊。

《李贽评传》初版距今已三十多年，“修订版”也已二十多年。在此期间，我除了不时应邀为中外报刊写些有关李贽的文章，为中外一些高校及学术团体（包括国家图书馆“文津讲坛”）作李贽研究的学术报告，主持几次国际国内的李贽学术研讨会并主编相关的论文集外，主要精力都投入到主编国家古籍整理重点课题“李贽全集注”的工作。该课题1400万字，加之李贽出入儒释道，兼及文史哲，并有军事、民俗之作，其著作极为庞博又不易解，除少数篇章外，又从无人为之注释，为注释工作带来极大困难。经十多年的努力，《李贽全集注》终于面世，并获得中外学界的高度评价，被中外媒体称为“重大的文化建设，艰巨的科学攀登”，“填补了学术领域的空白”，“李贽研究的里程碑”等，并被包括北京大学、武汉大学、台北大学、日本北海道大学、韩国庆熙大学、新加坡国立大学等三十多所高等院校和研究单位指定为研究李贽与中国传统文化的必读参考书。该书获2010年度全国优秀古籍图书一等奖，从中抽印的《焚书注》获2013年度全国优秀古籍图书二等奖。

在《李贽全集注》编写过程中，我们收集整理了李贽的著作，并对历代对李贽的评论进行了汇集。在这个工作过程中，我感到《李贽评传》仍存在着不足，甚至有疏漏之处。因此，我又对《李贽评传》重新梳理一遍，在保持基本内容前提下，该纠误的纠误，该补充的补充，并新增了“李贽年谱简编”，以帮助了解李贽的生平。还新增了“李贽遗存选录”、“李贽题赞选录”、“李贽学术研究活动剪影”、“有关《李贽评传》评论选录”、“李贽研究互动资料选录”、“主要参考文献”，及书中有关图录的资料，并对原附录的“有关李贽传记资料”做了补充。这样一方面增加读者阅读时的直观性，另一方面增加对有关李贽研究的认知。这一补充实是受到鲁迅和谢国桢的影响。鲁迅在学术研究中非常重视碑帖图像的作用，长期搜集古代碑帖拓片及各类图像。他曾说从汉代石刻画像中可以看出汉代社会的生活面貌。他任教厦门大学时，曾想把悉心汇集的《汉画像考》付印，后来未能实现。谢国桢在学术研究中就深受鲁迅这一研究思想与方法的影响，在搜集大量汉代砖刻拓片、出土文物等图像基础上，写成了《两汉社会生活概述》等专著。我在《在人生与治学的道路上——缅怀明史专家谢国桢教授》（载中华书局《学林漫录》十二集）中曾有详细论述。需要指出的是，在搜集这些图像过程中，我曾得到众多友人的帮助，他们是泉州的陈鹏鹏、李正清，昆明的何勇，山西的李珍梅、田同旭，北京的史明文、李张翼，日本的佐藤錬太郎，韩国的申龙澈等。还应指出，此书在修订过程中，首都师范大学出版社的马岩主任和欧家作编辑倾注了大量的心血，态度的认真，工作的勤奋，深切感人。对以上所有为本书的面世给予助力的同志，都表示诚挚的谢意。

二〇一七年三月于首都师范大学

一代狂狷

修订版代前言

中外不少思想家都把中庸视为一种完美的理想，完美的人格，如中国的孔子，古希腊的亚里士多德，就曾提出行道、为人要不偏不倚，适度合宜。但是，现实生活却昭示人们，不偏不倚有时会滑为庸俗妥协，适度合宜有时会流为苟安折衷。究其原因，就在于中庸之度难以确指，难以掌握，从而也就难于实现。反之，那些不循常规、不蹈故习的狂狷之士，执着于热诚的信念，充溢着鲜明的个性，不避偏颇不安平静地为探求人生真谛而一往直前，义无反顾。他们堂堂正正，大刚大勇，终生都被一种强烈的渴望所燃烧，所荡漾，使他们的思想和行为展示出照耀世俗的光辉，冲激着平庸的人生。

李贽就是这样的一代狂狷。

你看李贽的议论：

在封建统治者把孔子尊为“至圣先师”之时，李贽却说：“咸以孔子之是非为是非，故未尝有是非耳。”①

封建统治者明文规定各级学校要“以孔子所定经书诲诸生”②，李贽却说：“夫《六经》、《语》、《孟》，非其史官过为褒崇之词，则其臣子极为赞美之语。又不然，则其迂阔门徒，懵懂弟子，记忆师说，有头无尾，得后遗前，随其所见，笔之于书”的笔札而已，甚至斥之为“道学之口实，假人之渊薮”。③

男尊女卑是必然的封建教条，李贽却说：“谓人有男女则可，谓见有

① 《藏书·世纪列传总目前论》。

② 《明史》卷六二《学校志》。

③ 《焚书》卷三《童心说》。以下有关《焚书》的引文皆以本人主编并注释的《李贽全集注》第一册、第二册《焚书注》为准。

男女岂可乎？谓见有长短则可，谓男子之见尽长，女子之见尽短，又岂可乎？”①

“文死谏，武死战”被封建统治者视为最高的伦理准则，儒家学派修养的最高典范，李贽却说：“夫君犹龙也，下有逆鳞，犯者必死，然而以死谏者相踵也，何也？死而博死谏之名，则志士亦愿为之，况未必死而遂有巨福耶？避害之心不足以胜其名利之心，以故犯害而不顾，况无其害而且大有利乎！”②直斥封建道德的最高准则是博取名利的工具和手段。

儒学是封建统治阶级的统治思想，儒学以“仁”为核心，形成德礼政刑的统治之道。对此，李贽说：“夫天下之人得所也久矣，所以不得所者，贪暴者扰之，而仁者害之也。仁者以天下之失所也忧之，而汲汲焉欲贻之以得所之域。于是有德礼以格其心，有政刑以絷其四体，而人始大失所矣。”③把封建统治阶级的治国之道斥为是使人们“大失所”的桎梏。

这样尖锐激烈的反传统思想的议论言谈，在李贽的著述中还可以举出很多很多。

再看李贽对自己性格的自白：

李贽一则说：“其性褊急，其色矜高，其词鄙俗，其心狂痴，其行率易，其交寡而面见亲热。……动与物迕，口与心违。其人如此，乡人皆恶之矣。”④

再则说：“余性好高，好高则倨傲而不能下。然所不能下者，不能下彼一等倚势仗富之人耳；否则稍有片长寸善，虽隶卒人奴，无不拜也。余性好洁，好洁则狷隘而不能容。然所不能容者，不能容彼一等趋势谄富之人耳；否则果有片善寸长，纵身为大人王公，无不宾也。”⑤

三则说：“我平生不爱属人管。……余唯以不受管束之故，受尽磨难，一生坎坷，将大地为墨，难尽写也。”⑥

四则说：“天幸生我大胆，凡昔人之所忻艳以为贤者，余多以为假，

---

① 《焚书》卷二《答以女人学道为见短书》。

② 《焚书》卷一《答耿司寇》。

③ 《焚书》卷一《答耿中丞》。

④ 《焚书》卷三《自赞》。

⑤ 《焚书》卷三《高洁说》。

⑥ 《焚书》卷四《豫约·感慨平生》。

多以为迂腐不才而不切于用；其所鄙者、弃者、唾且骂者，余皆的以为可托国托家而托身也。其是非大戾昔人如此，非大胆而何？”[①]

这样不合世宜、满腹牢骚的自白，在李贽的著述中同样可以举出很多很多。

三看李贽的行动：

他为生活所迫走入仕宦之途，为县博士，即与县令、提学相抵触；为太学博士，即与祭酒、司业相抵触；最后为郡守，又与巡抚、守道相抵触。最终还是与官场无法调和，只好拂袖而去。

他辞了官却不返故里，而是访友朋、求知己，流寓他乡，最后又落发为僧，早晚面对佛灯，撞钟击鼓。

他虽落了发，却留着长长的胡须，虽出了家却又不禁肉食，而且在佛堂里挂起了孔子的画像，事孔子于芝佛之院。

他讲学传道之时，不顾封建礼教的男女大防，收一些女子为弟子，而且不管社会的非议，与嫠妇相来往，以致被封建卫道士们诬蔑为“宣淫败俗”。

这样的惊世骇俗之举，在李贽的一生中还可以列出许多许多。

李贽是我国历史上最具有代表性的狂狷之士！

李贽的这种狂狷性格，是对世俗人生的反叛，也是对长期统治中国社会的封建礼俗的抗争。李贽曾说：“狂者不蹈故袭，不践往迹，见识高矣，所谓如凤凰翔于千仞之上，谁能当之，而不信凡鸟之平常，与己均同于物类。是以见虽高而不实，不实则不中行矣。狷者行一不义、杀一不辜而得天下不为，如夷、齐之伦，其守定矣，所谓虎豹在山，百兽震恐，谁敢犯之，而不信凡走之皆兽。是以守虽定而不虚，不虚则不中行矣。”[②]李贽鼓吹“不蹈故袭，不践往迹”而有所进取的“狂者”，鼓吹“行一不义、杀一不辜而得天下不为”的有所不为的“狷者”，其为与不为的爱憎标准都是与当时的统治思想大相径庭的，真如翔于千仞之上的凤凰，使百兽震恐的虎豹。孔子也曾说：“不得中行而与之，必也狂狷乎？”[③]表现出在不得中庸后

---

① 《焚书》卷六《读书乐·引》。

② 《焚书》卷一《与耿司寇告别》。

③ 《论语·子路》。

而对狂狷的思慕，正如《汉书·杨胡朱梅云传赞》所说："昔孔子称不得中行，则思狂狷。"但孔子最高的行道处世追求还是在于中庸。李贽则不然，李贽对中庸之徒深恶痛绝，称之谓"贼德之乡愿"，并表示对这类人"则虽过门而不欲其入室，盖拒绝之深矣，而肯遽以人类视之哉！"并明确提出："有狂狷而不闻道者有之，未有非狂狷而能闻道者也。"①只有狂狷之士才能真正认识人世的道理，表现出对传统的以儒家中庸之道为核心的为人处世的人生哲学的否定。

正因为李贽是一代狂狷之士及狂狷思潮的鼓吹者，他终生都不愿受封建教条和礼俗的束缚，他终生都与封建统治者格格不入，并终于被封建统治者迫害而死。也正因为李贽是一代狂狷之士及狂狷思潮的鼓吹者，他那些惊世骇俗之论，在当时及其以后都起到了振聋发聩的启蒙作用，他那种反对迷信和偶像的大无畏精神，鼓舞着许多为真理献身的斗士去进取开拓。

也正因为如此，李贽在中国思想文化史上占有着特殊的地位，我们应该给他以更多的重视和研究。

一九八一年一月于北京

---

① 《焚书》卷一《与耿司寇告别》。

李贽遗存选录

李贽像（中国历史博物馆藏）

李贽像

李贽印章及边款(北京革命历史博物馆藏)

卓吾印章及边款(泉州市文管会藏)

李贽名号印章

这是清代同治年间于李贽泉州故居出土的印章，共2枚。一为兽钮篆书阳文“李贽”，一边为兽钮篆书阳文“卓吾”。通高均7.3厘米，印面各3.2×3.2厘米，寿山石雕成。印上刻有诗与小序。“李贽”一枚刻曰：“先生之笔先生舌，先生之文先生血。三百余年土弗蠹，人可杀兮名不灭。己巳仲春，乡后学苏大山题。”“卓吾”一枚刻曰：“卓吾先生文章，有明一代，与遵岩、镜山二公鼎足。我郡此石，同治年间乡人于其故居发土得之，转徙归予，为题二十八字，以志景行。”

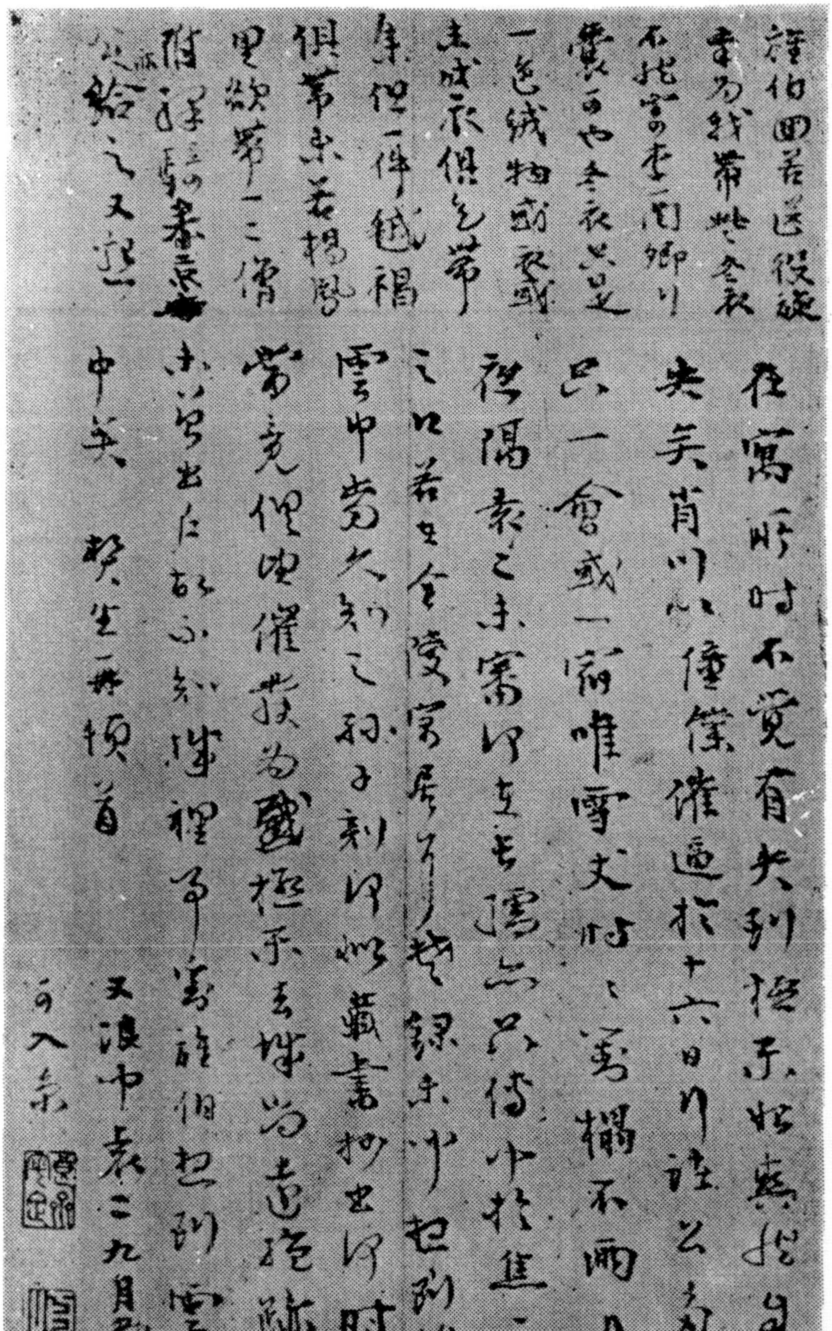

李贽手迹《致梅国桢》(上海博物馆藏)

致梅国桢[1]

在寓所时不觉有失，到极乐（指极乐寺）始爽然自失矣。肖川以僮仆催逼，于十六日行，诸公多只一会或一宿，惟雪丈（指潘雪松）时时对榻，不两日夜隔。袁二（指袁宏道）未审何在，长孺亦只传闻于焦三（指焦竑之三子，名尊生）之口，若在金陵寓居耳。楚录未闻想到此，云中当久知之。《孙子》刻何似？《藏书》抄出何时当竟？但望催发为感。极乐去城尚远，绝迹未曾出户，故不知城里事。刘旌伯不详，想到云中矣。

贽生再顿首

又，浪闻袁二九月尽可入京。

旌伯回，若送役旋，幸为我带些冬衣，不然，寄李酉卿（李长庚字）行囊可也。冬衣只是一色绒物，或衣或未成衣，俱乞带来，但一件绒褐俱带来。若杨凤里欲带一二僧附驿骑来京，公亦给之。又恳。

李贽手书“乡贤名宦”

福建泉州市紫帽山张园李贽之妻黄宜人墓碑（李贽亲笔题墓）

李贽题于泉州清源山赐恩岩

北京通州李贽旧墓

北京通州李贽新墓全景

北京通州李贽墓碑焦竑题辞

北京通州李贽墓碑与冢茔

泉州李贽故居

泉州西湖李贽塑像

李贽故里福建南安市白云寺全景

白云寺近景

福建南安市李贽纪念祠

福建南安市李贽白云书室(李贽读书处)

湖北麻城新建的李贽诗文中提到的寒碧楼

河南黄柏山新建的李贽书院

李贽题赞选录

全国文联主席周扬题赞

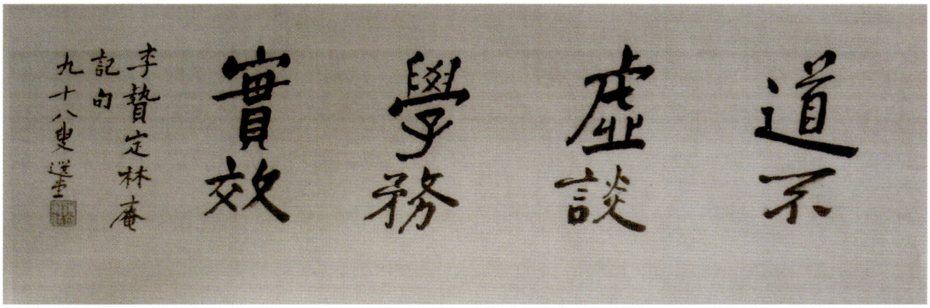

香港大学教授饶宗颐题赞

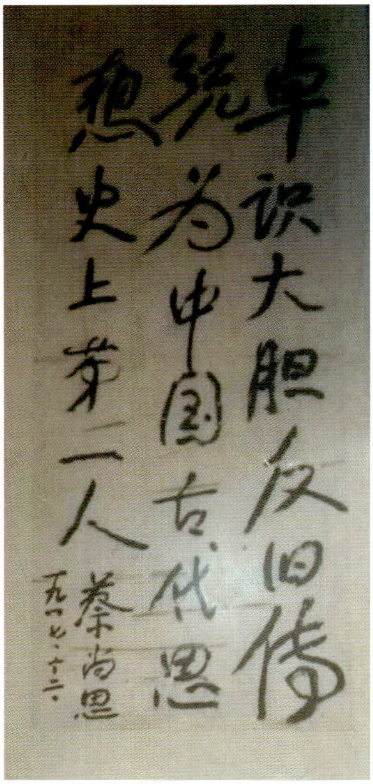

复旦大学教授、中国李贽研究学会（筹）顾问蔡尚思题赞

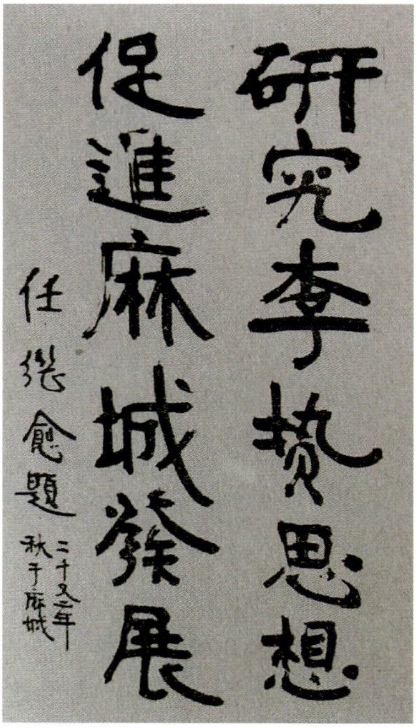

国家图书馆馆长、教授，中国李贽研究学会（筹）顾问任继愈题赞

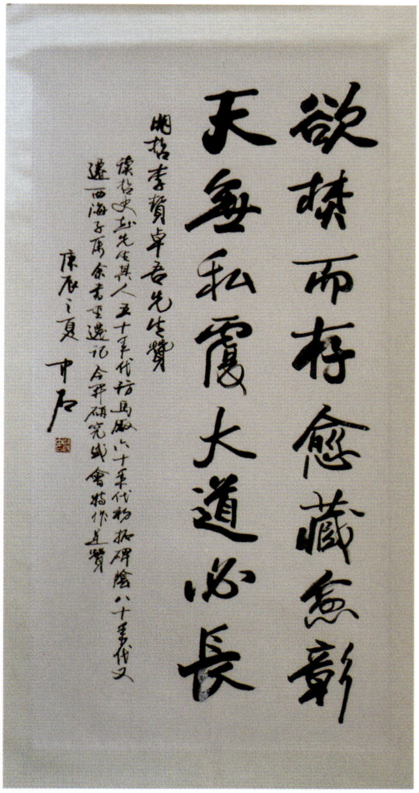

首都师范大学教授、中国李贽研究学会（筹）顾问欧阳中石题赞

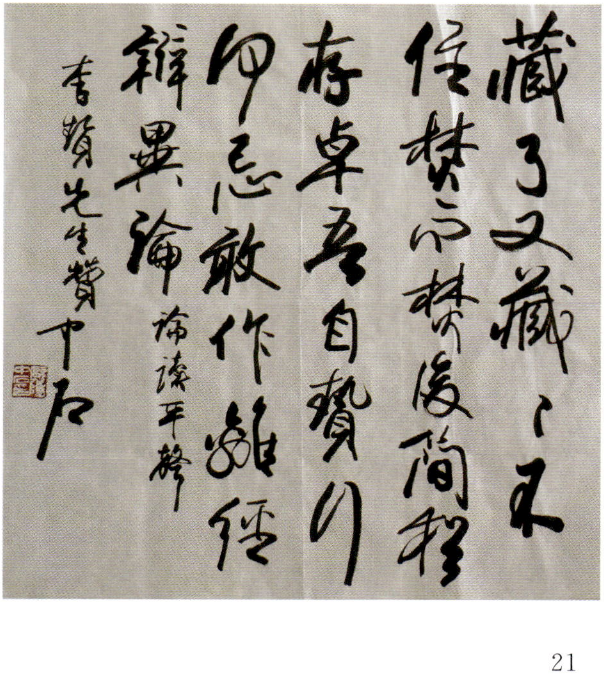

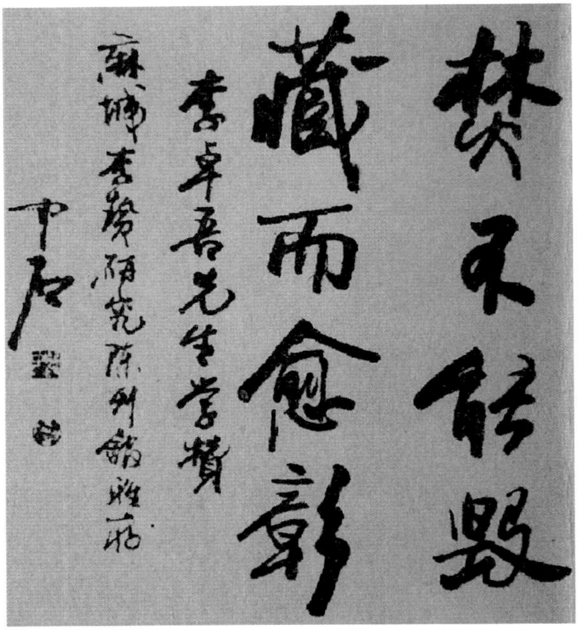

首都师范大学教授、中国李贽研究学会（筹）顾问欧阳中石题赞

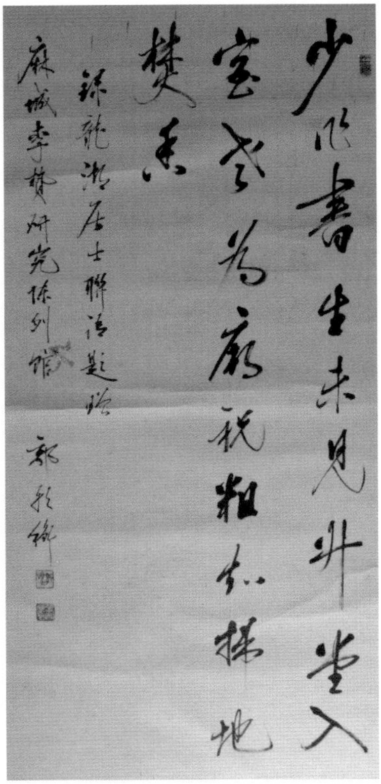

北京师范大学教授、中国李贽研究学会（筹）顾问郭预衡题赞

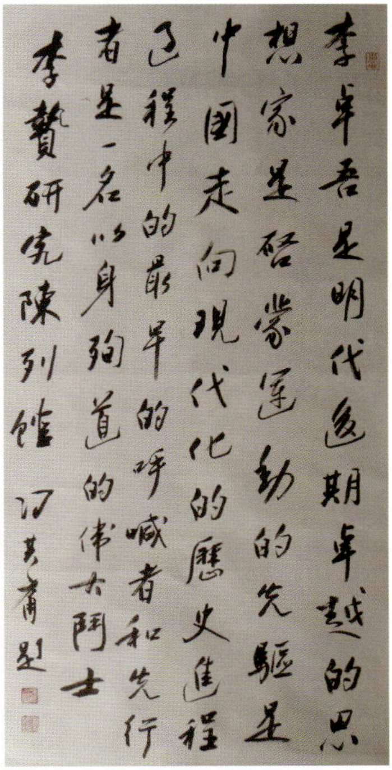

中国人民大学教授、中国李贽研究学会(筹)顾问冯其庸题赞

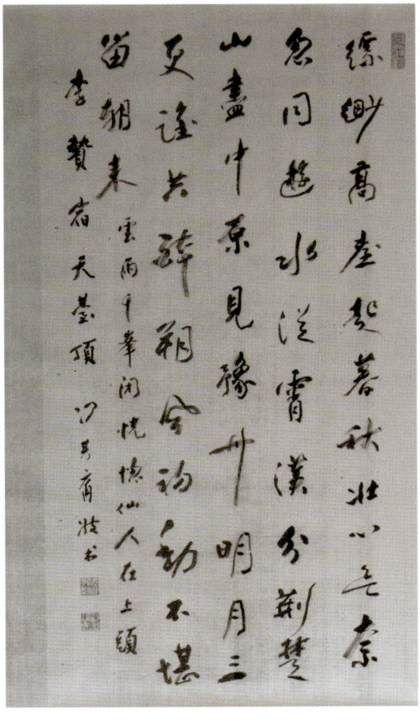

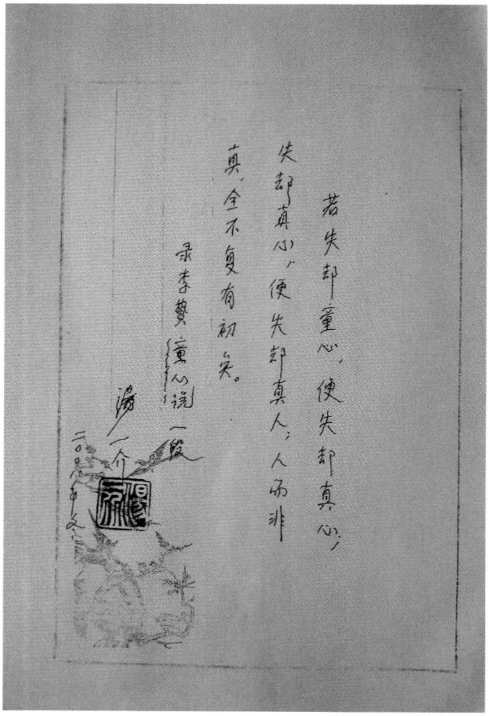

北京大学教授、中国李贽研究学会（筹）顾问汤一介题赞

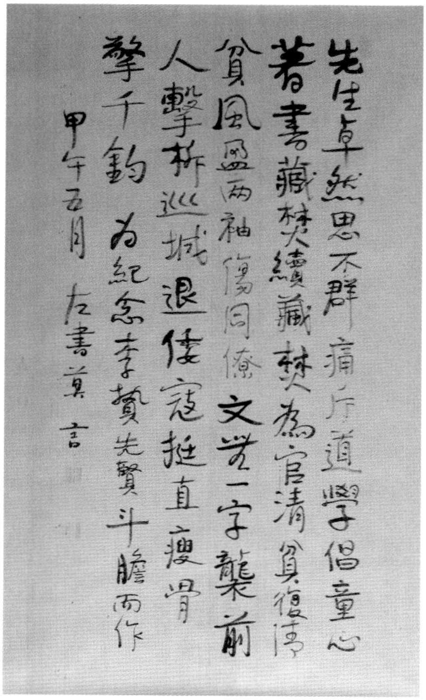

中国作家协会副主席、诺贝尔文学奖得主莫言题赞

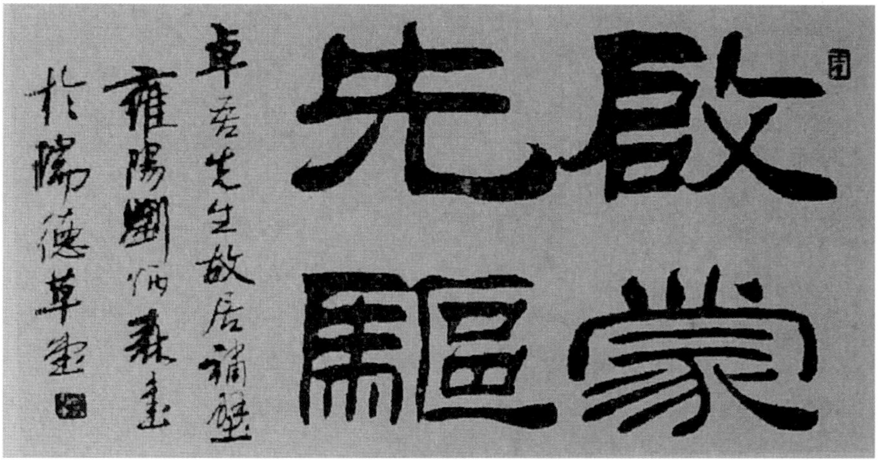

全国政协常委、全国文联副主席刘炳森题赞

首都师范大学教授、中国书法文化研究院副院长张同印题赞

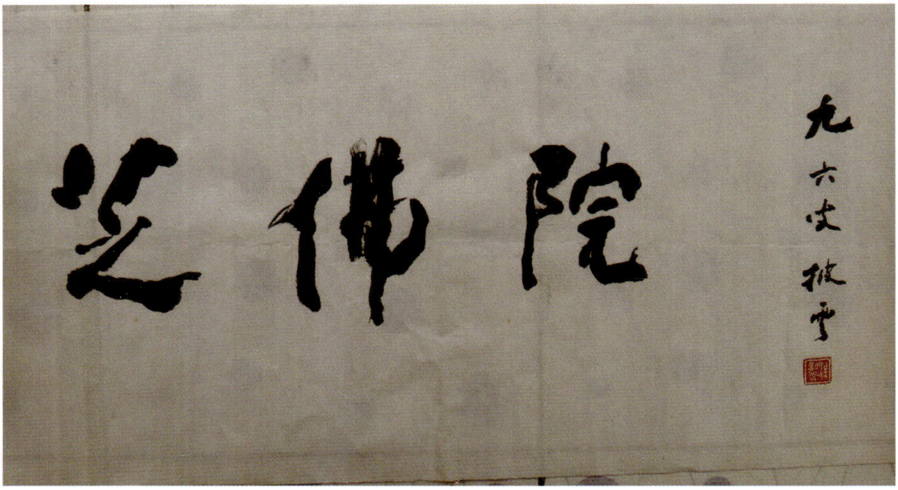

全国侨联常委、中国李贽研究学会(筹)顾问梁披云题赞

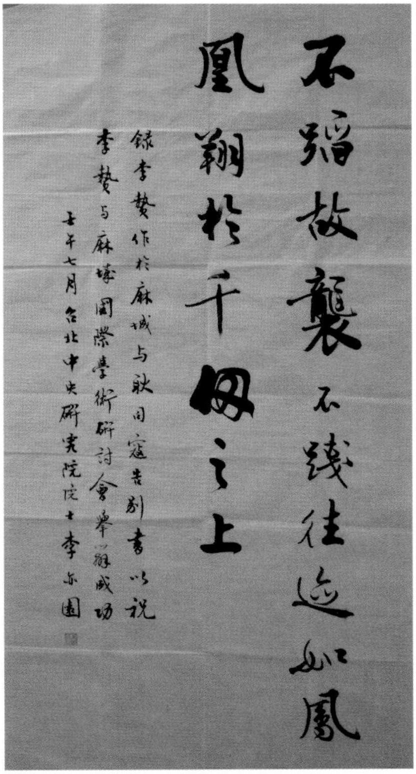

台湾“中研院”院士、中国李贽研究学会(筹)顾问李亦园题赞

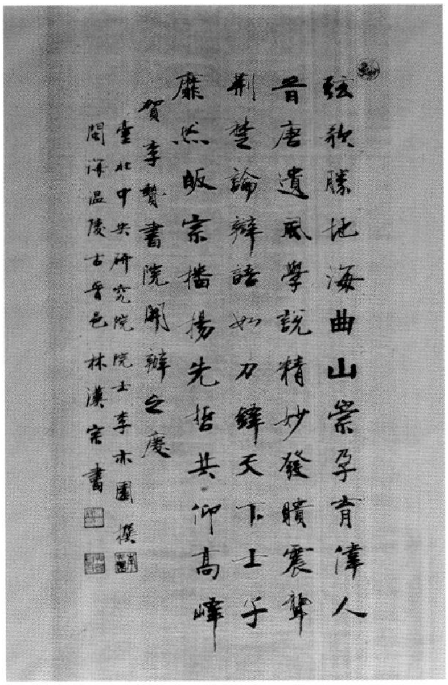

李亦园撰辞林汉宗书

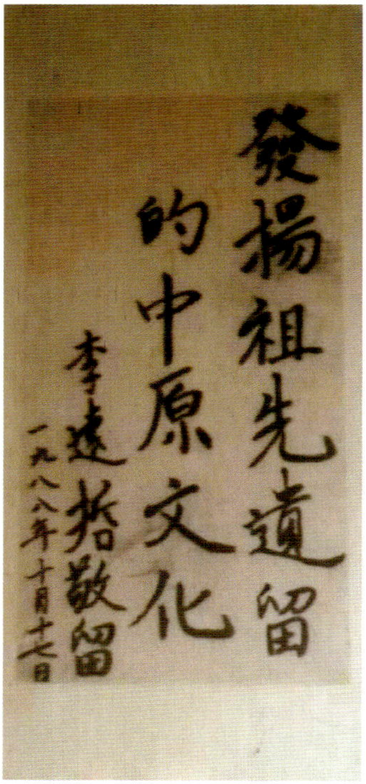

台湾“中研院”院士、诺贝尔化学奖得主李远哲题赞

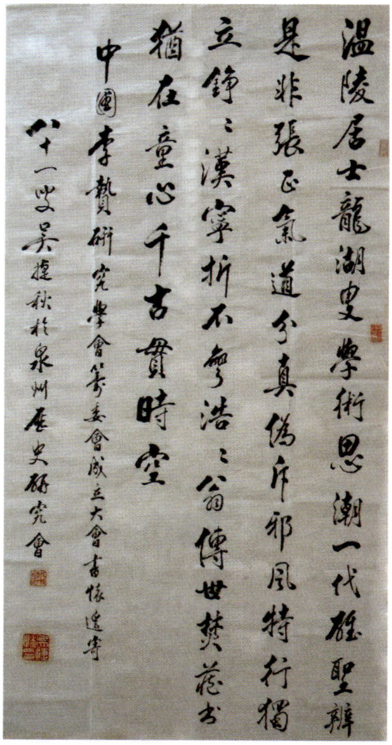

国家一级导演、泉州刺桐吟社社长吴捷秋题赞

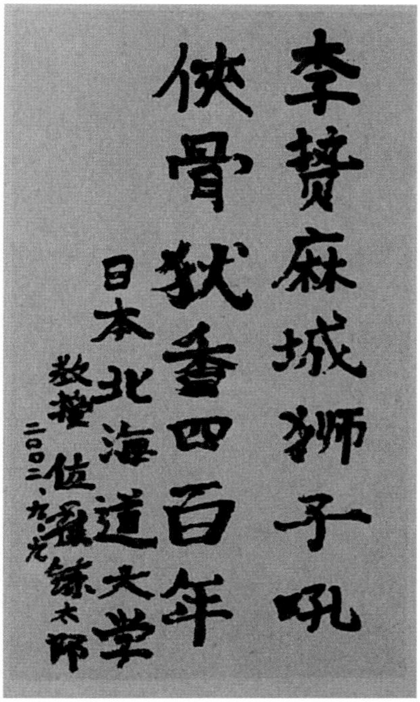

日本北海道大学教授佐藤鍊太郎题赞

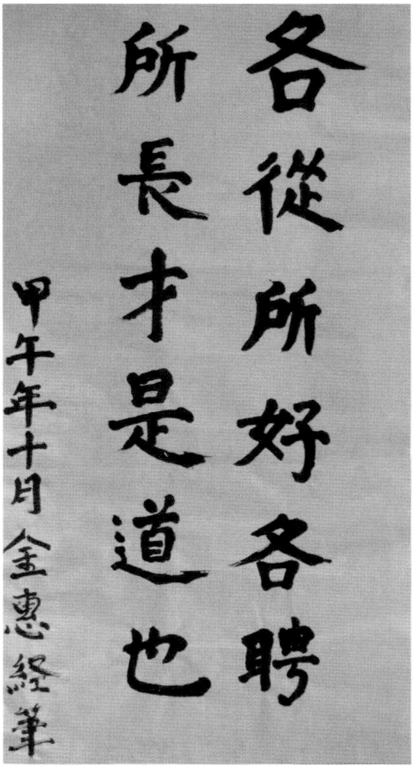

韩国 Han Bat 国家大学教授金惠经(女)题赞

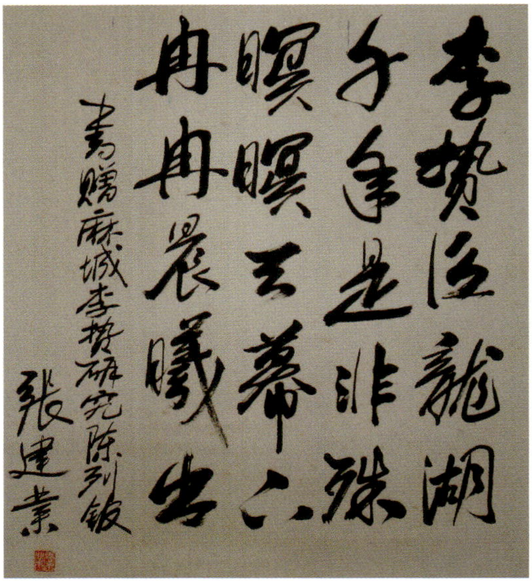

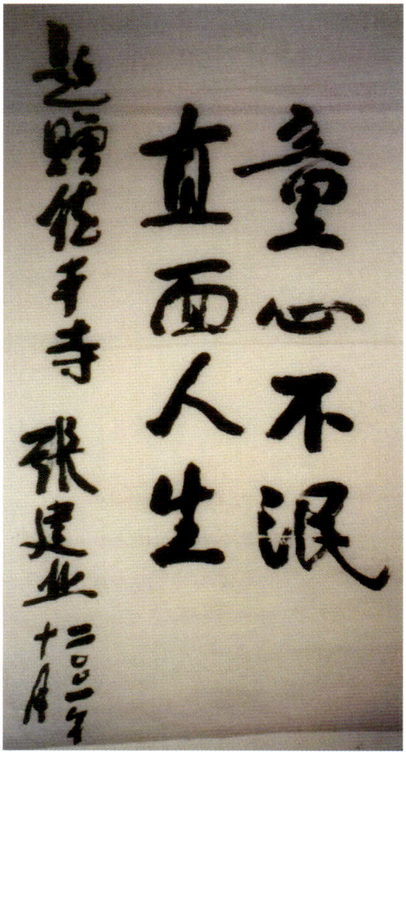

首都师范大学教授、中国李贽研究学会(筹)会长张建业题赞

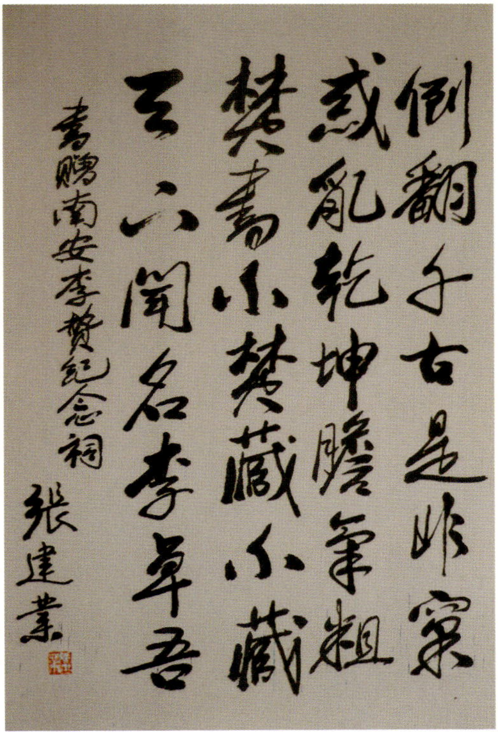

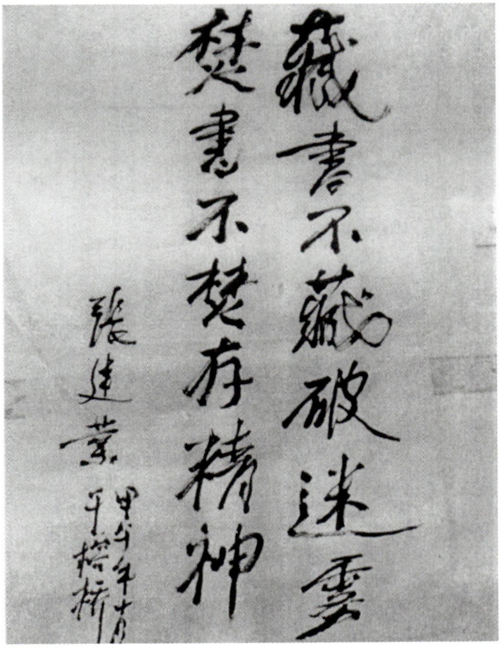

首都师范大学教授、中国李贽研究学会（筹）会长张建业题赞

李贽学术研究活动剪影

1979年在极为艰辛的条件下撰写《李贽评传》

1987 年 12 月在泉州参加“李贽研究学术研讨会”

与蔡尚思教授等在李贽故居前合影

1987 年 12 月在泉州参加“李贽研究学术研讨会”时与黄寿祺教授等合影

1992 年 11 月于北京通县主持“李贽研究国际学术研讨会”

1992 年 11 月于北京通县“李贽研究国际学术讨论会”上
与首都师范大学校长齐世荣教授、日本疋田啟佑教授合影

1992 年 11 月于北京通县“李贽研究国际学术讨论会”上
带领部分学者向李贽墓献花悼祭

1995 年应邀赴澳门讲学时征求李贽乡梓梁披云对《李贽全集注》的指导意见

1996 年 2 月与欧阳中石教授讨论《李贽全集注》及李贽研究工作

1999年在美国休斯敦中国人活动中心作“李贽与中国文学”的演讲

2000年10月在日本与东京共立女子大学教授宇野直人交流中日文化与李贽研究

2000 年 5 月与任继愈教授等在首都师范大学举行的

“中国李贽研究学会筹委会成立大会暨学术研讨会”上

2000 年 5 月“中国李贽研究学会筹委会成立大会暨学术研讨会”开幕式

2001 年 10 月在昆明参加"李贽与云南全国学术研讨会"时

与部分中国学者及日本佐藤錬太郎教授、高橋稔教授

2001 年 10 月参加"李贽与云南全国学术研讨会"时

在楚雄分会场作主题发言

2002 年 9 月与任继愈教授在“李贽与麻城国际学术研讨会”上

2002 年 9 月在“李贽与麻城国际学术研讨会”上

与任继愈教授及首都师范大学与会学者合影

2002 年 9 月参加“李贽与麻城国际学术研讨会”时在龙潭湖遗址接受记者采访

2002 年 9 月到李贽曾寓居的湖北红安天台山参观

2004 年 9 月在日本札幌与北海道大学教授尹东、
佐藤錬太郎等交流李贽与中日文化研究工作

2004 年 12 月在"泉州市李贽思想学术研讨会"上作主题发言

2004 年 12 月在"泉州市李贽学术研究会成立大会"上与日本佐藤錬太郎教授、疋田啟佑教授，韩国金惠经教授等合影

2004 年 12 月在"泉州市李贽学术研究会成立大会"上和与会学者合影

2004 年 12 月应邀为泉州师范学院作“李贽在中国文化思想史上的地位”的演讲

2004 年 12 月参加“泉州市李贽学术研究会成立大会”时接受记者采访

2004 年 12 月为泉州李贽故居修缮竣工揭幕

2004 年 12 月为泉州李贽故居修缮竣工剪彩

2004 年 12 月泉州市第六届旅游节会场盛景

（泉州市李贽学术研究会成立大会为该节组成部分之一）

2008 年 6 月向“中国李贽研究学会筹委会”

顾问何鲁丽副委员长汇报李贽研究情况后合影

2009 年 2 月在国家图书馆“文津讲坛”作“李贽与中国文化思想的启蒙”演讲

2009 年 11 月在香港中华文化教育基金会书谱出版社

“李贽教育思想研究”十家论坛上作主题发言与总结

2012 年 5 月在河南黄柏山国家森林公园李贽书院举行的"纪念李贽诞辰四百八十五周年忌辰四百一十周年国际学术研讨会"开幕式主席台上

在"纪念李贽诞辰四百八十五周年忌辰四百一十周年国际学术研讨会"与韩国申龙澈教授、金惠经教授、崔浩源先生合影

2012 年 5 月与韩国申龙澈教授、“李贽书院”黄道林院长在“李贽书院”牌坊前合影

在 2014 年 10 月泉州举行的“李贽与东亚文化国际学术研讨会”开幕式上

2014年10月在泉州举行“李贽与东亚文化国际学术研讨会”上，
与中外专家学者座谈李贽研究事宜

2014年10月在泉州举行“李贽与东亚文化国际学术研讨会”上
与会部分学者在西湖李贽塑像前合影

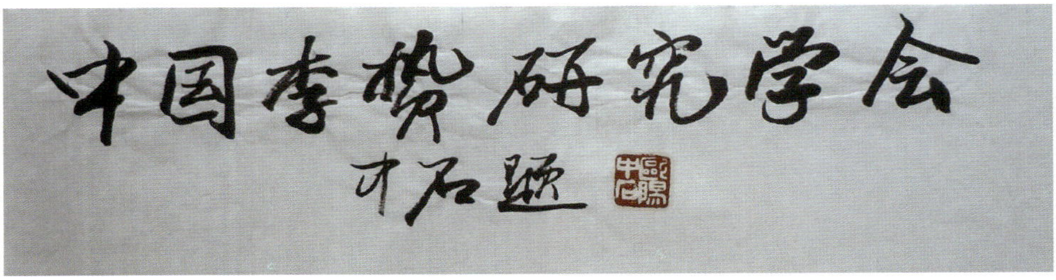

2000 年 5 月，中国李贽研究学会筹委会在北京成立，张建业教授被推举为会长。欧阳中石教授与寓居澳门的梁披云分别题写了匾额

2017 年为南安市李贽塑像揭彩

2017 年策划与主持了“南安市纪念李贽诞辰 490 周年暨学术研讨会”

为“南安市李贽纪念馆”题匾并为开馆仪式剪彩

南安市李贽广场的李贽塑像

“南安市李贽纪念馆”内设立的“张建业教授李贽研究论著专柜”

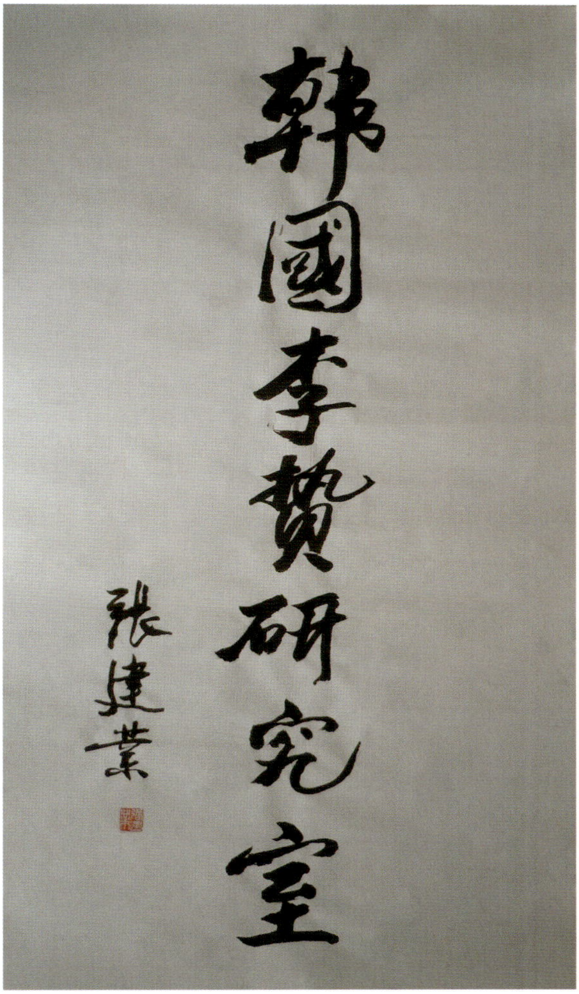

2015年，韩国著名汉学家及李贽研究学者庆熙大学教授申龙澈筹建了“韩国李贽研究室”，由张建业教授题额

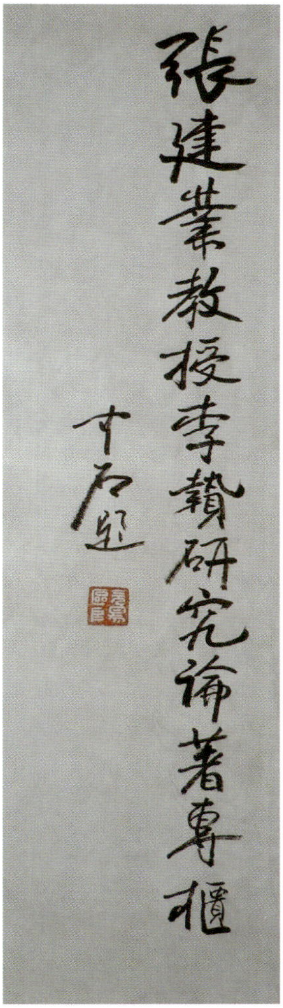

2010年在河南黄柏山重建了李贽避难的法眼寺，并新建了“李贽书院”，在书院设置了“张建业教授李贽研究论著专柜”，由欧阳中石题额

目录

一、时代与家世和青少年时期

嘉靖三十四年(公元 1555 年)以前

明万历三十年(公元 1602 年)春初，北京还处在寒风袭人的季节。一天，一群封建统治阶级的卫士，奉当时最高统治者神宗朱翊钧之命，闯进了通州马经纶家，以“敢倡乱道，惑世诬民”的罪名，逮捕了明代著名进步思想家李贽。三月十五日，李贽趁狱吏替自己剃发之际，用剃刀自刎于狱中，十六日气绝而亡，向封建统治阶级进行了不屈的反抗与斗争。

李贽终生遭到封建统治阶级及道学家的排斥、攻击，直到皇帝亲自出面加害，这都是有着社会根源的，也是当时阶级斗争在统治阶级内部的反映。

李贽生活在明朝嘉靖、万历时期，这时封建社会已进入了它的后期。随着封建地主阶级的日趋腐朽、没落，他们对广大农民的压迫与剥削也愈来愈残酷，农民阶级与地主阶级的矛盾愈来愈尖锐。同时，随着商品经济的发展和资本主义萌芽的出现，市民斗争开始兴起。加上民族矛盾的激化，这一切都在动摇瓦解着明朝封建地主阶级的反动统治。

在明朝，封建土地所有制进一步发展，大量土地集中在统治阶级手里。最高统治者皇帝除了从全国各地搜刮民脂民膏外，还专门设有皇庄，以供皇室挥霍之用。弘治二年(公元 1489 年)京畿以内的皇庄有五处，共占地一万二千八百余顷，[①] 到武宗(公元 1506—1522 年)时，皇庄剧增至三百多处，占田多少已经无法统计了。另外，皇帝又赏赐宗室贵戚大量土地，称为“庄田”，这些贵族为扩大自己的庄田，或公然侵夺民田，或指民田为荒地而向皇帝乞请，庄田的面积也日益扩张。一所庄田占田数万顷者比比皆是。随着皇庄和庄田的猛烈扩张，豪强地主也采取种种手法兼并农民的土地，特别是明中叶以后，这种兼并愈演愈烈。如大官僚徐阶“有田二十四万亩，子弟家奴暴横乡里，一方病之，如坐水火”[②]。

贵族官僚、豪强地主疯狂地兼并土地，更大量隐漏税粮，朘蚀农民。他们一方面享有优免赋税的特权，一方面又通过“飞洒”、“诡寄”、挪移等手段

---

① 《孝宗实录》卷二四。

② 伍志萃：《林居漫录》卷一。

来逃避赋税。如大官僚董其昌"膏腴万顷，输税不过三分"[1]。从而把这些赋税负担全部转嫁到部分中小地主和广大农民身上。据《明史·食货志》记载，明初全国税田有八百五十余万顷，到明中叶只剩下四百多万顷。[2] 税田减少一半，税额却照旧不变，结果就造成了"富者愈富，贫者愈贫"，"富者百人而一，贫者十人而九"[3]的严重局面。广大农民"终岁所得仅了官逋私债，曾不能一粒入口"[4]，"壮丁尽行，役及老幼"[5]，"民甚艰苦，不能聊生"[6]。许多农村陷于破产的境地，广大农民生活无法维持，"往往车载幼子，男女牵扶，瞽疾老羸采野菜煮榆皮而食，百十为群，沿途停宿"[7]，形成了严重的"流民"问题。残酷的经济剥削，严重地破坏了生产力的发展，使明朝中后期的社会经济处于严重的萧条中。

与残酷的经济剥削和压榨相辅行，明朝统治阶级在政治上也更加强了封建专制统治。明王朝建立不久，朱元璋就采取种种手法来加强封建专制主义的中央集权。他首先改革了地方和中央的统治机构。洪武九年(公元 1376 年)，把省一级的无所不统的行中书省改为承宣布政使司，职权范围只限于民政、财政，加强了中央对地方的控制。洪武十三年(公元 1380 年)，朱元璋以私通蒙古及倭寇的罪名，杀了左丞相胡惟庸，株连三万余人，并乘机废掉中书省及丞相制度，提高吏、户、礼、兵、刑、工六部地位，六部府院直属皇帝，皇权高涨到极点。

明太祖朱元璋

其次是制定了严厉的《大明律》。《大明律》编成于洪武六年(公元 1373 年)，洪

① 《民抄董宧事实》。
② 《明史》卷七七《食货志·田制》。
③ 顾炎武：《天下郡国利病书》引《歙志风土论》。
④ 《万历通州志》卷二《疆域志风俗》。
⑤ 《宣宗实录》卷四一。
⑥ 《英宗实录》卷四五。
⑦ 《正统实录》卷六六。

武三十年(公元 1397 年)正式颁布律例，共四百六十条，分吏、户、礼、兵、刑、工六律，定五刑、十恶、八议各款。《大明律》条例比唐律简核，比宋律严厉。明律的制定，在一定程度上，起到了克服胥吏玩法的弊病，但从根本说，它还是对人民进行统治的工具。如其中一条规定：“凡谋反(谓谋危社稷)及大逆(谓谋毁宗庙山陵及宫阙)，但共谋者，不分首从，皆凌迟处死。祖父、父、子、孙、兄弟及同居之人，不分异姓及伯叔父兄弟之子，不限籍之同异；年十六以上，不论笃疾废疾，皆斩。其十五以下及母、女、妻、妾、姊妹若子之妻妾，给付功臣之家为奴，财产入官。”[①]这真是残酷至极。特别是到了明代后期，统治者日趋腐败，他们更是滥用刑律，甚至随意罗织罪名，迫害无辜的人民。

明王朝还建立了一套严密的里甲制度。其法是“以一百一十户为里，一里之中推丁粮多者十户为之长，余百户为十甲，甲凡十人。岁役甲长一人，甲首十人，管摄一里之事”[②]。在整个明朝统治机构中，里甲所处的地位极其重要，封建统治阶级通过里甲制度，对广大人民实行着严密的统治，并起着催征赋役的作用。明政府明令，民众不准随便迁徙，外出须取得路引。里长的主要职责就在于保证户口的不脱漏，“若里长失于取勘，致有脱户者，一户至五户，笞五十，每五户加一等，罪止杖一百；漏口者，一口至十口，笞三十，每十口加一等，罪止杖五十”[③]。这样，里甲制度就成了封建政权对人民实行严密控制的手段之一。

为了巩固皇权，明朝统治者还采取了特务统治的手段。洪武时设立了锦衣卫，其中镇抚司管皇帝诏狱，是核心组织。锦衣卫的锦衣检校监视、侦查、镇压各地官吏和人民，就是对朝中文武大臣，也严加侦查，并随意罗织大罪。后来永乐间设置了东厂，成化间设置了西厂，东西厂成了明朝统治者对全国人民进行特务统治的中心。武宗时，以刘瑾为司礼监，刘瑾命其党羽邱聚、谷大用分别提督东西厂。不久，又设立“内行厂”由刘瑾直接指挥，成为特务统治的号令机关，就连东西厂的特务活动，也都在被伺察监视之中。这些特务组织，滥用重刑，对人民进行残酷的镇压。《明史》记载：刘瑾设“内行厂”时，“且创例，罪无轻重皆决杖，永远戍边，或枷项发遣。枷重至百五十斤，不数日辄死”，“官吏军民死者数千”[④]。熹宗时，魏忠贤领厂事，用田尔耕、

① 《大明律》卷一八《刑律·盗贼》。
② 《太祖实录》卷二〇八。
③ 《明会典》卷一六三《户役》。
④ 《明史》卷九五《刑法志》。

许显纯之徒，“专以酷虐钳中外，而厂卫之毒极矣”①。《明史》作者在综述这些特务组织时，曾感慨地说：“刑法有创之自明，不衷古制者，廷杖、东西厂、锦衣卫、镇抚司狱是已。是数者，杀人至惨，而不丽于法。踵而行之，至末造而极。举朝野命，一听之武夫、宦竖之手，良可叹也。”②就是封建社会的史学家对明王朝残酷的特务统治也提出了谴责。

明王朝在进行特务统治时，充分利用了宦官的势力。宦官制度，在中国封建专制主义的政治体系中，是一种特殊的因素，有着重要的政治地位。封建君主要想实行绝对专制的时候，往往信用宦官，一方面加强对广大人民的统治，另一方面对各级官吏加以抑制和防范。朱元璋建国之后，曾经禁止宦官干预政事。后来成祖朱棣在争夺皇位的战争中，曾得到建文帝的宦官们的内应，夺得了皇位，因此，朱棣开始信任和重用宦官：“出使、专征、监军、分镇、刺臣民隐事诸大权，皆自永乐间始。”③内政、外交、军事大权都落到宦官集团手中，而且“刺臣民隐事”，成为进行特务统治的凶恶爪牙。从此宦官的权势日益扩大，甚至形成了宦官专政的局面。英宗时宦官王振任司礼太监，专权恣肆，擅威作福，英宗朱祁镇呼作“先生”，朝野大臣公侯贵戚呼作“翁父”，兵部尚书徐晞等甚至向王振跪拜。武宗时刘瑾的肆虐横行，熹宗时魏忠贤的黑暗专政，都是宦官集团干预朝政、排斥陷害正派朝臣、对广大人民实行特务统治的典型事例。

明王朝统治者在加强政治上的专制主义的同时，也加强了思想文化上的统治。他们明令禁止“奸党”，规定凡交结朋党，紊乱朝政者，皆斩，妻子为奴，财产入官④；禁止“收藏禁书”，凡收藏禁书者杖一百⑤；禁止“造妖书妖言”，凡造“妖书妖言”惑众者，不分首从皆斩⑥；甚至对于杂剧的演出内容都作出严格的规定和限制：“凡乐人搬做杂剧戏文，不许妆扮历代帝王、后妃、忠臣、烈士、先圣、先贤神像，违者杖一百；官民之家，容令妆扮者同罪；其神仙道扮及义夫节妇孝子顺孙劝人为善者，不在禁限。”⑦此外还大兴文字狱。如浙江府学教授林元亮替人作《谢增俸表》有“作则垂宪”一句，杭州府学教授徐一夔贺表中有“光天之下，天生圣人，为世作则”一句，朱元璋都认为

① 《明史》卷九五《刑法志》。
② 《明史》卷九五《刑法志》。
③ 《明史》卷三〇四《宦官列传》。
④ 《大明律》卷二《吏律·职制》。
⑤ 《大明律》卷一二《礼律·仪制》。
⑥ 《大明律》卷一八《刑律·盗贼》。
⑦ 《大明律》卷二六《刑律·杂犯》。

是讽刺他作过红巾军、作过僧人，而大肆杀戮[①]，这是最突出的例子。另一方面，他们又竭力抬高孔子的偶像，更加推崇成为封建统治阶级对人民进行思想统治的儒学。洪武元年(公元 1368 年)，朱元璋“诏以太牢祀孔子于国学”，并谕之曰：“仲尼之道，广大悠久，与天地并。有天下者莫不虔修祀事。朕为天下主，期大明教化，以行先圣之道”[②]。并定制每年春、秋两次，皇帝降香，遣官祀孔子于国学，丞相初献，翰林学士亚献，国子祭酒终献。洪武十五年(公元 1382 年)朱元璋又诏令天下通祀孔子，并颁释奠仪注，要求“凡府州县学，笾豆以八，器物牲牢，皆杀于国学”[③]。嘉靖九年(公元 1530 年)，经礼部议定，世宗批准，又给孔子加上“至圣先师”的头衔[④]。不仅如此，明王朝为了加强思想统治，还通过举办各级学校，进行“圣道”的学习与教育。洪武二年(公元 1369 年)，朱元璋就召谕中书省办各级学校：“朕惟治国以教化为先，教化以学校为本。京师虽有太学，而天下学校未兴。宜令郡县皆立学校，延师儒，授生徒，讲论圣道，使人日渐同化，以复先王之旧。”[⑤]于是全国各府、州、县都办起了学校及闾里私塾。同时，明王朝还规定各级学校要“以孔子所定经书诲诸生”[⑥]。这样，儒学更进一步地成为明朝统治者对人民进行思想统治的武器。

与尊崇孔子的同时，明朝统治者还把程朱理学定为官方哲学。由北宋程颐、程颢创立，南宋朱熹集大成的理学(也叫道学)，由于它对孔孟之道进行了充实加工，更加适合日益腐朽的地主阶级统治的需要，因此成了明朝及封建社会后期的统治思想。理学家提出了“存天理，灭人欲”的说教，把纲常名教和封建等级制度说成“天理”。“天理”是先天地万物而存生的宇宙本体，是“至善”的，“永恒”的，人人必须遵守；“人欲”是“罪恶”的，“危险”的，必须加以抑制和消灭，即所谓私欲净尽则天理流行。理学家的这种立论，其内涵虽有一定可取之处，但把封建的统治秩序与道德原则提到哲学的高度，其目的是要广大人民放弃自己的基本生活要求，永远服服贴贴地受奴役。明中叶出现的王阳明的“心学”，更进一步把天理说成是人们心中所固有的东西，所谓“心外无物，心外无事，心外无理，心外无义，心外无善”[⑦]，要人们都“破

① 赵翼：《廿二史札记》卷三二。
② 《明史》卷五〇《礼志》。
③ 《明史》卷五〇《礼志》。
④ 《明史》卷五〇《礼志》。
⑤ 《明史》卷六九《选举志》。
⑥ 《明书》卷六二《学校志》。
⑦ 《王文成公全书》卷四《与王纯甫书二》。

心中贼”，就这一方面讲，其目的也是企图从思想上消除人民的反抗意志和斗争精神。明朝统治阶级在对人民进行残酷的经济剥削、政治压迫、军事镇压的同时，又大力捧孔子，抬程朱，这一切都是为了挽救日趋没落的反动统治。

但是，任何残酷的封建统治和任何精致的统治理论，都不可能挽救当时日益深重的社会危机。相反，地主阶级对人民的剥削和压迫，进一步促进了阶级矛盾的尖锐化。明王朝建立不久，农民起义就此伏彼起，连续不断。从永乐十八年（公元 1420 年）唐赛儿起义，中经叶宗留、邓茂七、黄肃养、刘通、李原、刘六、刘七、徐鸿儒等，直到崇祯初年李自成、张献忠领导的农民大起义，终于推翻了明王朝的封建统治。明代声势浩大的农民起义，打击了地主阶级的反动统治，同时对他们进行统治的理论基础孔孟之道和程朱理学也进行了有力的冲击和批判。他们号称“太平王”、“铲平王”和“安民王”，其矛头都直接指向封建统治及其特权，指向为封建统治阶级制造理论根据的理学。明中叶刘六、刘七领导的农民起义军，提出了“重开混沌之天”的口号，表达了他们要推翻明王朝、建立新政权的决心。他们还攻占曲阜，驻军孔庙，把奎文阁藏的儒学经典扔进污水池，并在孔庙喂养战马。这是对被封建统治阶级捧为“至圣先师”的孔子及儒家的一种蔑视。李自成领导的农民起义军则明确提出“均田”、“免赋”的政治纲领，更是对封建制度及其理论基础儒学的有力否定。

明代是我国资本主义萌芽的时期。明中叶以后，海外贸易与国内商业有很大的发展。自永乐、宣德以来，国内已出现了三十三个有名的工、商业城市。当时景德镇的陶瓷已远销中外，佛山镇的冶铸也非常有名。尤其是江浙一带，纺织业特别发达，不仅出现了苏州、杭州等以纺织业为中心的大都市，而且有些小镇也发展为纺织业的专业市镇。随着纺织业的发展，当时还出现了雇佣的生产关系，很多织工丧失了生产资料，变成了出卖劳动力以维持生活的雇佣劳动者。例如万历时的苏州一带已经出现了出卖劳动力的市场，《苏州府志》记载：

> 苏民无积聚，多以丝织为生，东北半城皆居机户，郡城之东，皆习织业。织文曰缎，方空曰纱，工匠各有专能。匠有常主，计日受值，有他故则唤无主之匠代之，曰换代。无主者黎明立桥以待。缎工立花桥，纱工立广化市桥，以车纺丝者曰车匠，立濂溪坊。什伍为群，延颈而望，

粥后散归，若机户工作减，此辈衣食无所矣。[1]

这里的“缎工”、“纱工”、“车匠”，都是以出卖劳动力为唯一生活来源的无产者，他们已经成了“机户”榨取剩余价值的对象。

从“织工对”中还可以看到，早在万历以前，就出现了自由出卖劳动力的现象：

> 余僦居钱塘之相安里，有饶于财者，率居工以织，每夜至二鼓……旦过其处，见老屋将压，杼机四五具，南北向列工十数人，手提足蹴，皆苍然无神色。……（织工曰）：吾业虽贱，日佣为钱二百缗，吾衣食于主人，而以日之所入，养吾父母妻子，虽食无甘美，而亦不甚饥寒。……于凡织作，咸极精致，为时所尚，故主之聚易以售，而佣之直亦易以入。……顷见有业同吾者，佣于他家，受直略相似，久之，乃曰：吾艺固过于人，而受直与众工等，当求倍直者而为之佣。已而他家果倍其直佣之，主者阅其织果异于人，他工见其艺精，亦颇推之，主者退自喜曰：得一工胜十工，倍其直不吝也。[2]

工人可以根据自己技术的高低，向“主人”要求不同的工资报酬，而且可以自由地从一个“主人”转换到另一个“主人”那里，谁给的工资高，就给谁干。从这里可以清楚地看到早期资本家和雇佣劳动者的关系的雏型。

万历二十九年（公元 1601 年）曹时聘的奏疏中有一段话：“吴民……家杼柚而户篡组，机户出资，机工出力，相依为命久矣，……浮食奇民，朝不谋夕，得业则生，失业则死。臣所睹记：染坊罢而染工散者数千人，机房罢而织工散者又数千人，此皆自食其力之良民也。”[3]可见当时苏杭一带染工、织工数量之多。根据现有史料分析，当时有些作坊已出现了明显的分工，而且不仅限于纺织业，在矿冶业、榨油业、制鞋业等很多行业中，都出现了这种迹象。

马克思指出：“资本积累以剩余价值为前提，剩余价值以资本主义生产为前提，而资本主义生产又以商品生产者握有大量的资本和劳动力为前提。……

① 转引自《古今图书集成·考工典》“织工部”。

② 《始丰稿》卷一。

③ 《神宗实录》卷三六一。

这种积累不是资本主义生产方式的结果，而是它的起点。”[①]明中期开始出现的“机户出资，机工出力”的情况，正是资本主义生产方式的一个起点，是资本主义生产关系的萌芽。这种孕育于封建社会内部的资本主义萌芽，与腐朽落后的封建生产关系是相矛盾的。封建统治者虽然也需要商品经济来满足自己挥霍无度的奢侈生活，但对工商业往往采取掠夺的手段，并广设关卡，抬高税额，派税监、矿监四处骚扰抢掠，这就严重阻碍了商品经济的发展，从而也引起了市民的反封建斗争。明中叶以后，城市居民的反抗斗争，曾经遍及江南及国内各大城市。如，1595 年临清市民反马堂的斗争，1600 年新会市民反李凤的斗争，1601 年武昌市民反陈奉的斗争，1602 年苏州市民反刘成的斗争，景德镇市民反潘相的斗争，都曾轰动一时。与此同时，手工工人的斗争也连续不断。嘉靖时期，浙江境内的矿工暴动曾使统治阶级惊呼：“贻害三省，非一日矣！”[②]万历二十九年(公元 1601 年)，苏、杭等处提督织造太监孙隆每年要向机工掠夺六万两税银，每机抽税三钱，激起了苏州市民织工的罢工抗税斗争，打死了太监孙隆，显示了工人的力量。这种情况说明，明代社会矛盾，除了农民与地主阶级这一基本矛盾外，又增加了资本主义萌芽与封建生产关系、雇佣工人与工场主、作坊主的矛盾这一新的内容。

明朝的民族矛盾也很尖锐。国内北方的蒙古和女真贵族，不时地骚扰中原，损害了多民族国家的统一。东南沿海一带，倭寇的侵扰，更严重地威胁着国家的安全与人民生活的安定。特别是在正统至正德时期(公元 1436—1522 年)，由于土地兼并的剧烈，赋役加重，军卫屯田的破坏和宦官专权，使国势衰弱，边防废弛，北方的瓦剌和鞑靼趁机而起，大举入侵，以致发生了正统十四年(公元 1449 年)英宗被俘、丧军几十万的“土木之役”。李贽生活的时代，北方鞑靼、南方倭寇的骚扰，举其要者有：1542 年鞑靼酋长俺答攻太原、潞安；1544 年鞑靼进犯万全、万县，北京戒严，倭寇对东南沿海大肆侵扰；1547 年倭寇侵宁波、台州；1549 年倭寇大掳东南沿海一带；1550 年鞑靼俺答从宣府入京郊，围北京八日，“饱掠”而退。从 1552 年到 1571 年二十年间，倭寇几乎年年侵扰东南沿海各地，鞑靼也不断骚扰山西大同、宣府、蓟州一带。直到 1572 年，张居正任内阁首辅以后，逐渐加强了边防力量，民族矛盾才逐渐缓和下来。

李贽就生活在这样一个时代。封建统治阶级已日益腐朽，但是还很顽固；

① 《所谓原始积累》，《马克思恩格斯选集》第二卷，人民出版社，1972，第 219 页。

② 赵人俊：《明政府镇压矿工起义告示碑的发现》，《历史研究》1957 年第 1 期。

早期资本主义虽已开始萌芽，但还非常微弱。跟这种情况相适应，在思想意识领域，封建正统思想更加紧了对人们的控制，但是，“离经叛道”的“异端”思想也已破土而出。李贽就是这样一个时代的反封建压迫反传统思想的进步思想家。

李贽出生在泉州，他的童年、青年和壮年时期，都是在泉州地区度过的。泉州地区的社会状况，对他的思想自然有着直接的影响。

当时泉州和全国一样，阶级矛盾非常尖锐，地主阶级对农民的盘剥和压榨非常残酷。据《泉州府志》所载，嘉靖年间，因“大工之役，费无所出”，就全都加派到广大人民头上，以致“捕系置对，蔓引株连，民甚病之”。嘉靖末年，更出现了“邮券滥冒，往来如织。至者皆多拥宾从，行李缁重过当，夫廪保之供给，殆不堪命”的情况。至于多如牛毛的苛捐杂税，更是“一纸下征，刻不容缓，加以吏皂抑索其间，里甲动至破产”①。到嘉靖四十一年（公元1562年），“斗米直百二十钱，饥饿民聚城阓，传染疾疫，死相枕藉，幸存者息奄奄如线”②。和李贽同时的何乔远曾作诗描绘出当时阶级对立的情况：“不分东西与雨晴，少年罗绮曳秋轻；衡门别有幽人卧，终岁长饥汗漫生。”③加上泉州一带天灾不断，广大人民挣扎在死亡线上。李贽十至十一岁时，“泉州旱，民多饿死”。李贽十九岁至二十岁那两年，泉州又“相继大旱，民饿死者载道”④。

封建统治阶级的横征暴敛和天灾的流行，使泉州地区的阶级矛盾日益激化，人民的反抗斗争不断发生。从嘉靖元年（公元1522年）到嘉靖四十年（公元1561年），也就是李贽出生的前五年到他离开泉州的后五年的四十年内，泉州地区的农民起义连续不断。如嘉靖元年至三年，汀漳农民起义军屡次攻泉州，攻兴化，大败官军，并“掳泉州卫经历葛彦”、“掳漳州通判施福”，给当时漳泉一带的封建统治者以沉重打击。又如嘉靖十一年和十七年，永定的农民起义军曾两次进攻泉州的安溪县。嘉靖二十六年，安溪县农民陈日辉在复鼎山起义，使泉州的“官吏畏懦者为之闭城门，息行旅”。嘉靖二十七年，活动于闽浙间的海上起义军阮其宝、四师老、林剪毛等进攻同安、晋江、惠安，给当时泉州地区的封建统治阶级造成很大的威胁。同时，泉州地区的佃

① 《泉州府志》卷二一《田赋》。

② 《泉州府志》卷七三《征兵》。

③ 何乔远：《秋日安平八咏》。

④ 《泉州府志》卷七三《祥异》。

农还展开了抗租斗争："有豫相约言不许输租巨室者。"[1]所有这些，对李贽都产生了积极的影响。他在后来的作品中，一再表示同情农民的起义斗争，认为农民起义是反动统治阶级逼出来的，而贪官污吏则是公开而合法的大盗，这与他青壮年时期在家乡受到阶级斗争的影响有一定的关系。

当时正在发展中的泉州市民阶层的市民思想，对李贽也产生了一定的影响。

据文献记载，从中古时期开始，泉州就是我国对外通商贸易的重要港口。南朝陈永定二年(公元 558 年)，印度僧人枸那罗陀，就是从泉州乘船往棱加修国(即今马来半岛)的。唐代的泉州，已经有阿拉伯商人前来通商。五代时，为了适应海外交通发展的需要，扩建了泉州城，留从效在城的周围环植了刺桐树，从此以后，"刺桐港"之名便流传到海外。

到了宋代，泉州港更成了世界上最大的港口之一。当时的泉州有后渚、安平、石湖、福全等港，港道深广，海岸曲折，利于船舶的泊碇或避风。加上宋代对外贸易的兴盛，使泉州港成为"番舶出处，大半市易上国及诸岛夷"[2]的重要通商港口，并成为"番舶停泊避风之地"[3]，以至出现了"蛮舶萃焉，犀珠宝货，见者莫不兴羡"[4]的繁荣景象。为了发展海外贸易，宋哲宗元祐二年(公元 1087 年)在泉州设立市舶司，以"掌番货海舶征榷贸易之事，以来远人，通远物"[5]。宋徽宗政和五年(公元 1115 年)，在泉州设立了接待"远人"的"来远驿"。为了尊重外商外侨的风俗习惯和经商传教的自由，宋政府还设立"蕃坊"供外商外侨居住。从此，前来通商的商人日益增多。南宋建都杭州后，因经费困难，"一切依倚海舶"[6]。泉州是距离首都较近的出海口，加上它固有的贸易基础和有利的自然条件，因此一跃而成为我国第一大港口。当时朝廷鼓励海外商人前来经商贸易，有的还授以官衔官职，如"大食蕃客罗辛贩乳香值三十万缗，纲首蔡景芳招诱舶货，收息钱九十八万缗，各补承信郎"[7]。又如著名的阿拉伯人后裔蒲寿庚，曾做过福建、广东招抚使，总管海舶事务。南宋末期，他还曾任泉州提举市舶司之职，擅番舶利者三十年。由于这种种原因，当时到泉州进行贸易的外国商人数以万计。李贽故居的所在地——泉州

① 《泉州府志》卷三《风俗》。
② 《泉州府志》卷二〇。
③ 《晋江县志》卷七。
④ 真德秀：《谕泉州官僚》，《真西山文集》卷七。
⑤ 《宋史·职官志》。
⑥ 顾炎武：《海外诸蕃》，《天下郡国利病书》卷一二〇。
⑦ 《宋史》卷一八五。

南门外，就是这些外商的聚居处。

宋代泉州的造船业也很发达，宋朝惠安人谢履在《泉南歌》中曾用“州南有海浩无穷，每岁造舟通异城”的诗句形容当时泉州造船业的发达。在《晋江县志》中还有泉州曾经设立“左翼军舡场”的记载。1973 年于泉州湾后渚港出土的古海船，残长二十四点二米，残宽九点一五米，共有十三个船舱，载重量达二百吨左右，就是南宋时期建造的一艘远洋货船。[①] 船是海外交通的工具，宋朝泉州造船业的发达，更加促进了海外交通贸易的发展。

泉州海外交通博物馆陈列着 1974 年出土于后渚港海湾四米深处的宋代福建所造远洋帆船。船舱出土遗物极为丰富，有降真香、珍珠贝等 962 项之多。为研究古城的海外交通与海上丝绸之路提供了丰富的资料。

元代沿袭宋制，元世祖也一再鼓励海外商人前来通商贸易。如至元十五年(公元 1278 年)八月，元世祖曾诏行中书省，对海外商人要以礼相待，欢迎他们往来互市，各从所欲。当时到中国来贸易的有埃及人、摩洛哥人等阿拉伯人，泉州港进一步发展成为沟通亚非国家的东方大港。意大利人马可·波罗写的《马可·波罗行纪》中说：“我们到一个很大很繁荣的刺桐港(泉州)。……这里是海港，所有印度的船都来到这里，载着极值钱的商品，许多顶贵重的宝石和许多又大又美的珍珠。一言以蔽之，在这个商埠，商品、宝石、

① 参见《人民日报》1975 年 3 月 30 日。

珍珠的贸易之盛，的确是可惊的。我郑重地告诉你们吧，假如有一只载胡椒的船去到亚历山大或到奉基督教诸国之别地者，比例起来，必有一百只船来到这刺桐港。因为你要晓得，据商业额量说起来，这是世界上两大港之一。”《伊本·巴都他游记》中也说，泉州是“世界最大港之一。或迳称世界唯一之最大港亦无不可也。余曾目睹大帆船百艘，辐辏其地，至于小船，则不可胜数矣”。真是“风樯鳞集”，“舶交其中”，泉州的繁荣可以说盛极一时了。

到了明初，情况发生了一些变化。明朝统治者严禁濒海居民出海，并明文规定：“敢有私下诸番互市者，必置之重法。”[①]但是，明朝统治者为了垄断对外贸易，又在广州、宁波、泉州等地设市舶司，与海外诸国进行着“朝贡式”的贸易。明中叶以后，由于商品经济的不断发展，对外贸易的要求也越来越强烈，从而在明王朝内部产生了“严海禁”与“弛海禁”的斗争。这时尽管明王朝一禁再禁，并加以种种限制，但“海禁”基本上松弛下来，海外贸易在不断扩大。隆庆（公元1567—1572年）以后，明王朝为了增加税收，海禁放松了，“除贩夷之律。于是五方之贾，熙熙水国，刳艅艎，分市东西路。其捆载珍奇，故异物不足述，而所贸金钱，岁无虑数十万，公私并赖”[②]。由于海禁政策的影响，明初泉州一度出现了萧条的景象。但中叶以后，泉州的商业又得到了发展。当时泉州的制糖业开始兴盛，“黑白之糖行天下”。由于改稻田种蔗，生产的粮食不敷应用，因而粮商“上吴越而下东广”[③]。泉州及福建各地的一些物产，如“福之䌷丝，漳之纱绢，泉之兰，延之铁，福、兴之荔枝，泉、漳之糖，顺昌之纸”，除大量销往国内各地外，“其航大海而去者，尤不可计”[④]，“泉、漳二郡商民，贩东西二洋，代农贾之利，比比然也”[⑤]。当时泉州有两个官办的盐场和一个官办的织染局，商业、手工业都逐步繁荣起来。明代的航海工具和航海技术也有了很大的进步。明代不仅继承了从宋代开始把指南针用于海上航行的技术，而且，“相传有航海针经”[⑥]，用文字总结了中国人民几个世纪以来的航海经验，当然，也更利于航海事业的发展。15世纪初，著名的郑和七次下西洋就是从福建扬帆出海的。郑和所用海船长达四十四丈四尺，宽达十八丈，最远达到非洲的东岸。总之，明代的泉州，尽管中

① 《太祖实录》卷二三一。
② 张燮：《东西洋考》周起元《序》。
③ 何乔远：《闽书》卷三八《风俗志》。
④ 王世懋：《闽部疏》。
⑤ 顾炎武：《天下郡国利病书》。
⑥ 顾炎武：《天下郡国利病书》。

泉州泉南基督教教堂

泉州伊斯兰圣墓

经一段萧条时期，但它有从宋至元四百多年的传统影响，以及明中叶以后商业的再次繁荣，都会在思想、风俗、习惯上给人们以深刻影响。李贽在他后来的一些作品中，反映了鲜明的市民思想，和他从小生活在泉州这个环境中是分不开的。

明代泉州地区的思想界，也呈现一种独具的特色。

在明朝统治阶级的提倡与支持下，泉州地区的封建官僚和地主阶级宣扬儒教，鼓吹孔孟之道，特别狂热。从嘉靖三年(公元1524年)到万历二十八年(公元1600年)，八十年间对泉州府的孔庙就进行了十次修建、扩建工程，成为泉州历史上修孔庙最频繁的年代。同时，对道学家朱熹的吹捧，也特别起劲。《泉州府志》记载："明初，……祀文公像于明伦堂"①，以后又为朱熹建祠、塑像、购祀田、开办书院讲学，并请朱熹后人朱镳守祠。

但泉州又是一个宗教众多、信仰繁杂的地区。由于历史的原因，以及外商的到来，摩尼教、婆罗门教、基督教、天主教纷至沓来。一时庙宇林立，牌坊、塔幢、佛像、墓碑、石刻、木雕，各种思想应有尽有，极大地冲击着儒家一尊的神圣地位。

建于唐代的泉州开元寺，号称闽南佛国，寺内不仅有名门高僧，众多经卷，就是那寺内的石塔，大殿上的石柱，百柱殿梁椽上屋檐下雕刻的那些捧着各色乐器飘飘欲飞的飞天，也颇具特色，引起人们探源逐末的兴致。特别是走廊西侧的那尊佛像，据说就是李贽的一世祖母塑造的。

在泉州，伊斯兰教遗留下来的文物特别多。有墓碑，有龛石，有礼拜堂。由阿拉伯人创建的著名的清净寺，更为人们所熟知，那里处处都刻着古兰经。特别是泉州东门外的灵山圣墓，更带有神奇性。据明人何乔远《闽书》记载："有大贤四人，唐武德中入朝，遂传教中国。一贤传教广州，二贤传教扬州，三贤四贤传教泉州，卒葬此山。……二人自葬此山，夜光显发，人异而灵之，名山曰灵山，墓曰圣墓。"灵山圣墓其实就是默德那国人三贤四贤来泉州传教，死后所葬之处，是伊斯兰教的著名遗迹。人们知道，李贽的家族和伊斯兰教有密切的血缘关系。

当时的泉州，随着外商的到来，传教士也跟踪而至。玛黎诺俚奉教皇本笃十二之命到中国来，就是由泉州登陆的；孟德哥维奴到北京任总主教，也是在泉州登陆后北进的。1975年泉州市文物管理委员会在李贽后代林族人家中发见的抄录本《清源林李宗谱草创卷之三历年表》，在第十八面万历己亥(公

① 《泉州府志》卷一三《学校》。

泉州草庵摩尼教遗址

泉州佛教博物馆

元1599年)条写着:“是年天主教始传入中国”。特意把天主教传入中国的时间写到自己的家谱中去,说明天主教对李贽的家族有一定影响。联系到李贽曾三次会见意大利传教士利玛窦,并赋诗相赠,这不会是没有缘故的。

李贽的少年、青年和壮年,就是生活在这样一个具体的环境之中。李贽在青少年时期,是否接触过佛、回、天主教的教义,现在没有具体材料可以说明。不过,他在《阳明先生年谱后语》中说过:“余自幼倔强难化,不信学,不信道,不信仙、释,故见道人则恶,见僧则恶,见道学先生则尤恶。”[①]由此可见,李贽在青少年时期的确曾经多方面探索人生的道理,而且对于各种学说都有所接触,并从而产生了对道学的极端厌恶,这与他故乡的环境影响是有一定关系的。

李贽思想的形成,与他的家世也有直接关系。

根据解放以来陆续发现的《凤池林李宗谱》、《清源林李宗谱》、《陇西李氏族谱》、《清源林李宗谱》光绪抄本残页,和《明故处士章田暨配丁氏、滕张氏合葬墓志铭》等资料,我们对李贽的家世可以有个比较确切的了解。

李贽原籍是河南汝宁府光州固始县。什么时候迁居泉州,有几种说法。

一说是唐僖宗光启元年(公元885年),李贽的远祖林辅因避秦宗权之乱,随王审知入闽。李贽在《与焦弱侯书》中也曾持此说:“归来读《江宁初志》,又知一拂于余,其先同为光州固始人氏,唐末随王审知入闽,遂为闽人,则余于先生为两地同乡。”[②]这就是说李贽的先祖与郑一拂的先祖同是固始人,后又一同随王审知到了福建。这一说法源远流长,李家宗谱也没有具体交待,现在是无法加以细细考订了。

二说是李贽的一世祖林闾于元朝末年挟资来泉州做生意,后落籍于泉州。这个说法比较可靠。《凤池林李宗谱》记载:“睦斋公,讳闾,字君和。为人敦厚寡言,长于譬喻,安素好古。承借前人积担之赀,常俵家客航,泛海外诸国。是时元纲解组,夷人据泉,干戈扰攘,狱讼繁兴,而岁又荐饥。公尝散积以济之,活人者多,夷人虽暴,不敢有犯者,多畏公之德耳。”《清源林李宗谱》说林闾“藉前人蓄积之资,常扬帆航海外诸国”。《光绪抄本残页》说:“始祖讳闾,字君和,号睦斋公,原籍河南汝宁府光州固始县人。……妣钱氏,浙江钱塘人,父兄仕于泉,因以为睦斋公配。”从这些记载可以得出下列结论:第一,林闾的原籍是河南汝宁府光州固始县人,元末时已到泉州,并和钱氏

① 张建业主编:《李贽全集注》第十八册,第482页。以下引自此书者,只注书名、册数与页数。
② 《焚书》卷二。

结了婚；第二，林闾继承前代祖宗积下的资金，“常扬帆海外诸国”，成为泉州的一个巨商；第三，为人敦厚，在饥荒之年，能散积以救人们于危难，而且和泉州的伊斯兰教徒关系很好。元末至正十七年(公元 1357 年)和二十二年(公元 1362 年)西域血统的回民占据泉州时，对林闾“不敢有犯”。

有关李贽的世系及其职业情况，过去的研究者把其世系列为：林闾—林驽—林通衢—林易庵—林琛—林义方—林白斋—林载贽(李贽)。这一世系从林闾至林琛，都是通商海外的商人，如二世祖林驽就是兼营国内外贸易的大商人，“壮年航吴泛越，为泉巨商。洪武十七年(公元 1384 年)奉命发航西洋忽鲁模斯(伊朗古代港口)”。三世祖林通衢“夙有经营四方志”，经常到广州等地为商，“竟以疾卒广州龙川县之为商处”。四世祖林易庵和五世祖林琛父子，则经常往来于琉球、日本之间，并通晓琉球语，做过通事官(翻译)，曾引琉球、日本诸国入贡京城。林易庵因“奉简书使外国，能使其人输诚以献，不辱朝臣嘉命”，被“钦赐冠带”，并由其子林琛袭职，“非一世也”。由此就得出了李贽出身于海商家庭的结论，这是不确切的。

1974 年从李贽裔孙李爱好(住福建南安胭脂巷村)处发现了一方《明故处士章田暨配丁氏、滕张氏合葬墓志铭》(下简称《志铭》)，对李贽的先代传世情况有着明确的记载。兹摘抄如下：

公讳廷桂，字钟气，别号章田，世晋江人。奇材从六世祖叔父也。盖公与奇材同始祖云。

始祖君龢公，元季入闽，居郡城，以林著姓。生二子，长景文公，次景顺公。景顺公于明永乐二十年(公元 1422 年)籍南安邑，著姓曰李。景文公生五子，长曰居安公，即奇材六世祖；次允诚公，则公高祖。允诚公生次子乾学公，为公曾祖。乾学公生端阳公，为公祖，亦以正德末年从李著姓焉。端阳公生宗洁公，号竹轩，娶董氏，为公父母。凡四子，公其仲也。

公生而修长，性沉嘿悚狷，奉二亲愉色，柔声左右，就养忘劬。赠南京刑部郎中伯兄钟秀公，以子姚安守载贽君贵。向未贵，隶郡诸生，寒肤嗛腹，公馈膳服劳，事之若父。逮犹子载贽振缨郎署，公又不藉以熏轑(轑，同燎；熏轑，即借势以威迫)。友叔季钟英、钟美悌如，恐或伤雁行。四人自少长暨娶，同室共炊，家庭迄无间言。厥后食指蕃滋，庐舍湫阨，竹轩公始命析箸分居。公乃侨南邑小郡，赁庑贾贸，往往折阅。久乃悟本富为上，问诣章田村，相原隰坟衍可家，遂鬻地苫构，拟将世焉，因取章田竖号。

……

赐进士第中顺大夫广西平乐府、前礼部祠祭司主事、尚宝司司丞、从六世祖侄

奇材顿首拜撰，并书篆。

这一《志铭》中的李廷桂(号章田)是李贽的叔父，《志铭》的作者林奇材(嘉靖己未进士，官至广西平乐知府)，是李贽的远房族兄。根据这一《志铭》，再参照解放以来陆续发现的《凤池林李宗谱》、《清源林李宗谱》等，我们知道李贽的确切世系应是：林闾—林驽—李允诚—林乾学—李端阳—李宗洁—李钟秀—林载贽(李贽)。林闾生二子，长房林驽(字景文，号东湖)，二房李端(字景顺，号直斋)。林驽生五子，长子林信(字居诚，弗嗣，故林奇材在《志铭》中迳称其高祖居安为长，实际上居安是次子)，次子林仙保(字居安)，三子李信生(字允诚，关于李贽先世族人改姓之举见后)，四子林玉生(字廷贽)，五子

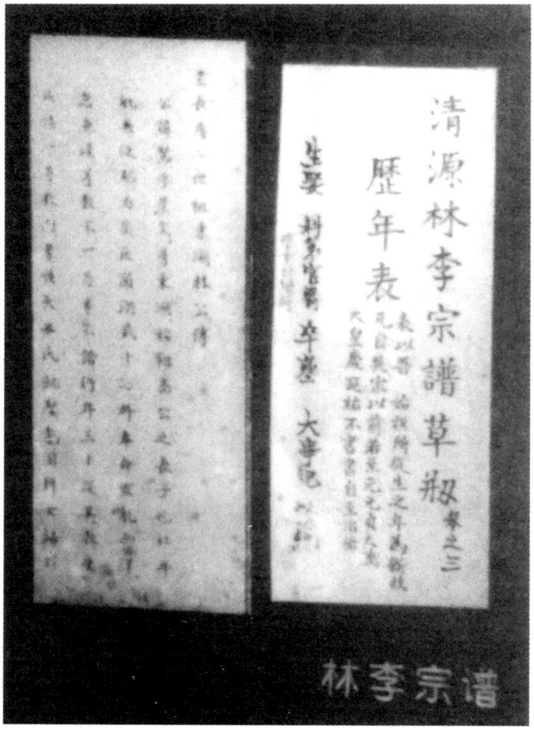

清源林李宗谱草创

林福生(字通衢)。李贽是林允诚一支。李贽的二世祖林驽，虽是海航波斯的大贾，但与李贽已相隔五代。李贽的远房三世祖林通衢、四世祖林易庵和五世祖林琛，或从事于航海活动，或来往于琉球、日本之间，但和李贽直系祖先并没有很多经济关系。

李贽的直系近亲虽非海商大贾，却和商业有一定联系。《志铭》所载，李贽的祖父竹轩之时，是与四个儿子"同室共炊"的大家庭。由于人口多，住房小，收入微，竹轩"始命析箸分居"。其次子李章田在分居时，"乃侨南邑小郡，赁庑贾贸"，到南安做小生意，由此可知，竹轩也应该有一定的小商资本。

李贽之父正名该是李廷□(第二字无从考查)，字钟秀，号白斋，是"隶郡诸生"的泉州府学秀才，以教书为业。据李贽自述："长七岁，随父白斋公读书歌诗，习礼文。"[①]又据《清源林李宗谱》："东井公……比长从何怍庵(何炯，即何乔远之父)学，亦师白斋公。"[②]《景璧集》："(苏)公讳存淑，……尝受学于李白斋公，器之，字之以女，即世所称李卓吾之妹也。"[③]由此可知，林东井、苏存淑以及李贽都是李白斋的学生，李白斋因为器重苏存淑，还把李贽的妹妹嫁给了他。

以教书为业的李白斋一家，生活是比较清苦的。李贽的外甥苏懋祺在《祭卓吾母舅父》中说："昔我外祖白斋赠公，诞男五而吾舅居长，诞女三而吾母居次。"[④]可知李白斋生有五男三女，是一个大家庭，生资极重。又据李光缙《待赠李孺人传》，说李贽二妹嫁给苏存淑后，"辫发服浣，旦纺绩，夜絣澼洸，与诸臧获杂作，饲豕畜雏必亲之"[⑤]。表明李贽二妹在家时已养成劳动的习惯。证之以《志铭》中所说李白斋家"寒肤嗛腹"，要靠居住南安乡下的弟弟李廷硅"馈膳服劳"，可知李贽是出身于一个比较贫寒的城市塾师家庭。

根据现有资料，李贽的世系可以下列简表示意：

---

① 《焚书》卷三《卓吾论略》。

② 《清源林李宗谱》卷三。

③ 李光缙：《封君艾斋苏先生传》，《景璧集》卷一四。

④ 泉州《燕支苏氏族谱》卷一四。

⑤ 泉州《燕支苏氏族谱》卷一〇。

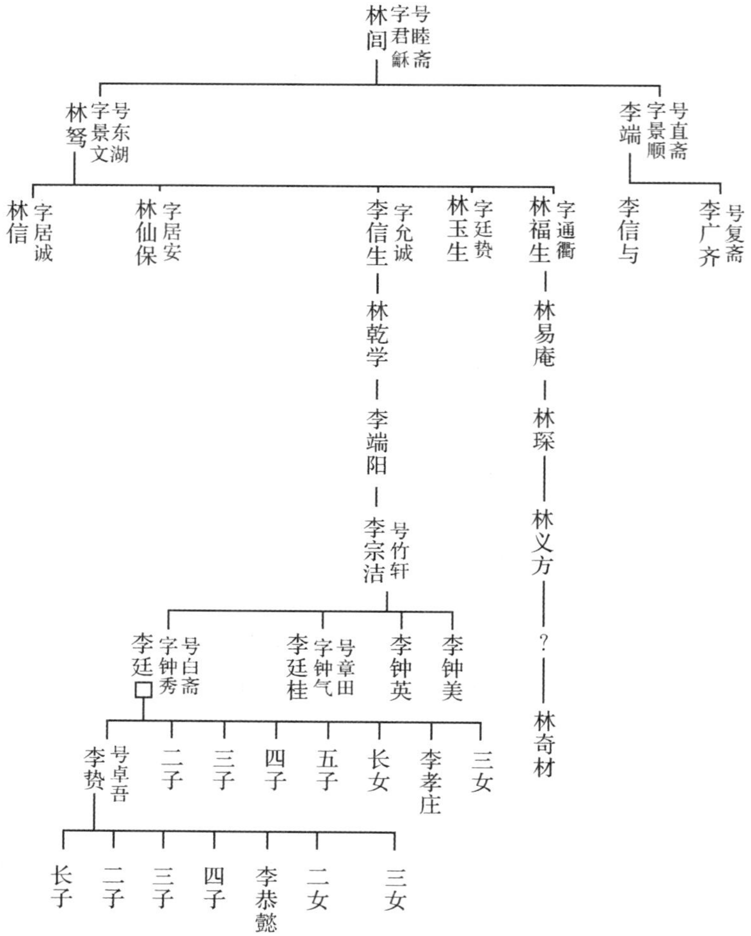

从李贽的世系可以看出，李贽的先世及其族人还有改姓之举。

《荣山李氏族谱》载："李闾，字君龢，号睦斋，妣钱氏。生二子：长讳驽，字景文，林派；次讳端，字景顺，李派。"又载："(林氏)一世祖处士睦斋林公……"可见泉郡部分林李宗人的共同祖先就是李闾，其林李分派也从此时开始。那么，李闾为何后来又改姓林呢？据《陇西李氏族谱》记载，李闾之父李衡生有四子，李闾排行第四。后四子分居，独李闾留居泉州，"因元季兵饷费多，粮银催迫，一人焉能独持？又兼幼孤，常在外妈之家，是以变名而入外妈之林姓。"李闾"生于元朝致和戊辰年(公元 1328 年)"①，正是泰定帝崩，

① 《陇西李氏族谱》。

伯颜谋反之时。当时民族矛盾、阶级矛盾都异常尖锐，社会动荡，人民生活艰难。由此看来，《陇西李氏族谱》关于李闾兄弟分居他处后，留住泉郡的李闾因不堪科赋粮银之逼，经常到“外妈”之家，从而改入外祖的林姓，还是可信的。

李闾之后，其子嗣分为林李两派，又是何因？据《陇西李氏族谱》：“公讳驽……洪武十七年（公元1384年）奉命发航西洋忽鲁谟斯，等（当为奉字之误）教不一，为事不谐。行年三十，遂从其教，受戒于清净寺教门，号顺天之民。就娶色目婢女，归于家。”而闾次子端则“为人聪敏敦厚，乐循理，好倜怅，又善于音律，而好种植。家法严肃俭约，虽居于市里，然养心静素。自不能革其兄之异习，乃退而自居城南。”很明显，林驽从事海外贸易，远至阿拉伯世界，为谐其事而入其教，并娶色目婢女为妾。而李端却以恪守儒教为乐，从而在思想信仰上与其兄驽发生矛盾，而又“不能革其兄之异习”，就退而异地避居。《清源林李宗谱》在上述情况的相近记载后，还明确写道：“然而肇分林李之派，其隙亦开于此也。”表明从林驽、李端开始的林李分派，一个重要原因是由于思想信仰的不同而引起。这种由于思想信仰不同而引起的林李分派，在李端之子李广齐的《垂戒论》中又得到一次证明。李端死后，其子李广齐移居南安[①]，在筑宗祠、修家谱之际，特作《垂戒论》于其中。说：“今伯父为缙绅之裔，过色目之俗而不能悟，不祖其祖而祖人之祖，不行其行而行夷狄之行，……夷狄而入中国则中国之，中国而入夷狄则夷狄之，……恐后之子孙袭其弊者，以特严戒之。”[②]话说得如此尖刻，可见对其伯父林驽的不满。

但是，从世系表中还可以看出一个问题，就是长房林驽一支的族人中也存在着改姓之举。据《清源林李宗谱》卷三《历年表》永乐壬寅（公元1422年）《大事记》栏记载：“又长房三世祖允诚从广齐公移居南安胭脂巷，并改李姓。”“初，公（指林允诚）住教场头。其子乾学复姓林，孙端阳复改李，至今传为南安胭脂巷李派。”又据《陇西李氏族谱》记载，允诚夫妇在南安榕桥传乾学，迁泉州，再姓林；乾学传端阳，又往南安胭脂巷，再姓李。由此是否可以断定，李贽的先世虽属长房林姓，但自三世祖起，居南安则复姓李，居泉州则仍姓林。自李贽的曾祖父李端阳起，则一直以李为姓，并“传为南安胭脂巷李派”。其中原因尚不可考，也许是由于时间的推移，林李之分已不那么严格了。

---

① 《清源林李宗谱》卷三《历年表》在永乐壬寅（公元1422年）《大事记》栏载：“是年，老二房三世祖叔广齐移南安，改李姓始此。”

② 《李氏族谱》。

李贽的姓氏也是一个问题。据《清源林李宗谱》卷四《恩纶志》载："老长房李讳贽，原姓林，入泮学，册系林载贽，旋改李姓。"李贽自己也曾说过他不姓李："子不姓汤，我不姓李，总之一味清苦到底。"[①]李贽何时以林载贽系名府学，暂无可考，但有关族谱在记述此事时，都有"旋改姓李"字样，说明李贽以林姓系名的时间不长。李贽早年何以姓林，可能与他居住泉州有关，但很快就易姓归宗，承袭父祖姓李了。

李贽先祖的思想信仰也很复杂。前面已经提到，李贽始祖林闾和泉州的伊斯兰教徒的关系很好。可是林闾的妻子却是一个虔诚的佛教徒，"好修寺宇，构弥陀殿，塑金刚像于开元寺廊之西"[②]。

二世祖林驽，"行年卅，遂从其教，受戒清净寺教门，号顺天之民"，成了地道的回教徒。而他的胞弟林端却"敦诗习礼，绰有儒风"[③]。

三世祖林通衢之妻的墓也在东门外仁风乡的伊斯兰教徒葬地。可是老二房三世祖林广齐却是道教徒，并因修理东岳庙立下马碑闯下了杀身之祸。

李贽的父亲林白斋虽然以教书为业，为人却豁达大方，没有那些冬烘先生们的道学气。

更为有趣的是，在李贽家族中，还有不少人和伊斯兰教徒通婚，甚至有和外国人通婚的。李贽二世祖林驽就是"娶色目女"。在林氏宗谱中还记载了很多李氏与蒲氏、丁氏、迭氏通婚的事。蒲氏是蒲寿庚的后代，《晋江县志》卷十五"纪兵"称蒲为"西域人"，在明代，蒲氏是政治上被打击的家族。丁氏是回回人，"赛典赤瞻思丁"之后代的汉姓。迭氏乃泉中巨族，与金、丁、马、夏并称，"五大族，皆从妈氏异教"[④]，都是汉化的西域人。李贽家族与西亚血统的泉州伊斯兰教家族屡通婚姻，这种冲破民族界限、宗教信仰的婚姻关系，对李贽的反传统思想也必然产生一定的影响。

封建社会后期农民阶级与地主阶级矛盾的激化，新兴市民的兴起，资本主义的萌芽及其与封建生产关系的冲突，民族矛盾的加剧，以及这些矛盾在当时泉州地区的集中反映，再加上李贽贫寒的家世和近乎"异教徒"的出身，就是产生李贽这个具有强烈的反传统思想的明代进步思想家的土壤。

明嘉靖六年(公元 1527 年)农历十月二十六日，李贽诞生在福建泉州市南门外的一位私塾教书先生家里。初名林载贽，后承袭父祖，归宗改姓李。公

---

① 《焚书》卷五《茶夹铭》。

② 《清源林李宗谱》。

③ 《陇西李氏族谱》。

④ 《凤池林李宗谱》第 15 页。

元 1566 年，嘉靖皇帝死，其子朱载垕继位皇帝，为明穆宗。“载”字犯了新皇帝的讳，不得不去掉，随叫李贽。

李贽，号卓吾，福建音“卓”“笃”不分，故又号笃吾。泉州有泉山，曾是温陵（泉州的别称）禅师修道的地方，因此又自号温陵居士。后来到河南共城（即辉县）做官，共城西北有苏门山，山下有百泉，北宋李之才在这里做过官，邵雍曾在这里隐居，并把自己的住所称为“安乐窝”，李贽认为：“吾泉而生，又泉而官，泉于吾有夙缘哉！”所以又自称百泉人，号百泉居士。他听到别人批评自己心胸太狭窄，应该心胸宏阔，于是就自号宏父（又写作宏甫），称宏父居士。他五十岁前后，潜心妙道，学习有所得，但遗憾的是父亲已经死去，因思念父亲，就又自号思斋居士[①]。晚年，他长期居住湖北麻城的龙湖，又自号龙湖叟，因去发，号秃翁，有时又自称李长者和李老子，袁中道在《柞林纪谭》中又称他为柞林叟。

李贽的童年是不幸的。他说：“生而母太宜人徐氏没，幼而孤，莫知所长。”[②]又说：“我自六七岁丧母，便能自立。”[③]这使李贽从小就养成了孤独、倔强的性格。封建官僚、道学家攻击李贽“放诞傲睨”、“孤行一意”；李贽的友人也说他“中燠外冷，丰骨棱棱。性甚卞急，好面折人过”；[④] 甚至李贽本人也承认自己“其性褊急，其色矜高，其词鄙俗，其心狂痴，其行率易，其交寡而面见亲热。其与人也，好求其过，而不悦其所长；其恶人也，既绝其人，又终身欲害其人。”[⑤]似乎谁也无法否认李贽的性格是不近“人情”的。其实这种不近人情的性格，只不过是不近人情的生活在李贽身上留下的一个烙印，而这个烙印恰恰帮助李贽走上了“异端”的道路。

李贽七岁的时候，开始跟他的父亲白斋公“读书、歌诗、习礼文”。李贽跟他父亲读了些什么书虽不能详知，但应出不了儒家经书范围。不过从李贽父亲那种豁达大方、不同流俗的性格看，李贽从那里所受到的，决不是道学家的那套教育。

十二岁时，李贽已经会作文章了，他试着作了一篇《老农老圃论》，把《论语·子路》中所记樊迟问稼和《论语·微子》中所记子路遇荷蓧老人的两件事综合一起，赞扬了关心农事的樊迟，讽刺了不懂农事、轻视农业劳动的孔子。

① 这些名号均见《焚书》卷三《卓吾论略》。

② 《焚书》卷三《卓吾论略》。

③ 《续焚书》卷一《与耿克念》。

④ 袁中道：《李温陵传》，《珂雪斋集》卷一七。

⑤ 《焚书》卷三《自赞》。

一个十二岁的孩子，能从《论语》这本书中挑出这样两件事情，写出具有“异端”色彩的文章，实在是难能可贵。不仅如此，李贽的文章写成以后，很受同学们的赏识，纷纷祝贺林白斋得到了一个好儿子。李贽说：“吾时虽幼，早已知如此臆说未足为吾大人有子贺，且彼贺意亦太鄙浅不合于理。彼谓吾利口能言，至长大或能作文词，博夺人间富若贵，以救贱贫耳，不知吾大人不为也。吾大人何如人哉？身长七尺，目不苟视，虽至贫，则时时脱吾董母太宜人簪珥以急朋友之婚，吾董母不禁也。此岂可以世俗胸腹窥测而预贺之哉！”[①]林白斋不期望儿子靠“利口能言”，“作文词”，去博取人间的功名利禄。年幼的李贽也深深懂得他父亲的这种思想可贵，认识到以文词博取人间富贵的鄙浅。这都表明李贽在林白斋的影响下，从小就产生了鄙视科举制度，鄙视把科举考试作为猎取功名利禄的阶梯的庸俗之见。

中国的科举制度始于隋，一直延续到清。不过愈到后来，距离开科取士的本意就愈远。开初多少还选拔一些人材，后来就完全变为泯灭人们意志的一种手段了。读书士子皓首穷经，把一生有用的精力，全消耗在对付科举考试上。明政府更把科举考试作为毒化人们思想的工具，考试范围限于“四书”、“五经”，并以朱熹的传注为标准答案。读书士子要想求得进身之阶，就必须熟读、体会“四书”、“五经”及朱熹的传注。考试时专以四书、五经出题目，“其文略仿宋经义，然代古人语气为之，体用排偶，谓之八股，通谓之制义”[②]。这种以四书、五经为内容，模仿古人语气写出的八股文，能有什么思想见解？这样的科举制度，不过是钳制读书人思想、实行文化专制主义的一种手段罢了。李贽十二岁就作《老农老圃论》讥讽孔丘，对于朱熹的传注，他同样读不进去。后来他回忆自己少年时读书的情况说：“稍长，复愦愦，读传注不省，不能契朱夫子深心。因自怪，欲弃置不事。”[③]可以看出他少年时代就对朱熹及其传注不感兴趣了。

嘉靖十九年(公元1540年)，李贽十四岁的时候，已读完《易》、《礼》，改读《尚书》。他在《易因小序》中说：“余自幼治《易》，复改治《礼》，以少《礼经》决科之利也。至年十四，又改治《尚书》，竟以《尚书》窃禄。”[④]这就是说，李贽十四岁在学校读完了《尚书》以后，就没有机会再集中时间读书学习了。

嘉靖二十六年(公元1547年)，李贽与黄氏结婚。耿定力在《诰封宜人黄

① 《焚书》卷三《卓吾论略》。

② 《明史》卷七〇《选举志》。

③ 《焚书》卷三《卓吾论略》。

④ 《李氏文集》卷一一。又见《李贽全集注》第二十六册，第507页。

氏墓表》中说："宜人以嘉靖癸巳（公元1533年）六月八日生，……年十五（传统都以虚岁计算），归卓吾。"但是，李贽婚后不久，就不得不为生活而出外奔波了。李贽后来客寓龙湖时在给焦竑的信中曾说及自己青壮年的事："弟自弱冠糊口四方，靡日不逐时事奔走。"[①]为了生活，李贽都去过什么地方？干了一些什么事？现在不得而知。不过，他在《子由解老序》中记叙他年轻时候的一段往事，很值得注意。他说：

> 盖尝北学而食于主人之家矣。天寒，大雨雪三日，绝粮七日，饥冻困踣，望主人而响往焉。主人怜我，炊黍饷我，信口大嚼，未暇辨也。撤案而后问曰："岂稻粱也欤！奚其有此美也？"主人笑曰："此黍稷也，与稻粱埒。且今之黍稷也，非有异于向之黍稷者也。惟甚饥，故甚美；惟甚美，故甚饱。子今以往，不作稻粱想，不作黍稷想矣。"[②]

这一段记事，无从考订其具体年代，但不管是何时到何地，从这段话可以看出李贽青壮年时期的生活是不富裕的，"绝粮七日，饥冻困踣"，这绝不是一时的拮据，而是生活在穷困之中。在这样穷困的奔波中，李贽必然会接触到下层人民的生活，看到人民群众的不幸遭遇，在思想上也会有所感受的。

但李贽奔波了几年后，并没有找到生活的出路。随着时光的流逝，父亲年纪大了，弟妹也到了婚嫁的年龄，特别是自己结婚生子以后，生活挂累就更重了。在这种情况下，为生活所迫，他不得不违心地走应考求仕的道路了。

明朝科举考试共有三级：第一级是院试，合格称"生员"，也就是通常所说的秀才；第二级是乡试，取中的称举人；第三级是会试和殿试，会试取中的称贡生，殿试头三名为一甲，称进士及第，二甲若干人，称进士出身，三甲若干人，称同进士出身，一、二、三甲总称进士。考取进士的就可以授以官职，如果举人会试不及格，没考上进士，也具备了做官的资格。《清源林李宗谱》上记载着李贽入泮学时叫林载贽，可见李贽是应过院试的，也就是说进过学的。进学以后，就可以享受一些特权，可是还没有做官的资格。为了官禄，最少得考中举人，因而李贽不得不去应乡试。不过，李贽应乡试的心情和一般儒生大不相同。他说：

① 《续焚书》卷一《与焦弱侯》。

② 《焚书》卷三。

此直戏耳。但剽窃得滥目足矣，主司岂一一能通孔圣精蕴者耶！因取时文尖新可爱玩者，日诵数篇，临场得五百。题旨下，但作缮写誊录生，即高中矣。[①]

儒生们认为是神圣的考试大典，李贽则视之为儿戏一般。儒生们认为这是代圣人立言的千古事业，而李贽则认为“但剽窃得滥目足矣”，这真是对“圣人”的大不敬。主司是皇帝的钦差命官，是考生的“座主”、“恩师”，而李贽则直斥其不懂得“孔圣精蕴”。从这里可以看出李贽对科举制度的蔑视。

嘉靖三十一年(公元1552年)，李贽二十六岁时中黄昇耀榜举人。《清源林李宗谱草创卷之三历年表》嘉靖壬子年《科第官爵》栏：“是年，长房卓吾公中式举人。”民国三十一年(公元1942年)重刊《晋江县志》卷三十一《选举志》：“李载贽，后改名李贽，府学，官知府，传见《文苑》。嘉靖三十一年壬子解元黄昇耀榜举人。”但从此以后，他就决绝地说：“吾此倖不可再侥也”，“遂就禄”[②]，在对仕途不感兴趣的心情下，他终于走上了仕途，使他的生活进入一个新的阶段。

① 《焚书》卷三《卓吾论略》。

② 《焚书》卷三《卓吾论略》。

二、二十五年的仕宦生活与《老子解》的解说

嘉靖三十四年至万历八年
（公元 1555 年—1580 年）

嘉靖三十四年（公元 1555 年），李贽二十九岁的时候，出任河南辉县教谕，这是他第一次为官。二十多年以后，他回顾起第一次为官时的心情说：

吾初意乞一官，得江南便地，不意走共城万里，反遗父忧。虽然，共城，宋李之才宦游地也，有邵尧夫安乐窝在焉。尧夫居洛，不远千里就之才问道。吾父子倘亦闻道于此，虽万里可也。且闻邵氏苦志参学，晚而有得，乃归洛，始婚娶，亦既四十矣。使其不闻道，则终身不娶也。余年二十九而丧长子，且甚戚。夫不戚戚于道之谋，而惟情是念，视康节不益愧乎！①

河南辉县百泉

① 《焚书》卷三《卓吾论略》。

辉县古为共伯国，隋为共城县。北宋的李之才曾在共城做过官，著名学者邵雍也曾在共城向李之才求过学，并长期隐居于此，还把自己的住所称为“安乐窝”。李贽盛赞邵康节，是想像邵雍那样“苦志参学”，以求“闻道”，说明这时候李贽的思想还没有摆脱儒学的束缚。但李贽和邵雍毕竟不同，邵雍丁母忧，可以在共城苏门山下的著名风景区百泉旁筑室而居，闭门修性。而李贽则不得不“假升斗之禄以为养”①。因此，到任后，他除“拜揖公堂之外”，就“闭户自若”②，刻苦探求学问，追求人生的真谛。但是他的思想性格与县令、提学合不来，“为县博士，即与县令、提学触”③，这怎么能学道？结果“在百泉五载，落落竟不闻道”④。李贽第一次探索人生大道的结果，是以失败而告终了。

恰恰这个时候，朝廷又调李贽到南京任国子监博士，于是他快快不快地离开了辉县。

嘉靖三十八年(公元1559年)，李贽到南京任国子监博士。明朝自永乐十九年(公元1421年)把国都迁到北京后，以南京为留都，仍设五府六部、国子监等，与北京的五府六部国子监重叠并存，但实权都在北京，南京的五府六部实际上不过是一个清议机构罢了。明洪武初，京师学校称“国子学”，后改称“国子监”，也称“太学”，是中央政府设立的教育士人的学校。其学生来源有两类，一类是官生，是由皇帝指派的品官子弟；一类是民生，是由各地地方官保送的府州县学的生员。课程内容有御制大诰、大明律令、四书、五经等，分程度高低教授。经史兼通的入“率性堂”，一年后考试成绩优良者即可派出做官。国子监的主管(校长)称祭酒，副长官称司业，负责传授知识的教授称博士，李贽就是国子监博士。但李贽到任仅两三个月，因父亲白斋公病故泉州，就“守制东归”⑤，回乡奔丧了。

就在这一年，倭寇数次攻掠泉州，正月窜犯南安英山，三月在泉州东门外浔美登陆，四月进犯到南郊的车桥，焚屋杀人，直逼泉州城下。直到年末，倭寇仍在肆意骚扰，并围攻泉州城。李贽回家奔丧，由于倭寇肆虐，“海上所在兵燹”⑥，他不得不白天隐蔽，夜间赶路，走了六个多月才到家。可是到了家却遇到了这样一场战火，城下箭石横飞，城中粮食断绝。在这种情况下，

---

① 《焚书》卷四《豫约·感慨平生》。
② 《阳明先生年谱后语》。《李贽全集注》第十八册，第482页。
③ 《焚书》卷四《豫约·感慨平生》。
④ 《焚书》卷三《卓吾论略》。
⑤ 《焚书》卷三《卓吾论略》。
⑥ 《焚书》卷三《卓吾论略》。

李贽顾不得行孝事，穿着孝服，率领弟、侄辈，立即投入了抗倭斗争。这与那些“一旦有警，则面面相觑，绝无人色，甚至互相推委，以为能明哲”[①]的道学家，形成了鲜明的对照。正是由于李贽亲身参加了抗倭斗争的实践，对他独特的军事思想的形成有着极大的裨益，使他不但写出了《兵食论》这样的专题论文，而且后期还撰写了《孙子参同》这样的军事专著。在《兵食论》中，他一方面批评了“儒者反谓信重于兵食”的谬说，一方面提出了“文事武备，一齐具举”、“家自为战，人自为兵”[②]的主张，表现出不同于儒家传统思想的独特军事思想。

嘉靖四十一年(公元 1562 年)，李贽守制期满后，又离开泉州到北京去。李贽曾说：“三年服阕，尽室入京，盖庶几欲以免难云。”[③]所谓“欲以免难”，指的是免于倭寇侵扰之难。当时面对倭寇的大肆入侵与骚扰，明朝统治集团束手无策，使东南沿海人民遭受到巨大的损失。泉州多次受到骚扰。如嘉靖二十九至三十九年(公元 1550—1560 年)，也就是李贽二十四岁到三十四岁的十年间，倭寇多次侵犯泉州，其中嘉靖三十七年(公元 1558 年)“四月，倭至，我封祖静野公年十二，皆逃入城内。五月，海道邵公焚城外屋”[④]。嘉靖三十八年(公元 1559 年)“三月十一日复至郡城南星桥，……贼排桥门至车桥，大焚居民，直至城下，时郡城分兵拒守，凡四阅月”[⑤]。同年“倭又至，十一月薄城，焚浯江祖居”。“是年我八世祖茂吾公洎妣丁氏，封公与弟烇并避祸于排铺街邱祖姑家，时古庵公及后吾伯因南门早闭，从众走过东门，争先入者多叩死，寇焚屋，火迫城垣。”[⑥]由于倭寇的连年侵扰，致使泉州一带“数年田亩遍为草莽，瘟疫盛行，死者枕藉”[⑦]。在这种情况下，李贽决定把全家搬到北京去。

李贽是嘉靖四十一年(公元 1562 年)到北京的，到京以后，“居京邸十阅月，不得缺，囊垂尽，乃假馆受徒”[⑧]。由于找不到差事，生活上又一次发生困难，不得不借别人的馆舍，以教书维持全家的费用。“馆复十余月，乃得

① 《焚书》卷四《因记往事》。

② 《焚书》卷三。

③ 《焚书》卷三《卓吾论略》。

④ 《清源林李宗谱历年表》。

⑤ 《泉州府志》卷七三《纪兵》。

⑥ 《清源林李宗谱历年表》。

⑦ 《泉州府志》卷七三《纪兵》。

⑧ 《焚书》卷三《卓吾论略》。

缺，称国子先生，如旧官。”[1]等了一年多，总算得到了和南京国子监博士一样的职务。但是，作为太学博士，又和长官发生矛盾。“为太学博士，即与祭酒、司业触。如秦，如陈，如潘，如吕，不一而足矣。”[2]秦指秦鸣雷（公元1518—1593年），陈指陈以勤（公元1500—1575年），潘、吕指潘晟、吕调阳（公元1516—1580年）。同时，生活上的种种不幸，也接二连三地袭来。嘉靖四十三年（公元1564年）刚刚接到祖父去世的讣告，二儿子又病死在身旁。不幸的遭遇使他发出了“仕宦若居士，不乃更苦耶”[3]的叹息。

李贽接到祖父去世的信息后，决意二次奔丧。原来李贽的曾祖父母和父母死后，由于家贫无钱买茔地，又怕别人议论自己不孝敬祖先，因而不肯草草埋葬，都是暂厝（把棺木浅埋以待改葬）着的。这次李贽回泉州，决心了却这桩心愿，把曾祖父母、祖父母、父母都安葬入土。李贽要到几千里远的泉州去守制三年，家属留居北京是不行的，因此他决定“权置家室于河内，分赙金一半买田耕作自食”[4]，把妻女安置在他曾经作过四年多县学教谕的辉县，并把别人帮助办丧事的钱分一半给她们买些田地，让她们耕作自食。恰巧这一年辉县大旱，贪官污吏借漕河是运送公粮的河道之名，把通向田间的水源全部引入漕河，切断百姓的田间用水，企图乘机敲榨勒索。李贽竭力为老百姓请求放水，但均遭拒绝。当时李贽若以自己的几亩地请求用水，那一定会得到照顾的，但李贽没有这样做，他说：“嗟哉，天乎！吾安忍坐视全邑万顷，而令余数亩灌溉丰收哉！纵与必不受，肯求之！”[5]他对贪官污吏欺压百姓的暴虐行径极端不满，因而宁肯自己田地与全邑万顷一起干旱，也不愿单独接受贪官的私情。就这样，李贽怀着对贪官污吏的强烈不满，对妻女的无限牵挂，离开辉县南行了。

这一年，辉县大闹饥荒，李贽家种的几亩地，只收了几斗稗子，全家只能靠吃这种草籽度日。大女儿过惯了艰苦生活，还能够勉强咽下去，二女儿、三女儿难以下口，由于病饿交加，终于相继死去。至此，李贽已有两个儿子死于贫病，两个女儿死于饥饿，只剩下一个女儿了。在严酷的生活面前，李贽对于“饿死事极小，失节事极大”之类的理论，无论如何是听不入耳的，他“见道学先生则尤恶”的心情，只能是日甚一日了。

---

① 《焚书》卷三《卓吾论略》。
② 《焚书》卷四《豫约·感慨平生》。
③ 《焚书》卷三《卓吾论略》。
④ 《焚书》卷三《卓吾论略》。
⑤ 《焚书》卷三《卓吾论略》。

两个女儿死后，李贽的妻子和大女儿还是难以度日。这时李贽的朋友邓石阳正好以卫辉府推官(专门管理一府中刑事)的身份来到辉县发粟赈济灾民，他拿出自己的一些薪俸帮助李贽妻女，并作信给与李贽共事过的地方官长，叫他们也解囊相助。李贽妻女用这些朋友资助的钱，一半籴粟，一半买花纺布，勉强度过了三年的艰辛生活。

李贽回到泉州以后，安葬了三代老人，了了三世业缘，这时已经心灰意冷，产生了不愿再出仕做官的念头。但是“回首天涯，不胜万里妻孥之想”[①]，于是在嘉靖四十五年(公元1566年)回到了辉县。他记述这次见到妻女时的情景说：

> 入门见室家，欢甚。问二女，又知归未数月俱不育矣。此时黄宜人泪相随在目睫间，见居士色变，乃作礼，问葬事，及其母安乐。居士曰：“是夕也，吾与室人秉烛相对，真如梦寐矣。乃知妇人势逼情真，吾故矫情镇之，到此方觉屐齿之折也!”[②]

这真是一段辛酸事，在这种场合下，无论如何矫情镇定，也掩盖不了那内心的悲愤之情。无情的现实生活，使李贽精神上又一次受到打击。

河南辉县李贽与友人唱和诗刻

这年的夏秋李贽就是同家人在辉县度过的。现存辉县嘉靖丙寅(公元1566年)石刻一块，记载了李贽与邓石阳等的唱和诗六首，其中有李贽诗三首和序文、后记、跋语三段，是我们了解他这一段生活的宝贵资料，现照录如下：

---

① 《焚书》卷三《卓吾论略》。

② 《焚书》卷三《卓吾论略》。

早秋乘公务便访李卓吾白云山中，命韵得山字。

出城载酒访函关，十里肩舆度远山。
谈道石床风韵寂，论心泉阁鸟声闲。
桃源花绕迷归路，谷口烟浓拥去纶。
我欲寻幽作新隐，禅堂深锁白云间。

石阳邓林材

相访过山寺，题诗欲满山。
野人惊瘦病，仙客喜开颜。
落笔天将暮，举头叶可攀。
行吟出树下，云在意俱闲。

卓吾李载贽

途中怀寺上诸友

世事何纷纷，教予不欲闻。
出郊聊纵目，双塔在孤云。
雨过山头见，天晴日未曛。
骑驴觅短策，对酒好论文。

至山寺唯子中在，又与予偕病，强勉下棋。虽得水送酒，不敢进也。须臾君宣从南来，我二人渐亦精采，是用短述遣心云：

思君复自陟崔嵬，君独思君不顾回。
一雨半犁堪种谷，三人两病懒登台。
棋声忽应空山去，酒味欢从得水来。
可是君宣寻到我，须臾为报洞门开。

时嘉靖丙寅，予偕诸友逃暑山中：赵永亨字子吉，陈苳字子进，张士允字子中，张世乐字子善，暨获嘉傅坤，为六人之友。予为谁？即卓吾。

五岳探奇兴有余，白云高卧即吾庐。
泉中欲洗巢由耳，门外何劳长者车。
是处青山应入梦，他年绿野可忘居。
僧家莫道闲游览，安石苍生意未虚。

楼阁依山寺，烟霞傍翠微。
天清吟望阔，树密野人稀。

欲跨乘风鹤，还怜钓月矶。

况逢年契侣，潇洒共忘归。

王明斋和同年李巽川游白云二诗，因石工□□□□于后。

然论其可传，则明斋当首推也。

卓吾跋①

上述石刻第一首七律是邓石阳所作，二、三两首五律和第四首七律为李贽所作，第五首七律为王明斋所作，第六首五律为李巽川所作。三段序文、后记、跋语均为李贽所写。从这几首诗文中，我们可以大致了解李贽当时的生活及交往情况。这年的夏天，可能是由于从泉州回辉县长途跋涉的劳累和二女夭折的悲痛郁结，李贽病了一场，他住到白云山的白云寺避暑去了。有时他"出郊聊纵目"，游览一下山中泉边美景；有时则和"相访过山寺"的朋友"对酒"、"谈道"、"论文"、"题诗"、"下棋"。在这些朋友中有邓石阳、赵永亨、陈苊、张士允、张世乐、傅坤、王明斋、李巽川，还有一个名叫君宣的，都曾到山中探望李贽或一起避暑并互相唱和题诗。

河南辉县白云山中白云寺山门

① 泉州市文物管理委员会存有此石刻的拓片。

从这几首诗文中，可以了解李贽思想上的一些情况，他说："世事何纷纷，教予不欲闻。"他从二十九岁离开故乡泉州到辉县做县学教谕，开始走入官场，到这一年整四十岁，十多年来，由县学教谕而至国子监博士，由泉州、辉县的小城市，到南京、北京的政治中心大都会，看到了官场的种种腐败，他已感到厌倦，很想安静地隐居一段时间。但他并没有完全忘却世事。如看到下了半犁的雨，他想到可以种谷了。他读了王明斋、李巽川的诗，认为前者比后者好，因为后者只是单纯的景色描写，没有更多的生活内容。而王明斋的诗则表现出对现实生活的关注："僧家莫道闲游览，安石苍生意未虚。"李贽肯定王明斋这种在"闲游览"中不忘现实，要像谢安那样卫国安民的思想，也反映他自己对现实的积极态度。

李贽虽然对统治阶级的尔虞我诈产生了强烈的不满，但为生活所迫，他不得不在嘉靖四十五年(公元 1566 年)又携眷回到北京，并出任礼部司务。明朝的礼部是中央政府主管典礼、科举、学校的一个部门，礼部司务则负责勾销、收发公文的职务，是一个没什么地位而又收入不多的穷差使，还不如国子监博士。当时就有人讥笑李贽那么一个穷官都去任职，而不知道辞官。但是李贽有自己的想法，他说：

> 吾所谓穷，非世穷也。穷莫穷于不闻道，乐莫乐于安汝止。吾十年余奔走南北，只为家事，全忘却温陵、百泉安乐之想矣。吾闻京师人士所都，盖将访而学焉。①

李贽当初到辉县做官时，就立志要效法邵雍在百泉安乐窝修行寻道。可是，十多年过去了，除了在官场到处碰壁和为家事忙碌之外，他并没有探索到什么道的蕴藉。这次他再到京师，决心要求师访友，探索一下道的奥妙了，至于生活上的穷困，他已经置之度外。

李贽在礼部时，明朝杰出的政治家张居正也正在礼部任职。隆庆元年(公元 1567 年)，张居正任礼部右侍郎兼翰林院学士，月余，升吏部左侍郎兼东阁大学士，预机务。四月，进礼部尚书兼武英殿大学士。隆庆六年(公元 1572 年)，穆宗死，首辅高拱和阁臣张居正同受顾命。高拱怕大权落入太监冯保之手，张居正却暗中勾结冯保，终于挤走高拱，取得首辅地位，加左柱国中极

① 《焚书》卷三《卓吾论略》。

殿大学士[①]。张居正任首辅十年，利用冯保左右太后，用太后制服“幼主”，把大权揽到自己手中，大胆地进行了政治上的改革。张居正是一个有作为的封建政治家，他深感当时社会危机的严重，阶级矛盾的尖锐，如不改弦更张，则“元末之事可为殷鉴”，明王朝的政权将受到严重威胁。因此，他决意澄清吏治，打击豪绅大地主势力，巩固国防，抵抗外族和倭寇的入侵。并提出“厚农而资商”、“厚商而利农”，主张在发展农业的基础上扶助工商业发展，这对当时社会经济的发展起了一定的积极作用。李贽在礼部任司务时，张居正任礼部右侍郎，后进为礼部尚书，是李贽的顶头上司，两人虽然没有什么私人往来，但工作上的关系是少不了的。李贽一生都很推崇张居正，张居正死后，神宗以“纯任霸术”、“专恣擅权”的罪名，抄了张居正的家，杀了他的族人，并全部废弃了新法。但李贽却一再肯定张居正的政治改革，称他为“宰相之杰”、“吾师也”[②]，是“大有功于社稷者”[③]，并对张居正表示了深切怀念：“今日真令人益思张江陵也”[④]。李贽对张居正的这种好感，应该说是在礼部共同工作时打下了基础的。

这时李贽开始和王学发生了关系。当时和李贽同在礼部任职的李逢阳、徐用检都是王阳明的信徒。李贽在《阳明先生年谱后语》中谈到他接触王学的经过：

> 不幸年甫四十，为友人李逢阳、徐用检所诱，告我龙谿王先生语，示我阳明王先生书，乃知得道真人不死，实与真佛、真仙同，虽倔强，不得不信之矣。李逢阳，号翰峰，白门人。徐用检，号鲁斋，兰溪人。[⑤]

黄宗羲在《明儒学案》中记载了李贽与徐用检在北京的交往：

> （徐用检）在都门从赵大洲讲学。礼部司务李贽不肯赴会，先生以手书《金刚经》示之曰：“此不死学问也，若亦不讲乎？”贽始折节向学。尝晨起候门，先生出，辄摄衣上马去，不接一语，如是者再。贽信向益坚，

① 《明史》卷一一〇《宰辅年表》。
② 《焚书》卷一《答邓明府》。
③ 《焚书》卷三《何心隐论》。
④ 《焚书》卷二《答陆思山》。
⑤ 《李贽全集注》第十八册，第482～483页。

语人曰："徐公钳锤如是。"[1]

总之，在李逢阳、徐用检的引诱下，李贽对王学进行了精心的研探。这时，经李逢阳介绍，李贽又认识了王阳明的再传弟子李材(号见罗)。后来，李贽在《答李见罗先生书》中说："昔在京师时，多承诸公接引，而承先生接引尤勤。发蒙启蔽，时或未省，而退实沉思。既久，稍通解耳。师友深恩，永矢不忘，非敢佞也。"[2]

王守仁(公元1472—1528年)，字伯安，浙江余姚人，曾筑室阳明洞，世称阳明先生。进士出身，曾因反对宦官刘瑾，被贬为龙场驿丞。后因镇压农民起义和平定宸濠叛乱，被封为新建伯，总督两广。他是明代著名的哲学家，在理论上提出了"致良知"的主观唯心主义的"心学"，是明代封建统治集团中的重要代表人物之一。

宋代理学家朱熹

① 黄宗羲：《明儒学案》卷一四。

② 《焚书》卷一。

宋、明时期，风起云涌的农民起义，威胁着封建统治阶级的统治。面对这种情况，代表统治阶级利益的思想家，力图从哲学上寻找灵丹妙药，以维护封建社会制度的长治久安。朱熹的药方是客观唯心主义。他继承和发展了二程的“理”，又利用了张载关于“气”的唯物主义学说，认为“理”是万物生成的本源，“气”是构成万物的材料，从而构成了更加隐晦的客观唯心主义哲学体系。如他说：“未有天地之先，毕竟也只是理，有此理，便有此天地。若无此理，便亦无天地，无人无物，都无该载了。有理便有气流发育万物。”①“理”是世界的来源，“理”派生了天地万物和人类社会。而且三纲五常、君君臣臣、父父子子等封建理论道德，也都是“理”在人间的化身，因此是绝对违犯不得的。朱熹就是想以此来维护封建制度的不被破坏。可是，朱熹的“理”，毕竟太神秘，太玄妙了，“理”究竟是一个什么东西呢？究竟在哪里？朱熹说：“格物穷理”②；也就是说，通过对一个个具体事物的穷追极究，就可以认识到先于事物的那个至高无上的“理”。但是，如何穷追极究呢？为什么对一个个具体事物的穷追极究，就可以认识到超越在一个个具体事物之上的那个“理”呢？朱熹自己也回答不出来。

王阳明本来也是朱熹的信徒，他曾经按照朱熹“格物穷理”的教导去“格”过竹子，可是，一连“格”了七天，病倒了，也没有“格”出那个先于竹子而存在的“理”来。他失望了，认为朱熹的理学，不足以使人信服，还不是维护封建社会制度的良方。他终于在陆九渊的主观唯心主义的体系中，找到了武器。

陆九渊是和朱熹同时代的唯心主义哲学家，他把儒家思想学说和佛教禅宗思想结合起来，并承袭和发挥了程颢天即理即心的观点，提出“心即理也”的命题，主张心是世界的来源。他说：“宇宙便是吾心，吾心即是宇宙。”③认为宇宙是人心的体现。这种赤裸裸的主观唯心主义大大启发了王阳明。王阳明从“格”竹子的教训中，明白了在外界事物中是找不到他所需要的那个“理”的，他说：“先儒解格物为格天下之物，天下之物如何可格得？且谓一草一木亦皆有理，今如何去格？纵格得草木来，如何反来诚得自家意？”④这里，王阳明提出了一个“诚意”，什么是“诚意”呢？“诚意”就是诚心，王守仁认为只要心诚，那么星辰日月，春夏秋冬，草木禽兽，各族人种，这一切的一切，无限丰富无限多样的外部世界，都不过是我心中固有的“理”的具体表现罢了。

① 《朱子语类》卷一。

② 《朱子语类》卷一五。

③ 《陆象山全集》卷二二《杂说》。

④ 《王文成公全书》卷三《传习录》下。

如他说："人者，天地万物之心也；心者，天地万物之主也；心即是天，言心则天地万物皆举之矣。"[①]"心之本体无所不该。"[②]把整个宇宙万物都说成原就包在人的心中，因此，只要以"诚意"为目的，用"格物致知"的工夫，为善去恶，就能修养出"下落"来，用不着拐弯子，绕圈子，"茫茫荡荡"地去"格"什么物，因为心外本来就无物、无事、无理，这就是王阳明的"良知"说。王阳明认为"良知"既是宇宙万物的本体，又是认识的对象和源泉，还是最善最美的人性，所以是"天下之大本"。就这样，王阳明从朱熹的客观唯心主义，一变而成为赤裸裸的主观唯心主义。

王阳明遗像

王阳明还认为，人们的"良知"可以成为权衡一切事理的标准，而不必拜倒在圣贤的偶像面前，他说：

---

① 《王文成公全书》卷六《答季明德书》。

② 《王文成公全书》卷三《传习录》下。

夫君子之论学，要在得之于心。众皆以为是，苟求之心而未会焉，未敢以为是也。众皆以为非，苟求之心而有契焉，未敢以为非也。[①]

夫学贵得之心，求之于心而非也，虽其言之出于孔子不敢以为是也，而况其未及孔子者乎？求之于心而是也，虽其言之出于庸常，不敢以为非也，而况其出于孔子者乎？[②]

以己心为衡量是非的标准，这是王阳明“良知”说在真理观上的表现。

表面上看，王阳明还认为“良知”是人人所共同具有的，没有贤与不肖的区别，如说：“满街皆是圣人”[③]，“良知良能，愚夫愚妇与圣人同”[④]。但他又认为：“惟圣人能致其良知，而愚夫愚妇不能致，此圣愚之所由分也。”[⑤]就是说良知良能虽然人人相同，但却可能被蒙蔽，这正是区分圣贤与愚夫的分界。因此王阳明又说，“其才质之下者”，即广大劳动人民，就要“安其农工商贾之分”，不要有“希高慕处之心”。[⑥] 实际上就是把广大人民说成是蠢材，而且要他们安分守己，忍受剥削压迫而不要有丝毫反抗。这就明确表示出“良知”说在貌似人人平等外衣下包含的阶级压迫的实质。而且王阳明还认为“良知”如果被蒙蔽了，就如同心中有了“贼”一样，这个“心中贼”比“山中贼”还可怕，必须铲除净尽。至此，王阳明和朱熹便又走到一条道上了。朱熹说：私欲净尽则天理流通。王阳明则说：“破山中贼易，破心中贼难。”他们的目的都是维护封建统治秩序。

李贽当然看不到这一点。他曾热情称道席书率领贵州生员尊奉王阳明为师，说：“即此一事，公之才识已足盖当世矣。当是时，人之尊信朱夫子，犹夫子也。而能识朱子之非夫子，唯阳明之学乃真夫子，则其识见为何如者！”[⑦]这说明，李贽推崇王阳明，正是出于对朱熹的不满。正是在这种思想指导下，李贽“五载春官，潜心道妙”，对王学作了深入研究，并受到了一定的影响。当然，李贽与王学的关系是很复杂的，在有些问题上李贽确实受了王阳明的影响。但另一方面，李贽又是从自己的哲学命题和内涵去解释王阳明的一些

---

① 《王文成公全书》卷二一《答徐成之》。
② 《王文成公全书》卷二《传习录》中《答罗整庵少宰书》。
③ 《王文成公全书》卷三《传习录》下。
④ 《王文成公全书》卷二《传习录》中《答顾东桥书》。
⑤ 《王文成公全书》卷二《传习录》中《答顾东桥书》。
⑥ 《王文成公全书》卷二《传习录》中《答顾东桥书》。
⑦ 《续藏书》卷一二《席书传》。

言论。如李贽从王阳明“满街皆是圣人”、“良知良能，愚夫愚妇与圣人同”的命题中，引出了自己的平等思想，而抛弃了王阳明在这一命题下包含的消极内容。而且，后来随着对现实生活的更多认识，李贽的“异端”思想愈来愈明显，与统治阶级的传统思想愈来愈对立，与王阳明的学说也就愈来愈远了。

李贽在礼部任了五年司务，研读了五年王学，但他那倔强的性格一点没有改掉，还是和顶头上司不断顶撞。他说：“司礼曹务，即与高尚书、殷尚书、王侍郎、万侍郎尽触也。高、殷皆入阁，……高之扫除少年英俊名进士无数矣，独我以触迕得全，高亦人杰哉！”[①]

高即高仪（公元1517—1572年），字子象，钱塘（今浙江杭州）人，嘉靖四十五年至隆庆二年（公元1566—1568年）任礼部尚书。殷即殷士儋（公元1523—1583年），字正甫，山东历城人，隆庆二年接替高仪任礼部尚书。王即王希烈，江西南昌人，隆庆二年任礼部右侍郎，隆庆四年转礼部左侍郎。万即万士和，字思节，号履菴，江苏宜兴人，隆庆二年任礼部右侍郎、左侍郎。李贽在礼部当一个小小的司务，却与礼部最高长官尚书、侍郎闹矛盾，其处境也就可想而知了。但李贽并不因个人间的冲突而随便贬抑别人，他对高仪的评价即是一例。据《明史·高仪传》：“遇事秉礼循法，居职甚称”，“性简静，寡嗜欲，室无妾媵。旧庐毁于火，终身假馆于人。及没，几无以殓”。[②]说明他是一个正直清廉的官吏，对于这样一个人，李贽虽然与他发生了抵触，却仍称他为“人杰”，这反映了李贽的实事求是精神。

隆庆四年（公元1570年），李贽离开北京，到南京任刑部员外郎。明朝六部下面设各司，司的长官为郎中，次官为员外郎。设在南京的六部，是个清议机构，没有什么实权，员外郎更是一种闲散官员。但当时的南京各部，人事间的互相倾轧还是很激烈的，李贽任员外郎不久，就遭到了道学家的排挤。他说：

> 最苦者，为员外郎不得尚书谢、大理卿董并汪意。谢无足言矣，汪与董皆正人，不宜与余抵。然彼二人者皆急功名，清白未能过人，而自贤则十倍矣，余安得免触耶？又最苦而遇尚书赵。赵于道学有名。孰知道学益有名而我之触益又甚也？[③]

---

① 《焚书》卷四《豫约·感慨平生》。

② 《明史》卷一九三。

③ 《焚书》卷四《豫约·感慨平生》。

谢即谢登之，字汝学，巴郡(治所在今湖南岳阳县)人，隆庆五年至万历二年(公元1571—1574年)任南京刑部尚书。董即董传策，字原汉，松江华亭(今上海松江县)人，隆庆五年任南京大理寺卿。汪即汪宗伊、字子盛，湖北崇阳人，万历三年(公元1572年)任南京大理寺卿。赵即赵锦，字元朴，号麟阳，浙江余姚人，万历三年任南京刑部尚书。大理卿即大理寺卿，是大理寺的最高长官，明代中央政府设大理寺，专门复审刑部移交来的重犯。所以，谢、董、汪、赵都是李贽的直接上司，但李贽与他们都合不来。特别是以道学出名的赵锦，他的道学愈出名，李贽与他的冲突就越厉害。这就清楚表明，李贽与他们的冲突，正是思想上的根本分歧所致。

在南京期间，李贽在政治上虽然很不得意，但却结识了几个至交密友，这是他深可自慰的。焦竑、耿定理就是李贽在南京期间结识的两个最知心的朋友。

李贽在《寿焦太史尊翁后渠公八秩华诞序》中，曾谈到他和焦竑结识的经过说：

> 余至京师，即闻白下有焦弱侯其人矣；又三年，始识侯。既而徙官留都，始与侯朝夕促膝穷诣彼此实际。夫不诣则已，诣则必尔，乃为冥契也。故宏甫之学虽无所授，其得之弱侯者亦甚有力。……然惟宏甫为深知侯，故弱侯亦自以宏甫为知己。①

焦竑(公元1540—1620年)，字弱侯，又字从吾、叔度，号澹园，又号漪园，著文亦常署漪南生、澹园子、澹园居士、澹园老人、太史氏等，有时偶署龙洞山农。学者多称澹园先生。其籍贯为南京应天府旗手卫，但他的上世是山东日照人，因此，焦竑自称乡贯，有时言金陵、江宁、上元(皆南京异称)，有时言琅琊(山名，在今山东日照、诸城东南海滨，因秦始皇在此建有琅琊台并刻石而著称，这里代指日照)。万历十七年(公元1589年)以殿试第一为翰林院修撰。后因议论时政被劾，谪福宁州(治所在今福建霞浦)同知。焦竑本是耿定向的学生，但后来思想上深受李贽的影响，二人成为挚友，曾为李贽的《焚书》《续焚书》《藏书》《续藏书》等作序。著有《澹园集》《焦氏笔乘》《焦氏类林》等。《明史》卷二八八、《明史稿》卷二六九、《明儒学案》卷三五、《罪惟录》卷一八、《列朝诗集小传》丁集下、《居士传》卷四四、《江南通志》卷

① 《续焚书》卷二。

一六五等有传。万历二十七年(公元1599年)，辞官归南京，遂不复出，卒年八十一岁。所著书有《老子翼》六卷，《附录》一卷，《考异》一卷；《庄子翼》八卷，《阙误》一卷，《附录》一卷；《养正图解》；《国朝献徵录》百二十卷；《国史经籍志》五卷，《纠谬》一卷；《焦氏笔乘》六卷，续八卷；《澹园集》四十九卷，续二十七卷；《焦氏类林》八卷等。

焦竑和李贽结识后，他们相处时朝夕促膝论道，分别后书信往还不绝，李贽给焦竑的信，仅《焚书》中就保存有八封，《续焚书》中保存了十六封。《焚书》、《藏书》的手稿，最早也都是由焦竑过目的。李贽临死时留下遗言，墓碑上的题字要由焦竑书写。焦竑在其著作中，也多次提到李贽，推崇李贽的品格与思想，驳斥道学家对李贽的种种诬蔑。

焦竑与李贽的思想并不完全一致。焦竑没有李贽那种强烈的反传统的“异端”思想，但焦竑对一些问题的认识与李贽是相通的。他的《焦氏笔乘》对孔、孟就有许多不敬之辞，而对释教、杨、墨则给以推崇。如焦竑反对宋明道学家以孔孟道统自居而斥佛老为“异端”、“邪说”，主张以释解儒，释儒合一。他说：

> 孔孟之学，尽性至命之学也。顾其言简指微，未尽阐晰。释氏诸经所发明，皆其理也。苟能发明此理，为吾性命之指南，则释氏诸经，即孔孟之义疏也，又何病焉？夫释氏之所疏，孔孟之精也。汉宋诸儒之所疏，其糟粕也。今疏其糟粕，则俎豆之。疏其精，则斥之，其亦不通于理矣。[①]

焦竑认为“释氏诸经，即孔孟之义疏”，而且释氏的这种义疏，正是阐明了“孔孟之精”，应该充分肯定；而汉宋诸儒的疏证，则是糟粕，应该完全排斥。由此出发，焦竑还认为“唐疏宋注，锢我聪明”，而佛家的学说才是：“截疑网之宝剑，抉旨眼之金錍”，所以“释氏之典一通，孔子之言立悟，无二理也。张商英曰：‘吾学佛，然后知儒’，诚为笃论”。[②] 这种否定汉儒宋儒对儒学经典解释的正统地位，以佛释儒参杂佛儒的主张，和李贽的思想是相通的。

在学习方法上，焦竑反对儒家的墨守成规，因循守旧，而要求自心的体会。他说：“学道者当尽扫古人之刍狗，从自己胸中辟出一片乾坤，方成真受

① 《焦氏笔乘续集》卷二《支谈上》。

② 《焦氏笔乘续集》卷二《支谈上》。

用，何至甘心死人脚下。”[①]这和李贽反对“践迹”“执一”的主张也是一致的。

焦竑还非常注意功利，反对儒家分仁义功利歧为二途，热情赞扬桑弘羊不益赋而用饶的理财方法。他说：“自世猥以仁义功利歧为二途，不知即功利而条理之，乃义也。《易》云：‘理财正辞，禁民为非，曰义。’而岂以弃财为义哉？桑弘羊当武帝兵兴，为三法以济之。中如酒榷，诚末事矣。乃诸当输官者，令各输土所饶，平其直于他所货之。输者既便，官有余利，亦善法也。至筦山泽之利，置盐铁之官，真不益赋而用饶，奈何病之？”[②]这也正是李贽在《藏书》《道古录》中多次表述的功利主义的主张。

正由于思想上的一致，李贽与焦竑结下了深厚情义，成为志同道合的挚友。清人纪昀曾说：“竑师耿定向而友李贽，于贽之习气沾染尤深，二人相率而为狂禅。贽至于诋孔子，而竑亦至尊崇杨、墨，与孟子为难。虽天地之大无所不有，然不应妄诞至此也。”[③]又说：“（竑）其讲学解经，尤喜杂引异说，参合附会。如以孔子所云空空及颜子之屡空为虚无寂灭之类，皆乖迕正经，有伤圣教。盖竑生平喜与李贽游，故耳濡目染，流弊至于如此也。”[④]纪昀对李贽、焦竑的攻击，反映了他的儒家正统立场，但他指出焦竑与李贽思想上的某些一致，却不是没有道理的。

李贽和耿定理结识的经过是这样的：

> 岁壬申（公元1572年），楚倥游白下，余时懵然无知，而好谈说。先生默默无言，但问余曰：“学贵自信，故曰‘吾斯之未能信’。又怕自是，故又曰‘自以为是，不可与入尧、舜之道’。试看自信与自是有何分别？”余时骤应之曰：“自以为是，故不可与入尧、舜之道；不自以为是，亦不可与入尧、舜之道。”楚倥遂大笑而别，盖深喜余之终可入道也。余自是而后，思念楚倥不置。[⑤]

耿定理（公元1534—1577年），字子庸，号楚倥，人称八先生，也叫仲子，黄安（今湖北红安）人，道学家耿定向的弟弟。李贽认识耿定理的同时，也认识了耿定向。耿定向（公元1524—1596年），号天台，字在伦，又号楚侗，嘉靖

① 《焦氏笔乘续集》卷二《支谈上》。

② 焦竑：《书盐铁论后》，《澹园集》卷二二。

③ 《四库全书总目提要》卷一二五《焦弱侯问答一卷》。

④ 《四库全书总目提要》卷一二八《焦氏笔乘八卷》。

⑤ 《焚书》卷四《耿楚倥先生传》。

三十一年(公元1552年)举人，三十五年进士。曾任都察院左副都御史、刑部左侍郎、户部尚书等职，是明朝有名的理学家，著有《耿天台先生全集》。

耿定理曾跟方一湛学，后来感到方“本不知学，而好虚名，故去之”①。而后又学于邓豁渠、何心隐，并以其兄耿定向为师，但兄弟二人在思想上并不一致。李贽在《耿楚倥先生传》中曾记载他俩在家里讨论学问时的一件事：

> 子庸曾问天台云：“《学》、《庸》、《语》、《孟》，虽同是论学之书，未审何语最切?”天台云：“圣人人伦之至一语最切。”子庸谓终不若未发之中之一言也。②

耿定向把“人伦之至”看成《学》《庸》《语》《孟》的中心，确认“父子有亲，君臣有义，夫妇有别，长幼有序，朋友有信”为最切，说明他确实体会到了孔孟之道的真义，而且把严守封建礼教作为行动的准则。耿定理则不然，他把“未发之中”作为《学》《庸》《语》《孟》的中心，确认“喜怒哀乐之未发谓之中”为最切，力求自我心性上的自得，这就背离了孔孟之道的真谛，有些“异端”色彩了。正是由于这种思想上的分歧，耿定理和耿定向逐渐疏远，而和李贽却愈接近，二人成了终生好友。后来，李贽离开官场后，一度住在耿家，就是由于耿定理的关系。

在南京期间，李贽还结识了当时学者王畿、罗汝芳。他说：“我于南都得见王先生者再，罗先生者一。……自后无岁不读二先生书，无口不谈二先生之腹。”③

王畿(公元1498—1583年)，字汝中，号龙谿，浙江山阴(今浙江绍兴)人。年二十中举人，后受业于王守仁，官至兵部侍郎。他深信王阳明的良知学说，并主张良知就是佛性，是“无善无恶”的“心之主体”，也是“先天地”的宇宙根源，为学要以“致知见性”为主，强调顿悟，把王阳明的良知学说，进一步引向禅学。罗汝芳(公元1515—1588年)，字维德，号近谿，建昌(今江西南城)人。嘉靖三十二年(公元1553年)进士，知太湖县，擢刑部主事，出守宁国府，后官至云南参政。他是颜山农的学生，主张用“赤子之心，不学不虑”的方法去致良知，也是王阳明学派中最接近禅宗的一派。李贽与王畿、罗

① 《焚书》卷四《耿楚倥先生传》。

② 《焚书》卷四。

③ 《焚书》卷三《罗近谿先生告文》。

汝芳相识后，在思想上很受他们的影响。特别是罗汝芳那种对封建统治者的不满及同情下层人民的思想受到李贽的热情称赞。黄宗羲在《明儒学案》中记载了罗汝芳的一段话："某自始入仕途，今计年岁，将及五十。窃观五十年来，议律例者则日密一日，制刑具者则日严一日，任稽察施拷讯者则日猛一日。每当堂阶之下，牢狱之间，睹其血肉之淋漓，未尝不鼻酸额蹙，为之叹曰：'此非尽人之子与？非曩昔依依父母之怀，恋恋于兄妹之旁者乎？夫岂其皆善于初而皆不善于今哉？及睹其当疾痛而声必呼父母，觅相依而势必先兄弟，则又信其善于初者而未必皆不善于今也已。'"[①]这是对封建统治者残暴统治的有力谴责。后来罗汝芳病逝，李贽写了《罗近谿先生告文》悼念他。

罗汝芳及其老师颜山农都是泰州学派的骨干。李贽结识了罗汝芳，开始和泰州学派发生关系。泰州学派的创立人王艮（公元 1483—1540 年），原名银，字汝止，号心斋，泰州安丰场（今江苏东台）人。出身盐丁，因少年家贫，不能竟学，壮年才自读《大学》《论语》等书，并多发明自得，不泥传注。后来又按《礼经》制五常冠，深衣大带，笏板，行则规圆矩方，坐则焚香默识，并以讲学传道为己任。正德十五年（公元 1520 年），听到王阳明巡抚江西，讲良知之学，亲赴巡抚官署，以古服进见。经过辨难，拜王阳明为师，王阳明为之改名为艮，从此以讲学终身。年四十，欲周流天下，特制一蒲轮（一名轻车，又名招摇车），标其上曰："天下一个，万物一体。入山林求会隐逸，过市井启发愚蒙。遵圣道，天地弗违；致良知，鬼神莫测。欲同天下人为善，无此招摇做不通。知我者其惟此行乎！罪我者其惟此行乎！"[②]王艮还曾戴着纸糊的五常冠，穿着怪异的深衣，手执笏板，架着蒲轮，到北京周游，以致"都人士聚观如堵"。[③] 王艮这种怪异的行为，不但引起了王阳明及其门徒的惊异，而且在当时的群众中也产生了一定影响。

以王艮为代表的泰州学派的阶级实质、思想实质是什么？这是一个比较复杂的问题，一时难以定论。但有一点是可以肯定的，即李贽虽然受到泰州学派的一定影响，但李贽又不属于泰州学派的思想范围之内。

泰州学派对李贽的影响，首先是"百姓日用即是道"这一具有进步意义的命题。王艮多次提出："百姓日用即是道"，要求发挥"百姓日用之学"，并明确地说："圣人之道，无异于百姓日用。凡有异者，皆是异端。""圣人经世，

① 《明儒学案》卷三四《泰州学案》引《罗近谿语录》。

② 袁承业辑：《王心斋先生遗集》卷三《年谱》。

③ 袁承业辑：《王心斋先生遗集》卷四《王心斋传》。

只是家常事。”[①]“百姓日用条理处，即是圣人条理处”，“此学是愚夫愚妇能知能行者”。[②] 这也就是被顾宪成所指责为“陷人深坑”的“饥来吃饭困来眠”的“当下自然”[③]哲学。王艮把儒学神秘的道与百姓的“家常事”即普通的生产活动和生活活动联系起来，而且认为这才是真正的道，真正的学问，离此就是“异端”，这种说法，无疑是有积极意义的。李贽明确提出：“穿衣吃饭，即是人伦物理；除却穿衣吃饭，无伦物矣。世间种种皆衣与饭类耳，故举衣与饭而世间种种自然在其中，非衣饭之外更有所谓种种绝与百姓不相同者也。”[④]这正是对王艮“百姓日用即是道”的最好阐明。

王艮的“淮南格物”理论，还反映了一定的平等观念，如他说：

> 夫仁者以天地万物为一体，一物不获其所，即己之不获其所也，务使获所而后已。是故人人君子，比屋可封，天地位而万物育，此予之志也。[⑤]

> 知保身者，则必爱身如宝。能爱身，则不敢不爱人。能爱人，则人必爱我。人爱我，则我身保矣。能爱人，则不敢恶人。不恶人，则人不恶我。人不恶我，则我身保矣。……此仁也，万物一体之道也。[⑥]

> 惟皇上帝，降“中”（指饮食男女的“天性之体”）于民，本无不同。鸢飞鱼跃，此“中”也。譬之江、淮、河、汉，此水也，万紫千红，此春也。[⑦]

这种把天地万物视为一体，要求使各个物体都“获所而后已”；要求爱身而先爱人，反对“适己自便”，“利己害人”；认为人人都真有“天性之体”，都要求满足其饮食男女的需要，这都体现了王艮思想中的平等观念，对李贽也有很大影响。

李贽对泰州学派是很推崇的。如他在《为黄安二上人三首·大孝》一文

① 袁承业辑：《王心斋先生遗集》卷一《语录》。

② 袁承业辑：《王心斋先生遗集》卷三《年谱》。

③ 顾宪成：《当下绎》，《顾端文公遗书》卷一四。

④ 《焚书》卷一《答邓石阳》。

⑤ 袁承业辑：《勉仁方书壁示诸生》，《王心斋先生遗集》卷一。

⑥ 袁承业辑：《明哲保身论》，《王心斋先生遗集》卷一。

⑦ 袁承业辑：《语录》，《王心斋先生遗集》卷一。

中说：

> 古人称学道全要英灵汉子，……当时阳明先生门徒遍天下，独有心斋为最英灵。心斋本一灶丁也，目不识一丁，闻人读书，便自悟性，径往江西见王都堂，欲与之辩质所悟。此尚以朋友往也，后自知其不如，乃从而卒业焉。故心斋亦得闻圣人之道，此其气骨为何如者！心斋之后为徐波石，为颜山农。山农以布衣讲学，雄视一世而遭诬陷；波石以布政使请兵督战而死广南。云龙风虎，各从其类，然哉！盖心斋真英雄，故其徒亦英雄也。波石之后为赵大洲，大洲之后为邓豁渠；山农之后为罗近谿，为何心隐，心隐之后为钱怀苏，为程后台：一代高似一代。所谓大海不宿死尸，龙门不点破额，岂不信乎！①

李贽对王艮之子王襞也极为称道。他在《续藏书》卷二十一《侍郎储（瓘）文懿公》按语中说："公（指储瓘）视阳明先生，居然前辈矣。阳明中弘治十二年进士，时公则已太仆少卿，而往来问学若弟子。吁！此公之所以益不可及也。后泰州有心斋先生，其闻风而兴者与？心斋之子东崖公，贽之师。东崖之学，虽出自庭训，然心斋先生在日，亲遣之事龙谿于越东，与龙谿之友月泉老衲矣，所得更深邃也。东崖幼时，亲见阳明。"王襞是王艮的仲子，幼年随父到会稽，每遇讲会，辄以童子歌诗，声中金石，引起王阳明的注意，并叫他从王畿学，先后在越中近二十年。王艮死后，他继承讲席，往来各郡，主其教事，继续宣讲泰州学派的思想。李贽并没有直接受教于王襞，他们是否有直接交往也无史料可证。李贽之所以称王襞为师，其用意在于表明自己是阳明学派的嫡传弟子。

李贽虽然推崇王艮及其弟子，但在有些方面，李贽的思想和他们又有明显的区别。如王艮非常尊崇孔子，不仅在讲学中发挥孔子的学说，而且竟然头戴标志封建纲常的纸糊的五常冠，手持写着"非礼勿视，非礼勿听，非礼勿言，非礼勿动"的"四勿"笏板，传道讲学，周游四方。这种尊孔的思想和行为与李贽不以孔子是非为是非，以及对孔子大不敬的态度，形成鲜明对比。又如，王艮是以道统继承者自居的，他公开书其门曰："此道贯伏羲、神农、黄帝、尧、舜、禹、汤、文、武、周公、孔子，不以老幼贵贱贤愚，有志愿学者，传之。"与李贽根本否定道统的存在的思想也大相径庭。再如王艮受王阳

① 《焚书》卷二。

明思想的影响极深，曾一再把王阳明的“致良知”作为自己传道讲学的内容。这和李贽重学习、重实践的思想也大不一样。因此，把李贽划入泰州学派，是不确切的。实际上，李贽赞美泰州学派一些代表人物的，也主要是他们那种重师友之道、不畏权势的骨气和朴素的平等观念，这些都与李贽的思想有相通之处。对于泰州学派的整个思想体系，李贽并没有作过全面的肯定和赞美，这是考察李贽与泰州学派关系时应注意的一点。

在南京期间，李贽对《老子》发生了兴趣。万历二年(公元1574年)，他先是刻印了苏辙(子由)的《老子解》，并写了《子由解老序》：

> 食之于饱，一也。南人食稻而甘，北人食黍而甘，此一南一北者未始相羡也。然使两人者易地而食焉，则又未始相弃也。道之于孔、老，犹稻黍之于南北也，足乎此者，虽无羡于彼，而顾可弃之哉！何也？至饱者各足，而真饥者无择也。
>
> 盖尝北学而食于主人之家矣。天寒，大雨雪三日，绝粮七日，饥冻困踣，望主人而响往焉。主人怜我，炊黍饷我，信口大嚼，未暇辨也。撤案而后问曰：“岂稻粱也欤！奚其有此美也?”主人笑曰：“此黍稷也，与稻粱埒，且今之黍稷也，非有异于向之黍稷者也。惟甚饥，故甚美；惟甚美，故甚饱。子今以往，不作稻粱想，不作黍稷想矣。”
>
> 余闻之，慨然而叹，使余之于道若今之望食，则孔、老暇择乎！自此专治《老子》，而时获子由《老子解》读之。解《老子》者众矣，而子由称最。子由之引《中庸》曰：“喜怒哀乐之未发谓之中。”夫未发之中，万物之奥，宋儒自明道以后，递相传授，每令门弟子看其气象为何如者也。子由乃独得微言于残篇断简之中，宜其善发《老子》之蕴，使五千余言烂然如皎日，学者断断乎不可以一日去手也。解成，示道全，当道全意；寄子瞻，又当子瞻意。今去子由五百余年，不意复见此奇特。嗟夫！亦惟真饥而后能得之也。①

在这篇序文中，李贽把孔、老比为“稻黍之于南北”，并认为“至饱者各足，而真饥者无择也”。他把老子与孔子并列，认为他们都是道，并把研讨《老子》作为求道的途径，这已经明白地表现出扬老抑孔的倾向。在这篇序文中，李贽

① 《焚书》卷三《子由解老序》，无年月。焦竑《老子翼》卷七有此序，前有“李宏甫刻子由《解老》于金陵”，后有“万历二年冬十二月二十日宏甫题”等语。

还特别肯定了苏辙引用《中庸》“喜怒哀乐之未发谓之中”来解《老子》，这和耿定理把这一句作为《大学》《中庸》《论语》《孟子》的中心一样，都强调了自我心性的体会，反对了孔孟教条的束缚，和李贽的思想是一致的。

同时，李贽还自撰《解老》(亦称《老子解》)二卷[①]，对《老子》中的积极思想因素，作了很好的继承与发挥。他在给焦竑的信中写道：“入九以后，雪深数尺，不复亲近册子，偶一阅子由《老子解》，乃知此君非深《老子》者。此老盖真未易知也。呵冻作《解老》一卷，七日而成帙，自谓莫逾。今亦未暇录去，待春暖冻解，抄出呈上取证何如?”[②]

《老子》一书，强调事物的对立、发展、变化，具有朴素的辩证法思想，为后来许多进步思想家所继承。李贽在《解老》中，积极发挥了老子的辩证法思想，并以此为武器，对儒家学派的一些思想进行了批判。

李贽从“同一之中”出发，批判了儒家“圣人仁万民”的谬论。儒家学派鼓吹“天地仁万物”、“圣人仁万民”，万民都要感谢“圣人”的“仁德”。李贽驳斥说：“使天地而能仁万物，则天地将谁与仁？使圣人而能仁万民，则圣人将谁与仁?”“圣人”给万民以仁德，那么谁又给“圣人”以仁德呢？这个质问确实使儒学之徒难以招架。李贽还进一步论证说：天地万物就像一个大鼓风炉，天地万物圣人愚人全都生死其中而不自知。所以天地与万物“同一中”，万物无所求于天地，天地也没有什么可施于万物；圣人与万民“同一中”，圣人没有什么可给于万民，万民也没有什么可凭借于圣人。“各守吾之中以待其自定而已矣”，只要各自守住自己的本位，而等待着自然的发展成长就可以了。那么现实中万民“守定”的结果如何？李贽答曰：“愚者得之，而智者昧焉；不仁者得之，而仁者反失之也。”这就否定了“仁者”、“圣人”“仁万民”的立论，而肯定了“愚者”、“不仁者”的本位，这是李贽具有平等观念的一个表现。

李贽从事物中的对立统一、相辅相成，得出了“万物自成”的结论，否定了儒家“圣人”“化成万物”的说法。儒家不但鼓吹“圣人”“仁万民”，而且鼓吹“圣人”“化万物”，就是说包括人类在内的万物都是“圣人”使他们生长发展起来。李贽则针锋相对地指出：“善恶好丑，两两相形，犹之有无、难易、长短、高下、音声、前后之相待也。有则俱有，谁能去之?”一切事物都是互相联系、相辅相成的，对立的两方互相联系，去掉一方，另一方就不能存在。

① 焦竑：《老子翼》卷七：“李宏甫既刻子由《老子解》，逾年，复自著《解老》二卷。”(《老子解》，见《李贽全集注》第十四册)

② 《续焚书》卷一《与焦弱侯》。

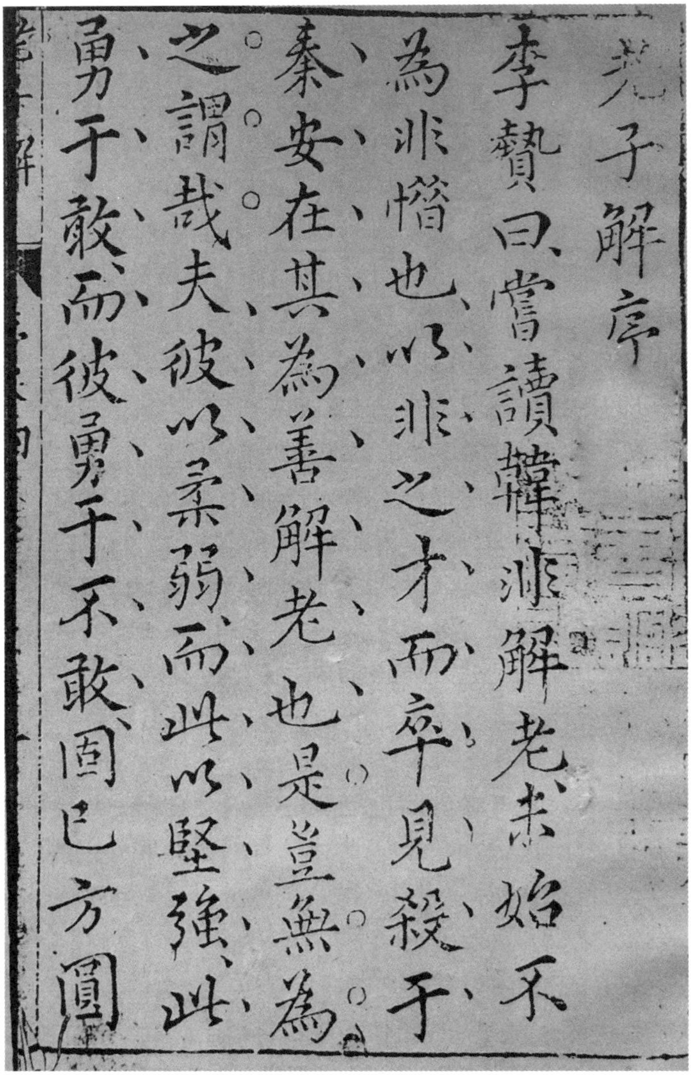
老子解序
李贄曰嘗讀韓非解老未始不
為非惜也以非之才而卒見殺于
秦安在其為善解老也是豈無為
之謂哉夫彼以柔弱而此以堅強此
勇于敢而彼勇于不敢固已方圓

老子解序

因此“圣人”也只是“无为而事治，不言而教行”，“圣人之于万物，实未尝为之、生之、作之也”。包括人类在内的万物，并不是“圣人”使他们生长、发展起来。所以“万物并作，而不知逊让以为美；并生，而不有其所以生我者；竭力以为之，而不恃其所以为我者”。万物同时兴起，而不知道把谦让当作美德；一起生长，而不认为还有什么外在力量存在；万物各自发展，而不依赖什么别的力量。总之“万物之自成，而非圣人之功也”，万物都是自己自然形成的，并不是什么“圣人”的功劳。这就在朴素的唯物主义前提下，否定了儒家“圣人”“化万物”的唯心主义观点，并为个性的自由发展提供了理论根据。

李贽还从“致一之道”，得出了“庶人非下，侯王非高”的平等观点，否认了儒家“天生圣人”之类的谎言。李贽说：

> 侯王不知致一之道与庶人同等，故不免以贵自高。高者必蹶，下其基也；贵者必蹶，贱其本也。何也？致一之理，庶人非下，侯王非高，在庶人可言贵，在侯王可言贱，特未知之耳。……人见其有贵有贱，有高有下，而不知其致之一也，曷尝有所谓高下贵贱者哉？彼贵而不能贱，贱而不能贵，据吾所见，而不能致之一也，则亦琭琭落落，如玉如石而已矣。

李贽所说的“致一之道”就是他所主张的“圣愚一律”，“天子庶人壹是无别”，即圣愚都是一个样，天子庶人没有区别。侯王不知道这个“致一之道”，而以贵自高。其实，下是高的基础，贱是贵的根本，从“致一之道”看来，都是相辅相成、互为条件的，哪里还有什么高下贵贱之分？显然，李贽的这种“异端”思想，对于当时森严的封建等级制度是一个有力的冲击与批判。

南京是明王朝的陪都，当时很多学者都聚集到这里进行讲学活动。李贽在南京时也讲过学，其情况是：

> 宏甫为南比部郎，日聚友讲学。寮友或谓之曰：“吾辈读书，义理岂有不明，而事讲乎？”宏甫曰：“君辈以高科登仕籍，岂不读书？但苦未识字，须一讲耳。”或怪问其故。宏甫曰：“《论语》、《大学》，岂非君所尝读耶？然《论语》开卷，便是一‘学’字。《大学》开卷，便是‘大学’二字。此三字，吾敢道诸君未识得。何也？此事须有证验始可。……”[①]

> 李卓吾讲心学于白门，全以当下自然指点后学，说人都是见见成成的圣人，才学，便多了。闻有忠节孝义之人，却云都是做出来的，本体（按：指心）原无此忠节孝义。学人喜其便利，趋之若狂，不知误了多少人。[②]

---

① 焦竑：《读书不识字》，《焦氏笔乘》卷四。

② 顾宪成：《当下绎》，《顾端文公遗书》卷一四。

李贽的讲学，一则强调“证验”，也就是通过实践去领会，而反对脱离实际的空谈；二则以“当下自然”为内容，斥责忠节孝义都是违背人的本心而假做出来的，这实在是大胆的“异端”思想。

这种“异端”思想，还表现在他对“圣教”的怀疑和对佛教的探索上，他说：

> 余自幼读《圣教》不知《圣教》，尊孔子不知孔夫子何自可尊，所谓矮子观场，随人说妍，和声而已。是余五十以前真一犬也，因前犬吠形，亦随而吠之，若问以吠声之故，正好哑然自笑也已。五十以后，大衰欲死，因得友朋劝诲，翻阅贝经，幸于生死之原窥见斑点，乃复研穷《学》《庸》要旨，知其宗贯，集为《道古》一录。[①]

李贽说他研究佛学，是因为“大衰欲死”，得到了朋友的劝诲。实际上，他把研究佛学作为自己一生的转折点。在这以前，他读孔子的书，却不懂孔子的书，他尊奉孔子，却不知孔子什么地方值得尊崇。他把这种盲目行为比作矮子看戏，跟着别人随便叫好的应声虫，比作黑夜里吠声吠影的一只犬。而五十以后，由于研究佛经，竟然在生死的根本问题上探索到了一点道理。这就清楚表明李贽五十岁时对佛教的兴趣，正是对儒教厌恶的一种表现。当然，从此以后，佛教对李贽的影响愈来愈深，《焚书》中保存下来的很多宣扬佛教教义和唯心主义的文章，就是在这种思想影响下写出来的。但是，佛教的众生平等、人人成佛的思想，也对李贽产生了积极的影响。李贽对儒学和封建统治阶级进行批判的一些理论，有的就是以佛学的理论作武器的。

李贽在南京住了六年，并由员外郎升为郎中。万历五年(公元1577年)，他离开南京，出仕云南姚安军民府知府[②]，这是李贽一生中做的最大的官。官至四品，这对于一个并非进士出身的士子来说，可谓官尊位显了。然而李贽对此并不感兴趣，他在赴姚安时，路经黄安，见到了耿定理，好友相逢，便有弃官留住之意。可是缺乏三径之资，没有办法，就想把家属留在黄安，一人独往。后来，其妻强与偕行，就暂把女儿和女婿庄纯夫留在耿家，自己携妻赶往姚安。李贽之所以不远万里到边远的云南去，也还是为生活所迫，他

① 《续焚书》卷二《圣教小引》。

② 《明史》卷四十六《地理志七》：“姚州军民府，洪武十五年(公元1382年)二月为府，二十七年(公元1394年)四月升军民府。领州一、县一。”州即姚州，县即大姚县。

在给朋友的信中曾说："五十而至滇，非谋道矣，直糊口万里之外耳。"[①]因此临别之时，便和耿定理约定："待吾三年满，收拾得正四品禄俸归来为居食计，即与先生同登斯岸矣。"[②]李贽此时已下决心，准备摆脱官场的束缚，专心访友求道。

云南姚安县城广场李贽塑像

李贽一到姚安，就在姚安府的楹柱上写下了两副对联：

从故乡而来，两地疮痍同满目；
当兵事之后，万家疾苦总关心。

听政有余闲，不妨甓运陶斋，花栽潘县；
做官无别物，只此一庭明月，两袖清风。[③]

在这两副对联中李贽阐发了对封建统治阶级的不满和对人民疾苦的同情，也形象地说明李贽廉洁从政的可贵品质。

① 《焚书》卷二《答何克斋尚书》。
② 《焚书》卷四《耿楚倥先生传》。
③ 《李贽全集注》第二十六册，第498页。

李贽在姚安的治政方针是“一切持简易，任自然，务以德化人，不贾世俗能声[①]。”他认为：“边方杂夷，法难尽执，日过一日，与军与夷共享太平足矣。仕于此者，无家则难住；携家则万里崎岖而入，狼狈而去。尤不可不体念之！但有一能，即为贤者，岂容备责？但无人告发，即装聋哑，何须细问？盖清谨勇往，只可责己，不可责人，若尽责人，则我之清能亦不足为美矣，况天下事亦只宜如此耶！”[②]边境地区的少数民族，一贯受封建统治者大汉族主义的压迫和歧视。根据这种情况，李贽指出“法难尽执”，反对严酷的封建统治，主张实行宽大政策，和少数民族和平相处，这是一种积极的进步主张。对于下层官吏，李贽认为不要求全责备，只要他们有一能，就要给以器重，这也是一种比较开明的政策。

李贽“持简易，任自然”的治政思想，在他为罗琪作的《论政篇》中，还从理论上进行了论证和发挥：

……盖余尝闻于有道者而深有惑于“因性牖民”之说焉。

夫道者，路也，不止一途；性者，心所生也，亦非止一种已也。有仕于上者，乃以身之所经历者而欲人之同往，以己之所种艺者而欲人之同灌溉。是以有方之治而驭无方之民也，不亦昧于理欤！且夫君子之治，本诸身者也；至人之治，因乎人者也。本诸身者取必于己，因乎人者恒顺于民，其治效固已异矣。夫人之与己不相若也。有诸己矣，而望人之同有；无诸己矣，而望人之同无。此其心非不恕也，然此乃一身之有无也，而非通于天下之有无也，而欲为一切有无之法以整齐之，惑也。于是有条教之繁，有刑法之施，而民日以多事矣。其智而贤者，相率而归吾之教，而愚不肖则远矣。于是有旌别淑慝之令，而君子小人从此分矣。岂非别白太甚，而导之使争乎？至人则不然：因其政不易其俗，顺其性不拂其能。闻见熟矣，不欲求知新于耳目，恐其未寤而惊也。动止安矣，不欲重之以桎梏，恐其絷而颠且仆也。

今余之治郡也，取善太恕，而疾恶也过严。夫取善太恕，似矣，而疾人之恶，安知己之无恶乎？其于反身之治且未之能也，况望其能因性以牖民乎？余是以益惧不类，而切倚仗于君也。[③]

① 《焚书》卷二《又书使通州诗后》附《顾冲老送行序》。

② 《焚书》卷四《豫约·感慨平生》。

③ 《焚书》卷三。

罗琪，四川剑门(今剑阁县东北)人，当时任姚安府属州姚州的知州，是李贽的僚属。在这篇《论政篇》中，李贽赞扬了罗琪的政绩，又正面提出了自己的从政主张。李贽认为从政要“因乎人”、“因性牖民”，即根据不同的情况加以诱导，反对用“条教”、“刑法”去镇压人民群众。他认为人的心性是不同的，从政只有“顺其性不拂其能”，“恒顺于民”，才能真正把社会治理好。反之，以统治者的标准为条条框框，范围天下事物，并用“条教”、“刑法”加以束缚，这种所谓“君子之治”，恰恰是造成社会动乱和民不聊生的政治根源。李贽反对“本诸身”的君子之治，就是反对用儒教教条和严酷法令对人民进行专制统治；主张“因乎人”、“因性牖民”的“至人之治”，就是他所实行的“法令清简，不言而治”。李贽这种思想在以后的论著中得到了更加系统的发挥，成为他反封建压迫反传统思想的一个重要理论武器。

李贽的这些主张曾引起一些人的不同意见。当时任云南守道的骆问礼写了《续论政篇》，说要“论政”就得依据“载在经典”的孔孟教条，并强调：“礼乐刑政，未敢以桎梏视之也。”[①]骆问礼，字子本，号缵亭，浙江诸暨人。万历五年至八年(公元 1577—1580 年)任云南参议，此人“有能有守，有文学，有实行”[②]，与李贽也曾为相知。但是由于思想认识上的分歧，从政的见解不同，也与李贽产生了矛盾。李贽从政要“因乎人”、“顺于民”，法令简易。骆问礼则“知有己不知有人”，对老百姓和下属苛刻严厉。二者之间发生了矛盾是必然的了。而且，当时任云南巡抚的王凝也与李贽发生了矛盾。王凝，字道南，湖北宜城人。万历初任云南巡抚。万历六年(公元 1578 年)升任南京大理寺卿。此人道学味浓，品格极低，李势曾说：“王本下流，不必道也。”[③]同僚治政思想上的不同，加之对道学家上级的厌恶，也是促成李贽后来辞官的原因之一。

李贽在云南时，也没有忘记求学问道。当时罗汝芳任云南参政，李贽曾两次到龙里卫会见罗汝芳。

李贽在云南时还结识了顾养谦[④]。顾养谦(公元 1537—1604 年)，字益卿，号冲庵，南通州(今江苏南通)人。官至兵部侍郎，总督蓟辽军务，卒赠兵部

---

① 《万一楼文集》卷三。

② 《焚书》卷四《豫约·感慨平生》。

③ 《焚书》卷四《豫约·感慨平生》。

④ 《焚书》卷二《又书使通州诗后》：“某奉别公近二十年矣，……目今倭奴屯结釜山”。时间为万历二十五年(公元 1597 年)，上推二十年，正是李贽在云南时。又《万历实录》卷六九：万历五年(公元 1577 年)十一月，“原任福建佥事顾养谦调补云南”。

尚书。李贽任姚安知府期间，顾任洱海道佥事，两人交往相得，情谊颇深。李贽在后来的信中多次提到他和顾养谦之间的友谊，他说："自隐天中山以来，再卜龙湖，绝类逃虚近二十载，岂所愿哉！求师访友，未尝置怀，而第一念实在通海"[①]；"某奉别公近二十年矣，别后不复一致书问，而公念某犹昔也。推食解衣，至今犹然。然则某为小人，公为君子，已可知矣。方某之居哀牢也，尽弃交游，独身万里，戚戚无欢，谁是谅我者？其并时诸上官，又谁是不恶我者？非公则某为滇中人，终不复出矣。夫公提我于万里之外，而自忘其身之为上，故某亦因以获事公于青云之上，而自忘其身之为下也。则岂偶然之故哉！"[②]当时李贽与"诸上官"相矛盾，遭到他们的排斥时，顾养谦却置上下级的隶属关系于不顾，和李贽结成了挚友，给李贽以极大支持，这种友谊使李贽难以忘怀，所以到二十年后，李贽对顾养谦还是无限的怀念。

李贽在云南时，还曾与刘维、李元阳、何守拙等相交往。刘维，湖北江陵人，曾任云南巡按，李贽要弃官时，曾得到他的劝留，后因李贽去意坚决，刘为请于朝，得致其仕。

李元阳（公元1497—1580年），字仁甫，号中谿，大理府太和（今云南大理）人。嘉靖丙戌（公元1526年）进士，曾任江阳知县、闽中巡按、荆州知府，与张居正有师生之谊。嘉靖中，因与当道不合，辞官回家。归家后，他精究理学，而且好诗文，在当时很有些名气。著有《心性图说》《中谿漫稿存稿》《艳雪台诗》《李中谿全集》等[③]。李贽游大理时，曾去拜访他，李元阳作诗相赠，其中有一首写道："姚安太守古贤豪，倚剑青冥道独高。僧话不嫌参吏牍，俸钱常喜赎民劳。八风空影摇山岳，半夜歌声出海涛。我欲从君问真谛，梅花霜月正萧骚。"[④]后来李贽弃官离滇时，李元阳还应罗琪之请，写了《姚安太守卓吾先生善政序》，盛赞李贽的政绩。其中说：

> 先生自幼有出俗之韵，超然不染世尘，每欲遨游五岳，以毕其志，然势有不得自由者，俯首一官，崎岖数载。今天子加意穷民，选首长以临郡国，于是先生以郎署出守姚安。自下车以至今日，几三载矣。惟务以德化民，而民随以自化。日集生徒于堂下，授以经义，训以辞章，谆谆亹亹，日昃忘倦。庙学颓圮，罄俸以营之，祀典废缺，殚力以致之。

---

① 《焚书》卷二《复顾冲庵翁书》。

② 《焚书》卷二《又书使通州诗后》。

③ 康熙《大理府志》卷一九《人物》。

④ 李元明：《卓吾李太守自姚安命驾见访因赠》，《李中谿全集》诗集卷三。

凡关系山川、风土形势，有改作不易者，制度不可阙者，皆悉力为之，处置有法，而民不知劳。节俭自将而惠不啬己，退食自公，载见觞水豆蘖之趣，燕寝凝香，而有枕石漱流之风。啸咏发于郡斋，图书参于案牍。不与时官同宿，而法令靡遗；民隐惟恐不闻，而讼庭多暇。挂冠解组之意，固切于几微；而悯天命、悲人穷之念，不容暂释于朝夕。以愚观之，善学孔子，非先生而谁?①

李元阳晚年以精究理学为己任，他对李贽的称赞带着明显的儒学声调，但从中也可见出李贽在姚安的政绩确实很得人心。

何守拙，四川简州人。由举人仕，万历四年(公元1576年)任禄劝知州，平徭赋，建城池，有惠政于民。万历八年(公元1580年)迁丽江府同知，仍留州治事②。李贽与何守拙交情很深，当时何守拙攻碑记前牧姓名，李贽为作《禄劝州知州题名碑记》，其中说到他们二人相识的经过："盖余初至滇，即闻君循良之名久矣，但未得与君会耳。今三年矣，始以公事会君于狮山，二十五日而别，别不数月，复会于会省，别而复会者复四十日。"文中还称赞何守拙的政绩说："今君擢守丽江矣。上之人雅爱君，因民之恩，犹未许君递解禄劝任，则君所以宣民宜人者，亦可知也。"文中还提出："且余闻之，从政者欲与民同其好恶，必先知好恶之所在，而后能得知，是性命之情也。"③并以知民之好恶称赞何守拙，可见李贽与何守拙之间的友谊，也是建立在共同的从政见解上。

李贽在姚安军民知府任上，还特别注意教育与公益事业。前引李元阳《姚安太守卓吾先生善政序》中说："(李贽)自下车以至今日，几三载矣……日集生徒于堂下，授以经义，训以辞章，谆谆亹亹，日昃忘倦，庙学颓圮，罄俸以营之，祀典废缺，殚力以致之。"修庙学，集生徒，授以经义，训以辞章，可见李贽对于教育事业是多么用心与投入。李贽在公余时也从事讲学，但他与道学家的讲学迥异其趣。袁中道在《李温陵传》中记道："为守，法令清简，不言而治。每至伽蓝，判了公事，坐堂皇上，或置名僧其间，簿书有隙，即与参论虚玄。人皆怪之，公亦不顾。"④在公堂之上，和名僧一起参论虚玄，这在当时被视为一种怪异的行动，但李贽却置之不顾。

① 李元明：《李中谿全集》文集卷六。

② 《禄劝县志》卷一〇《循吏志》。

③ 《禄劝县志》卷一三《艺文志》上。又见《李贽全集注》第二十六册，第500～501页。

④ 《珂雪斋集》卷一七。

李贽在姚安府任上，也很注意社会公益事业，如修连厂桥以利行旅就是一例。《姚安县志》记载："连厂桥，在府西三十里，在城西三十里，明万历间知府李贽建。清光绪三十四年邑人李春灿、陈飞熊等倡捐重修。"[①]现姚安县文化馆存清光绪三十四年(公元1908年)《增修连厂桥记》碑刻一块，记文中说："连水发源于州西园鹤山，东北行汇弥溪水，北行经连厂遂名连水。州西千岩万壑咸趋而赴之，夏秋霪霖，洪流暴涨，舟楫难施，旅行者有漂没之患。前明万历间，知姚安府事李卓吾先生始聚石为桥，利行旅，通往来，垂三百余年矣。"

万历八年(公元1580年)，李贽到姚安任知州三年期满。按照封建社会的惯例，三年任满，政绩显著是可以继续升官的。但李贽却提出了辞呈，坚决要辞官。他谢簿书，封府库，携其家，亲自到巡按刘维那里要求辞官，没有得到应允，他就干脆到大理的鸡足山阅《藏经》不出。顾养谦在《赠姚安守温陵李先生致仕去滇序》中曾记载此事：

> 万历八年庚辰之春，谦以入贺当行。是时，先生历官且三年满矣，少需之，得上其绩，且加恩或上迁。而侍御刘公方按楚雄，先生一日谢簿书，封府库，携其家，去姚安而来楚雄，乞侍御公一言以去。侍御公曰："姚安守，贤者也。贤者而去之，吾不忍，非所以为国，不可以为风，吾不敢以为言。即欲去，不两月所为上其绩而以荣名终也，不其无恨于李君乎?"先生曰："非其任而居之，是旷官也，贽不敢也。需满以倖恩，是贪荣也，贽不为也。名声闻于朝矣而去之，是钓名也，贽不能也。去即去耳，何能顾其他?"而两台皆勿许。于是先生还其家姚安，而走大理之鸡足。鸡足者，滇西名山也。两台知其意已决，不可留，乃为请于朝，得致其仕。[②]

就这样，在李贽不辞而走的坚决表示下，朝廷也只好应允他致仕了。

李贽是三月提出要辞官的，到七月才得以离任。在此期间，他把政事甩在一边，遍游滇中名山，"得尽览滇中之胜"[③]，尽情地领略了一番祖国西南边陲的异乡风光。

① 《姚安县志》卷一四《舆地志·交通》。

② 《焚书》卷二《又书使通州诗后》附《顾冲老送行序》。

③ 《续焚书》卷一《与焦弱侯》。

李贽在姚安任上，清廉简朴，“禄俸之外，了无长物”[①]，因此，深得人民的欢迎。《姚州志》说，他“致仕归，囊中仅图书数卷，士民遮道相送，车马不能前进”[②]。就是在这种情况下，李贽离开了姚安，由滇入川，过三峡，穿瞿塘，览滟滪，顺流而下，直奔湖北黄安。从此结束了他二十五年的仕宦生活。

① 袁中道：《珂雪斋集》卷一七《李温陵传》。

② 《姚州志》卷五《秩官志·李贽传》见《李贽全集注》第26册，第313页。

三、在黄安、麻城《庄子解》的撰著及与理学家的斗争

万历九年至万历十五年
（公元 1581 年—1587 年）

万历九年（公元 1581 年），李贽从云南来到湖北黄安，住在好友耿定理家中，他开始边读书边著述。这个时期是李贽一生的重要转折点。从嘉靖三十五年（公元 1556 年）李贽从出任河南辉县教谕到辞官，二十多年的官场生活，使他亲眼看到封建官场的黑暗与腐败，也看清了封建理学家虚伪与丑恶的面目，他不愿也没法再和他们一起共事了，他要用自己的笔来揭露他们，与他们展开斗争，并抒写自己的人生理想。

那么，李贽弃官以后，为什么不回到他的故乡泉州，而要客居黄安友人家中？袁中道在《李温陵传》中说："初与楚黄安耿子庸善，罢郡遂不归。曰：'我老矣，得一二胜友，终日晤言以遣余日，即为至快，何必故乡也。'"① 与耿定理的亲密友情，是李贽客居黄安的一个原因，但更主要的李贽还是从政治上来考虑。李贽说：

> 在家不好修道乎？缘我平生不爱属人管。夫人生出世，此身便属人管了。幼时不必言；从训蒙师时又不必言；既长而入学，即属师父与提学宗师管矣；入官，即为官管矣。弃官回家，即属本府本县公祖父母管矣。来而迎，去而送，出分金，摆酒席；出轴金，贺寿旦。一毫不谨，失其欢心，则祸患立至，其为管束至入木埋下土未已也，管束得更苦矣。我是以宁飘流四外，不归家也。其访友朋求知己之心虽切，然已亮天下无有知我者；只以不愿属人管一节，既弃官，又不肯回家，乃其本心实意。②

在封建社会，地方官是以父母官自命的，他们不仅统治着本地区的广大人民，而且对于弃职的一般官吏，也进行着严密的监视。特别是像李贽这样

① 《珂雪斋集》卷一七。

② 《焚书》卷四《豫约·感慨平生》。

的"异端"人物，更是受到他们的刁难，"一毫不谨，失其欢心，则祸患立至"。李贽"平生不爱属人管"，正是这种叛逆思想，决定了李贽进入仕途而又弃官，弃官而又客居黄安。不归故乡，正表现了他对当时统治势力的强烈不满。

李贽客居黄安时，住在天窝书院。他曾复信给焦竑说："侗天(耿定向)为我筑室天窝，甚整。时共少虞、柳塘二丈老焉，绝世嚣，怡野逸，实无别样出游志念，盖年来精神衰甚，只宜隐也。"[①]天窝书院又名天窝山房，在离城十五里的五云山之巅，是耿家修建的讲学的地方。当时海内的有名学者罗汝芳、焦竑、周柳塘、何心隐等，都曾在这里"朝夕相从，讲习不倦"。罗汝芳、何心隐是李贽所推崇的学者，焦竑、周柳塘是李贽的好友。李贽到了黄安以后，焦竑特意从北京写了《李宏甫解官卜筑黄州寄赠》一诗：

夜郎三载见班春，又向黄州学隐沦。
说法终怜长者子，随缘一见宰官身。
门非陈孟时投辖，乡接康成不买邻。
若欲移家难自遂，何时同作灌园人。[②]

焦竑这年考试不中，心中自有无限感慨，在这首诗中，除了表示欢迎李贽来黄州外，还特地写了自己想归乡而不得的苦衷。当焦竑的信到黄安的那天夜晚，雷雨交加，李贽想到京都故友的心事，想起古今豪贤的受屈压，提笔写了绝句二首回赠焦竑：

其一

秣陵人去帝京游，可是隋珠复暗投。
昨夜山前雷雨作，传君一字到黄州。

其二

独步中原二十秋，剑光长射斗间牛。
丰城久去无人识，早晚知君已白头。[③]

这两首诗的第一首又收在《焚书》卷六，题作《山中得弱侯下第书》。在这两首

① 《续焚书》卷一《复焦漪园》。
② 焦竑：《澹园集》卷四一。
③ 《续焚书》卷一《与焦弱侯》。

诗中，李贽为焦竑下第不中鸣不平。他说焦竑如同大江中的明月珠，但却被人放在黑暗之处，得不到像隋侯这样的人的重用；如同丰城的宝剑，但却得不到像雷焕这样的人的赏识，因此他殷切希望焦竑早日归来。诗中不仅表现了李贽对焦竑的诚挚友情，也流露出对封建统治者压制人才的不满。就在这一年的四月，焦竑果然回家了。李贽得到焦竑到家的信以后，非常高兴，立即回信邀他到黄安来。李贽写道："知兄已到家，藏器待时，最喜最喜！此时正热，稍凉不知便可乘兴扁舟入楚不？得一相见，快乐何如！"[①]后来焦竑复信给李贽说："逼岁当走千里，与宏甫为十日之饮。"[②]这年的十二月，焦竑果然到了黄安，两人久别重逢，无限喜悦，"饮十日而别"[③]。

李贽客居黄安以后，除了和几个较为亲密的朋友来往外，把时间与精力都投入了读书、研究、著述之中。这一阶段，李贽加强了对历史的研究。李贽自述当时研究历史的心情与情况时说：

> 山中寂寞无侣，时时取史册披阅，得与其人会觌，亦自快乐，非谓有志于博学宏词科也。尝谓载籍所称，不但赫然可纪述于后者是大圣人；纵遗臭万年，绝无足录，其精神巧思亦能令人心羡。况真正圣贤，不免被人细摘；或以浮名传颂，而其实索然。自古至今多少冤屈，谁与辨雪！故读史时真如与百千万人作对敌，一经对垒，自然献俘授首，殊有绝致，未易告语。[④]

李贽要为千百年来历史上的一些冤案辨雪，把那些"被人细摘"的"真正圣贤"树立起来，把那些以"浮名传颂"，而其实索然无能之徒的真正面目暴露出来，这正是李贽反传统思想的一个突出表现。李贽抱着"与百千万人作对敌"的态度，对自己的这一战斗充满必胜的信心。在这种思想指导下，李贽写了部分的读史文章，自称"近有《读史》数十篇，颇多发明"[⑤]，这就是《焚书》、《藏书》的部分初稿。

① 《续焚书》卷二《与焦弱候》。
② 《续焚书》卷二《寿焦太史尊翁后渠公八秩华诞序》。
③ 《续焚书》卷二《寿焦太史尊翁后渠公八秩华诞序》。
④ 《续焚书》卷一《与焦弱侯》。
⑤ 《续焚书》卷一《与焦弱侯》。

万历九年，黄安邑侯梓行《心经提纲》和《老子解》，李贽作《解老序》[①]。在序文中，对苏轼有关《老子》及韩非的一些观点提出了异议。苏轼在《应诏集·韩非论》中写道："仁义之道，起于夫妇、父子、兄弟相爱之间。而礼法刑政之原，出于君臣、上下相忌之际。相爱则有所不忍，相忌则有所不敢。夫不敢与不忍之心合，而后圣人之道得存乎其中。今老聃、庄周……是以父不足爱而君不足忌。不忌其君，不爱其父，则仁不足以怀，义不足以劝，礼乐不足以化。"[②]李贽对此说概括为："老子之学重于无为，而轻于治天下国家，是以仁不足爱而礼不足敬。韩非氏得其所以轻天下之术，遂至残忍刻薄而无疑。"针对这种议论，李贽指出："夫老子者，非能治之而不治，乃不治以治之者也。故善爱其身者不治身，善爱天下者不治天下。""是故其为道也，以虚为常，以因为纲，以善下不争为百谷之王，以好战为乐杀人，以用兵为不得已，以胜为小美，以退为进，以败为功，以祸为福，以得为失，以无知为知，无欲为欲，无名为名，孰谓无为不足以治天下乎？世固未知无为之有益也。"李贽认为老子的学说并非轻于治天下国家，而是以不治之术去治理天下国家，在"无为之治"中，达到"无民不安而亦无贤可尚"，这正是一种"至易至简"的治国办法。而所谓的"仁义礼乐"、"刑名法术"，并不是治天下的办法。鼓吹"无为而治"，要求摆脱一切条约的束缚，不仅反对儒家的"仁义礼乐"，而且反对"刑名法术"，这是李贽思想的一个重要特征，这一思想特征在他的主要代表作《焚书》《藏书》《道古录》中都得到鲜明的体现。这里，李贽又借解释《老子》的"无为而治"的思想，发挥了自己的见解。

在这篇《序》文中，李贽还赞同《道德》之后为申、韩的说法，表明他看出了申、韩与老子之间的继承关系。但他反对苏轼说韩非把老子的"无为而治"发展为"残忍刻薄"。苏轼在《韩非论》中曾说："庄老之后其祸为申韩。""后世之学者，知申韩之罪，而不知老聃庄周之使然。"针对此说，李贽认为韩非提出的"顺而达者，帝王之政也；逆而能忍者，黄老之术也。"正是对老子"无为而治"思想的正确解释。但苏轼不了解这种继承关系，他不察申韩的本原意义，却说"老庄之后其祸为申韩"；那么，是不是也可以说"仁义之后，其祸为篡弑乎？"儒家提倡仁义，但是有些人却打着仁义之名而篡位弑君，这怎么能把篡弑的罪名归罪于仁义呢？同理，也不能把刑名法术的流弊归罪于老、庄。

① 《解老序》，见焦竑《老子翼》卷七。又见北京图书馆存《李卓吾选批十种丛书》（明陈氏继志斋初印本）《老子解》（即李贽《解老》），但第一页右上半残缺。以下有关引文据《李贽全集注》第十四册《老子解注》。

② 孔繁礼点校：《苏轼文集》第一册，中华书局，1986，第102页。

在这篇《序》中，李贽还说："予性刚使气，患在坚强而不能自克也。喜谈韩非之书，又不敢再以《道德》之流生祸也。"不但说明李贽对韩非的喜爱，而且表现他那种坚强不屈的性格与韩非著作的影响有一定的关系。

万历十年(公元1582年)，李贽著《庄子解》(又称《庄子内篇解》，对《庄子》内七篇进行了诠释，并收录了郭象、吕惠等人的注释。李贽为什么独注《庄子》内七篇？他在《读〈南华〉》一文中说："《南华经》若无'内七篇'，则'外篇'、'杂篇'固不妨奇特也，惜哉以有'内七篇'也。故余断以'外篇'、'杂篇'为秦、汉见道人口吻，而独注'内七篇'，使与《道德经注解》(即《老子解》)并请正于后圣云。"[①]焦竑《庄子翼·采摭书目》提到李贽此书，称为《庄子内篇解》。《南华经》是《庄子》的别名。唐玄宗于天宝元年(公元742年)诏号庄子为"南华真人"，称其所著书为"真经"[②]。因此，后人称《庄子》为《南华经》。《庄子》一书，《汉书》卷三〇《艺文志》著录五十二篇，现仅存郭象注本保留下来的三十三篇。其中"内篇"七篇，一般认定为庄子著。"外篇"十五篇与"杂篇"十一篇，可能搀杂有庄子的门人和后来道家的作品。一般说内、外、杂诸篇都反映了庄子的思想。李贽把"外篇"、"杂篇"断为"秦、汉见道人口吻"，因而不注，而"独注'内七篇'"，表明他对《庄子》的认识。李贽先注《老子》，又注《庄子》，表现出他对老、庄的倾心，这与老、庄的思想特点有关。就庄子而言，其中所表现的超脱名利、寻求个体自由的思想，张扬万物齐一、反对高下尊卑之分的主张；赞美无为而治，希求一切顺任自然，反对思想钳制，批判社会现实，以及否定儒者是非标准的立论，都与李贽的思想相契合，也可以说都是李贽思想的重要来源和思想武器。这都表现在李贽对《庄子》的疏解、赞赏和进一步的发挥中。

如对于《逍遥游》第一节的解说：

此篇以至物喻至人，前后共二段。则(应为前)言鲲鹏，而以至人结之，故曰"至人无己"。后段则专明至人之无己也。夫至物难见，至人难知，非难见也，以人之所见者小也。至人无见，故无不见，无不见，故无不可，而何适之不逍遥哉！夫适莽苍者不见千里，何可谓世遂无千里也！彼其以数仞之飞，而视鹏抟于九万里之外，其笑之也固宜。然则小知之不知大知也，犹小年之不知大年也。众人生死于百年之域，尚不知

① 《续焚书》卷四。

② 《旧唐书》卷九。

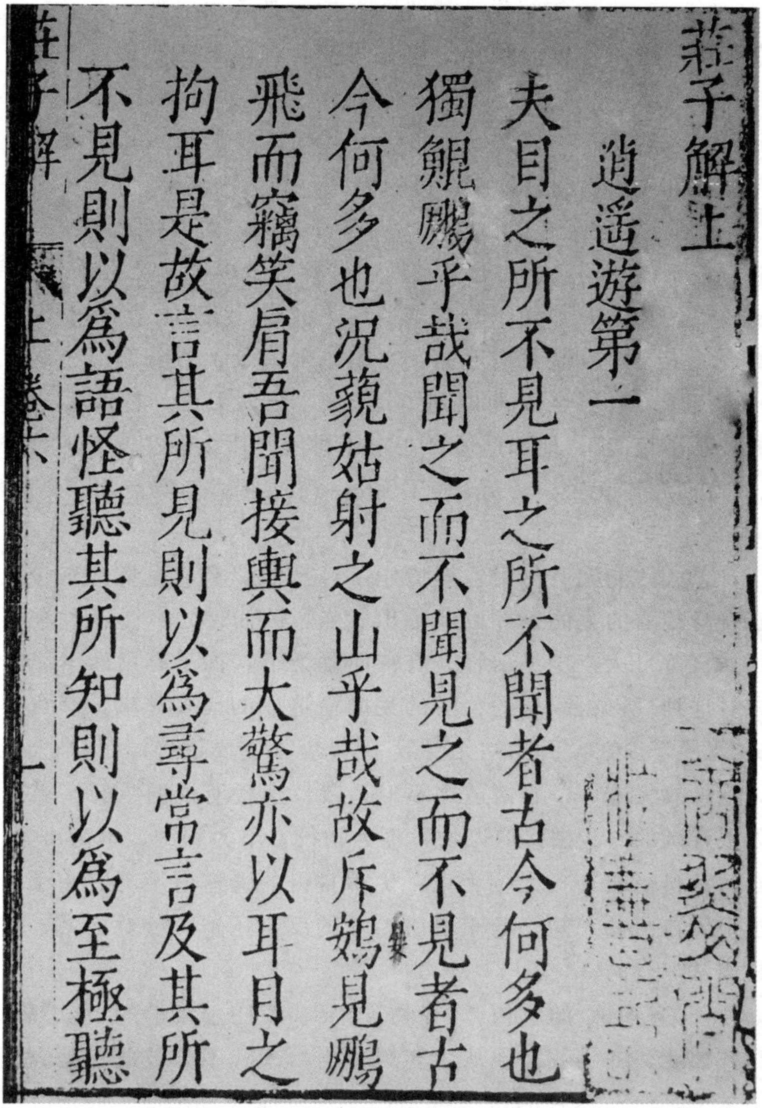
莊子解上
逍遥遊第一
夫目之所不見耳之所不聞者古今何多也獨鯤鵬乎哉聞之而不聞見之而不見者古今何多也况藐姑射之山乎哉故斥鴳見鵬飛而竊笑肩吾聞接輿而大驚亦以耳目之拘耳是故言其所見則以爲尋常言及其所不見則以爲語怪聽其所知則以爲至極聽

《庄子解·逍遥游第一》书影

彭祖之为如何也，况知所谓冥灵与大椿者乎？故又自知效一官，等而上之，至于无所待而后为至焉。盖有所待，则不逍遥矣。无见则无待，故曰：无己、无功、无名。[①]

① 《李贽全集注》第十四册，第 110 页。

这实是对《逍遥游》主旨的解说。逍遥游，指的是自由自在，不受拘束，优游自得。在众多对这一主旨的解释中，有两种具有代表性的观点。其一为郭象的《庄子注》，他说："夫小大虽殊，而放于自得之场，则物任其性，事称其能，各分其当，逍遥一也，岂容胜负于其间哉!"这表明在郭象看来，世间万物只要任性守分便能达到无累而自得的境界。其二为支遁《庄子·逍遥游注》，他说："夫逍遥者，明至人之心也。庄生建言大道，而寄指鹏鷃。鹏以营生之路旷，故失适于体外；鷃以在近而笑远，有矜伐于内心。至人乘天正而高兴，游无穷于放浪。物物而不物于物，则逍遥不我得；玄感不为，不疾而速，则逍遥靡不适。"依此，斥鷃固不逍遥，大鹏、宋荣子、列子都不逍遥，因为皆"犹有所待者也"。只有至人能做到逍遥游："至人无己，神人无功，圣人无名"，"彼且恶乎待哉"，他们逍遥自在，还要依赖什么呢？王先谦《庄子集解》说："无所待而游于无穷，方是《逍遥游》一篇纲要。"确实点出了《逍遥游》的主旨。

那么，怎么才能无所待呢？李贽作了自己的解释与发挥。李贽认为，世人都囿于自身狭隘的见闻，并以此为出发点，因而使之产生了种种可悲可叹的现象，如自尊自大，少见多怪，有待而治天下，拘于有用而不能通之无用等等。针对这种"所见者小"的狭隘的见闻而造成的诸多弊端，李贽提出了解决的方法"无见"。因为"无见则无待"，无见就不需要依赖，而"圣人无见故无不见，无不见故无不可，而何适之不逍遥哉!"李贽所说的"无见"就是要求人们能以无限开阔的心胸去接应万物，不为物役，不为利诱，不为事累，这样，自然就会达到自由自在，无拘无束，优游自得的逍遥游境界。庄子的超脱名利，寻求个体自由的思想，与李贽所追求的反对压迫，反对束缚，尊重个体的思想是非常契合的。

又如对于《齐物论》的解说。《齐物论》反映了庄子哲学的"核心思想"，即齐是非、齐彼此、齐物我。他认为客观事物本来就不分彼此，是齐同的，因此，人们关于是非、然否的争论都是出于私心成见所致。"从'道'的观点来看，一切事物都是平等无差别，人们对事物的认识本无确定不移的是非标准。"[①]这一立论含有肯定一切人与物的独特意义及其无高下尊卑之分的价值。庄子过分强调了事物的变动不居的绝对性，从而否定了事物的绝对界限；过分强调了人的认识的相对性，从而否定了是非区分的必要性，因此，被称为相对主义理论。但是，庄子提出"天地与我并生，而万物与我为一"，认为学

① 《中国大百科全书·哲学》第678页。

派辩论，人物争论，都是“成心”作祟，从而产生了种种主观的是非争执、意气之见。这其中却包含着反对独断，人人平等，万物齐一，要求克服主观片面的合理因素，对于打破独断对人们思想的束缚，促进人们的自主思考，都有着积极意义。同时，庄子还认为是非、善恶没有什么差别，这对于批判现实政治也有可取之处。

李贽在注解中对庄子的这种思想作了进一步的阐释。李贽认为物论之所以不齐，其原因就在于各人都师其“成心”(成见)，即以自己的偏见作为评判事物的标准，因为“自是而非彼，天下之常情也。”世人往往囿于自己的所见所闻，囿于自己的思维观点，以致“自见而不见彼”，从而导致“是非无主，纷然殽乱”的纷争局面。李贽认为以自己的“小成”(小的成就，局部的认识所得的成果)作为标准去评判别人的观点是不正确的，更何况世上的一切都是变动不居的，评判的标准也应随之变化。这和他在《藏书世纪列传总目前论》中提出的是非观是完全一致的。他说：“人之是非，初无定质；人之是非人也，亦无定论。无定质，则此是彼非，并育而不相害；无定论，则是此非彼，亦并行而不相悖矣。”又说：“夫是非之争也，如岁时然，昼夜更迭，不相一也。昨日是而今日非矣，今日非而后日又是矣。”[①]李贽在《齐物论》注中还提出，因为评判是非不能以自己的偏见作为标准，所以世人应该以无限广阔宽容的心胸去接受不同的观点，对待不同的事物，应处于“忘我”的境界，只有以这种心境去看待不同的观点，才会使“是非一致，物论自齐”。反之，如果固执己见，“不知忘身以待尽(等到生命的耗尽)”，而仍奔波辩论，以争个是非曲直，那就“不但可悲而且可哀”了。李贽提出的“是非一致，物论自齐”，显然与他一贯主张的万物齐一，无高下尊卑之分的思想是一脉相承的。

再如对于《应帝王》的解说。《应帝王》论述的是关于帝王治理天下的问题，其主旨是为政者应实行无为的政治，以无治为治，这就要顺应自然的人性，以百姓的意志为意志，而不要以己意强加于人民。正如钟泰在《庄子发微》中所说：“顺物自然而无容私焉(帝王不参以私意)，则天下治矣。”“明王之治：功盖天下而似不自己(帝王功绩广被天下却像和自己不相干)，化贷万物而民弗恃(教化施及万物而人民并不觉得有所依恃于帝力)。”而反对“君人者以己出经式义度(国君凭个人意志而制定法度)”的做法。

这一思想与李贽一贯的从民之性的为政理念完全一致，因此，李贽在批注中对这一为政理念作了进一步发挥。李贽尖锐指出，那些“藏仁以要人(以

① 《藏书》卷首。

标榜仁义而要结人心)”，以己意“出经式义度”的所谓善治天下之人的所作所为，其实质是“害之”。李贽的批注与他对当时的治国之政的认识有着现实的联系。李贽深刻认识到明王朝严酷的刑法和虚伪的礼教给人们带来了深重灾难，因此，他极力赞赏“无名人”(《庄子》虚设的寓言人物)的不治之治，要求为政者要怀天道，顺天道，要忘我，更要顺乎自然之性的民情民意。只有这样，才能达到至治。李贽这一为政理念在很多著述中都有所论释。如我们前面提到的李贽最早的为政治国论文《论政篇》，李贽赞赏实行“因乎人”、“因性牖民”的“至人之治”，而反对“本诸身”的“君子之治”。所谓“因乎人”、“因性牖民”，即顺从人们自然之性，并对之进行诱导，满足其人生的需要。因为人们的心性是不同的，只有“顺其性不拂其能”、“恒顺于民”，才能取得社会的安定和谐与发展，从而把社会治理好。反之，“君子之治”则“本诸身”，即以个人的要求去要求别人，做不到时就用“条教之繁”、“刑法之施”对广大人民群众进行束缚，强迫广大人民群众服从个人之需，这样则只能造成社会的动乱。这一治政思想在后来的李贽著作中得到一再论述。如在《答耿中丞》中提出：“夫天下之民物众矣，若必欲其皆如吾之条理，则天地亦且不能。……各从所好，各骋所长，无一人之不中用，何其事之易也!”[①]在《明灯道古录》中说：“千万其人者，各得其千万人之心；千万其心者，各遂其千万人之欲。是谓物各付物，天地之所以因材而笃也，所谓万物并育而不相害也。”这样就能达到“天下之民，各遂其生，各获其所愿有，不格心归化者，未之有也。”[②]反对以己之私对广大人民进行束缚与限制，要求造成人人顺其本性、人人随心如愿的理想政治局面，这是李贽为政理念的一贯追求，李贽对《应帝王》的解说与发挥正是这种追求的又一次体现。

李贽客居黄安时，还担任了耿家子弟的教学工作。但在怎样教育耿家子弟这一问题上，李贽与耿定向发生了矛盾，并由此展开了一场思想论战。

黄宗羲《明儒学案》曾记载了耿定理、周思久、李贽三人论学时的一件事：

> 卓吾寓周柳塘(思久)湖上。一日论学，柳塘谓：“天台(耿定向)重名教，卓吾识真机。”楚倥(耿定理)诮柳塘曰：“拆篱放犬。”[③]

① 《焚书》卷一。
② 《李贽全集注》第十四册，第271页。
③ 《明儒学案》卷三五《楚倥论学语》。

耿定向的“重名教”，就是严守封建社会的礼教，维护孔孟之道的正统。李贽的“识真机”，则是力求心性上的体会，要求摆脱礼教的藩篱。耿定理则站在李贽一方，要“拆篱放犬”，要求打掉礼教禁锢，解放思想。对李贽这种教育思想和教学内容，耿定向当然是极为不满的。

耿定向是一个有名的理学家，他以孔教正脉自居，说孔孟之道“这大家当，是天付我辈承管的世业”，鼓吹他“平生所得，遵守到今”；“不敢为淫诐邪说混乱了”。① 他对以李贽为代表的“异端”思想极为不满，认为“异端”思想的兴起，使得“学术浇漓，人心陷溺”②。他忧心忡忡要为封建统治阶级效“犬马之忠”，以“明学术，正人心”③为己任，不遗余力地鼓吹孔孟之道。他吹捧孔子是“万世师”，鼓吹孔孟之道是“万世宪”，“天下遵之则治，违之则乱”④。他鼓吹君君臣臣父父子子的封建伦礼是“弥六合，贯千古”⑤、“范围天下”、“曲成万物”的“天则”、“心矩”，是“千古不容改易的模样”，“非特不可不依仿，亦自不能不依仿，不容不依仿”。⑥ 要是违背了这种封建礼教，那就等于“天柱蹶而地维裂”，世界便会“棼乱离溃”⑦，不成世道。耿定向还鼓吹孔子所提倡的“仁”。他说：“仁者人也”，因此，“不仁，则不可为人矣”，谁要是不做到“仁”，就只是“一胞脓血裹一大块骨头耳”，根本不配做人。他竭力鼓吹孔子立教“以求仁为宗”，就是要使“天下万世成乎其人”。正因为如此，孔子以“仁”为核心的学说，就是“垂万古”“参天地”⑧的绝对真理，任何人不准违背。耿定向还多次上书朝廷，要求“明道术以宏圣化”，要人们“的的确确寻着孔孟血脉，明明白白走着孔孟道径”，排斥一切“邪见罔谈”。⑨显然，耿定向不仅是忠实的孔孟之徒，而且是为封建统治阶级出谋画策的谋士。他的目的就是要用孔孟之道挽救封建统治阶级日趋崩溃的统治。

万历十二年(公元 1584 年)七月二十三日，耿定理病逝于黄安，李贽极为悲痛。耿定向开始向李贽施加压力。袁中道《李温陵传》记载：“子庸(定理)一死，子庸之兄天台公(定向)惜其(李贽)超脱，恐子侄效之，有遗弃之病，数

① 耿定向：《传家牒》。《耿天台先生全书》卷七六。
② 耿定向：《与李卓吾》。《耿天台先生文集》卷四，见《李贽全集注》第二十六册，第 28 页。
③ 耿定向：《明学术正人心以赞圣治疏》。《耿天台先生全书》卷九。
④ 耿定向：《绎经·五经大旨》。《耿天台先生全书》卷一
⑤ 耿定向：《与李卓吾》。《耿天台先生文集》卷四，见《李贽全集注》第二十六册，第 27 页。
⑥ 耿定向：《冯道论》。《耿天台先生全书》卷一三，见《李贽全集注》第二十六册，第 43 页。
⑦ 耿定向：《病间寤言》。《耿天台先生全书》卷二，《李贽全集注》第二十六册，第 26 页。
⑧ 耿定向：《绎经·文之以礼乐》。《耿天台先生全书》卷一。
⑨ 耿定向：《与邓令君》。《耿天台先生全书》卷四。

致箴切。”[①]这就是说，耿定向要李贽改变他的思想与教学内容，以免使他的子侄走上“异端”的道路。李贽在《与焦弱侯太史》一信中曾经谈到，有人要人讲学，只“但教人学好，学孝学弟，学为忠信”，“苟不如此，便指为害人，为误后生小子”[②]，可能就是指耿定向对他的攻击。正是在这种情况下，李贽以无所畏惧的战斗精神写下了《答耿中丞》这一非孔非孟、批判理学的战斗檄文，向以耿定向为代表的理学家进行了反击。

在《答耿中丞》中，李贽把矛头首先指向耿定向尊奉为“万世师”的孔子。李贽指出：“夫天生一人，自有一人之用，不待取给于孔子而后足也。若必待取足于孔子，则千古以前无孔子，终不得为人乎?”[③]在这里，李贽把孔子这个神乎其神的偶像拉到了与一般人平等的地位上，这是对封建时代的最高思想权威和封建正统思想的有力冲击。

耿定向在鼓吹尊孔的时候，提出了“慎术”、“择术”的理论。他认为，要使自己成为一个真正的人，就要很好地学习做学问，而做学问求知识，则要谨慎地选择内容，谨慎地选用方法。这个大前提是不错的，但什么才是正当的学习内容？耿定向认为，那就要分清什么是“大人之事”，什么是“小人之事”，而以“大人之事”为准则。他说：“顾有大人之事，有小人之事。学为大人乎？抑为小人乎？心剖判于此，事亦剖判于此；事剖判于此，人亦剖判于此。孔子十五志学，学大人之事也。”[④]这就是说，学“大人之事”，还是学“小人之事”，是评判事理的标准，也是评判人物的标准。只有效法孔子，学“大人之事”，才能求得真正的知识学问，成为真正的人。

什么是正确的学习途径与方法？耿定向提出要“默识”其“自心自性的真”，使自己的一切都依规于孔子的教义。耿定向曾经鼓吹的“率性之为道”，就是达到“慎术”的一个基本理论。他说：人们错误地把任情叫作“率性”，而不知道“率性”的“率”，就是将领统率的率。这个率就是要用“道”去率领人们的性情，否则，目之于色，口之于味，任情发展，而无统率，就会像“溃兵乱卒，四出掳掠，其害可胜言哉”[⑤]，因此，必须用“道”率“性”，并“推之天下，达于万世”，最终取得“人人同归于善”，免于“堕欲境而灭天理”。

---

① 《珂雪斋集》卷一七。

② 《续焚书》卷一。

③ 《焚书》卷一。

④ 耿定向：《慎术解・赠邹汝光》，《耿天台先生文集》卷七，见《李贽全集注》第二十六册，第46页。

⑤ 耿定向：《与周柳塘》第二十一书，《耿天台先生文集》卷三，见《李贽全集注》第二十六册，第41页。

耿定向特别推崇孟轲"善择术"，因为孟轲说过"乃所愿，则学孔子也"[①]，而且系统地发挥了孔子的一套理论。耿定向极力赞扬孟轲是"善学孔子也"，说孟轲"神明乎孔子学脉，统承群圣，而一归于仁。又精审于择术，而智及学孔之路径，特异于群圣，而巧于行仁。故虽不斤斤然模拟孔子之陈迹，而其言论交际，出处去就，与诸是非取舍，亦自合于孔子之遗轨矣"。[②]

李贽在《答耿中丞》中，对耿定向的这种理论也进行了批驳。关于"慎术"问题，李贽写道："'学其可无术欤'，此公至言也，此公所得于孔子而深信之以为家法者也。仆又何言之哉！然此乃孔氏之言也，非我也。"明确回答耿定向：做学问当然要有一定的路子，但是你耿定向的路子，不过是孔子一家的说教而已，对于这一套，你耿定向可以深信不疑的当作家法来继承；但对我来说，实在不值得一提。至于孟轲这个样板李贽也嗤之以鼻："故为愿学孔子之说者，乃孟子之所以止于孟子，仆方痛憾其非夫，而公谓我愿之欤！"在这里，李贽既批判了耿定向鼓吹的一套学习方法，又否定了孟轲的"亚圣"偶像。

不仅如此，李贽还进一步对以"仁"为核心的儒学理论进行了批判：

夫惟孔子未尝以孔子教人学，故其得志也，必不以身为教于天下。是故圣人在上，万物得所，有由然也。夫天下之人得所也久矣，所以不得所者，贪暴者扰之，而"仁者"害之也。"仁者"以天下之失所也而忧之，而汲汲焉欲贻之以得所之域。于是有德礼以格其心，有政刑以絷其四体，而人始大失所矣。

夫天下之民物众矣，若必欲其皆如吾之条理，则天地亦且不能。是故寒能折胶，而不能折朝市之人；热能伏金，而不能伏竞奔之子。何也？富贵利达所以厚吾天生之五官，其势然也。是故圣人顺之，顺之则安之矣。是故贪财者与之以禄，趋势者与之以爵，强有力者与之以权，能者称事而官，愞者夹持而使。有德者隆之虚位，但取具瞻；高才者处以重任，不问出入。各从所好，各骋所长，无一人之不中用。何其事之易也？虽欲饰诈以投其好，我自无好之可投；虽欲掩丑以著其美，我自无丑之可掩。何其说之难也？是非真能明明德于天下，而坐致太平者欤！是非真能不见一丝作为之迹，而自享心逸日休之效者欤！然则孔氏之学术亦妙矣，则虽谓孔子有学有术以教人亦可也。然则无学无术者，其兹孔子

① 《孟子·公孙丑上》。

② 耿定向：《学象》，《耿天台先生全书》卷二。

之学术欤！[①]

李贽针对耿定向"仁者人也"、"不仁，则不可为人矣"的论说，明确指出："仁者"害人，他们用德礼禁锢人们的思想，用政刑束缚人们的行动，这正是使人"大失所"的原因。德礼和政刑是封建统治手段的两个方面，被儒家认为是治国根本，李贽把它们看成一个整体，加以否定，这是李贽民主思想的突出表现。

李贽在批判"德礼政刑"时，还提出了"各从所好，各骋所长"的主张，要求自由发展人们的"自然之性"，满足其"富贵利达"的要求。这种思想反映了李贽希望冲破封建礼教禁锢的斗争精神，也是当时随着资本主义萌芽而产生的反封建等级制和反禁欲主义的愿望在意识形态领域的反映。李贽要求发展"自然之性"，反对封建统治者的"德礼政刑"，这就不但揭露了理学家鼓吹的"天理"的不合理，而且在客观上肯定了人民生活要求和生存权利的合理性。当然，李贽把追求"富贵利达"说成是人的普遍本性，则是唯心的，本质上代表了剥削阶级的利益。他要求冲破"德礼政刑"的桎梏，并没有否定皇权和地主阶级所有制，只是寄希望于封建的"圣人"和"高才者"实行自上而下的改革，这是时代与阶级的局限。但是，李贽在《答耿中丞》中表现出的反圣道、叛圣教的斗争精神，在当时确实起到了振聋发聩的启蒙作用。在孔教严密统治的明朝，李贽的骇俗之论，就像一块石子投进了当时窒息的思想界，引起了波澜。

耿定理的病逝，与耿定向的公开论战，使李贽无法在黄安再住下去了，他决定离开耿家。这年十月，李贽曾到湖北麻城，但因没有找到合适的住所，不数日，又回到黄安。

万历十三年(公元 1585 年)三月，李贽再次到麻城，在周思久、周思敬兄弟的帮助下，暂住在周思久女婿曾中野家。李贽一到麻城，就写了《与耿司寇告别》。在这封信中，他斥耿为"乡愿"，而把自己比为"狂狷"，并提出"狂者不蹈故袭，不践往迹，见识高矣，所谓如凤凰翔于千仞之上，谁能当之，而不信凡鸟之平常，与己均同于物类。……狷者行一不义、杀一不辜而得天下不为，如夷、齐之伦，其守定矣，所谓虎豹在山，百兽震恐，谁敢犯之，而不信凡走之皆兽"。对于"贼德之乡愿"一类人物，李贽表示："则虽过门而不欲其入室，盖拒绝之深矣，而肯遽以人类视之哉！"表示了与耿定向不同的志

① 《焚书》卷一。

向与道路。李贽还表示："贱眷思归，不得不遣；仆则行游四方，效古人之求友。"[①]就在这年，李贽让他的女婿庄纯夫把住在黄安的家眷全都送回了老家，自己则一人留居麻城。

万历十四年(公元1586年)，李贽入住刚刚落成的麻城城北的维摩庵。李贽已六十岁了，这年春天，他害了一年多的脾病更加厉害，百计调理，药转无效，几成老废。但是病中的李贽，却还关注着人民的疾苦。这年麻城一带发大水，造成了严重灾荒。在这种自然灾害面前，一些"俗儒"散布了"救荒无奇策"，置人民群众生死于不顾。当时麻城县令邓鼎石是李贽的好友，他写信向李贽请教救灾的办法。李贽在《复邓鼎石》中提出了"世间何事不可处，何时不可救"[②]的积极主张，并为邓鼎石拟订了救灾的具体办法。他建议，长沙、衡阳、永州一带粮食丰收，襄阳、汉口年景也不错，官府可以先拿出银两，托得力可靠的商人到丰收地区购买粮食，运到灾区，由官府订出合理价格，卖给贫民。贫民来买米，只要拿银子来，就上账收钱发给票据，让他们自己到码头取粮。这样，粮商有利可图，愿意干，官家也不赔本，贫民能拿到粮食，自然就不慌乱了。李贽还特意嘱咐邓鼎石，要尽量做到手续简便，防止奸商从中牟利。李贽提出的这种办法，在当时情况下，是切实可行的。

在信中，李贽还严厉批驳了一些俗儒散布的"救荒无奇策"的谬论。他说：

> 仆谓在今日，其所当为，与所得为，所急急为者，不过如此。若曰"救荒无奇策"，此则俗儒之妄谈，何可听哉！世间何事不可处，何时不可救乎？尧无九年水，以有救水之奇策也。汤无七年旱，以有救旱之奇策也。彼谓蓄积多而备先具者，特言其豫备之一事耳，非临时救之之策也。惟是世人无才无术，或有才术矣，又恐利害及身，百般趋避，故亦遂因循不理，安坐待毙。然虽自谓不能，而未敢遽谓人皆不能也。独有一等俗儒，己所不能为者，便谓人决不能为，而又敢倡为大言曰："救荒无奇策。"呜呼！斯言出而阻天下之救荒者，必此人也。然则俗儒之为天下虐，其毒岂不甚哉？

李贽从救灾这一个侧面谴责了腐儒"为天下虐"的行径，戳穿了他们鼓吹的"仁政"、"爱民"的谎言。当然，李贽并不理解天灾的危害与社会制度的关系，认

---

① 《焚书》卷一。
② 《焚书》卷二。

识不到“阻天下之救荒者”，不仅仅是一批俗儒，而更主要的是封建剥削制度。但他对“俗儒之为天下虐”的批判在当时却具有强烈的战斗意义，他提出的救灾办法也有利于恢复生产，客观上对人民有好处。

这年，李贽还带病写了近万言的《答耿司寇》。这是一篇全面批判儒家仁德说教，揭露理学家伪善面目的重要论文。李贽针对耿定向鼓吹的“不容已”、“泛爱众”、“出孝入弟”等儒家教义，把他的言行加以对照，尖锐地揭露了他满口的忧劳天下、“利他”、“为人”，实际上是“说谎”、“多欲”的伪君子。李贽写道：

> 试观公之行事，殊无甚异于人者。人尽如此，我亦如此，公亦如此。自朝至暮，自有知识以至今日，均之耕田而求食，买地而求种，架屋而求安，读书而求科第，居官而求尊显，博求风水以求福荫子孙。种种日用，皆为自己身家计虑，无一厘为人谋者。及乎开口谈学，便说尔为自己，我为他人；尔为自私，我欲利他；我怜东家之饥矣，又思西家之寒难可忍也；某等肯上门教人矣，是孔、孟之志也，某等不肯会人，是自私自利之徒也；某行虽不谨，而肯与人为善，某等行虽端谨，而好以佛法害人。以此而观，所讲者未必公之所行，所行者又公之所不讲，其与言顾行、行顾言何异乎？以是谓为孔圣之训可乎？翻思此等，反不如市井小夫，身履是事，口便说是事，作生意者但说生意，力田作者但说力田。凿凿有味，真有德之言，令人听之忘厌倦矣。①

在这里，李贽以耿定向为靶子，实际是对理学家言行不一、口是心非进行了深刻的揭露和批判。在李贽辛辣锋利的笔下，理学家的美丽画皮被剥落了，丑恶灵魂被暴露出来了。他们“实多恶也，而专谈志仁无恶；实偏私所好也，而专谈泛爱博爱；实执定己见也，而专谈不可自是”。事实说明，他们所狂热鼓吹的封建教条，不过是用以掩饰自己私利的遮羞布而已。更为可贵的是，李贽在揭露耿定向一类的伪善面目时，还用下层群众与他们对比，认为那些所谓孔孟之徒，“反不如市井小夫”表里如一，朴实有德。李贽赞美处于社会下层的一般劳动群众的真，批判窃取统治地位的理学家的假，把下层人民称之为有德，斥耿定向一类理学家为无耻，真是痛快淋漓。

在《答耿司寇》中，李贽在揭露和批判理学家的基础上，还进一步提出了

① 《焚书》卷一。

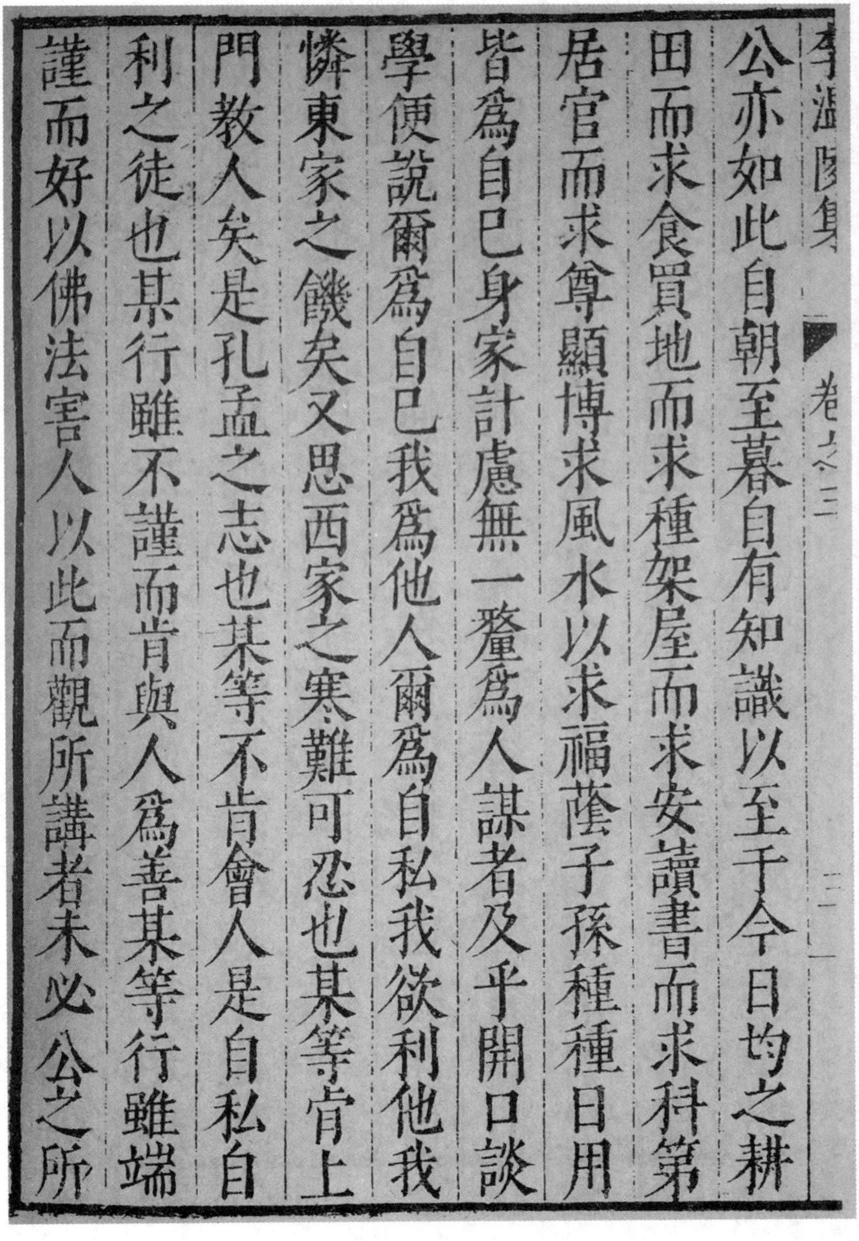
李溫陵集　卷之三　二

公亦如此自朝至暮自有知識以至于今日均之耕田而求食買地而求種架屋而求安讀書而求科第居官而求尊顯博求風水以求福蔭子孫種種日用皆爲自己身家計慮無一釐爲人謀者及乎開口談學便說爾爲自己我爲他人爾爲自私我欲利他我憐東家之饑矣又思西家之寒難可忍也某等肯上門教人矣是孔孟之志也某等不肯會人是自私自利之徒也某行雖不謹而肯與人爲善某等行雖端謹而好以佛法害人以此而觀所講者未必公之所

《答耿司寇》书影（一）

“何必专学孔子而后为正脉”的异端口号。他指出：孔子自己就曾“自谓于子臣弟友之道有未能”，这是“真未之能，非假谦也”。既然孔子自己都做不到的东西，理学家还要把它奉为“经典”，强迫人们信奉和实行，这不是极为荒唐可

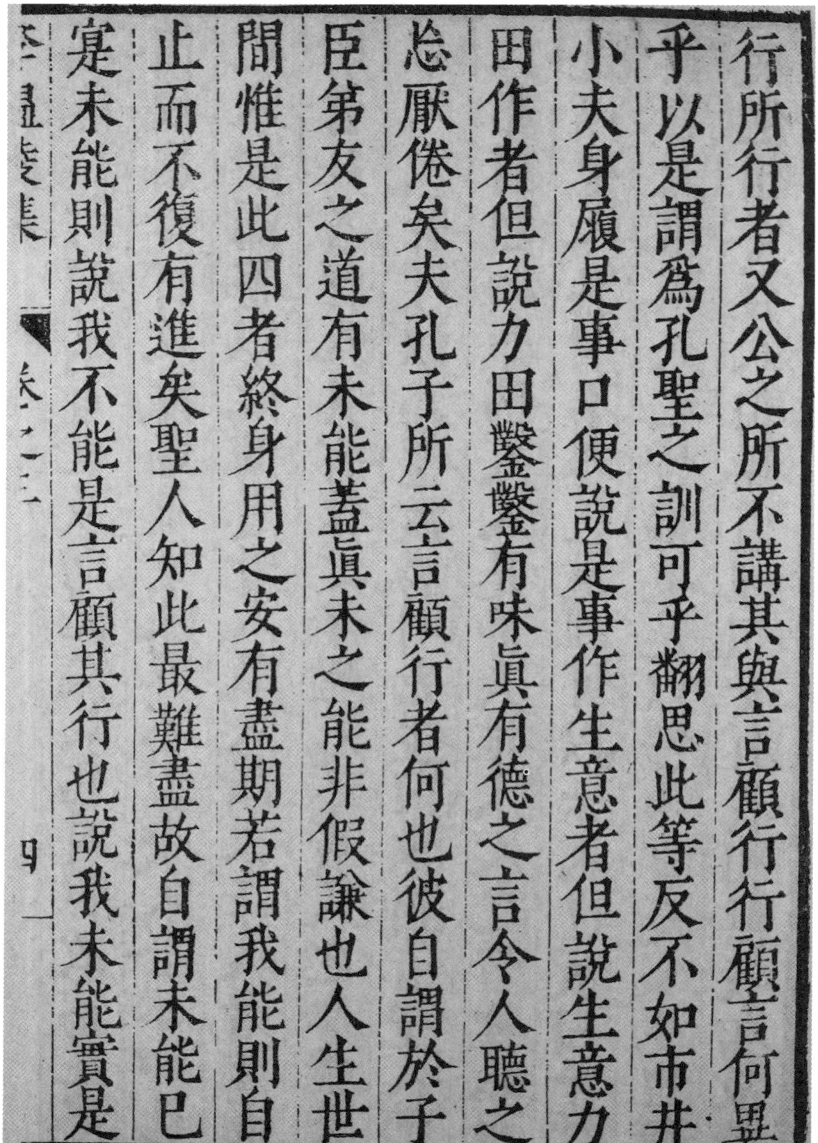
行所行者又公之所不講其與言顧行行顧言何異乎以是謂爲孔聖之訓可乎翻思此等反不如市井小夫身履是事口便説是事作生意者但説生意力田作者但説力田鑿鑿有味眞有德之言令人聽之忘厭倦矣夫孔子所云言顧行者何也彼自謂於子臣弟友之道有未能盡眞未之能非假謙也人生世間惟是此四者終身用之安有盡期若謂我能則自止而不復有進矣聖人知此最難盡故自謂未能已寔未能則説我不能是言顧其行也説我未能實是

《答耿司寇》书影(二)

笑的吗？李贽还特别批判了理学家狂热鼓吹的所谓君臣之道。他说：

余尝谬谓千古有君臣，无朋友，岂过论欤！夫君犹龙也，下有逆鳞，犯者必死，然而以死谏者相踵也。何也？死而博死谏之名，则志士亦愿为之，况未必死而遂有巨福耶？避害之心不足以胜其名利之心，以故犯害而不顾，况无其害而且有大利乎！……是以犯颜敢谏之士，恒见于君臣之际，而绝不闻之朋友之间。

“文死谏，武死战”作为封建道德的最高准则，儒家学派修养的最高典范，在李贽笔下，都不过是博取名利的工具与手段，这真是对儒教虚伪性鞭辟入里的揭露与批判。

在批判孔子及儒学的过程中，李贽提出了“人人皆可以为圣”的命题。他说：“圣人不责人之必能，是以人人皆可以为圣”，“耕稼陶渔之人既无不可取，则千圣万贤之善，独不可取乎？又何必专学孔子而后为正脉也”。[①] 李贽要从耕稼陶渔之人中取善，要从千圣万贤之中取善，而否定以学孔子为正脉，这正是向长期以来占统治地位的孔孟之道和封建正统势力的挑战。

李贽与耿定向的论战，是孔孟“正脉”与“异端”思想的斗争。李贽在批判以耿定向为代表的理学家尊孔崇儒的谬论时，提出的很多命题，都带有鲜明的时代特色，是反映资本主义萌芽的启蒙思想的一种表现。当然，李贽也不能完全摆脱儒家思想的影响，在他的文章中还表现出许多儒家思想影响的印痕。但他那些闪耀着反传统思想的言论与命题，确实是对孔孟之徒的有力打击，在当时以及后来都产生了很大影响。明末清初人钱谦益曾说：“(李贽)与耿天台往复书，累累万言，胥天下之为伪学者，莫不胆张心动，恶其害己，于是咸以为妖为幻，噪而逐之。”[②]这就是一个明证。

① 《焚书》卷一。

② 《列朝诗集小传》闰集《卓吾先生李贽》。

四、在龙潭湖芝佛院和《初潭集》的编纂

万历十六年至万历十七年
（公元1588年—1589年）

万历十三年（公元1585年），李贽从黄安迁居麻城，万历十四年（公元1586年）移居到维摩庵。十六年，李贽又从维摩庵搬到龙潭湖的芝佛上院，从此在这里住了近十年。李贽的很多重要作品，都是在这个时期完成的。

龙潭湖是一个十分幽僻的处所，袁宗道对龙潭湖有一段生动的描写：

> 龙湖，一云龙潭，去麻城三十里。万山瀑流，雷奔而下，与溪中石骨相触，水力不胜石，激而为潭，潭深十余丈，望之深青，如有龙眠。而土之附石者，因而夤缘得存，突兀一拳，中央峙立。青树红阁，隐见其上，亦奇观也。潭右为李宏甫精舍，佛殿始落成，倚山临水，每一纵目，则光、黄诸山，森然屏列，不知几万重。①

李贽就是住在这样一个幽美而僻静的地方。关于李贽在这里的生活，袁中道有一段记述：

> 公遂至麻城龙潭湖上，与僧无念、周友山、丘坦之、杨定见聚，闭门下键，日以读书为事。性爱扫地，数人缚帚不给。衿裾浣洗，极其鲜洁，拭面拂身，有同水淫。不喜俗客，客不获辞而至，但一交手，即令之远坐，嫌其臭秽。其忻赏者，镇日言笑，意所不契，寂无一语。滑稽排调，冲口而发，既能解颐，亦可刺骨。所读书皆钞写为善本，东国之秘语，西方之灵文，《离骚》、马、班之篇，陶、谢、柳、杜之诗，下至稗官小说之奇，宋元名人之曲，雪藤丹笔，逐字雠校，肌襞理分，时出新意。其为文不阡不陌，摅其胸中之独见，精光凛凛，不可迫视。诗不多作，大有神境。亦喜作书，每研墨伸楮，则解衣大叫，作兔起鹘落之

① 《白苏斋类集》卷一四。

麻城龙潭湖遗址

状。其得意者亦甚可爱，瘦劲险绝，铁腕万钧，骨棱棱纸上。[①]

这段传记，生动形象地记载了李贽在芝佛院的生活特点和刻苦攻书著述的一

① 《珂雪斋集》卷一七《李温陵传》。

些情况。李贽也通过诗歌表述了自己的生活情趣：

石潭即事四绝

其一

岂为偷闲坐钓台，采真端为不凡才。
神仙自古难逢世，且向关门望气来。

其二

十卷楞严万古心，春风是处有知音。
即看湖上花开日，人自纵横水自深。

其三

暖日和烟上碧楼，无情最是此溪头。
伤心欲问前程事，不肯斯须为我留。

其四

若为追欢悦世人，空劳皮骨损精神。
年来寂寞从人谩，只有疏狂一老身。[①]

这组诗流露了李贽孤军奋战的寂寞心情，但是他那坚强不屈的性格和顽强的斗志也表现得十分明显。他不贪求欢乐，不愿劳损精神去讨好世人，取悦于当道，而是要狂放不羁地生活和无所畏惧地斗争。李贽在麻城龙潭湖期间，经受了封建官僚和理学家种种迫害。但是，这一切都没有使李贽屈服，相反，他“只知进就，不知退去”，更加勇猛地进行斗争。

这年夏天，李贽搬进芝佛院前夕，在维摩庵时，就把头发剃去，但却留着长长的胡须，这在当时也是一个骇俗的举动。李贽为什么要落发？他真的从此要当和尚吗？不是的，“卓吾子之落发也有故”[②]，其原因，李贽说得很明白：

其所以落发者，则因家中闲杂人等时时望我归去，又时时不远千里来迫我，以俗事强我，故我剃发以示不归，俗事亦决然不肯与理也。又此间无见识人多以异端目我，故我遂为异端以成彼竖子之名。兼此数者，

① 《续焚书》卷五。

② 《初潭集·自序》。

陡然去发，非其心也。[①]

又今世俗子与一切假道学，共以异端目我，我谓不如遂为异端，免彼等以虚名加我，何如？夫我既已出家矣，特余此种种(指头发)耳，又何惜此种种而不以成此名耶！[②]

李贽的朋友刘东星也说李贽“虽弃发，盖有为也”[③]。李贽虽落发出家而又食肉，住进了佛堂而又不认祖师，这都清楚表明，李贽的落发并不是要真正皈依佛教，做一个虔诚的佛教徒，而是要公开以佛教徒这种“异端”的身份出现，向封建正统势力挑战。

李贽的另一“异端”行为，就是在芝佛院讲学传道时，敢于和女子来往，收一些女子做弟子。他还不顾社会的非议，接受一个寡妇的供奉，并在听了有关这个寡妇的“杂言”后，“与大众共一访之”，发现这个寡妇并没有什么违道之事，而是“老年嫠身”、“子女俱无”，很值得同情的。这件事，被理学家添油加醋地造了许多谣言，说李贽“曾率众僧入一嫠妇之室乞斋，卒令此妇冒帷簿之羞”。对于这种流言，李贽答之曰：“氏既初终如一，敬礼不废，我自报德而重念之，有冤必代雪，有屈必代伸”[④]，毫不畏惧。

李贽有时还用通信的方式和一些女子进行道义的探讨和学问的研究，他和大同巡抚梅国桢的女儿梅澹然的书信来往就是一例。当时梅澹然寡居在家，他们之间经常通过书信探讨佛理。《焚书》中的《复梅澹然大士》、《观音问》等，就是写给梅澹然的。

这一切在顽固维护封建礼教的理学家们看来，怎能不是“异端”呢？因此，他们向李贽进行围攻，诬蔑李贽“宣淫败俗”，攻击李贽是“左道惑众”。并直接写信给李贽，一方面进行恫吓和威胁，一方面胡说“妇女见短，不堪学道”，妄图用男尊女卑的封建教条，约束李贽的言行。

但是，李贽并不被他们的攻击、威胁所动摇，他针锋相对地写了《答以女人学道为见短书》。在这篇文章中，李贽反对以性别作为区分见识长短的标志，提出了女子和男子在才智上没有差别的观点，并举出历史上的事例，说明女子一样能参政治国、写诗作文，并由此得出结论说：“谓人有男女则可，

① 《焚书》卷二《与曾继泉》。

② 《焚书》卷一《答焦漪园》。

③ 刘东星：《书〈道古录〉首》，存《李氏文集》。见《李贽全集注》第十四册，第334页。

④ 《焚书》卷二《答周柳塘》。

谓见有男女岂可乎？谓见有长短则可，谓男子之见尽长，女人之见尽短，又岂可乎？”[①]李贽还进一步指出，如果说妇女见识短的话，那也是由于把她们禁锢在“闺阁之间”，不让她们走出家门所造成的，其根源还是在封建礼教。这些见解有力地批判了男尊女卑的封建观念。

一种“异端”思想的产生，必然是对正统观念的背叛。李贽搬到芝佛院后，在佛堂里挂上了孔子的画像，并写了《题孔子像于芝佛院》的题词：

> 人皆以孔子为大圣，吾亦以为大圣；皆以老、佛为异端，吾亦以为异端。人人非真知大圣与异端也，以所闻于父师之教者熟也；父师非真知大圣与异端也，以所闻于儒先之教者熟也；儒先亦非真知大圣与异端也，以孔子有是言也。其曰“圣则吾不能”，是居谦也。其曰“攻乎异端”，是必为老与佛也。
>
> 儒先亿度而言之，父师沿袭而诵之，小子蒙聋而听之。万口一词，不可破也；千年一律，不自知也。不曰“徒诵其言”，而曰“已知其人”；不曰“强不知以为知”，而曰“知之为知之”。至今日，虽有目，无所用矣。
>
> 余何人也，敢谓有目？亦从众耳。既从众而圣之，亦从众而事之，是故吾从众事孔子于芝佛之院。[②]

李贽在佛堂里挂上了孔子的画像，这个举动本身就是对所谓“千古大圣人”的肆意嘲弄，是对当时尊孔逆流的辛辣讽刺。而“题词”更是以嘲讽的笔调揭露了封建统治者强迫人们尊孔的骗局。李贽指出：人们都把孔子当成大圣人，而斥佛、老为异端，其实人们并不是出于真正的了解，而是因为听惯了父亲和老师的教导；父亲和老师也并不真正了解圣人与“异端”，而是听惯了儒家先辈的教导；儒家先辈也并不真正了解圣人与“异端”，而是因为孔子有这样的话。这就说明，孔子的偶像是他的徒子徒孙吹捧起来的，而孔子本人恰恰是制造这尊偶像的始作俑者！不仅如此，李贽还进而指出：正是由于有孔子这样“圣贤”的是非垄断了一切，千百年来，人们照着传述，盲目听从，结果造成了“万口一词，不可破也；千年一律，不自知也”，“至今日，虽有目，无所用矣”的可悲局面。这不但揭露了儒家思想统治的流毒无穷，否定了以朱熹为代表的宋明理学的权威，而且也是对孔子神圣偶像的极大亵渎。

---

① 《焚书》卷二。

② 《续焚书》卷四。

李贽就是以这种“异端”的面目出现在世人面前，同时，也以这种“异端”的思想进行著述活动。

李贽的第一部著作《初潭集》就是于万历十六年(公元1588年)在麻城龙潭编纂而成。他在《初潭集·自序》中说：“《初潭》者何？言初落发龙潭即纂此，故曰《初潭》也。”①

传说是麻城龙潭湖李贽藏书的“攓云洞”。但从其狭小简陋且有人工开凿的痕迹看，此说法只能是传说附会而已。

《初潭集》取材于南朝宋刘义庆的《世说新语》和李贽好友焦竑的《焦氏类林》。李贽把两书的有关材料，重新分类编辑，通过批点、评论来阐发自己的思想。《世说新语》是记载魏晋时期一些历史人物言行的一部书。魏晋时期，在激烈复杂的社会矛盾中，产生了像嵇康、阮籍这样具有一定进步倾向的思想家。嵇康敢于“非汤武而薄周孔”，“刚肠疾恶，轻肆直言，遇事便发”②；阮籍则“不拘礼教”“任性不羁”③。这些反传统的思想得到李贽的赞赏，称赞他们“其人品气骨”“古今所希”“千载之下，犹可想见其人”④。《世说新语》记载了这些人的言行，因此受到李贽的重视。《焦氏类林》是焦竑仿照《世说新语》的体裁，从各种古书中搜集材料编辑而成，记载了从先秦到元许多历史人物的言

① 《初潭集》：见《李贽全集注》第十二册至十三册。
② 嵇康：《与山巨源绝交书》。
③ 《晋书·阮籍传》。
④ 《焚书》卷五《思旧赋》、《绝交书》。

行，编成于1585年，1587年刊刻。李贽在1585年读了稿本后曾写信给焦竑说：“《类林》妙甚，当与《世说》并传无疑。”[①]在《类林》刻成之后，李贽就录引《世说新语》和《类林》中的材料编成《初潭集》。

《初潭集》共三十卷，分五大类：“夫妇”（一至四卷）、“父子”（五至八卷）、“兄弟”（九至十卷）、“师友”（十一至二十卷）、“君臣”（二十一至三十卷）。为什么要这样的分类编排？显然是受儒学影响的，《初潭集》中也宣扬了不少以儒学为正宗的封建传统思想，如“圣君”、“贤臣”、“忠臣”、“孝子”、“贤妇”之类。书中还反映了要求“出世”、追求“彼岸世界”的佛教思想。

但是，《初潭集》的可贵之处，在于借评论历史人物与事件，再次把批判的矛头指向当时的理学。

李贽在《初潭集》的第一篇《夫妇篇总论》中，首先批判了理学家们宣扬的“理在气先”、“理能生气”的唯心主义观点，他说：

> 夫妇，人之始也。有夫妇然后有父子，有父子然后有兄弟，有兄弟然后有上下。……极而言之，天地，一夫妇也，是故有天地然后有万物。然则天下万物皆生于两，不生于一，明矣。而又谓“一能生二，理能生气，太极能生两仪”，不亦惑欤！夫厥初生人，惟是阴阳二气，男女二命耳，初无所谓一与理也，而何太极之有！以今观之，所谓一者果何物，所谓理者果何在，所谓太极者果何所指也！若谓二生于一，一又安从生也！一与二为二，理与气为二，阴阳与太极为二，太极与无极为二。反复穷诘，无不是二，又恶睹所谓一者，而遽尔妄言之哉！故吾究物始，而但见夫妇之为造端也。[②]

宋明理学家认为在天地万物产生之前，有一种绝对精神的“理”，“理”是世界的本原。而以“三纲五常”为核心的封建秩序，就是“理”在人间的体现，企图用这种唯心主义的哲学来论证封建统治的永恒性。李贽则针锋相对地提出：夫妇是人类的开始，而天地就好比一对夫妇，天下万物都是由物质性的两个对立面即阴阳二气所产生，而没有一个产生万物的精神性的“理”。这就是他说的：“天下万物皆生于两，不生于一，明矣，……厥初生人，惟是阴阳二气，男女二命耳，初无所谓一与理也”。这里所说的“一”，就是程朱理学家

① 《续焚书》卷一《与焦漪园太史》。
② 《初潭集》卷首。

的“理”，即精神，所说的“二”，就是他所主张的“阴阳二气”，即物质。他认为“天下万物皆生于两”，即矛盾着的阴阳二气，而不是生于一，这就明确地指出了造化天地万物的，不是理学家狂热鼓吹的那个绝对精神的“理”，而是物质的气。这是一种朴素唯物主义观点。由此出发，李贽直斥“理能生气”的论调是“妄言”，宣称“不言一”、“不言理”，根本否认了至上“天理”的存在，这就否定了“存天理，灭人欲”这一说教的理论基础。

《初潭集》还揭露了道学、道学家的腐朽与虚伪：

> 道学其名也。故世之好名者必讲道学，以道学之能起名也。无用者必讲道学，以道学之足以济用也。欺天罔人者必讲道学，以道学之足以售其欺罔之谋也。①

> 夫世之不讲道学而致荣华富贵者不少也，何必讲道学而后为富贵之资也？此无他，不待讲道学而自富贵者，其人盖有学有才，有为有守，虽欲不与之富贵而不可得也。夫唯无才无学，若不以讲圣人道学之名要之，则终身贫且贱焉，耻矣。此所以必讲道学以为取富贵之资也。然则今之无才无学，无为无识，而欲致大富贵者，断断乎不可以不讲道学矣。②

> 讲道学者但要我说得好耳，不管我行得行不得也。既行不得，则谓之巧言亦可。③

在李贽笔下，道学不过起一种用来追逐富贵利禄的工具，道学家则都是满口仁义道德，实际上卑鄙龌龊贪得无厌的伪君子。他们没有才能，没有学问，没有作为，没有见识，却又想达到大富大贵，只好拿道学作为取得富贵的资本，并用道学作为掩盖他们欺天罔人的一块遮羞布。这真是对道学及道学家剔肤见骨的揭露。

宋明时期的理学家都以孔教正脉自命，声言只有他们才得到了孔学真传。李贽在《初潭集》中，却根本否定孔教道统的存在，他在卷一一《师友·儒教道

---

① 《初潭集》卷二〇《道学》。

② 《初潭集》卷一一《释教》。

③ 《初潭集》卷二〇《会说》。

教释教》后写有一段评语，其中说：

> 自颜氏没，微言绝，圣学亡，则儒不传矣。故曰："天丧予"。何也？以诸子虽学，未尝以闻道为心也。则亦不免士大夫之家为富贵所移尔矣。况继此而为汉儒之附会，宋儒之穿凿乎！又况继此而以宋儒为标的，穿凿为指归乎！人益鄙而风益下矣。无怪其流弊至于今日，阳为道学，阴为富贵，被服儒雅，行若狗彘然也。[①]

原来在孔子活着的时候，就"圣学亡"，"儒不传"，你们这些理学家怎么吹嘘自己是孔教正脉真传呢？汉代那个集儒家之大成的董仲舒是孔教正脉真传吗？不是的，他把孔子的一套说教和宗教迷信掺合一起，提出"天人感应"说，完全是生拉硬扯。以程、朱为代表的宋儒们建立的一套理学体系，是孔教正脉真传吗？也不是，他们把孔、孟、董仲舒不通之处，用穿凿的方法，把它解释通，这是自欺欺人。至于明朝的理学家，拿宋儒作为学习的样板，这更是越走越远。实际上，所谓儒教道统，是愈传愈坏，后来的儒家越来越卑鄙，学风越来越恶劣。这种道统的弊害流传到今日（明朝），就成了表面讲道学，内心里求富贵，穿戴虽然文雅，行为却如同猪狗的两面人。李贽的这种深刻有力的批判，从根本上否定了孔教道统的存在，揭穿了道学家用以捞取富贵利禄的骗人把戏。

在这段评语中李贽又说：

> 儒、道、释之学，一也，以其初皆期于闻道也。必闻道然后可以死，故曰："朝闻道，夕死可矣。"非闻道则未可以死，故又曰："吾以女为死矣。"唯志在闻道，故其视富贵若浮云，弃天下如敝屣然也。然曰浮云，直轻之耳；曰敝屣，直贱之耳：未以为害也。若夫道人则视富贵如粪秽，视有天下若枷锁，唯恐其去之不速矣。然粪秽臭也，枷锁累也，犹未甚害也。乃释子则又甚矣：彼其视富贵若虎豹之在陷阱，鱼鸟之入网罗，活人之赴汤火然，求死不得，求生不得，一如是甚也。此儒、道、释之所以异也，然其期于闻道以出世一也。盖必出世，然后可免富贵之苦也。[②]

---

① 这段评语后被收入《续焚书》卷二，编者加一标题《三教归儒说》。

② 《初潭集》卷一一《儒教》。

在李贽看来，儒、释、道三家，其宗旨是一样的，目的都是在闻道，而且都希望通过闻道来达到出世的目的，以求免除富贵的苦恼。李贽把儒、释、道三家所倡导的“道”的最终目的都归结为是为了免除富贵的苦恼，这并不正确，这不但反映了他对统治者提倡宗教以迷惑人民的本质缺乏认识，而且表现了他在现实生活中找不到出路的苦闷。但他把儒、释、道三家并列，把独尊地位的儒家与被视为“异端”的佛、老一视同仁，平等看待，这同样起到了否定儒家正统地位的作用。

在《初潭集》中，李贽不仅指斥孔教道统是愈传愈坏，阐明儒教与被他们称为“异端”的释、道并没有什么高低之分，还多次在批语中表明孔子本人也并不神圣。在《初潭集》中，他有时也说孔子的好话，但也往往表现出对孔子的不敬与厌恶。例如他看到书中记载孔子的言论有道学气味的，就批上“可厌”①，或直截了当地斥为“腐”②。他还明白指出：“噫！孔尼父亦一讲道学之人耳，岂知其流弊至此乎！”③说明孔子就是道学家的祖师爷，道学则是孔学的演变，道学的一切祸害其源盖出于孔子。

总之，《初潭集》是李贽反理学的产物。它出版后，在社会上引起了强烈反响。《初潭集》中的许多名篇，如《夫妇论》、《三教归儒说》、《论汇》、《阅古事》各篇和《读金滕》等，后来都收集在《焚书》和《续焚书》中，在长期的流传过程中，产生了广泛的影响。

这一年，李贽还开始编辑他的历史著作《藏书》、诗文集《焚书》和读书札记《说书》。他在万历十六年(公元1588年)写给焦竑的信中说：

> 承谕，《李氏藏书》，谨抄录一通，专人呈览。年来有书三种，惟此一种系千百年是非，人更八百，简帙亦繁，计不止二千叶矣。更有一种，专与朋辈往来谈佛乘者，名曰《李氏焚书》，大抵多因缘语、忿激语，不比寻常套语。恐览者或生怪憾，故名曰《焚书》，言其当焚而弃之也。见在者百有余纸，陆续则不可知，今姑未暇录上。又一种则因学士等不明题中大旨，乘便写数句贻之，积久成帙，名曰《李氏说书》，中间亦甚可观。如得数年未死，将《语》、《孟》逐节发明，亦快人也。④

① 《初潭集》卷一一《儒教》。
② 《初潭集》卷二三《能言之臣》。
③ 《初潭集》卷二〇《道学》。
④ 《焚书》卷一《答焦漪园》。

从这封信可知，《藏书》已初具规模(以后又多次修订，直至公元 1599 年才在南京刻印)，《焚书》正在编辑(两年后在麻城刻成)，《说书》也已完成一部分，并汇录成集。《说书》的最早刻本，现在还没有发见，不知真实面貌如何。李贽逝世后，他的学生汪本钶收集刻印的《续焚书》前有焦竑、张鼐及汪本钶本人的序，也都提到《说书》。焦竑说：

新安汪鼎甫，从卓吾先生十年，其片言只字，收拾无遗。先生书既尽行，假托者众，识者病之。鼎甫出其《言善篇》、《续焚书》、《说书》，使世知先生之言有关理性，而假托者之无以为也。鼎甫亦有功于先生已！

张鼐说：

汪鼎甫示我《续焚书》及《说书》而并求作《三教钞》序。余谓鼎甫报卓吾恩，须订定其真书，而列之目，传于海内。虽然，此其功且在万世，与真书下朽，宁止报一卓吾老子恩也！余不及见卓吾而喜读卓吾书，遂书其语而归之。

汪本钶说：

盖先生之书未刻者种种不胜擢数，钶既不能尽读；年来糊口将母，又不暇读。今不幸先慈弃捐，困苦哀毁之余，即欲一读先生之书而不可得，奈何！徒尔朽藏以供笥蠹，是犹令日月不出而求熄爝火之光，不亦谬乎！此则钶之大罪也。因搜未刻《焚书》及《说书》，与兄伯伦相研校雠。《焚书》多因缘语，忿激语，不比寻常套语，先生已自发明矣。《说书》先生自叙刻于龙湖者什二，未刻者什八。先以二种付之剞劂，余俟次第刻之。

从汪本钶的序可知，《说书》曾刻于龙湖，但刻者什二，未刻者什八，与李贽给焦竑的信中所说一致。汪本钶这次的刻印则是第二次了。上引焦竑序未署明年月，张鼐及汪本钶的序，都署明为万历戊午年(公元 1618 年)，汪刻《说书》大致就在这个时候。现存万历四十五年(公元 1617 年)明刻本《李氏六书》(李维桢删订，顾大韶参记，痂嗜轩刊本)中收存《说书》一卷，比汪本钶所说还早一年，不知是汪本钶所集原本，或是焦竑所指的“假托者”？还有待考订。

《说书》原貌虽不得知，但李贽曾在很多书信中提到它，而且极为重视。前面我们引到的《答焦漪园》说："……《李氏说书》，中间亦甚可观。如得数年未死，将《语》、《孟》逐节发明，亦快人也。"在《与方伯雨》中说："雪松昨过此，已付《焚书》、《说书》二种去，可如法抄校付陈家梓行。"①在《与焦弱侯》中说："《焚书》五册，《说书》二册，共七册，附友山奉览。乃弟所自览者，故有批判，亦愿兄之同览之也，是以附去耳。外《坡仙集》四册，批点《孟子》一册，并往请教。幸细披阅，仍附友山还我！盖念我老人抄写之难，纸笔之难，观看之难，念此三难，是以须记心复付友山还我也；且无别本矣。"②可见李贽对《说书》的编撰是极为尽心的。《续焚书》卷二还存有李贽写的《自刻说书序》：

> 李卓吾曰：余虽自是，而恶自表暴，又不肯借人以为重。
>
> 既恶表暴，则宜恶刻书，而卒自犯者何？则以此书有关于圣学，有关于治平之大道，不敢以恶表暴而遂已也。既自刻矣，自表暴矣，而终不肯借重于人，倘有罪我者，其又若之何？此又余自是之病终不可得而破也。宁使天下以我为恶，而终不肯借人之力以为重。
>
> 虽然，倘有大贤君子欲讲修、齐、治平之学者，则余之《说书》，其可一日不呈于目乎？是为《自刻说书序》。

从这些书信与李贽的"自序"中，我们可以知道《说书》一书是对《论语》《孟子》等儒家经典的评析，是"有关圣学"、"有关于治平之大道"的论述。但是，这些"有关圣学"、"有关于治平之大道"的具体内容，只有待原书发见后才能评定。

这里需要提及的是现存明代万历间刊本署名李贽的《四书评》一书。③ 该书共十九卷，含《大学》一卷，《中庸》一卷，《论语》十卷，《孟子》七卷。书前有《四书评序》落款为"卓吾自述"。但此书被一些学人指为赝书。明末盛于斯、周亮工都有所论述。周亮工说："叶文通名昼，无锡人，多读书，有才情。……当温陵焚、藏书盛行时，坊间种种借温陵之名以行者，如《四书第一评》、《第二评》、《水浒传》、《琵琶》、《拜月》诸评，皆出文通手。"④当代学者有的认同赝书说，有的则认为是李贽之作。细察此书内容，多从林兆恩《四书正义》

① 《续焚书》卷一。

② 《续焚书》卷一。

③ 《四书评》，见《李贽全集注》第二十一册。

④ 《书影》卷一。

抄录而成。从所体现的思想倾向看，既有与李贽思想有一致之处，也有与李贽思想扞格之处。因此，尚不能把此书就认定为《说书》之作。至于有的学者提出，《四书评》中含有李贽《说书》的一些内容，这是可以成立的。1985 年浙江古籍出版社出版了明清之际张岱的《四书遇》，其中引"李卓吾曰"17 次，"李宏甫曰"1 次，"《四书评》曰"1 次。所引"《四书评》曰"的话不见今存万历本，其余 18 条与万历本全同或基本相同者 11 条，有同有异者 2 条，万历本无或全不同者 5 条。这表明今存万历本《四书评》中确实含有李贽的原作。张岱所引 19 条中与今存万历本有十之三四不相同，这可能是在流传中发生了变化。另一方面，今存《四书评》并非李贽原作，还可从李贽有关论述与今存《四书评》的比较中得到印证。李贽在《复焦弱侯》中曾说："有《出门如见大宾篇》(《说书》)，附往请教。"又说："近有《不患人之不己知患不知人》(《说书》)一篇。"[①]前者是就《论语·颜渊》中相同的一句话所作的评论，后者是就《论语·学而》中相同的一句话所作的评论。李贽把这些评论寄给焦竑，请他指教，那肯定应该是成文之作。但今存《四书评》的这两段评语，前者 132 字，后者只有"今人亦有患知人者否"九字，显然，这既不像请焦竑"请教"之作，也不像"一篇"之文。这也可以作为一个旁证说明今存《四书评》已非《说书》原貌了。

万历十六年(公元 1588 年)，李贽还写了著名的《何心隐论》。[②]

何心隐(公元 1517—1579 年)，原名梁汝元，字桂乾，号夫山，江西永丰县人。早年放弃科举道路，用家产在家乡组织"萃(聚)和堂"，进行社会改良的试验。这是一种乌托邦式的思想，参加的人，"冠、婚、丧、祭、赋役，一切通其有无"[③]，对青少年进行集体教养，对老人进行集体奉养，七十岁以上就可以休息。公元 1559 年，何心隐因写信讽刺永丰县令征收额外赋税，被捕入狱。次年入北京，又因参加反对严嵩的斗争，遭严党疾视，改名何心隐，四处讲学。何心隐认为"交尽于友"[④]，朋友和师弟的关系是一种重要的社会关系，因此，他在讲学时结交了很多人，"所识奇士，尽于海内"[⑤]。他一生中，曾和程学颜程学博兄弟、耿定向耿定力兄弟、罗汝芳等经常来往，还曾通过耿氏兄弟与张居正见过面。他的一些言行也带有"异端"的色彩，因此引起封建统治阶级的恐惧和仇视，诬他为"妖人"、"逆犯"、"盗犯"、"奸犯"，多次

① 《焚书》卷二。
② 《焚书》卷三。
③ 黄宗羲：《明儒学案》卷三二《泰州学案一》。
④ 何心隐：《爨桐集·论友》。
⑤ 陈士业：《答张谪宿书》。见周亮工《书影》。

通缉追捕。万历七年(公元1579年)三月被捕，辗转经祁门(今安徽祁门)、浮梁(今江西浮梁)、鄱阳(今江西波阳)、余干(今江西余干)、进贤(今江西进贤)、南安(今江西大余)等地，押解至湖广行省治所所在地武昌，九月初二日，被湖广巡抚王之垣杀害。

李贽与何心隐终生没会过面，但他对比自己大十岁的何心隐非常推崇与钦佩，何心隐死后，他在一些书信和文章中，曾多次为之鸣不平：

> 何心老英雄莫比，观其羁绊缧绁之人，所上当道书，千言万语，滚滚立就，略无一毫乞怜之态，如诉如戏，若等闲日子。今读其文，想见其为人。其文章高妙，略无一字袭前人，亦未见从前有此文字，但见其一泻千里，委曲详尽，观者不知感动，吾不知之矣。①

> 夫道本中庸，苟毫厘未妥，便是作怪，作怪即谓之妖。如何心隐本是一个英雄汉子，慧业文人，然所言者皆世俗之所惊，所行者皆愚懵之所怕，一言行即为人惊怕，则其谓之妖，奚曰不宜?②

> 盖心斋(王艮)真英雄，故其徒亦英雄也。波石(徐樾)之后为赵大洲(赵贞吉)，大洲之后为邓豁渠；山农(颜钧)之后为罗近谿(罗汝芳)，为何心隐，心隐之后为钱怀苏，为程后台(学颜)：一代高似一代。所谓大海不宿死尸，龙门不点破额，岂不信乎！心隐以布衣出头倡道而遭横死；近谿虽得免于难，然亦幸耳，卒以一官不见容于张太岳(居正)。盖英雄之士，不可免于世而可以进于道。③

李贽推崇何心隐，但在思想上他们并不完全一致。何心隐的言行虽很有“异端”色彩，但他又把自己的这种思想紧紧附会在孔子“仁义”的说教上，如：“仁义之人，人不易而人也。人则仁义，仁义则人。不人不仁，不人不义；不仁不人，不义不人；人亦禽兽也。仁义之人，人不易而人也。必以仁为广居，而又必广其居以象仁。自旦至昼，必好仁，必为仁，必恶不仁，必不牿亡于旦昼所为之不仁。必以义为正路，而又必正其路以象义。自旦至昼，必好义，

① 《续焚书》卷一《与焦漪园太史》。

② 《续焚书》卷一《寄焦弱侯》。

③ 《焚书》卷二《为黄安二上人三首·大孝》。

必为义，必恶不义，必不牿亡于旦昼所为之不义。人之情则然也，人之才则然也，人之良心则然也，人之远于禽兽则然也。斯仁人也，斯义人也。”[①]何心隐把仁义作为做人的标准，认为有仁有义才是人，不仁不义不是人，这虽然包含有对统治者的不仁不义的谴责，但和李贽把封建统治阶级的“德礼”、“仁义”视为束缚人们精神枷锁的认识是不一致的。不过李贽对何心隐献身讲学的精神以及他以师友关系为重和视物质利益为正当的生活需求的思想，都给予肯定和赞赏。这种赞赏也是从批判理学家的伪善出发的，这在洋洋洒洒的《何心隐论》中表现得极为明显。

在这篇评论中，李贽首先肯定和赞扬了何心隐“以天下为家而不有其家，以群贤为命而不以田宅为命”和为了实现自己的理想“不畏死”的斗争精神。李贽指出，正像人们对何心隐的评论那样：世人没有不想使自己的生活过得好的，唯独何心隐不是为个人的生活着想。何心隐的家庭世代富有，他却弃之不顾，而只想和普天下的贤圣共同生活在天地之间，这种生活态度和一般人是多么不同啊！这才真是“出类拔萃之人”、“首出庶物之人”，是“天下之儒一人，万世之儒一人”。李贽在这里借赞美孔子来赞扬了何心隐，他说：“世之法孔子者，法孔子之易法者耳”，而何心隐却做到了“孔子之道”的最难之处。而且，正因为他“独为其难者”，所以他超出了一般人，也因而被统治者所仇恨，一定要把他置之死地而后快。然而何心隐是不怕死的，他不是为名而死，而是为实现自己的政治主张而死，他活着为此，死也为此，一心为天下，一心为理想，这样的人难道不值得称赞吗？

李贽赞美何心隐的另一方面，就是他为人行事有自己的见解和主张，不依傍他人，不迷信古人：“公独来独往，自我无前者也。然则仲尼虽圣，效之则为颦，学之则为步丑妇之贱态，公不尔为也。”可见，李贽所以推崇何心隐，就在于他敢于“独来独往，自我无前”，不效法孔子。不仅如此，李贽还用世俗之徒为忠孝节义而死，以求博得“重于泰山”的虚名行为，衬托何心隐一心为理想而死的可贵。这说明，李贽虽然把何心隐赞为“天下之一儒”、“万世之一儒”，但他并没有把他作为真正的孔孟信徒而肯定，相反，他颂扬何心隐的具体内容，从实质上说，正是与孔学相对立。

在这篇评论中，李贽还通过道学家和普通群众在何心隐遇害一事上的不同反应，得出了“匹夫无假”、“谈道无真”的结论，认为那些满口仁义道德的道学家们，远不如普通老百姓有道德，这就更具有强烈的战斗意义。

---

① 何心隐：《爨桐集·原人》。

据黄宗羲《明儒学案》："乃卓吾之所以恨先生(指耿定向)者，何心隐之狱，唯先生与江陵厚善，且主杀心隐之李义河又先生之讲学友也，斯时救之固不难，先生不敢沾手，恐以此犯江陵不悦学之忌。"[①]黄宗羲指出的这点是对的，耿定向与何心隐有交往，何遇狱时，耿有能力营救而坐视不管。耿坐视不管的主要原因是怕"犯江陵不悦学之忌"，因为就在这一年，张居正由于厌恶讲学，请废书院，凡毁六十四处。当时更有那些卑鄙之徒为博得统治者的青睐，趁机对何心隐落井下石。而当时的群众又是如何呢？"今观其时武昌上下，人几数万，无一人识公者，无不知公之为冤也。方其揭榜通衢，列公罪状，聚而观者咸指其诬，至有嘘呼叱咤不欲观焉者，则当日之人心可知矣。"这是多么动人的场面与情景。正是通过这种对比，李贽得出了："匹夫无假，故不能掩其本心；谈道无真，故必欲划其出类"的结论，在下层百姓的仗义勇为面前，道学家们欺世盗名的伪善面目不是暴露无遗了吗？

在《何心隐论》的最后，李贽还把何心隐称为"上九"的"亢龙"，比喻为德盛名高而遭祸的"圣人"，指出他的遇害是他思想行动与黑暗现实冲突的必然结果，这就进一步对迫害何心隐的反动势力发出了控诉。何心隐被害于万历七年(公元 1579 年)，《何心隐论》作于万历十六年(公元 1588 年)，李贽在何心隐被害十年之后写了这样一篇充满激情的文章，不仅是在追悼何心隐，更重要的是借题发挥，进一步批判封建统治集团及理学家。在这篇文章中，李贽对他所尊重的张居正也有所非议："非惟得罪于张相者有所憾于张相而云然，虽其深相信以为大有功于社稷者，亦犹然以此举为非是，而咸谓杀公以媚张相者之为非人也。则斯道之在人心，真如日月星辰，不可以盖覆矣。"不仅是对张居正有仇隙的人，就是深信张居正对国家大有功劳的人，也认为他默许杀害何心隐是错误的。至于借杀何心隐而讨好张居正的人，简直不能算作人。李贽对杀害何心隐这一事件的猛烈抨击，从一个侧面表现了他对封建统治者实行封建文化专制和对知识分子进行血腥镇压的强烈不满。

这年闰六月，李贽妻黄氏卒于泉州。耿定力在《诰封宜人黄氏墓表》中说："宜人念其夫在远方，郁郁不怿。越戊子闰六月三日卒于家。"黄氏自十五岁嫁到李家后，和李贽感情一直很好，她随李贽南北奔波吃了不少的苦头。嘉靖四十三年(公元 1564 年)李贽由北京回泉州奔丧时，就是黄氏领着三个女儿留居共城，过着艰难生活的。后来黄氏又随李贽到南京，去云南，寓麻城，直到万历十五年(公元 1587 年)，黄氏执意要回老家，李贽才不得不让他的女儿

① 《明儒学案》卷三五《恭简耿天台先生定向》。

和女婿庄纯夫同她一起回泉州去。哪里想到刚刚分手一年，黄氏就去世了。黄氏逝世的消息，大约是在七月底送到龙湖的，李贽闻讣后，回忆起四十年间的夫妻恩情，感到无限的悲伤，特作《哭黄宜人》六首，以资悼念。

> 结发为夫妇，恩情两不牵。今朝闻汝死，不觉情凄然！
> 不为恩情牵，含悽为汝贤。反目未曾有，齐眉四十年。
> 中表皆称孝，舅姑慰汝劳。宾朋日夜往，龟手事香醪。
> 慈心能割有，约己善持家。缘余贪佛去，别汝在天涯。
> 近水观鱼戏，春山独鸟啼。贫交犹不弃，何况糟糠妻！
> 冀缺与梁鸿，何人可比踪？丈夫志四海，恨汝不能从！[①]

词深意切，情意绵绵，对自己不能照顾妻子表示了无限憾意。

在黄氏逝世不久，李贽又接到师友罗汝芳的讣文，心情更加痛苦和悲哀。罗汝芳和泰州学派的其他人一样重师友之道。颜钧因讲学被系南京狱中，罗汝芳亲到狱中供养，并卖掉家产营救他。后来罗汝芳被罢官，颜钧被赦归，他又亲事颜钧，饮食必躬进。罗汝芳像李贽一样，以简易从政，他任云南副使时，“为开水利，堑城壕，省徭役。政暇，召同志讲学，信从益众”[②]。由于这种种原因，李贽对罗汝芳非常推崇，在著作中多次提到他。罗汝芳于万历十六年(公元 1588 年)九月二日逝世，十一月二十四日消息才传到龙湖。李贽闻讣后，“真哀不哀，真哭无涕”，“似在梦寐中过日耳”，“既而腊至矣，岁又暮矣；既而改岁，复为万历己丑(1589 年)，又元月，又二月，春又且分也”。这才在僧友深有的督促下，写下了《罗近谿先生告文》这一哀感顽艳的悼文。在这篇悼文中李贽通过缅怀罗汝芳的功绩，宣传了自己的思想。下面是其中一段：

> 若夫大江之南，长河之北，招提梵刹，巨浸名区，携手同游，在在成聚。百粤、东瓯、罗施、鬼国，南越、闽越，滇越、腾越，穷发鸟语，人迹罕至，而先生墨汁淋漓，周遍乡县矣。至若牧童樵竖，钓老渔翁，市井少年，公门将健，行商坐贾，织妇耕夫，窃屦名儒，衣冠大盗，此但心至则受，不问所由也。况夫布衣韦带，水宿岩栖，白面书生，青衿

① 《焚书》卷六。
② 《续藏书》卷二二《参政罗公》。

子弟，黄冠白羽，缁衣大士，缙绅先生，象笏朱履者哉！是以车辙所至，奔走逢迎，先生抵掌其间，坐而谈笑。人望丰采，士乐简易，解带披襟，八风时至。有柳士师之宽和，而不见其不恭；有大雄氏之慈悲，而不闻其无当。同流合污，狂简斐然；良贾深藏，难识易见。居柔处下，非乡愿也。泛爱容众，真平等也。①

这又是一种乌托邦的社会理想，罗汝芳哪里实行过？但是“泛爱容众，真平等也”，却表现了李贽的平等思想，这种平等思想与封建社会森严的等级制和腐朽的特权制形成对立，同样表现出李贽要求突破封建等级束缚的进步主张。这一点在他的其他文章书信中，特别是后来的《明灯道古录》中，有更加强烈的反映。

这一年（万历十七年），李贽好友焦竑以殿试第一名，中了状元，官翰林院修撰。李贽对这件事的反应怎样，现在已无法查悉。但《焚书》中保存了一篇《复焦弱侯》，正是写于焦竑中举那一年，信中不但没有对焦竑表示任何祝贺，相反，却流露了不满的情绪，并给一心求仕途上进的人浇了一盆凉水。

这封信一开头就说：“无念回，甚悉近况。我之所以立计就兄者，以我年老，恐不能待也。既兄官身，日夜无闲空，则虽欲早晚不离左右请教，安能得？官身不妨，我能蓄发屈己相从，纵日间不闲，独无长夜乎？但闻兄身心俱不得闲，则我决不可往也无疑也。”②从信中的内容看，李贽原准备到焦竑那里去，但无念带回了焦竑“身心俱不得闲”的消息，所以李贽也就认为“决不可往也无疑”，这似已经流露出对焦竑的不满。接着，李贽又分析了“三等作怪人”，他说：“弟尝谓世间有三等作怪人，致使世间不得太平，皆由于两头照管。第一等，怕居官束缚，而心中又舍不得官。既苦其外，又苦其内。此其人颇高，而其心最苦，直至舍了官方得自在，弟等是也。又有一等，本为富贵，而外矫词以为不愿，实欲托此以为荣身之梯，又兼采道德仁义之事以自盖。此其人身心俱劳，无足言者。独有一等，怕作官便舍官，喜讲学便讲学，不喜讲学便不肯讲学。此一等人，心身俱泰，手足轻安，既无两头照顾之患，又无掩盖表扬之丑，故可称也。”那么焦竑是属于哪一等呢？李贽还特别提出：“世间功名富贵，与夫道德性命，何曾束缚人，人自束缚耳。狂言如此，有可采不?”这明显表现出李贽是希望焦竑摆脱官场束缚的。

① 《焚书》卷三。

② 《焚书》卷二。

李贽在信中还告诉焦竑，他近来写了一篇《不患人之不己知患不知人》(《说书》的一篇)，而后大谈“知人”、“自知”之道，从而引出了“只此一书耳，终身之交在此，半路绝交亦在此，莫以状元恐赫人也”。并说：“弟今年六十三矣，病又多，在世日少矣，故所言者皆直致不委曲。虽若倚恃年老无赖，然于相知之前，亦安用委曲为也！若说相知而又须委曲，则不得谓之相知矣。然则弟终无一相知乎？以今观之，当终吾身无一相知也。”更表现出对焦竑入仕做官的不满。从这封信可以看出李贽对仕途道路的否定态度。这种思想，在他早年已经萌芽，在他为宦时期得到鲜明表现，而后更反映在他大量的著作之中。

汪可受与李贽的交往也是从这时开始的。这年，汪可受到龙湖第一次见李贽。汪可受，字静峰，湖北黄梅人。后任布政使、辽东总督，崇祯时，官至兵部侍郎。万历二十四年(公元 1596 年)，李贽应刘东星之邀到山西上党时，汪可受到上党看望李贽。二十九年(公元 1601 年)，李贽住在通州时，他又到通州与李贽相会。三十八年(公元 1610 年)，汪可受与袁宏道(中郎)等人到通州城外马氏庄李贽墓凭吊，他们“恐孤坟荒草，日久且不可辨识”，商定树碑为记，由袁宏道作文，汪可受等捐赀。袁宏道逝世后，汪可受写了《卓吾老子墓碑》一文，在这篇碑文中，详细记载了他与李贽的三次会面情况。关于第一次的见面是这样写的：

> 岁己丑(公元 1589 年)，余初见老子于龙湖，时麻城二三友人俱在。老子秃头带须而出，一举手便就席。余曰：“今士习多任放，先生将广教化于此，何不以戒律倡之?”老子曰：“何誉诸君之过也。放之一字，恐诸君子承当不得。”复以手箍形曰：“总跳不出。”余曰：“如先生者发去须存，犹是剥落不尽。”老子曰：“吾宁有意剃落耶！去夏头热，吾手搔白发，中蒸蒸出死人气，秽不可当。偶见侍者方剃落，使试除之，除而快焉，遂以为常。”复以手拂须曰：“此物不碍，故得存耳。”众皆大笑而别。[①]

看来汪可受这时还并不了解李贽，他认为当时的士子“多任放”，应该用戒律加以束缚。李贽则相反，他认为当时的“诸君子”承当不了“放”这一誉号，因为他们“总跳不出”。汪可受想的是士风要收，李贽要求的则是更加放，一收

① 《李氏全书》附《李温陵外纪》卷一。又《畿辅通志》卷一六六，古迹一三，陵墓二。见《李贽全集注》第二十六册，第 83 页。

一放，生动地表明二人当时思想的不同。李贽受不了封建礼法的束缚，他要跳出封建礼法的藩篱。

五、在龙潭湖芝佛院和《焚书》的印行

万历十八年至万历二十四年
（公元 1590 年—1596 年）

万历十八年（公元 1590 年），李贽的《焚书》在麻城第一次刻印[①]。李贽在《自序》中说："一曰《焚书》，则答知己书问，所言颇切近世学者膏肓，既中其痼疾，则必欲杀我矣，故欲焚之，言当焚而弃之，不可留也。"这说明李贽意识到编印《焚书》的战斗意义。

《焚书》是李贽的主要著作之一，收录了他万历十八年以前所写的书信、杂著、史论、诗歌等。《焚书》在李贽生前刊行不止一次，但后来遭到统治阶级的禁毁。现在流行的《焚书》是李贽死后由别人重编刊行的，有些作品是万历十八年以后写的。《焚书》中有不少篇幅是谈佛理的，用李贽自己的话说，是"谈佛乘者"的"因缘语"。如：

> 吾之色身洎外而山河，遍而大地，并所见之太虚空等，皆是吾妙明真心中一点物相耳。是皆心相自然，谁能空之耶？心相既总是真心中所现物，真心岂果在色身之内耶？夫诸相总是吾真心中一点物，即浮沤总是大海中一点沤也。[②]

> 我所说色，即是说空，色之外无空矣；我所说空，即是说色，空之外无色矣。非但无色，而亦无空，此真空也。……无空可名，何况更有生灭、垢净、增减名相？是故色本不生，空本不灭；说色非垢，说空非净；在色不增，在空不减。非亿之也，空中原无是耳。是故五蕴皆空，无色、受、想、行、识也；六根皆空，无眼、耳、鼻、舌、身、意也；六尘皆空，无色、声、香、味、触、法也；十八界皆空，无眼界乃至无意识界也。以至生老病死，明与无明，四谛智证等，皆无所得。此自在菩萨智慧观照到无所得之彼岸也。如此所得既无，自然无挂碍恐怖与夫

---

① 《焚书》：见《李贽全集注》第一册至第二册。

② 《焚书》卷四《解经文》。

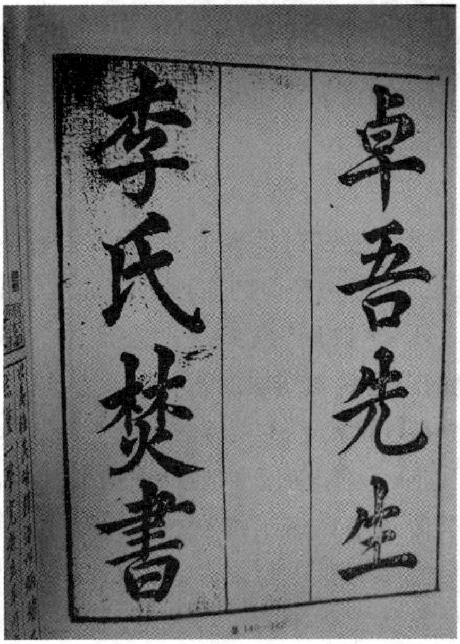

《李氏焚书》封面

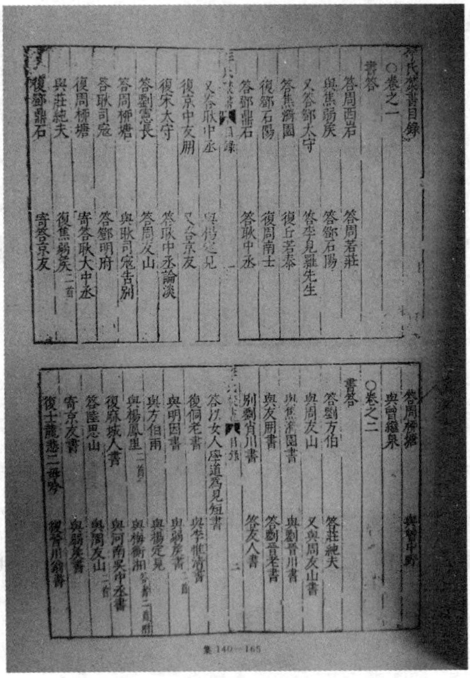

李氏焚書目錄

○卷之一

書答

答周西巖　答周若莊
與焦弱侯　答鄧石陽
又答鄧太守　答李見羅先生
答焦漪園　復丘若泰
復鄧石陽　復周南士
答鄧鼎石　答耿中丞
又答耿中丞　與楊定見
復京中友朋　又答京友
復宋太守　答耿中丞論淡
答劉憲長　答周友山
答周柳塘　與耿司寇告別
答耿司寇　答鄧明府
復周柳塘　寄答耿大中丞
與莊純夫　復焦弱侯 二首
復鄧鼎石　寄答京友

答周柳塘　與曾中野
與曾繼泉

○卷之二

書答

答劉方伯　答莊純夫
與周友山　又與周友山書
與焦漪園書　與劉晉川書
與友朋書　答劉晉老書
別劉肖川書　答友人書
答以女人學道爲見短書
復侗老書　與李惟清書
與明因書　與弱侯書 二首
與方伯雨　與楊定見
與楊鳳里 二首　與梅衡湘 答書二首附
復麻城人書　與河南吳中丞書
答陸思山　與周友山 二首
寄京友書　與弱侯書
復士龍悲二母吟　復晉川翁書

《卓吾先生李氏焚书》目录

颠倒梦想矣，现视生死而究竟涅槃矣。岂惟菩萨，虽过去现在未来三世诸佛，亦以此智慧得到彼岸，共成无上正等正觉焉耳，则信乎尽大地众生无有不是佛者。乃知此真空妙智，是大神咒，是大明咒，是无上咒，是无等等咒，能出离生死苦海，度脱一切苦厄，真实不虚也。[①]

在这一方面的文字中，李贽把客观世界上的一切说成是人心中的物相，把心说成是一切物相的本源；把一切经验的东西都说成虚假的、空无的，只有“真空”才能观照“彼岸”，只有“彼岸”世界，才能“出离生死苦海，度脱一切苦厄”，才是“真实”不虚的。这种对“彼岸世界”的美妙幻想，对“真空虚无”理论的热烈追求，不仅是赤裸裸的唯心主义说教，而且近于宗教宣传。

《焚书》中这一类文字，是李贽受禅宗思想影响的产物。李贽对佛学进行过长期研讨，并在讲学传道中宣扬了佛教教义。但李贽并不是一个虔诚的佛教徒，他也并不完全相信禅宗那一套说教。他在《书〈决疑论〉前》一文中就曾说：“《心经》所云‘照见五蕴皆空，度一切苦厄’，又云‘能除一切苦，真实不虚’者，皆诳语矣。”[②]他在谈到写《心经提纲》的经过时说：“《心经提纲》则为友人写《心经》毕，尚余一幅，遂续墨而填之，以还其人。皆草草了事，欲以自娱，不意遂成木灾也！”[③]原来他的目的只是“欲以自娱”，并不是出于虔诚。从这一事例可以看出，李贽对佛教的研讨，并不是要真心成为一个佛教徒，而是思想上矛盾、苦闷、怀疑的产物。他不满于当时社会现实，不满于孔孟礼教传统思想的束缚，更厌恶理学家口是心非的伪善行为，但他又看不到光明的前途，找不到应走的道路，结果就跑到佛教教义中去寻求精神上的寄托。正因为这样，李贽在宣扬这种唯心主义哲学和宗教信仰时，有时也陷入了自我矛盾之中，如：

若无山河大地，不成清净本原矣，故谓山河大地即清净本原可也。若无山河大地，则清净本原为顽空无用之物，为断灭空不能生化之物，非万物之母矣，可值半文钱乎？然则无时无处无不是山河大地之生者，岂可以山河大地为作障碍而欲去之也？清净本原，即所谓本地风光也。视不见，听不闻，欲闻无声，欲嗅无臭，此所谓龟毛兔角，原无有也。

① 《焚书》卷三《心经提纲》。
② 《焚书》卷四。
③ 《焚书》卷一《答焦漪园》。

原无有，是以谓之清净也。清净者，本原清净，是以谓之清净本原也，岂待人清净之而后清净耶？是以谓之盐味在水，唯食者自知，不食则终身不得知也。又谓之色里胶青。盖谓之曰胶青，则又是色，谓之曰色，则又是胶青。胶青与色合而为一，不可取也。是犹欲取清净本原于山河大地之中，而清净本原已合于山河大地，不可得而取矣；欲舍山河大地于清净本原之外，而山河大地已合成清净本原，又不可得而舍矣。故曰取不得，舍不得，虽欲不放下不可得也。龟毛兔角，我所说与佛不同：佛所说以证断灭空耳。①

这是《观音问》中的一段。《观音问》是回答梅澹然、自信等人提出的佛学问题的一组书信，共十七则。这一段回答了自信提出的关于清净本源与山河大地的关系的问题。“山河大地”是实在的客观存在，“清净本原”即佛教认为的人的本心。佛教认为这种本心是绝对清净的，是世界的本原，能产生万物，实际上这是一种虚无的主观臆想。李贽为了完成从“此岸世界”向“彼岸世界”的过渡，却把这二者调和起来，一方面说“若无山河大地，不成清净本原矣”、“无时无处无不是山河大地之生者”；一方面又说“山河大地即清净本原”、“山河大地已合成清净本原”，把唯物与唯心的两个完全对立的哲学理论“合二而一”。这种哲学思想的矛盾，正好表现出李贽既要执着于现实斗争，而又幻想超脱现实的思想上的矛盾。应该指出的是，李贽在这里强调“山河大地”就是“清净本原”，“清净本原”就是“本地风光”，那就把“清净本原”落实在实际存在的现实之上。而且，“山河大地”与“清净本原”，像是盐水中的咸味，胶青中的颜色，二者相溶为一体而密不可分。同时，他又把“清净本原”比为龟毛兔角，龟无毛，兔无角，佛经中常以此说明不存在的虚构的东西，李贽以此比喻“清净本原”，也就是说原本就没有什么“清净本原”。显然，这就具有唯物主义的因素。冯友兰先生在《从李贽说起——中国哲学中唯物主义和唯心主义互相转化的一个例证》中以此为例，认为“李贽在这里以山河大地为主，认为‘清净本原’就是山河大地。这种转变就是唯心主义向唯物主义的转化”②，是有一定道理的。

值得注意的是，李贽还经常利用佛学的一些理论，作为进行反封建压迫反传统思想的武器。他有时直接用佛学的一些命题批判道学家，批判封建统

① 《焚书》卷四《观音问·答自信》。

② 《新建设》1961年第2至3期。

治阶级的残酷统治，有时又用佛学的一些命题解释儒家的理论，或把儒家的一些理论纳入佛学教义之中，以达到反封建压迫反传统思想的目的。《焚书》中的《答周西岩》就是一例。他说：

> 天下无一人不生知，无一物不生知，亦无一刻不生知者，但自不知耳，然又未尝不可使之知也。……
>
> 且既自谓不能成佛矣，亦可自谓此生不能成人乎？吾不知何以自立于天地之间也。既无以自立，则无以自安。无以自安，则在家无以安家，在乡无以安乡，在朝廷无以安朝廷。吾又不知何以度日，何以面于人也。吾恐纵谦让，决不肯自谓我不成人也审矣。
>
> 既成人矣，又何佛不成，而更等待他日乎？天下宁有人外之佛，佛外之人乎？若必待仕宦婚嫁事毕然后学佛，则是成佛必待无事，是事有碍于佛也；有事未得作佛，是佛无益于事也。佛无益于事，成佛何为乎？事有碍于佛，佛亦不中用矣，岂不深可笑哉？[①]

这里，李贽利用佛教的“生知”(指与生俱来的成佛的本性，这是佛教的人性论，属于唯心主义的范畴)，提出了“天下无一人不生知”的命题，以此对儒家关于“生知”、“学知”、“困知”的理论作了否定。《中庸》说：“或生而知之，或学而知之，或困而知之，及其知之一也。”把人分成为“生知”、“学知”、“困知”三等，显然是为封建等级制制造理论根据。朱熹就是根据这种理论提出：“人之性皆善。然而有生下来善底，有生下来恶底，此是气禀不同。”[②]也就是说人一生下来，天地之性(天命之性)决定心性都是善的，但是，因为有着不同的“气禀”，就有着不同的才智，人的贤愚、贫富、贵贱、资质，以及社会地位等都要受着气质的影响而有所不同，显然这是为封建统治者的统治制造舆论。李贽则认为“天下无一人不生知”，反对在人的自然本性上划分等级，把儒家所谓“生知”的“圣者”放到和愚者平等的地位上，把愚者列入和“圣者”一样“生知”的范畴，这实质上是利用佛学的“生知”理论，对维护封建等级制度的儒家学说进行了否定。

李贽还把“生知”同人们的日常活动联系起来，把成佛同是否有益于事联系起来。佛学禅宗认为，生活琐事中就体现着佛性。李贽据此提出，在“日

① 《焚书》卷一。

② 《朱子语类》卷四。

用”之中即可修行成佛，而且成佛本身应该有益于这些“日用”之事，无益于事或有碍于事，就不成为佛。人人都要在“日用”事理中生活，所以人人都可以成佛，人即佛，佛即人。这里表现了李贽讲求实用、积极用世的思想。

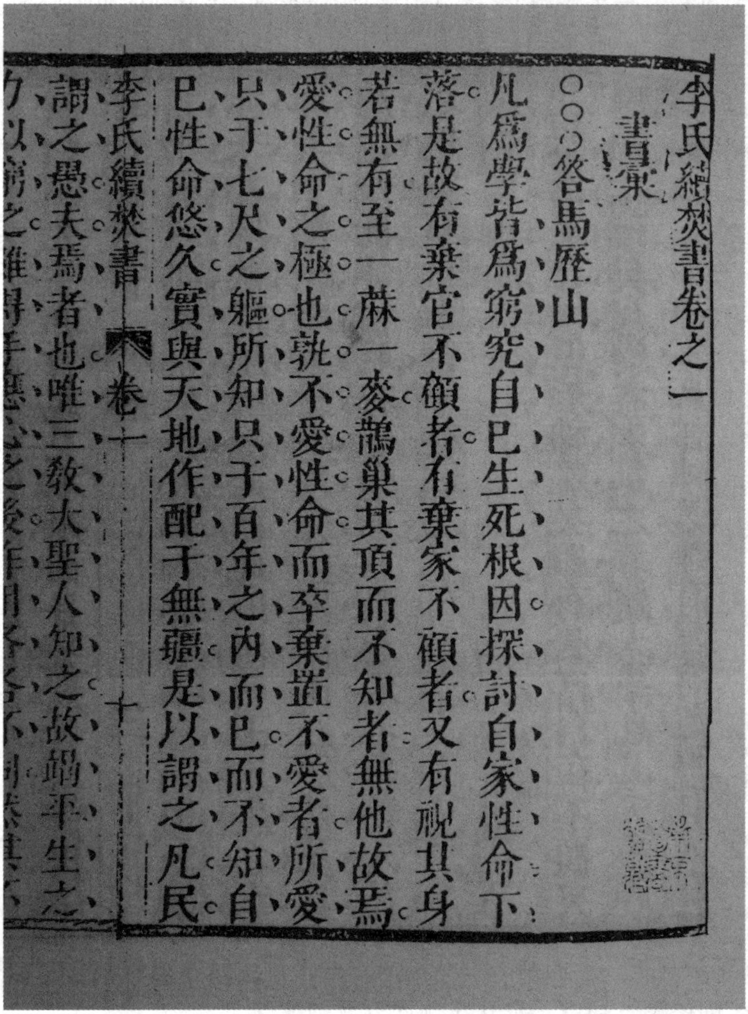
李氏續焚書卷之一
書彙
答馬歷山
凡爲學皆爲窮究自己生死根因探討自家性命下落是故有棄官不顧者有棄家不顧者又有視其身若無有至一麻一麥鵲巢其頂而不知者無他故焉愛性命之極也孰不愛性命而卒棄置不愛者所愛只于七尺之軀所知只于百年之內而已而不知自己性命悠久實與天地作配于無疆是以謂之凡民
李氏續焚書　卷一
謂之愚夫焉者也唯三教大聖人知之故竭平生之志

《李氏焚书》首页书影

《焚书》中还有许多“颇切近世学者膏肓”、“中其痼疾”的“忿激语”，表现了李贽对当时社会现实的强烈不满。在这一类尖锐泼辣、富有战斗性的书信、杂文、史论中，李贽揭露了当时统治者的无能与腐败，特别是对“近世学者”即理学家伪善而丑恶的嘴脸，给以无情的鞭挞。在当时情况下，李贽知道出版这些离经叛道的作品，必然会引起反动势力的恐惧与仇恨，自己必然会遭到迫害，但他毫不畏惧退缩，相反，他却以英勇的姿态，向黑暗势力抛出匕首和投枪。如在《童心说》中，李贽赞美不受“道理闻见”的影响的“童心”（即“真心”）的可贵，斥责受由“多读书识义理”而得到的“道理闻见”所障的“假人”的可耻，痛斥封建理学家是一伙失却“真心”，专门说假话、做假事、写假文的伪君子，指责他们把社会变成了“无所不假”、“满场是假”的诈骗所。[①]

另一方面，他又穷本追源地指出，一切虚假现象都来自儒家“经典”：

> 夫《六经》、《语》、《孟》，非其史官过为褒崇之词，则其臣子极为赞美之语。又不然，则其迂阔门徒，懵懂弟子，记忆师说，有头无尾，得后遗前，随其所见，笔之于书。后学不察，便谓出自圣人之口也，决定目之为经矣，孰知其大半非圣人之言乎？纵出自圣人，要亦有为而发，不过因病发药，随时处方，以救此一等懵懂弟子、迂阔门徒云耳。药医假病，方难定执，是岂可遽以为万世之至论乎？然则《六经》、《语》、《孟》，乃道学之口实，假人之渊薮也，断断乎其不可以语于童心之言明矣。

在李贽看来，所谓的儒家“经典”，不过是“史官过为褒崇之词”、“臣子极为赞美之语”，是对统治者阿谀奉承之作，是由孔孟的“迂阔门徒，懵懂弟子，记忆师说，有头无尾，得后遗前，随其所见，笔之于书”的残缺不全的笔记，是孔孟“因病发药，随时处方，以救此一等懵懂弟子、迂阔门徒”的药方而已，根本不是“万世之至论”。而且由于道学家经常用它们来骗人和吓人，所以，它们又成了“道学之口实，假人之渊薮”，制造两面派伪君子的总祸根。李贽对儒学“经典”进行如此猛烈的抨击，这在封建社会中是极少见的。

在《赞刘谐》这篇短小杂文中，李贽借刘谐讽刺道学先生的故事，尖锐泼辣地向儒家祖师爷孔子的神圣权威挑战，并批判了朱熹鼓吹“天不生仲尼，万古长如夜”的谬论，揭露了尊孔派顽固丑恶的嘴脸：

> 有一道学，高屐大履，长袖阔带，纲常之冠，人伦之衣，拾纸墨之一二，窃唇吻之三四，自谓真仲尼之徒焉。时遇刘谐。刘谐者，聪明士，见而哂曰：“是未知我仲尼兄也。”其人勃然作色而起曰：“天不生仲尼，

① 《焚书》卷三。

万古长如夜。子何人者，敢呼仲尼而兄之?”刘谐曰：“怪得羲皇以上圣人尽日燃纸烛而行也!”其人默然自止。然安知其言之至哉！李生闻而善曰：“斯言也，简而当，约而有余，可以破疑网而昭中天矣。其言如此，其人可知也。盖虽出于一时调笑之语，然其至者百世不能易。”①

在李贽笔下，孔孟信徒的形象是多么丑恶而滑稽啊！这个丑恶形象的勾画，不正是对尊孔派的极大讽刺，对儒家学派“三纲五常”、“天理人伦”学说的极大愤慨吗？“天不生仲尼，万古长如夜”，出自宋人《唐庚文录》，朱熹曾经引用此话，用以鼓吹尊孔。李贽在《赞刘谐》中勾画的那个“高屐大履，长袖阔带”的道学先生，既是暗喻朱熹，也是明指一切尊孔的道学家。

自从汉武帝“罢黜百家，独尊儒术”以后，儒家的地位愈抬愈高，到了宋明时期，更是成为垄断思想意识的唯一学派。但李贽却一再用肯定诸子百家的手法来否定儒家的独尊地位，并用诸子百家的可以成就事功，对比儒家学派的迂腐无用。如在《孔明为后主写申韩管子六韬》中指出：“且申、韩何如人也？彼等原与儒家分而为六。既分为六，则各自成家；各自成家，则各各有一定之学术，各各有必至之事功。举而措之，如印印泥，走作一点不得也。”②李贽肯定了先秦六家的平等地位，这实际上是否定儒家独尊的地位。不仅如此，李贽还进一步指出，除了儒家之外，诸子百家都有一种不顾后患而求成大功的大无畏精神，如商鞅之于秦，吴起之于楚，他们不怕牺牲，敢于变法革新，而终使秦、楚富强起来。其他如贵俭的墨子，贵术的申子，兼贵法、术的韩非子，贵诈的陈平，贵纵横的张仪、苏秦，他们也“皆有一定之学术，非苟苟者”。唯独儒家不然，他们因受名教之累，“泛滥而靡所适从”，好像是双头马一样，“瞻前虑后，左顾右盼。自己既无一定之学术，他日又安有必成之事功耶?”李贽还肯定司马谈在《六家要指》中批评儒家“博而寡要，劳而少功”的话是“至当不易之定论”。并进而指出，儒学是“依仿陈言，规迹往事，不敢出半步者”。在《复周南士》中则指儒家是“操一己之绳墨，持前王之规矩，以方枘欲入圆凿”③的保守派。

推崇诸子百家，贬抑儒家，这是李贽的一贯思想。他的很多作品都反映了这一点。如《墨子批选序》，也极力推崇诸子百家“言必可用，用必其言”。

① 《焚书》卷三。
② 《焚书》卷五。
③ 《焚书》卷一。

与他在《孔明为后主写申韩管子六韬》一文中斥儒家为言行不一的双头马形成对照。他说：

> 古之圣人，言必可用，用必其言。虽所言不同，然未尝有一言而不可用；虽所用不同，然未尝有欲用而不如其言者，则吴起、申、韩其最著也。《吴子》一书，吴起之言也，当时用之魏则魏强，用之楚而楚霸矣。韩非之拟申、商曰："申子专任术，而商君纯用法。"韩子之拟二子，亦二子之自拟也。今观商君相秦才十年耳，卒至富强，而令秦成帝业，虽能杀其身，而终不能不用其法。申子辅弱小之韩，以当暴秦之冲，终其身国治兵强，秦王不敢加兵者一十五年。则三子之言之用何如也？而况不为三子者乎？而况不为刑名法术之家者乎？
>
> 自今观之，太上者，学无学，为无为，事无事者也。……夫上而无为如仲父，下至有为如申、吴，其中言而必可用，用而必当言者何多也！盖虽至于苏、张、范、蔡之徒，其人虽反复变诈而难信，其言利害则晓然分晰而可审。但非无用之言，即为有德之言，即为圣人之言，不可以苏、张目之明矣，而况申、商、吴起数子乎？而况不为申、商、吴起者乎？墨子是已。[①]

李贽对先秦时期学派的评价并不完全正确，他把"无为而治"作为最理想的政治，称许墨翟和管仲是"无为"的圣人，并不确切。但他把吴起、申不害、韩非、管仲、墨翟，以及苏秦、张仪、范睢、蔡泽等，都称之为是"言必可用，用必其言"的"圣人"，其目的还是要以此打掉儒家的独尊地位，要求摆脱儒家"德礼政刑"的束缚。

《焚书》中对孔子以后的儒家学派的批判，特别是对封建社会后期以程颐、朱熹为代表的宋明理学的揭露与批判占了大量的篇幅。李贽对朱熹是极其厌恶的，但这并不是个人好恶，而是把朱熹作为理学家的代表而加以批判。

这种批判是多方面的。《焚书》中有一篇《鬼神论》，其中就特别批判了朱熹的天理论："朱子曰：'天即理也。'又曰：'鬼神者，二气之良能。'夫以天为理可也，而谓祭天所以祭理，可欤？以鬼神为良能可也，而谓祭鬼神是祭良能，可欤？且夫理，人人同具，若必天子而后祭天地，则是必天子而后可以祭理也，凡为臣庶人者，独不得与于有理之祭，又岂可欤？然则理之为理，

① 《墨子批选》卷首。见《李贽全集注》第二十六册，第503～504页。

亦大伤民财，劳民力，不若无理之为愈矣。”[1]这就不但用逻辑推理的方法指出了朱熹“天即理也”、“鬼神者二气之良能”的谬妄，而且把朱熹奉为最高原则的理也加以否定。

李贽还把儒者分为“鄙儒”、“俗儒”、“迂儒”、“名儒”四种，骂他们“鄙儒无识，俗儒无实，迂儒未死而臭”，最高的“名儒”，也不过是“死节殉名”[2]而已。而对宋明时代的理学家，更斥之为是“口谈道德而志在穿窬”、“口谈道德而心存高官，志在巨富；既已得高官巨富矣，仍讲道德、说仁义自若也”的伪君子。他们“辗转反复”，都是以“欺世获利”为目的，他们贪得无厌，正如“饿狗思想隔日屎”一样的可耻。他们装腔作势地叫喊什么“我欲厉俗而风世”，即“我要改良风俗，感化世人”，实际上，“败俗伤世”，给社会造成危害的正是他们。由此出发，李贽愤怒地喊出：“今之讲周、程、张、朱者可诛也”[3]，向当时的官方统治思想进行挑战。应该指出，李贽把周、程、张、朱一并批判，是不合适的。特别是对于张载，他虽是理学创始人之一，但他的哲学思想和后来的程、朱有根本不同。张载强调“气”，认为“气”是万物的本源，这是一元论的唯物主义思想。李贽并没有区别这一点，他只是把张载作为理学代表人物而和其他理学家一起批评。

值得注意的是，李贽在对理学家们进行批判时，还把他们和普通群众对比，表现出对普通群众的同情。在《又与焦弱侯》中，李贽一方面抨击周、程、张、朱，一方面又公开替遭受官府歧视和限制的商人辨护。他认为商人并没有什么可鄙视的，他们“挟数万之资，经风涛之险，受辱于关吏，忍垢于市易，辛勤万状，所挟者重，所得者末”，而且必须“交结于卿大夫之门，然后可以收其利而远其害”，他们克服种种困难，从事正当的经商活动，比那些口讲仁义而一心追求私利的理学家要高尚得多。李贽肯定商人经商取利的正当性，这带有鲜明的时代特色，客观上为资本主义萌芽的发展制造了舆论。

《焚书》还批判了封建统治阶级用封建礼教对人们的束缚，如《四勿说》：

> 人所同者谓礼，我所独者谓己。学者多执一己定见，而不能大同于俗，是以入于非礼也。非礼之礼，大人勿为；真己无己，有己即克。此颜子之四勿也。……盖由中而出者谓之礼，从外而入者谓之非礼；从天

① 《焚书》卷三。
② 《续焚书》卷一《与焦漪园太史》。
③ 《焚书》卷二《又与焦弱侯》。

降者谓之礼，从人得者谓之非礼；由不学、不虑、不思、不勉、不识、不知而至者谓之礼，由耳目闻见，心思测度，前言往行，仿佛比拟而至者谓之非礼。语言道断，心行路绝，无蹊径可寻，无途辙可由，无藩卫可守，无界量可限，无扃钥可启，则于四勿也当不言而喻矣。未至乎此而轻谈四勿，是以圣人谓之曰“不好学”。①

“非礼勿视，非礼勿听，非礼勿言，非礼勿动”，这是千百年来封建统治阶级套在人们身上的精神枷锁。但李贽却给予了全新的注解，而且把他这种“无蹊径可寻，无途辙可由，无藩卫可守，无界量可限，无扃钥可启”的冲决一切罗网、摆脱一切束缚的自由，叫作真正的“四勿”，而斥曾、孟、濂、洛之徒所确守的“四勿”为伪学，是“多见其不自量”，这正是用他要求自由发展的民主思想，向封建礼教进行冲击。

李贽的斗争精神是很坚决的，这种斗争精神，在《焚书》中也得到鲜明的表现。他在《答友人书》中反驳理学家对李贽的诬蔑时说：“每见世人欺天罔人之徒，便欲手刃直取其首，岂特暴哉！纵遭反噬，亦所甘心，虽死不悔，暴何足云！然使其复见光明正大之夫，言行相顾之士，怒又不知向何处去，喜又不知从何处来矣。则虽谓吾暴怒可也，谓吾不迁怒亦可也。”②见到“欺天罔人之徒”，就想拿起刀来“直取其首”，即使被迫致死，“亦所甘心”，这种毫不妥协、毫不宽容的斗争精神，不但是对儒家“中庸”、“忠恕”、“和为贵”的批判，而且表现出他对理学家的极端仇视。但另一方面李贽见到光明正大、言行一致的人怒气就自然而消，喜悦之情油然而生，这说明李贽的爱憎是分明的，是建立在一定的思想基础之上。这个思想基础就是他对封建压迫和传统思想的不满与反抗。他说：“大概读书食禄之家，意见皆同，以余所见质之，不以为狂，则以为可杀也。”③与读书食禄之家的意见不一样，实质上就是与传统思想相抵触；读书食禄之家把李贽看作“狂”，以为“可杀”，李贽对待他们当然“便欲手刃直取其首”了。李贽虽然还不能明确认识到产生这种爱憎的根本原因，但他那种嫉恶如仇的精神确实是很可贵的。

正是由于这种种原因，《焚书》的刻印，引起了封建统治阶级及理学家的惊慌和仇视，并对李贽进行了更加疯狂的迫害。

① 《焚书》卷三。

② 《焚书》卷二。

③ 《焚书》卷五《蜻蛉谣》。

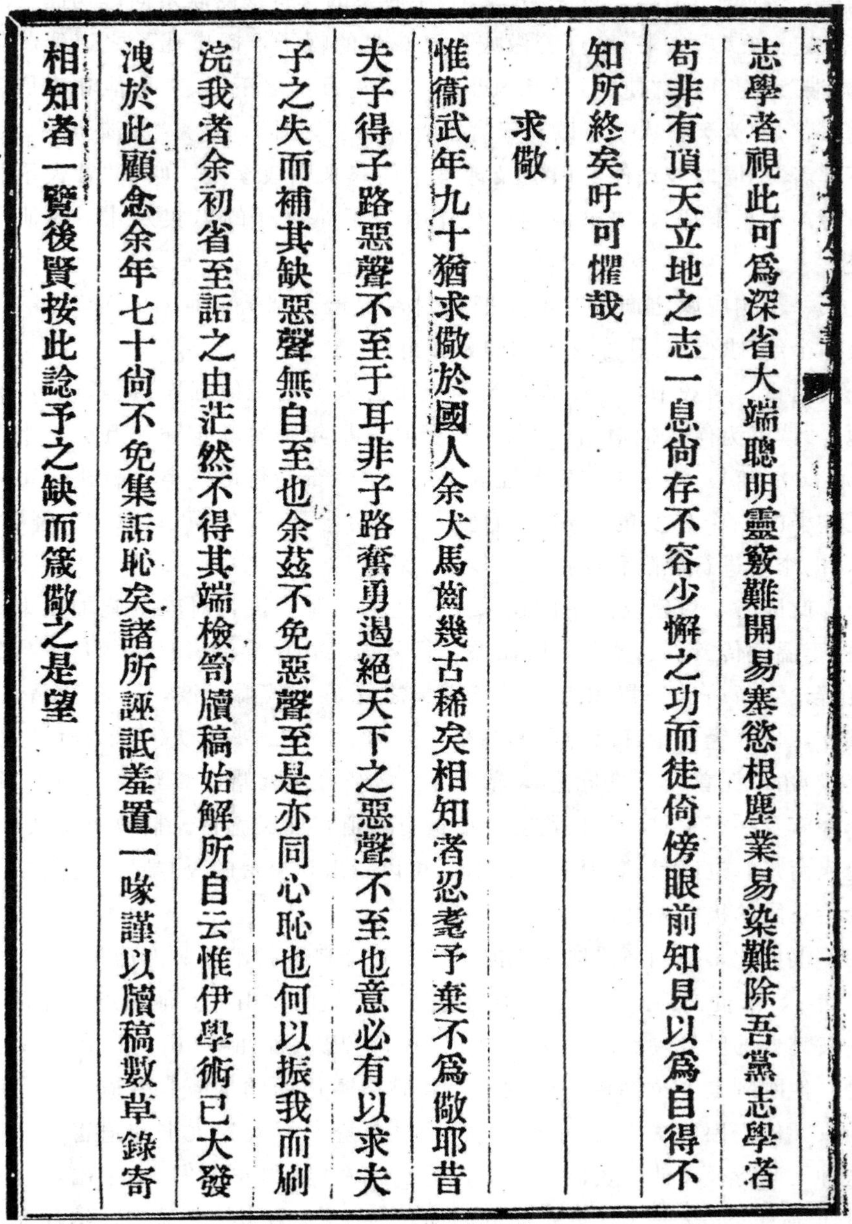
志學者視此可爲深省大端聰明靈竅難開易塞慾根塵業易染難除吾黨志學者苟非有頂天立地之志一息尚存不容少懈之功而徒倚傍眼前知見以爲自得不知所終矣吁可懼哉

求儆

惟衛武年九十猶求儆於國人余犬馬齒幾古稀矣相知者忍耄予棄不爲儆耶昔夫子得子路惡聲不至于耳非子路奮勇過絶天下之惡聲不至也意必有以求夫子之失而補其缺惡聲無自至也余茲不免惡聲至是亦同心恥也何以振我而刷浣我者余初省至詬之由茫然不得其端檢笥牘稿始解所自云惟伊學術已大發洩於此顧念余年七十尚不免集詬恥矣諸所誣詆羞置一喙謹以牘稿數草錄寄相知者一覽後賢按此諗予之缺而箴儆之是望

耿定向：《求儆书》

就在《焚书》刻印的万历十八年(公元 1590 年)，耿定向告病回到黄安。耿定向在他的自传《观生纪》中写道：“十八年庚寅，我生六十七岁。正月，归至黄城，借寓，至三月初抵里。六月，闻谤，作《求儆书》，蔡弘甫序梓之，以告同志。”[①]所谓“闻谤”，就是指《焚书》中收录的李贽揭露耿定向虚伪面目的书信。耿定向在《求儆书》里打着儆戒自己缺失的幌子，搬出孔孟之道诬蔑李贽的“异端”思想，说它使“后学承风步影，毒流万世之下”，声称他和李贽之间的论战，是“为天下人争所以异于禽兽者几希界限耳”，这是“关涉至大，是不容不辨者”。同时鼓动他的门徒及理学家们起来围攻李贽，叫喊“昔夫子得子路，恶声不至于耳”，要求他的门徒中有像子路这样的忠实奴才，为他辩护遮掩。

第一个响应耿定向的号召，摆起封建卫道士架势和面孔向李贽进攻的，就是那个给《求儆书》作序并刻印的蔡弘甫。

蔡弘甫，名毅中，字弘甫，河南光山县人。据说他五岁通《孝经》，父亲问他：“读书为何？”他对曰：“欲为圣贤耳。”早年师事耿定向，万历二十九年（公元1601年），中进士，后屡迁国子祭酒、礼部右侍郎，卒后赠礼部尚书。[②]就是这样的一个忠实的封建卫道士，于万历十九年（公元1591年）著《焚书辨》，向李贽进行诬陷和反扑。

与此同时，封建统治集团还采用驱逐的强制手段，对李贽施加压力。袁中道《李温陵传》记载：“公气既激昂，行复诡异，斥异端者日益侧目。与耿公往复辩论，每一札，累累万言，发道学之隐情，风雨江波，读之者高其识，钦其才，畏其笔，始有以幻语闻当事，当事者逐之。”[③]沈铁《李卓吾传》也说：“（李贽）角巾髡首，日携同志遨游巷陌。缙绅衿佩骤睹，骇异之，谤声四起。黄郡太守及兵宪王君，亟榜逐之。谓黄有左道，诬民惑世。捕曹吏持载贽急，载贽入衡州，过武昌。”[④]从这些记载，可以看出，李贽的“异端”言行引起了封建统治集团的极大恐慌。

不仅如此，他们还采取卑鄙的手段，对李贽进行围攻。万历十九年（公元1591年），李贽曾到武昌一游，住在城外二十里的洪山寺。他原想先观看一下武昌黄鹤楼的胜景，而后再去眺晴川（在汉口），游九峰（山名，在江夏县）。但是，他刚刚登上黄鹤楼，还没来得及眺望晴川阁的烟霞，就遭到了一伙人的围攻。他们诬蔑李贽是“左道惑众”，对李贽实行人身攻击和迫害。理学家的这种无耻行径，使李贽极为愤慨，他后来在《与周友山书》中指出，这些人的所作所为，完全是出于耿定向的煽动。他说：“弟当托兄先容，纳拜大宗师

---

① 《耿天台先生全书》卷八。

② 《明史》卷二一六《蔡毅中传》。

③ 《珂雪斋集》卷一七。

④ 何乔远：《闽书》卷一五二。见《李贽全集注》第二十六册，第77页。

（指耿定向）门下，从头指示孔门'亲民'学术，庶几行年六十有五，犹知六十四岁之非乎！"[①]李贽还与杨定见说及此事："侗老（指耿定向）原是长者，但未免偏听。故一切饮食耿氏之门者，不欲侗老与我如初，犹朝夕在武昌倡为无根言语，本欲甚我之过，而不知反以彰我之名。……而令侗老坐受主使之名，为耿氏累甚不少也！"[②]这里李贽实际上指出耿定向就是武昌事件的主使者，那些直接围逐李贽的，则是"饮食耿氏之门"之徒。

封建卫道士的迫害和围攻，并没有使李贽屈服，相反，却扩大了李贽的声望和影响，正如李贽与杨定见的信中所说的，"本欲甚我之过，而不知反以彰我之名"。一些具有进步思想的人对李贽深表同情，刘东星就是这时候结识李贽的。

刘东星，字子明，号晋川，山西沁水人。隆庆二年（公元 1568 年）讲士，曾任湖广左布政使。万历二十年（公元 1592 年），升右佥都御史，巡抚保定。二十六年（公元 1598 年），被任命为工部左侍郎，兼右佥都御史，总理河漕。当时黄河决口，刘东星因治河有功，升为工部尚书，兼右副都御史。万历十九年（公元 1591 年），李贽游黄鹤楼受围逐时，刘东星正在武昌任职，他主动到洪山寺拜访了李贽，并把他邀到自己的官署，加以保护。袁中道《李温陵传》曾记："于时左辖刘公东星迎公武昌，舍盖公之堂。"[③]刘东星曾经说及他和李贽相识的过程：

> 予西鄙之人也，拘守章句，不知性命为何物。入楚期年，而暑患作，思亲之念转亟。欲息此念则不能，欲从此念亦不能，真令人彷徨无皈依处。闻有李卓吾先生者，弃官与家，隐于龙湖。龙湖在麻城东，去会城（武昌）稍远，予虽欲与之会而不得。又闻有讥之者，予亦且信且疑之。然私心终以去官为难，去家尤难，必自有道存焉。欲会之心未始置也。会公安袁生（袁宏道）今吴令者，与之偕游黄鹄矶（黄鹤矶），而栖托于二十里外之洪山寺，予就而往见焉。然后知其果有道者，虽弃发盖有为也。……嗣后或迎养别院，或偃息官邸，朝夕谈吐，始恨相识之晚云。[④]

李贽《焚书》中有一篇《与刘晋川书》，也曾谈到与刘东星在武昌相识这

① 《焚书》卷二。

② 《焚书》卷二《与杨定见》。

③ 《珂雪斋集》卷一七。

④ 刘东星：《书〈道古录〉首》，见《李贽全集注》第十四册，第 334 页。

件事：

昨约其人来接，其人竟不来，是以不敢独自闯入衙门，恐人疑我无因而至，必有所干与也。今日暇否？暇则当堂遣人迎我，使衙门中人，尽知彼我相求，只有性命一事可矣。缘我平生素履未能取信于人，不得不谨防其谤我者，非尊贵相也。[①]

不难看出，刘东星结识李贽的时候，正是李贽受到迫害、诽谤、围攻，处于困境之时。他们很快就结下了深厚的友谊。后来刘东星赴保定之巡抚任时，李贽在给他的诗中一再表示谢意："季心何意气，夜半犹开门。幸免穷途哭，能忘一饭恩！""黄昏入夏口，无计问刘琦。假若不逢君，流落安所之！"[②]

李贽与湖北公安"三袁"（袁宗道、袁宏道、袁中道）兄弟的友谊，也是在这时逐步深化的。

袁宗道（字伯修，公元1560—1600年）、袁宏道（字中郎，号石公，公元1568—1610年）、袁中道（字小修，公元1570—1623年）三兄弟与李贽的初次会面，是在万历十八年（公元1590年）春。公安三袁与李贽的初识极富传奇色彩。袁中道《柞林纪谭》对此作了生动的描绘：

柞林叟，不知何许人，遍游天下，至于郢中。常提一篮，醉游市上，语多颠狂。庚寅（1590）春，止于村落野庙。伯修时以余告寓家，入村共访之。扣之，大奇人，再访之，遂不知所在。[③]

"柞林叟"是袁氏兄弟对李贽的称呼，"郢中"即公安（今湖北公安）、江陵一带，李贽在这里"醉游市上，语多颠狂"、"止于村落野庙"的异端行为，引起了袁氏兄弟的注意，因此，他们一起前往访问，和李贽这个"大奇人"开始

① 《焚书》卷二。

② 《焚书》卷六《寓武昌郡寄真定刘晋川先生》。

③ 袁中道：《珂雪斋集》附录二《柞林纪谭》，又见《李氏全书》附《李温陵外纪》卷二。《李贽全集注》第十八册，第305页。

了友谊的来往。[1] 其实，这一传奇色彩的描绘，不过是袁中道以文学之笔加重与李贽初识的奇幻色彩罢了。实际上，公安三袁与李贽之间，在此前虽未晤面，却早已互相倾慕，这在他们后来的诗文酬唱和书信来往中都有着鲜明体现。

第二年即万历十九年辛卯(公元 1591 年)，正当李贽与道学家耿定向围绕着《焚书》的出版而展开激烈论辩之时，袁宏道又亲到李贽寓居的湖北麻城进行了拜访，而且，一住就是三个多月，甚为契合。袁中道对此次相会，在《吏部验封司郎中中郎先生行状》中有如下记载：

> 时闻龙湖李子冥会教外之旨，走西陵质之。李子大相契合，赠以诗，中有云："诵君《玉屑》句，执鞭亦忻慕。早得从君言，不当有《老苦》。"盖龙湖以老年无朋，作书曰《老苦》故也。仍为之序以传。留三月余，殷殷不舍，送之武昌而别。[2]

在武昌，李贽与袁宏道先游了黄鹄矶，后又同住到离武昌二十里外的洪山寺。袁宏道《哭刘尚书晋川》说："记相识，相识黄鹤楼。当时稚齿青衿子，平揖方伯古诸侯。……尔时山翁(李贽)问余言，乘兴遂作洪山游。中间离合苦不定，长别已经十春秋。"[3]此诗写于万历二十九年(公元 1601 年)，"长别已经十春秋"，正是万历十九年(公元 1591 年)。袁宏道于万历二十年(公元 1592 年)考取进士，故诗中自称"青衿子"。"刘晋川尚书"，即刘东星。李贽与袁宏道到武昌时，刘东星正以湖广左布政使在这里任职。袁宏道与刘东星之相识即在此时，可见他们与李贽的交往，都是建立在识见一致、意气相投的基础之上。

正是由于具有这种识见一致、意气相投的友谊基础，公安三袁与李贽不但交往频繁，而且思想感情愈来愈密切。袁中道有《大别山怀李龙潭兼呈王

---

① 明人萧士玮《春浮园别录》认为《柞林纪谭》为伪作。但袁中道在《游居杮录》卷十中曾说："昨夜，偶梦与李龙湖先生共话一堂。是日，有人持伯修、中郎与予共龙湖论学书一册，名为《柞林纪谭》，乃予兄弟三人壬辰岁往晤龙湖，予潦草记之，已散佚不复存，不知是何人收得，率尔流布。夜来之梦，岂非此耶?"可证《柞林纪谭》确为袁中道所作，只是原稿"散佚不复存"。同时，袁中道对"率尔流布"之稿并没有持否定态度，因此，不能轻易否定《柞林纪谭》的真实性。不过，袁中道说此稿为"壬辰岁(公元 1592 年)"会晤李贽论学之书却是误记，实为癸巳岁(公元 1593 年)袁氏三兄弟访李贽后的成果。因为壬辰岁并没有袁氏三兄弟共同访问李贽的记录。

② 《珂雪斋集》卷一八。

③ 《袁宏道集笺校》卷二七。

子》诗曰："去年六月访李生，抱病僵卧武昌城。……今年三月复东游，访李再过古亭州(指麻城)。龙潭十月同笑傲，虎溪千古失风流。"[①]"去年六月"，指万历二十年壬辰(公元1592年)，袁中道曾到武昌访李贽，不幸病倒，后雇舟回公安。袁中道走后，李贽也患痢甚重。[②] 第二年即万历二十一年(公元1593年)，三月和十月，袁中道又两次访李贽，并极为惬意。特别是"东游"时"再过"麻城，同行的有其兄长袁宗道、袁宏道和王以明、龚散木。袁宏道曾作《将发黄，时同舟为王以明先生、龚散木、家伯修、小修，俱同访龙湖者》一诗。[③] 这次三袁的访学李贽，不但留下了多篇诗文酬唱，而且广泛地进行了学理研讨，诸如圣凡之同异，学道的根器，学问、功业的关系，《六经》、《庄子》、《水浒传》的意义，以及对荆轲、田克、管仲、晏子、留侯、韩信、太史公、杜甫、何心隐、王心斋、耿楚倥、赵大洲、邓豁渠、王龙谿、罗近谿等历史及当时人物的评析，内容丰富，语言犀利诙谐。后来，袁中道把这次问学的内容整理成《柞林纪谭》一文，成为研究李贽以及李贽与公安三袁关系的重要文献。

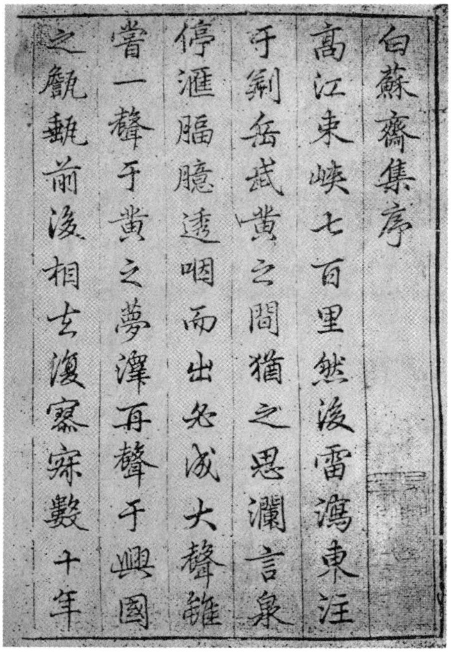
白蘇齋集序

高江東峽七百里然後雷鴻東注于荊岳武黄之間猶之思灡言泉停滙腷臆透咽而出名成大聲雖嘗一聲于黄之夢澤再聲于興國之觚輒前後相去復寥寐數千年

白苏斋类集·白苏斋集序书影

① 《珂雪斋集》卷一。

② 李贽《寄京友书》："弟今秋苦痢，一疾几废矣。"(《焚书》卷二)

③ 《袁宏道集笺校》卷二。

以上是就公安三袁与李贽交往中的主要行迹的论述，从中可见他们交往的密切。正是在这种密切的交往中，公安三袁与李贽之间思想情感得到了交流，学识见解得到了相互促进。特别是李贽对公安三袁的影响极为深刻，这在三袁的有关诗文中有着鲜明的体现。袁宗道称赞李贽“龙湖老子手如铁”，“胆气精神不可当”，“莫道世无赏音人，袁也宝之胜琼玖。”[①]并说他读李贽的著作“目力倦而神不肯休”，“读他人文字觉懑懑，读翁片言只语辄精神百倍。”[②]袁宏道不但把李贽直称为师：“自笑两家为弟子，空于湖海望仙舟。”[③]而且赞李贽的《焚书》是“愁可以破颜，病可以健脾，昏可以醒眼，甚得力”的佳作。[④] 袁宏道还把当时的天地比作一个大罗网，把李贽比作是要用“无羽镞”“扇海作洪炉，燎山煮精玉”，从而解除这个大罗网的“大妄人”。[⑤] 袁中道不仅在诗文中多次赞誉李贽，而且在李贽被迫害致死后，特意撰写了《李温陵传》，满腔热情赞颂李贽的斗争精神，并称颂李贽的著作是“黜虚文，求实用；舍皮毛，见神骨；去浮理，揣人情”。是“剔肤见骨，迥绝理路。出为议论，皆为刀剑上事，狮子迸乳，香象绝流，发咏孤高，少有酬其机者”[⑥]。公安三袁还曾多次把李贽比为三教大圣人之一的老子，可见其对李贽是如何的尊崇。在这种尊崇中，也足见其在思想上受到的深刻影响。

作为文学家，公安三袁受李贽的影响，当然要表现在文学主张与文学创作上。

在长期的封建社会中，封建统治者是很重视文学为其统治服务的。到明代，这一思想更加自觉和强化。明代统治者曾多次明令，杂剧戏文只许演“神仙道扮、义夫节妇、孝子顺孙、劝人为善及欢乐太平者”，违令者“一律拿送法司究治”。[⑦] 诗文创作更是以宗经、宗圣、宗道为准则。就是哲学思想上颇具启蒙色彩的王阳明，也主张应该把不符合孔孟之道的“妖淫词调俱去了，只取忠臣孝子故事，使愚俗百姓，人人易晓，无意中感激他良知起来，却于风

① 袁宗道：《书〈读书乐〉后》，《白苏斋类集》卷一。

② 袁宗道：《李卓吾·又》，《白苏斋类集》卷一五。

③ 袁宏道：《送焦弱侯老师使梁，因之楚访李宏甫先生》，《袁宏道集笺校》卷二。

④ 袁宏道：《李宏甫》，《袁宏道集笺校》卷五。《焚书》、《李温陵外纪》和《锦帆集》作《藏书》，误。

⑤ 袁宏道：《送王静虚访李卓师》，《袁宏道集笺校》卷八。

⑥ 袁中道：《珂雪斋集》卷一七。

⑦ 顾起文：《国初榜文》，《客座赘语》卷十。转引自王晓传《元明清三代禁毁小说戏曲史料》，作家出版社，1958，第13页。

化有益”。[①] 高则诚在《琵琶记》中明白提出：“不关风化体，纵好也枉然”的创作原则，而这种“风化体”，则是“只看子孝共妻贤”，可见这种为封建统治者服务的文学思想如何深入作家之心。

针对这样的文艺思想与创作现实，李贽提出了著名的“童心说”。[②] 他说：“天下之至文，未有不出于童心焉者”，而“童心”就是“真心”，是人们“绝假纯真，最初一念之本心”，这当然是一种抽象的唯心主义观点。但李贽提出文艺要表现“童心”，其矛头正是指向封建统治者要文艺成为孔孟之道的传声筒的理论。李贽说得很明白，如果以“多读书识义理”而得来的“闻见道理”充斥内心，那么人就变成了“假人”，写出的文章也只能是“皆闻见道理之言，非童心自出之言”的“假文”。而统治阶级所鼓吹的“文以载道”，正是以“假人”“言假言”、“事假事”、“文假文”的假文学，这种文艺只会“障其童心”，使人们成为“假人”一类奴隶。李贽反对文学受“闻见道理”的注入，在当时就是反对以孔孟之道的统治思想影响文学；李贽主张文学要表现“童心”，就是要求文学表现不受孔孟之道毒害的发自内心的真情实感。而且，这些作品都是作者“其胸中有如许无状可怪之事，其喉间有如许欲吐而不敢吐之物，其口头又时时有许多欲语而莫可所以告语之处，蓄极积之，势不能遏”，“一旦见景生情，触目兴叹”，便借着某种原因以发其端，终于“发狂大叫，流涕恸哭，不能自止”[③]，喷口而出，发泄心中的感慨。总之，文学作品都是发自作家的内心，来自对现实生活的深刻感受，而不是什么充满“闻见道理”宗经、宗圣、宗道之作。很明显，“童心说”的真谛，就是提倡绝假纯真地表现情感和表现生活，要求文学打上创作者的个人印迹而具个性美，这实际上是李贽在人生哲学上张扬个性的思想在文学主张上的表现，是与泯灭个性的封建统治与传统思想相对立的。李贽强调“童心”、“真心”在文学创作中的决定作用，强调文学要表现“童心”、“真心”、“最初一念之本心”，用现代理论术语看，就是要求文学表现人类的自然本性，这是对文学作为人学这一根本的文学内在规律的肯定，是对人的价值和尊严的肯定，是和他要求尊重个性的社会思想相一致。

在《童心说》中，李贽从正反两方面论述了“童心”在文学创作中的意义。从反面说，如果童心一旦被蒙蔽，写出的文章就会言不由衷，情不动人，这样的作品没有内在的真情美，因为“童心既障，而以从外入者闻见道理为之心

① 刘宗周：《人谱类记》卷下。转引自王晓传《元明清三代禁毁小说戏曲史料》，作家出版社，1958，第181页。

② 《焚书》卷三。

③ 《焚书》卷三。

也”。就是说，童心被身外社会上的闻见道理所蒙蔽，失去了本来的真心，写出的文章也只能是“以假人言假言，而事假事文假文”，“其人既假，则无所不假矣”。这就是说，童心的丧失，人性的虚伪，必然导致文学创作的虚假，其作品只能是假文学。从正面说，李贽提出：“苟童心长存，则道理不行，闻见不立，无时不文，无人不文，无一样创制体格文字而非文者。”只要保持纯真的童心，不受外界道理闻见的干扰，抒写的是发自内心的真诚之情，不管什么人不管什么时候都可以写出好文章，因为“天下之至文，未有不出于童心焉者也”。①

“童心说”是李贽文艺美学的核心，贯穿在李贽文艺理论与文艺批评的各个方面。他在《读律肤说》中论到作家的个性与作品的风格的关系时说：

> 盖声色之来，发于情性，由乎自然，是可以牵合矫强而致乎？故自然发于情性，则自然止乎礼仪，非情性之外复有礼义可止也。惟矫强乃失之，故以自然之为美耳，又非于性情之外复有所谓自然而然也。故性格清彻者音调自然宣畅，性格舒徐者音调自然疏缓，旷达者自然浩荡，雄迈者自然壮烈，沉郁者自然悲酸，古怪者自然奇绝。有是格，便有是调，皆性情自然之谓也。莫不有情，莫不有性，而可以一律求之哉！然则所谓自然者，非有意为自然而遂以为自然也。若有意为自然，则与矫强何异。②

在这里李贽论述了文学创作者情性与文学作品的风格的关系。李贽认为文学既然发于自然情性，那么有什么样的情性，就有什么样的风格，情性的不同，决定了风格的不同，而且是不能矫强而致的。李贽还认为，由于情性的多样，从而影响到文学风格的多样。这就不但极重创作主体的情感意义，也极重创作个性的价值。李贽还特别提出：“故自然发于情性，则自然止于礼义，非情性之外复有礼义可止也。”这则是对“童心说”的引申。“发乎情，止乎礼义”，③是封建传统观念中为人处世及文学创作的不可违背的金科玉律，成为束缚文艺创作的最大障碍。而李贽却反其道行之，认为“自然发于情性，则自然止于礼义，非性情之外复有礼义可止也。”所谓“自然发于情性”就是自然发自内心，

① 《焚书》卷三《杂说》。
② 《焚书》卷三。
③ 《诗大序》。

也就是不为闻见道理所障的童心，这种发自内心出于自然的情性就是礼，从而也就否定了传统观念中所说的外加的人为的逆自然的礼，使文艺创作从“发乎情，止乎礼义”的绳索障碍中解放出来。这一思想在李贽的《四勿说》中更从哲理的高度给以论证。《论语·颜渊》提出：“非礼勿视，非礼勿听，非礼勿言，非礼勿动。”在前面我们已经指出“四勿”作为封建统治者的一种意识形态，是千百年来封建统治者套在人们身上的精神枷锁，多少奇思异想的人类思想精华被禁锢，多少青年男女活泼泼的充满活力的生命被扼杀。李贽此文用以我解经的手法，对之“博为注解”，提出：“盖由中而出者谓之礼，从外而入者为之非礼，从天降者谓之礼，从人而得者谓之非礼；由不学、不虑、不思、不勉、不识、不知而至者谓之礼，由耳目闻见，心思测度，前言往行，仿佛比拟而至者谓之非礼。语言道断，心行路绝，无蹊径可寻，无涂辙可由，无藩卫可守，无界量可限，无扃钥可启，则于四勿也当不言而喻矣。”[①]把发自内心的称之礼，把从外界而入的斥之为非礼；把顺从自然的称之为礼，把人为规定的斥之为非礼；把不必经过学习与思考、探究与认识的自然之识称为礼，把外来影响、亦步亦趋地依照所谓前代圣贤的言行斥之为非礼。而只有“语言道断，心行路绝，无蹊径可寻，无涂辙可由，无藩卫可守，无界量可限，无扃钥可启”的摆脱一切藩篱障碍，泯弃一切规范，冲决一切罗网的完全自由才是真正的礼。这真是石破天惊的“异端”之论，在这样的“四勿”面前，还有什么不能视、不能听、不能言、不能动呢？而这样的“四勿”之礼，不正是反对“有道理从闻见而入”，反对“多读书识义理”的“绝假纯真，最初一念之本心”的“童心”吗？李贽所主张的“童心”、“真心”、“本心”，其内涵就是人的自然之性，本真之性，与封建统治者以礼乐仁义戕害人的自然之性针锋相对。这一哲理的立论为李贽文艺创作的“童心说”美学理论奠定了坚实的基础，而“童心说”指导下的文艺创作又为这一哲理的立论提供了可宝贵的实证。

对于李贽的“童心说”的进步意义学界都是极为肯定的，但对其认识中又有些差异。有学人认为李贽把“道理闻见”一概排斥在外，那就有可能使作家远离现实，陷入超越于客观世界之外的个人主观精神，使“童心说”带有一定的主观唯心主义色彩，这是受王阳明“心学”影响的结果。王阳明在《答陆原静书》中提出了“良知说”[②]，认为“良知即是未发之中”，是“寂然不动之本体”。这“未发之中”与李贽的“心之初”，“寂然不动的本体”与李贽的“最初一念之本

① 《焚书》卷三。

② 王阳明：《语录二·传习录中》。《王阳明全集》卷二，上海古籍出版社，1992，第62页。

心”，其实质是一致的。王阳明还认为“良知”“不能不昏蔽于物欲”，与李贽所说的“童心”为外界道理闻见所蒙蔽也大体相似。王阳明又提出“故须学以去其昏蔽”，则与李贽反对“多读书识义理障其童心”相径庭。由此可知，李贽的“童心说”受到王阳明“良知说”的影响，但又不为其藩篱。李贽张扬“童心”、“真心”、“最初一念之本心”，反对“多读书识义理障其童心”，但并不是排斥一切“道理闻见。”他反对的“道理闻见”，主要是指传统思想中的封建伦理说教与道德标准，并特指当时占统治地位的以理学为代表的封建意识形态，以及他们在社会上的种种表现形态，这就具有很强的批判意义与战斗精神。李贽反对这些意识形态对人们对作家的束缚，就是强调要张扬个体的主体精神，发挥作家的个性意识，这也具有很强烈的启蒙意义。李贽反对用封建的“道理闻见”“障其童心”，但他对人们正当的道理闻见还是很重视的，与理学家那种言行不一、虚谈空疏的思想相对立，李贽实是一位“实学”的鼓吹者。如他强调“穿衣吃饭，即是人伦物理；除却穿衣吃饭，无伦物矣”①。强调“道不虚谈，学务实效”②。强调“治贵适时，学必经世”③。称赞贾谊“通达国体，真实切用”④。称赞“能臣”是“真才实学，足以集事，断断乎不可以虚名胜也”⑤。这一切都显示着李贽重视现实重视实践的科学态度，并不是把一切“道理闻见”排斥在外，从而也可以说，李贽的“童心说”并没有陷入主观唯心主义的泥坑。

正是在李贽“童心说”及其启蒙思想影响下，公安三袁提出了“性灵说”。这一理论在袁宏道的《叙小修诗》一文中得到了最为鲜明的体现。袁宏道赞美其弟袁中道的诗是：“大都独抒性灵，不拘格套，非从自己胸臆流出，不肯下笔。有时情与境会，顷刻千言，如水东注，令人夺魄。”所以，其作品是“愁极则吟，故尝以贫病无聊之苦，发之于诗，每每若哭若骂，不胜其哀生失路之感。予读而悲之。大概情至之语，自能感人，是谓真诗，可传也”。在此文中，袁宏道还特别称赞“闾阎妇人孺子所唱《擘破玉》、《打草竿》之类，犹是无闻无识真人所作，故多真声”，而且“任性而发，尚能通于人之喜怒哀乐嗜好情欲，是可喜也”⑥。袁宏道强调的“独抒性灵”、“愁极则吟”、“若哭若骂”、“任性而发”，无疑都是要表现真情实感，而特别提出《擘破玉》、《打草竿》之

① 《焚书》卷一《答邓石阳》。
② 《焚书》卷三《定林庵记》。
③ 《藏书》卷三五《儒臣传·行业儒臣·赵汝愚》。
④ 《焚书》卷五《贾谊》。
⑤ 《初潭集》卷二四《君臣四·能臣》。
⑥ 《袁宏道集笺校》卷四。

类民间文学是“无闻无识真人所作，故多真声”，不但表现出对俗文学的重视，也显示出反对“闻见道理”对文学创作的影响。袁中道也曾说过，诗文之作要

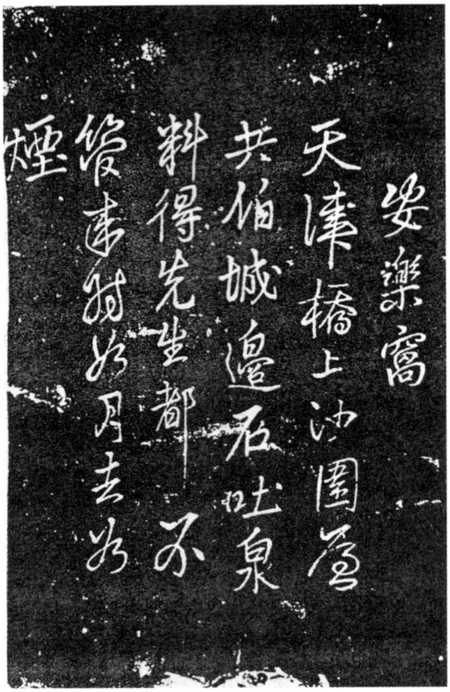

袁宏道手迹

“抒自性灵”，“性情之发，无所不吐”。[1] 他称赞其兄袁宏道的作品是“山情水性，花容石貌，微言玄旨，嘻语谑词，口能如心，笔又如口”。[2] 称赞在袁宏道影响下，“天下之慧人才士，始知心灵无涯，搜之愈出；相与各呈其奇，而互穷其变，然后人人有一段真面目溢露于楮墨之间”。[3] 显然，这与李贽的“童心说”都是一脉相承的。

当然，公安三袁在接受了李贽文艺思想的熏陶后，并不是简单地重复李贽所提出的理论命题，而是包含着他们自己的创作体验。公安三袁在倡导“性灵说”时，特别强调“趣”在文学创作中的作用即是一例。袁宏道在《叙陈正甫会心集》中说：“世人所难得者唯趣，趣如山上之色，水中之味，花中之光，女中之态，虽善说者不能下一语，唯会心者知之。……夫趣得之自然者深，

① 袁中道：《花雪赋引》，《珂雪斋集》卷十。
② 袁中道：《解脱集序》，《珂雪斋集》卷九。
③ 袁中道：《中郎先生全集序》，《珂雪斋集》卷一一。

得自学问者浅。当其为童子也，不知有趣，然无往而非趣也。面无端容，目无定睛，口喃喃而欲语，足跳跃而不定，人生之至乐，真无逾于此时也。孟子所谓不失赤子，老子所谓能婴儿，盖指此也。趣之正等正觉，最上乘也。山林之人，无拘无缚，得自在度日，故虽不求趣，而趣近之。愚不肖之近趣也，以无品也，品愈卑故所求愈下，或为酒肉，或为声伎，率心而行，无所忌惮，自以为绝望于世，故举世非笑之，不顾也，此又一趣也。迨夫年渐长，官渐高，品渐大，有身如梏，有心如棘，毛孔骨节俱为闻见知识所缚，入理愈深，然其去趣愈远矣。”①

在这里，袁宏道赞童子的虽不知趣而趣无处不在，赞山林之人虽不求趣而无拘无缚、自在度日的无上乐趣，赞愚不肖率心而行、无所忌惮的独乐之趣，以及对高官显宦由于“闻见知识所缚，入理愈深”，而“去趣愈远”的揭示，其核心都在强调趣是“得之自然者深，得自学问者浅”。接下来，袁宏道又指出，陈正甫的《会心集》，由于作者是“深于趣者”，故所述人物也是“趣居其多，不然，虽介若伯夷，高若严光，不录也”。袁中道在《夏道甫诗序》中指出，夏道甫挟数千金经商，却不得其道；“神情静嘿”则沉醉于诗，却取得了优异成绩。由此得出这样的结论：“士之有趣致者，其于世也，相远莫如贾，而相近莫如诗。”②袁宏道对“趣”的称赞，对陈正甫作品中所体现的求趣精神的肯定，袁中道对夏道甫趣与诗近的赞赏，和李贽“童心说”中强调文学要表现“绝假纯真”的童心，其精神完全一致。同时，他们所强调的“趣”在文学创作中的作用，又是对李贽“童心说”的一种拓展。他们把作家个性的解脱与作品创作的尽情抒写情趣进行了更为紧密的联系，这其中既包含着自身创作的深切体验，也是对当时宗经、宗圣、宗道以及传统文学观念的一种背离。

公安三袁对李贽文艺思想的继承，还表现在对明代复古文艺思潮的批判上。明代的文艺复古思潮极为严重，起始于明中叶以李梦阳、何景明为代表的“前七子”的复古运动，原本是对明初以“台阁体”为代表的那种歌功颂德、萎弱不振之风的反抗，有其一定的积极意义。但他们片面强调形式上模拟古人，并认为一切文学越古越好，以致高唱“文必秦汉，诗必盛唐”③，甚至公然声称文学创作要像“模临古帖”一样去模拟古人的作品。④ 后来，以李攀龙、王

① 《袁宏道集笺校》卷十。

② 《珂雪斋集》卷一一。

③ 明史：《李梦阳传》。

④ 李梦阳《再与何氏书》：“夫文与字一也，今人模临古帖，即太似不嫌，反曰能书。何独至于文，而欲自立一门户邪?”《李空同全集》卷六一，明万历浙江思山堂本。

世贞为代表的“后七子”，更加推进这一错误主张，致使文坛弥漫着复古、模拟以至剽窃的风气，对文学创作与发展造成极坏的影响。

对于这种复古文艺思潮，李贽给予了深刻的批判。李贽在《童心说》中提出，只要是出于“童心”，即来自人们内心的真情实感，则“无时不文，无人不文，无一样创制体格文字而非文者”。李贽认为，时代是不断向前发展的，文艺也必然要随着时代的发展而发展，所以，从秦汉以来，“降而为六朝，变而为近体，又变而为传奇，变而为院本，为杂剧，为《西厢记》，为《水浒传》，为今之举子业，皆古今至文，不可得而时势先后论也”。针对复古派“文必秦汉，诗必盛唐”的标示，李贽针锋相对提出：“诗何必古选，文何必先秦。”很明显，李贽认为，文学作品不管产生在什么时代，不管任何体裁的创造，只要表现了人们的真情实感，都是好文章、好作品。正因为如此，李贽对宋元以来生气勃勃的小说、戏剧作品给予很高评价，特别是对于具有反封建压迫、反传统思想倾向的作品，如《水浒传》、《西厢记》，更是推崇备至。如若说李贽倡导文学要表现“童心”是对文学个性美的张扬，那么，李贽反复古文艺思潮的主张，则是对文学发展观和对文学时代性的鼓吹。这方面也直接影响到公安三袁。

公安三袁对当时的复古文艺思潮进行了猛烈的抨击，这里略举几例。

如袁宗道在《论文·上》中说：

口舌代心者也，文章又代口舌者也。展转隔碍，虽写得畅显，已恐不如口舌矣；况能如心之所存乎？故孔子论文曰：“辞达而已。”达不达，文不文之辨也。唐虞三代之文，无不达者。今人读古书，不即通晓，辄谓古文奇奥，今人下笔不宜平易。夫时有古今，语亦有古今，今人所诧为奇字奥句，安知非古之街谈巷语耶？①

袁宏道《叙小修诗》曾言：

盖诗文至近代而卑极矣！文则必欲准于秦汉，诗则必欲准于盛唐，剿袭模拟，影响步趋，见人有一语不相肖者，则共指以为野狐外道。曾不知文准秦、汉矣，秦、汉人曷尝字字学“六经”欤？诗准盛唐矣，盛唐人曷尝字字学汉、魏欤？秦、汉而学“六经”，岂复有秦、汉之文？盛唐

① 《白苏斋类集》卷二〇。

而学汉、魏，岂复有盛唐之诗？唯夫代有升降，而法不相沿，各极其变，各穷其趣，所以可贵，原不可以优劣论也。[1]

袁宏道《雪涛阁集序》中论道：

文之不能不古而今也，时使之也。……唯识时之士，为能隄其隤而通其所必变。夫古有古之时，今有今之时，袭古人语言之迹，而冒以为古，是处严冬而袭夏之葛者也。[2]

前后七子在鼓吹复古的时候，一个重要的理论就是语言上的拟古。他们认为语言词汇以及名物称号，只有古代的才雅驯，因此，为文就要"无一语作汉以后，亦无一字不出汉以前"。[3] 在这种理论指导下，他们的作品中充满了佶屈聱牙的古代字句，甚至用古代的名物称号写当代的文物制度，从古诗文中寻扯一些字句重新组合成诗文。《明史·李攀龙传》称："其为诗务以声调胜，所拟乐府，或更古数字为己作。文则聱牙戟口，读者至不能终篇。"上引袁宗道之论，即是针对前后七子这样的理论与创作而言的。袁宗道认为，文学作品都是内心情感的表现，今人读古人的作品觉得奇奥而不通晓，那是由于时代与语言的变化所致，其实古代著作也都是运用当时明白易晓的通俗语言，故能真切地表情达意。这是对复古派一意从古人作品中句比字拟的剽窃、模拟理论的有力批判。袁宏道从通变的角度对复古派的批判更为深刻。文学的历史本来就是一个不断发展、变化的历史，随着时代的变化，文学创作也必然要发生变化，而且只有在这种变化中，才能创造出不同于前人的独具特色的新文学。秦、汉的作家如若只是一味模拟"六经"，哪里还有秦、汉的文学？唐代的作家如若只是一味模拟汉、魏，哪里还有唐代的诗文？如若一味拟古不化，那不就像在严寒的冬天而穿着盛夏的衣服，不仅可笑，而且不适时宜吗？"代有升降，而法不相沿，各极其变，各穷其趣"，"文之不能不古而今也，时使之也"，是对文学发展的科学阐释，也是对复古派倒退文学思潮的深刻批判。这和李贽提出的"诗何必古选，文何必先秦"，只要表现了"童心"都是好文章，文学要随时代的发展变化而变化的思想是息息相通的。

① 《袁宏道集笺校》卷四。

② 《袁宏道集笺校》卷一八。

③ 王世贞：《艺苑卮言》卷七。《历代诗话续编》，中华书局，1983，第1063页，

袁中道在《吏部验封司郎中中郎先生行状》中曾这样描写李贽在文学上对袁宏道的影响："先生既见龙湖，始知一向掇拾陈言，株守俗见，死于古人语下，一段精光不得披露。至是浩浩焉如鸿毛之遇顺风，巨鱼之纵大壑；能为心师，不师于心；能转古人，不为古转。发为语言，一一从胸襟流出，盖天盖地，如象截急流，雷开蛰户，浸浸乎其未有涯也。"①这段文字形象而生动地描绘出袁宏道"性灵说"与文学发展观以及在文学创作上受到李贽的深刻影响。正是在李贽的影响下，袁宏道摆脱了当时统治文坛的复古思潮的束缚，把文学导向表情达意的正确方向，使文学创作走向一个无限广阔的坦途。袁中道在这里说的是李贽对袁宏道的影响，实际上也是对公安三袁以及整个晚明文学的影响。从李贽的"童心说"，到公安派的"性灵说"，以及后来汤显祖的"至情说"，冯梦龙的"情教观"，直至张岱的理论与创作，显示出与传统文学观念相背离的一股强大的文艺启蒙思潮，为近代人文主义文学运动的发展创造了条件。

李贽深刻地影响了公安三袁，公安三袁直接承继着李贽的思想。但是，二者又有所不同。袁中道在《李温陵传》中对他与李贽的不同有着极为生动的论述。他说：

或问袁中道曰："公之于温陵也学之否？"予曰："虽好之，不学之也。其人不能学者有五，不愿学者有三。公为士居官，清节凛凛，而吾辈随来辄受，操同中人，一不能学也。公不入季女之室，不登冶童之床，而吾辈不断情欲，未绝嬖宠，二不能学也。公深入至道，见其大者，而吾辈株守文字，不得玄旨，三不能学也。公自少至老，惟知读书，而吾辈汩没尘缘，不亲韦编，四不能学也。公直气劲节，不为人屈，而吾辈怯弱，随人俯仰，五不能学也。若好刚使气，快意恩仇，意所不可，动笔之书，不愿学者一矣。既已离仕而隐，即宜遁迹名山，而乃徘徊人世，祸逐名起，不愿学者二矣。急乘缓戒，细行不修，任情适口，脔刀狼藉，不愿学者三矣。夫其所不能学者，将终身不能学；而其所不愿学者，断断乎其不学之矣。故曰虽好之，不学之也。②

在这里，袁中道(实际上包括公安三袁)把他与李贽的不同说得极为明白。

① 《珂雪斋集》卷一八。

② 《珂雪斋集》卷一七。

有些论者以此认为这是公安三袁与李贽思想的实质区别，是从李贽进步思想的倒退，这并不确切。有论者认为这只是为了尊重与突出李贽而故为的夸饰之词，同样不符合历史实际。李贽与公安三袁在人生态度和文学思想上有着一致的一面，也有着鲜明的差异。大致说来，李贽更为激进，对封建压迫与传统思想有着强烈的反抗。他反对封建束缚，公开批判封建统治者的“德礼政刑”对人民的统治，要求“各从所好，各骋所长”[①]，自由地发展人们的自然之性。他反对封建等级制，提出“庶人非下，侯王非高”[②]、“尧舜与途人一，圣人与凡人一”[③]的平等思想。他提出不以孔子之是非为是非，指责封建统治者“咸以孔子之是非为是非，故未尝有是非”[④]，并对儒家“经典”及当时占统治地位的道学及道学家进行了猛烈的攻击。这一切都显示着他独特的与传统思想相对立的大无畏精神。正因为如此，他鼓吹“童心说”的文学主张时，特别强调愤怒之情在文学创作中的作用。他认为愤怒也是一种发自本心的自然之情，所以“不愤则不作”，好的文学作品如《水浒传》，都是“发愤之所作也”。[⑤] 而且，这种愤怒之情，“喷玉唾珠”，形成文字，不但作者自己是“发狂大叫，流涕恸哭，不能自止”，而且能使见者闻者产生“切齿咬牙，欲杀欲割”的愤激之情。[⑥] 李贽把愤怒之情纳入到他的“童心说”理论之中，就是主张文学要有强烈的爱憎。就是要用文艺这一武器揭露压迫者、道学家的丑恶面目，用文艺去冲击传统思想对人们的禁锢。由此可以说，李贽的“童心说”，既重文学的个性美，又重文学的社会性，是个性美与社会性的统一。李贽自己创作的大量匕首投枪似的作品，就是他这种文艺主张的实践。

与李贽相对照，公安三袁则有所不同。前引袁中道在《李温陵传》所说，他们对李贽“不能学者有五，不愿学者有三”，归结为一点，就是李贽在追求自我解脱、个性自由的同时，对那种束缚自我、束缚个性的社会及传统思想进行了猛烈的抨击，并企图以此解除由社会与传统思想造成的束缚自我、束缚个性的樊篱。公安三袁则不然，他们追求自我的解脱，追求个性的自由，但却想在耽于山水和物欲中去实现。袁中道曾作《感怀诗》五十八首，其十曰：“山村松树里，欲建三层楼。上层以静息，焚香学薰修。中层贮书籍，松风鸣

① 《焚书》卷一，《答耿中丞》。

② 《老子解》，《李贽全集注》第十四册，第 17 页。

③ 《明灯道古录》，《李贽全集注》第十四册，第 260 页。

④ 《藏书·世纪列传总目前论》，《李贽全集注》第四册，第 1 页。

⑤ 《焚书》卷三。《忠义水浒传序》。

⑥ 《焚书》卷三。《杂说》。

飕飕。右手持《净名》，左手持《庄周》。下层贮妓乐，置酒召冶游。四角散名香，中央发情讴。闻歌心已醉，欲去辖先投。房中有小妓，其名唤莫愁。《七盘》能妙舞，百转弄珠喉。平时不见客，骄贵坐上头。今日乐莫乐，请出弹箜

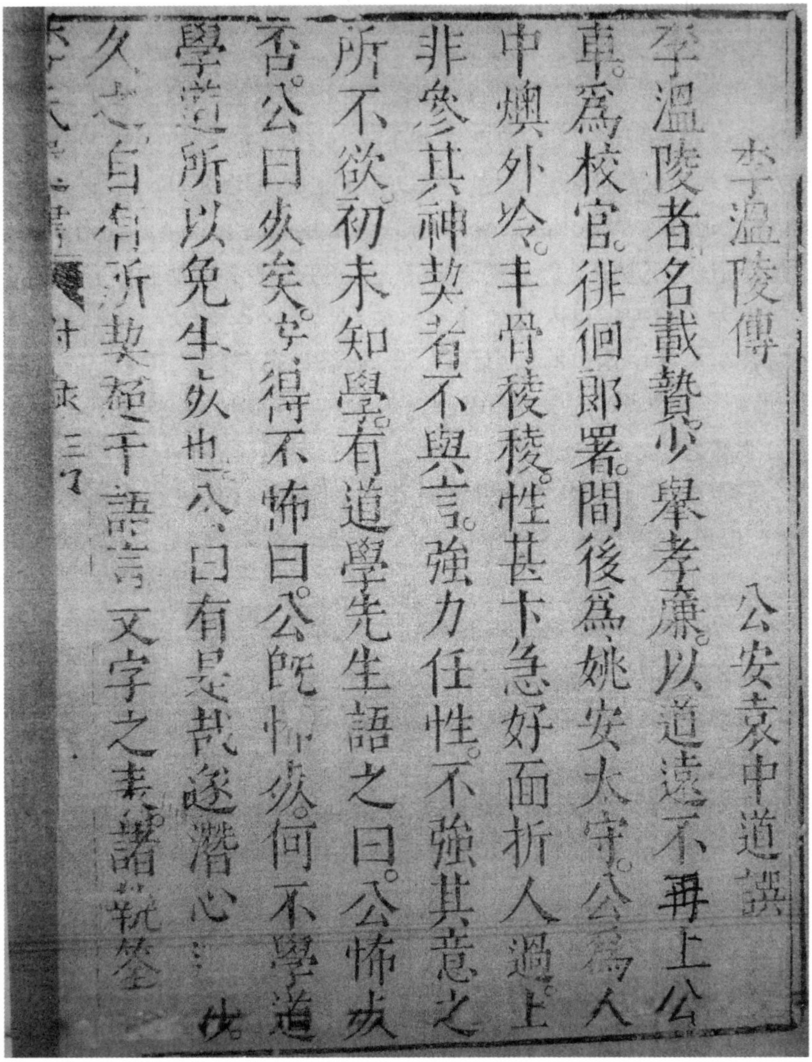

李溫陵傳　公安袁中道譔

李溫陵者名載贄少舉孝廉以道遠不再上公車爲校官徘徊郎署間後爲姚安太守公爲人中燠外冷丰骨稜稜性甚卞急好面折人過士非參其神契者不與言強力任性不強其意之所不欲初未知學有道學先生語之曰公怖死否公曰死矣安得不怖曰公既怖死何不學道學道所以免生死也公曰有是哉遂潛心[illegible]妙久之自有所契超于語言文字之表諸執筌

袁中道《李温陵传》首页书影

篌。”[①]在幽雅的山林之中建楼栖息，读诗书，谈佛道，听歌狎妓，醉酒冶游，

① 《珂雪斋集》卷五。

身心俱爽，在这种自适愉悦之中，精神为之彻底解脱。从这种人生态度中，我们也可以窥视到为什么公安三袁那么热衷于山水游乐，创作了那么多的山水游记。这和李贽那种愤世嫉俗的人生态度和创作态度确实是有距离的。但也不像有的论者所说，公安三袁沉湎于山光水色之间，只是对现实生活的逃避。其实公安三袁借山水以自遣，以自适，以解脱，这都是存在的，但更主要的则是借助山水的自然真趣来表达对社会现实虚伪黑暗的对抗。周作人曾说："明朝的名士的文艺诚然是多有隐遁的色彩，但根本却是反抗的。"①公安三袁正是这样。公安三袁在耽于山水和物欲中去反抗社会，这是他们人生与创作的特点。同时，公安三袁也有对社会黑暗的愤激，袁宏道就有不少作品直接揭露了统治者对人民的压迫与剥削，表现了当时社会的黑暗与混乱。正如鲁迅所指出："中郎正是一个关心世道，佩服'方巾气'人物的人，赞《金瓶梅》，作小品文，并不是他的全部。"②当然，与李贽相比照，公安三袁也确有其隐遁、消极的一面。李贽直面社会人生，痛斥道学家的丑恶与虚伪，批判封建统治及传统思想对人们个性的戕害，以及他所提出的文化思想命题，在当时的形势下，都具有着振聋发聩、惊世骇俗的启蒙意义。正因为如此，我们称李贽为近代人文主义启蒙思想的代表与旗帜，是不为过的。从这一意义上说，公安三袁当然不及李贽。但公安三袁在李贽影响下，提出的"性灵说"等文学命题，和以寄情山水的自适与社会的对抗，其目的也是为了追求个性的自由，追求自我价值的实现，与严密的封建统治和传统思想也是相对立的。从这一方面看，公安三袁也为近代人文主义的启蒙作出了贡献。

李贽来往于龙湖、武昌时，还对明朝新创作的许多小说、戏剧作品进行了批点。李贽在《与焦弱侯》中说：

> 古今至人遗书抄写批点得甚多，惜不能尽寄去请教兄；不知兄何日可来此一披阅之。又恐弟死，书无交阁处，千难万难舍不肯遽死者，亦只为不忍此数种书耳。有可交付处，即死自瞑目，不必待得奇士然后瞑目也。《水浒传》批点得甚快活人，《西厢》、《琵琶》涂抹改窜得更妙。念世间无有读得李氏所观看的书者，况此间乎！惟有袁中夫可以读我书，我书当尽与之，然性懒散不收拾，计此书入手，随当散失。③

① 《〈燕知草〉跋》，《知堂序跋》，岳麓书社，1987，第317页。

② 《且介亭杂文二集·招贴即扯》。《鲁迅全集》第六卷，人民文学出版社，1981，第228页。

③ 《续焚书》卷一。

袁中道《游居柿录》记载：

袁无涯来，以新刻卓吾批点《水浒传》见遗，予病中草草视之。记万历壬辰夏中，李龙湖方居武昌朱邸，予往访之，正命僧常志抄写此书，逐字批点。①

这都说明李贽当时确曾批点过不少小说、戏剧著作，《水浒传》、《西厢记》、《琵琶记》等即是其中的一部分。《焚书》中还特别收入了《〈忠义水浒传〉序》这篇文章。

太史公曰："《说难》、《孤愤》，贤圣发愤之所作也。"由此观之，古之贤圣，不愤则不作矣。不愤而作，譬如不寒而颤，不病而呻吟也，虽作何观乎？《水浒传》者，发愤之所作也。盖自宋室不竞，冠屦倒施，大贤处下，不肖处上。驯致夷狄处上，中原处下，一时君相犹然处堂燕鹊，纳币称臣，甘心屈膝于犬羊已矣。施、罗二公身在元，心在宋；虽生元日，实愤宋事。是故愤二帝之北狩，则称大破辽以泄其愤；愤南渡之苟安，则称灭方腊以泄其愤。敢问泄愤者谁乎？则前日啸聚水浒之强人也，欲不谓之忠义不可也。是故施、罗二公传《水浒》而复以忠义名其传焉。

夫忠义何以归于《水浒》也？其故可知也。夫水浒之众何以一一皆忠义也？所以致之者可知也。今夫小德役大德，小贤役大贤，理也。若以小贤役人，而以大贤役于人，其肯甘心服役而不耻乎？是犹以小力缚人，而使大力者缚于人，其肯束手就缚而不辞乎？其势必至驱天下大力大贤而尽纳之水浒矣。则谓水浒之众，皆大力大贤有忠有义之人可也。然未有忠义如宋公明者也。今观一百单八人者，同功同过，同死同生，其忠义之心，犹之乎宋公明也。独宋公明者身居水浒之中，心在朝廷之上，一意招安，专图报国，卒至于犯大难，成大功，服毒自缢，同死而不辞，则忠义之烈也！真足以服一百单八人者之心，故能结义梁山，为一百单八人之主。最后南征方腊，一百单八人者阵亡已过半矣；又智深坐化于六和，燕青涕泣而辞主，二童就计于"混江"。宋公明非不知也，以为见几明哲，不过小丈夫自完之计，决非忠于君义于友者所忍屑矣。是之谓宋公明也，是以谓之忠义也，传其可无作欤！传其可不读欤！

① 《游居柿录》卷九，《珂雪斋集》，上海古籍出版社，1989，第1315页。

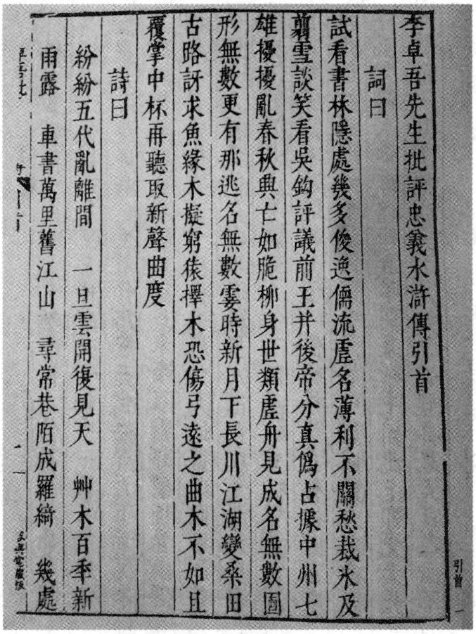

李卓吾先生批評忠義水滸傳引首

詞曰

試看書林隱處幾多俊逸儒流虛名薄利不關愁裁冰及翦雪談笑看吳鈎評議前王并後帝分真偽占據中州七雄擾擾亂春秋興亡如脆柳身世類虛舟見成名無數圖形無數更有那逃名無數霎時新月下長川江湖變桑田古路訝求魚緣木擬窮猿擇木恐傷弓遠之曲木不如且覆掌中杯再聽取新聲曲度

詩曰

紛紛五代亂離間　一旦雲開復見天　艸木百年新雨露　車書萬里舊江山　尋常巷陌成羅綺　幾處

引首　一

明万历间容与堂刊本《李卓吾先生批评忠义水浒传》引首

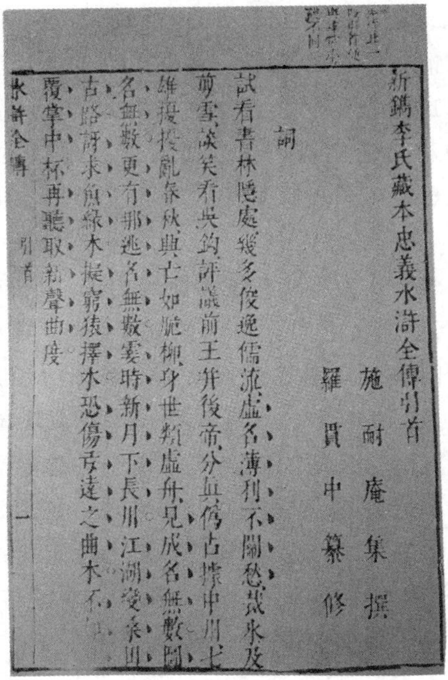

新鐫李氏藏本忠義水滸全傳引首

施耐庵集撰

羅貫中纂修

詞

試看書林隱處幾多俊逸儒流虛名薄利不關愁裁冰及翦雪談笑看吳鈎評議前王并後帝分真偽占據中州七雄擾擾亂春秋興亡如脆柳身世類虛舟見成名無數圖名無數更有那逃名無數霎時新月下長川江湖變桑田古路訝求魚緣木擬窮猿擇木恐傷弓遠之曲木不如且覆掌中杯再聽取新聲曲度

水滸全傳　引首　一

明万历间袁无涯刊本《忠义水浒全传》引首

故有国者不可以不读，一读此传，则忠义不在水浒而皆在于君侧矣。贤宰相不可以不读，一读此传，则忠义不在水浒，而皆在于朝廷矣。兵部掌军国之枢，督府专阃外之寄，是又不可以不读也，苟一日而读此传，则忠义不在水浒，而皆为干城心腹之选矣。否则不在朝廷，不在君侧，不在干城腹心，乌乎在？在水浒。此传之所为发愤矣。若夫好事者资其谈柄，用兵者藉其谋画，要以各见所长，乌睹所谓忠义者哉！①

这篇序文表现了李贽对《水浒传》的看法，从中可看出他的一些思想认识。李贽认为《水浒传》是“发愤之所作”，发什么愤？

一、民族之愤。李贽认为施耐庵、罗贯中“身在元，心在宋；虽生元日，实愤宋事”，所以《水浒传》中就写了破辽以泄二帝北狩之愤，写了灭方腊以泄南渡苟安之愤。

二、不平之愤。李贽认为当时的社会是“大贤处下，不肖处上”，整个社会都是“冠屦倒施”的颠倒现象。像《水浒传》中的人，都是一些大贤大德之人，但却受到不肖之徒的欺凌，结果就把他们都驱赶到“水浒”之中。作者写他们对压迫者的反抗，正是出于不平之愤。《水浒传》是一部描写农民起义的书，虽然作者由于阶级的局限，宣扬了宋江的“招安”思想，但全书对农民起义还是充满了赞美歌颂之情，而且塑造了一大群生动的农民起义英雄形象，这都是很难得的。李贽把这些农民起义英雄称之为大力、大贤、大德，把与之相对立的封建统治阶级称之谓不肖，说当时的社会是“大贤处下，不肖处上”，是“冠屦倒施”，这是难能可贵的，从中表现出李贽对当时封建腐朽势力的强烈不满。

三、忠义之愤。李贽认为当时在统治阶级内部，很少忠义之士，而《水浒传》中的英雄们则是真正忠义之人。特别像宋江：“身居水浒之中，心在朝廷之上，一意招安，专图报国，卒之于犯大难，成大功，服毒自缢，同死而不辞，则忠义之烈也”，这就更值得人们学习。这里表现出李贽思想的阶级局限。《水浒传》在歌颂农民起义的同时，又宣扬一种忠君思想，特别是通过宋江，宣扬了忠义观念，这是作者世界观上的局限，是封建正统思想对作者的束缚，也是《水浒传》中的糟粕。但是李贽却极力肯定这一点，把宋江的忠义推为学习样板，要统治阶级和广大读者，都要从《水浒传》中学习忠义，从宋江身上学习忠义，这也正是李贽思想的阶级局限性。

① 《焚书》卷三。

明万历间容与堂刊本《李卓吾先生批评忠义水浒传》
第二十三回“景阳冈武松打虎”插图

明万历间容与堂刊本《李卓吾先生批评忠义水浒传》
第九回“林冲棒打洪教头”插图

《〈忠义水浒传〉序》表现了李贽思想上的矛盾性与复杂性。但从中却可以看到，李贽对当时国事的关心，他在批点《水浒传》一类著作时，是寄托了对社会现实的关注的。李贽虽然身在芝佛院，但他时刻关心国家的安危，他对宁夏兵变的关注和对梅国桢为此事而尽力的赞扬，都说明了这一点。

万历二十年(公元 1592 年)，宁夏致仕副总兵官哱拜反，并与鞑靼相勾结，骚扰西北边防，对国家安全造成严重威胁。平日窃取高位、养尊处优的一些文武大臣都束手无策。这时曾任山西总兵、宣府总兵的李如松，正遭到一些人的种种非难与围攻。但李贽的好友、御史梅国桢却不顾个人得失，向神宗"荐如松大将才"，建议由李如松总兵讨平叛乱。神宗接受了梅国桢的建议，"乃命如松为提督陕西讨逆军务总兵，即以国桢监之"。[①] 李如松及其弟如梅、如梓等，在梅国桢的协助下，奋力作战，终于在该年九月，破宁夏，杀哱拜，平定了叛乱，安定了西北局势，巩固了西北边防。

梅国桢(公元 1542—1605 年)，字客生(亦作克生)，号衡湘，湖北麻城人。隆庆元年(公元 1567 年)举人，万历十一年(公元 1583 年)进士，二十年因他曾为总兵李如松的监军，故李贽在信中又称他为梅监军。二十一年(公元 1593 年)为大同巡抚，后官至兵部侍郎。在当时腐败无能的官僚统治层中，梅国桢不失为一个人才。李贽于万历十六年(公元 1588 年)寓居麻城维摩庵时即与梅国桢相识，并成为挚友。在哱拜叛乱期间，李贽写了《二十分识》、《因记往事》等文，并在《复麻城人》、《与友山》等信函中，一方面感慨于朝廷用人不当，一方面赞扬了梅国桢为了国家利益与安全，不顾个人得失的高贵品质。

在《与友山》中，李贽说："今惟无江陵其人，故西夏叛卒至今负固，壮哉梅公之疏请也，莫谓秦遂无人也。"[②]由于当时的动乱，使他更加思念张居正，同时热情赞扬了梅国桢的壮举。在《复麻城人书》中，李贽又说："时闻灵、夏兵变，因发愤感叹于高阳，遂有《二十分识》与《因记往事》之说。设早闻有梅监军之命，亦慰喜而不发愤矣。"所谓"因发愤感叹于高阳"，就是在《复麻城人书》中对高阳酒徒的感叹与议论：

> 今之好饮者，动以高阳酒徒自拟，公知高阳之所以为高阳乎？若是真正高阳，能使西夏叛卒不敢逞，能使叛卒一起即扑灭，不至劳民动众，不必损兵费粮，无地无兵，无处无粮，亦不必以兵寡粮少为尤，必待募

① 《明史》卷二三八《李如松传》。

② 《焚书》卷二。

兵于他方，借粮于外境也。此为真正高阳酒徒矣。方亚夫之击吴、楚也，将兵至洛阳，得剧孟，大喜曰："吴、楚举大事而不得剧孟，吾知其无能为矣。"一个博徒有何烜赫，能使真将军得之如得数千万雄兵猛将然？然得三十万猛将强兵，终不如得一剧孟，而吴、楚失之，其亡便可计日。是谓真正高阳酒徒矣。是以周侯情愿为之执杯而控马首也。汉淮阴费千金觅生左车，得即东响坐，西响侍，师事之。以此见真正高阳酒徒之能知人下士，识才尊贤又如此，故吾以为真正高阳酒徒可敬也。彼盖真知此辈之为天下宝，又知此辈之为天下无价宝也，是以深宝惜之。纵然涓滴不入口，亦当以高阳酒徒目之矣。①

李贽称赞"能使西夏叛卒不敢逞，能使叛卒一起即扑灭"的"真正高阳"，称赞"能使真将军得之如得数千万雄兵猛将"的博徒剧孟，称赞"能知人下士，识才尊贤"，懂得人才为"天下无价宝"的真正高阳酒徒，其锋芒都是指向当时那种不重视人才的现实，指向那些只知贪取高位、作威作福而置国家生死不顾的庸碌之辈。这种愤慨，在《因记往事》中表现得更加强烈。

《因记往事》写的是二十年前（嘉靖、万历年间）活跃在闽、台、粤沿海一带的农民起义领袖林道乾的事。林道乾是广东潮州府惠来县人（一说泉州府晋江县人）。据《万历实录》："南京湖广道御史陈堂奏：……潮贼林道乾、朱良宝等，岂不号曰招安。然各盘据山谷，聚众数千人，据膏腴之田，以自安固，至今无可奈何。"②可知他曾经领导农民进行了夺田的斗争，并建立了自己的基地。后来，林道乾被明官军围剿，突围入海，不时在闽、粤一带活动。以后又至澎湖、台湾，并以台湾鸡笼为其大本营。万历二年（公元 1574 年），林道乾率部袭击当时已被西班牙占领的小吕宋（即菲律宾）首都马尼剌，与西班牙驻军相持八月之久，终于没有成功，第二年又回到台湾鸡笼。不久，又找到安罗州东北岸的勃泥，随率众前往，垦辟土壤，从事耕植，并于此立国称王。③

《因记往事》写于林道乾活动高潮的二十年后，李贽因宁夏兵变，痛感朝廷的腐败无能和用人不当，因此想起了二十年前的林道乾。在这篇杂文中，李贽热情赞扬林道乾"称王称霸，众愿归之，不肯背离。其才识过人，胆气压

---

① 《焚书》卷二。

② 《万历实录》卷三。

③ 参看温雄飞：《南洋华桥通史·林道乾传》，转引自陈遵统等编：《福建编年史》第四辑，福建省图书馆藏油印本。

乎群类，不言可知也”。称赞林道乾有“二十分才”、“二十分胆”、“二十分识”，并愤慨地指出，对于这样有才有胆有识的人，朝廷却弃置不用，重用的却是那些“平居无事，只解打恭作揖，终日匡坐，同于泥塑”的无能之辈，是“搀入良知讲席，以阴博高官，一旦有惊，则面面相觑，绝无人色，甚至互相推委，以为能明哲”的奸诈之徒，这是多么颠倒的现象。李贽进而指出，因为朝廷把这些无能的道学家、胆小鬼当作国家的栋梁，所以一旦国家有难，就“临时无人可用”。对于那些有才有胆有识的人，不仅不重用，而且“又从而弥缝禁锢之，以为必乱天下，则虽欲不作贼，其势自不可尔”。正因为这样，“唯举世颠倒，故使豪杰抱不平之恨，英雄怀罔措之戚，直驱之使为盗也”①。李贽虽然不能从当时的社会制度上分析用人问题，但他反对重用那些无所作为的道学家，要求重用有真正才学的有为之士，这当然是有进步意义的。

不仅如此，李贽指出，那种“举世颠倒”的不合理现象，“使豪杰抱不平之恨”，“直驱之为盗”，这实际上道破了官逼民反的道理。当然，李贽不可能认识到农民起义是阶级压迫的产物，他的最终目的，也只是希望朝廷要重用林道乾这样的人，使之成为朝廷的工具，这是阶级对李贽的局限。但李贽对当时封建统治者的腐败无能的揭露，对理学家丑恶面目的揭露，客观上有利于人民的反封建斗争。

李贽对小说戏曲的评点，正是遵循着“童心说”这一美学思想进行的，同时又是这一美学思想的具体体现。李贽在小说戏曲的批点中，特别注意情感的作用，从具有普遍意义的情感考察、肯定小说戏曲的创作价值与意义。如《水浒传》第十一回“朱贵水亭施号箭，林冲雪夜上梁山”，写林冲被高俅陷害得家破人亡，“仰天长叹道：‘不想我今日被高俅那贼陷害，流落到此，天地也不容我，直如此命蹇时乖！’”李贽夹批曰：“可怜。”眉批曰：“摹写愤恨语情真，使英雄堕泪。”②正是因为“愤恨语情真”，也就是说是发自内心的真情，才能“使英雄堕泪”。在《童心说》中，李贽提出《西厢记》、《水浒传》都是“有感于童心者之自文也”，也就是说这些戏曲小说因为具有自然的“童心”之情，才成为感人的好作品。应该指出，李贽强调情感在文艺创作中的意义，并不是单纯的纯情说，他还进而把普遍意义的个人之情，扩展到社会人生之中，从而引发对社会人生的探索与思考。如我们在前面提到的《〈忠义水浒传〉序》，李贽从评《水浒传》中提出了“民族之愤”、“不平之愤”、“忠义之愤”，融入了

① 《焚书》卷四。

② 《出儒评点水浒全书》第十一回评语。《李贽全集注》第二十六册，第257页。

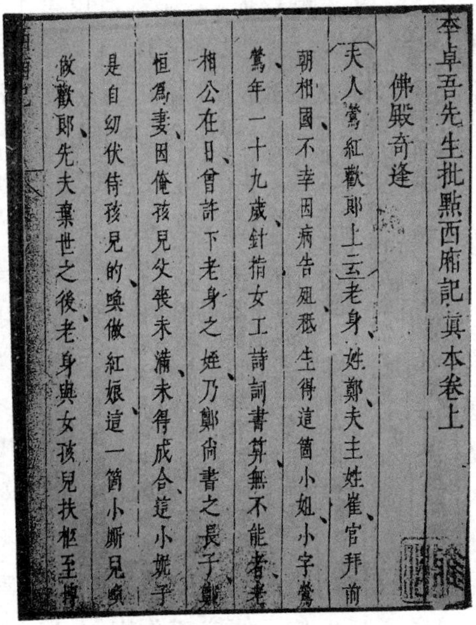

李卓吾先生批點西廂記真本卷上

佛殿奇逢

〔夫人鶯紅歡郎上云〕老身姓鄭夫主姓崔官拜前朝相國不幸因病告殂祇生得這箇小姐小字鶯鶯年一十九歲針指女工詩詞書算無不能者老相公在日曾許下老身之姪乃鄭尚書之長子鄭恒為妻因俺孩兒父喪未滿未得成合這小妮子是自幼伏侍孩兒的喚做紅娘這一箇小厮兒喚做歡郎先夫棄世之後老身與女孩兒扶柩至博

明崇祯间《李卓吾先生批点西厢记》真本正文开篇

明崇祯间《李卓吾先生批点西厢记》真本插图

深厚的社会思考。在《红拂》中又响亮提出："孰谓传奇不可以兴，不可以观，不可以群，不可以怨乎？"[①]"兴观群怨"见于《论语·阳货》，是孔子首创的儒家诗教，后来成为封建统治者最高的文艺准则。李贽则把戏曲提高到"兴观群怨"的高度，这与在《童心说》中把小说戏曲与"六经"、《语》、《孟》并列，甚至说比"六经"、《语》、《孟》更有意义，更有价值，都表现出李贽对小说戏曲的极端重视与推崇。应该指出，孔子的"兴观群怨"，终归于"迩之事父，远之事君"，是为统治者服务的。李贽的"兴观群怨"则在于"饮食宴乐之间，起义动慨多矣"，即着眼着人们的自身，也就是普通人的饮食宴乐之需，义令感慨之情。这一文艺观同样显示着李贽张杨个性主体意识的一贯精神。

在中国文学发展史上，诗词文是文学的正统，占据着文坛的统治地位。元明时期，随着小说戏曲的发展与繁盛，已成为那个时代文学艺术的主流与代表，受到广大群众的欢迎。但是，一些封建士大夫却对其不屑一顾，甚至横加斥责与杀伐。鲁迅先生曾说："在中国，小说是向来不算文学的。"[②]又说："小说和戏曲，中国向来是看作邪宗的。"[③]正是李贽通过宣传与评点，赋予了小说，戏曲与诗文的同样崇高地位，使之成为中国文学正宗之列。李贽对小说戏曲的大力提倡，不但促进了小说戏曲创作的繁荣，也促进了小说戏曲理论的发展，其功绩实为可称赞。还应指出，批点作为一种文学批评的形式，曾被运用于诗文，但在古代文学批评史上并没有重要影响。李贽把批点这一文学批评形式，广泛运用到小说戏曲的创作上，为古代文学批评开辟了一条新的途径，从此，评点蔚然成风，相继产生了金圣叹、毛宗冈、张竹坡、脂砚斋等批点大家，小说戏曲批点成为一笔宝贵的文化遗产，而开创之功则自然应归于李贽。

万历二十二年（公元 1594 年），汪本钶到龙湖从李贽学。汪本钶，字鼎甫，安徽新安人。他曾说："钶从先生游九年所，朝夕左右未尝须臾离也。称事先生之久者无如钶，宜知先生之真者亦无如钶。"[④]他从万历二十二年到龙湖从李贽学后，一直随侍李贽，到北京，到南京，到黄蘖山中，到通州，直到李贽自决的前两天，才因故回乡。李贽死后，他又搜集整理刻印了《续焚书》、《说书》等，为保存李贽的著作作出了贡献。

汪本钶在《卓吾先师告文》中曾述及他第一次与李贽相见的情况：

---

① 《焚书》卷四。

② 《且介亭杂文·〈草鞋脚〉(英译中国短篇小说集)小引》。

③ 《且介亭杂文二集·徐懋庸》作〈打杂集〉序》。

④ 《续刻李氏书序》，《续焚书》卷首。

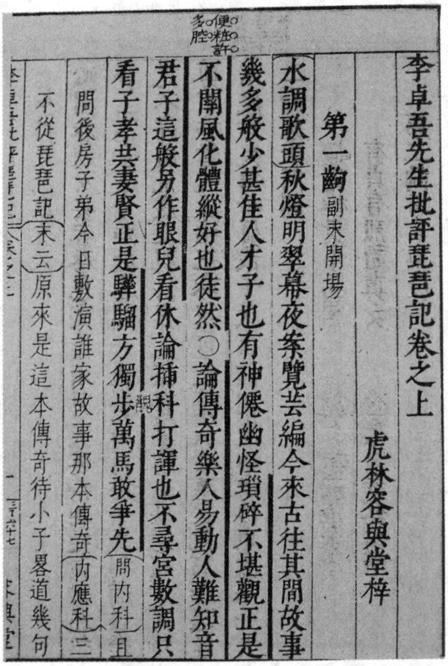
李卓吾先生批評琵琶記卷之上
虎林容與堂梓
第一齣 副末開場
水調歌頭秋燈明翠幕夜案覽芸編今來古往其間故事幾多般少甚佳人才子也有神僊幽怪瑣碎不堪觀正是不關風化體縱好也徒然○論傳奇樂人易動人難知音君子這般另作眼兒看休論插科打諢也不尋宮數調只看子孝共妻賢正是驊騮方獨步萬馬敢爭先（問內科）且問後房子弟今日敷演誰家故事那本傳奇（內應科）三不從琵琶記（末云）原來是這本傳奇待小子畧道幾句

明万历间容与堂刊本《李卓吾先生批评琵琶记》正文开篇

明万历间容与堂刊本《李卓吾先生批评琵琶记》插图

忆钶甲午年始见师于龙湖。钶少慕仙术，意师为神仙中人，及见师，乃知师非养生者。厥后师语钶曰："丈夫生于天地间，太上出世为真佛，其次不失为功名之士。若令当世无功，万世无名，养此狗命在世何益？不如死矣。"①

这里反映了李贽思想上的矛盾：一方面要求学佛与出世，一方面又不能忘情于功名。不过，李贽所说的"当世功"、"万世名"，不是指高官厚禄，而是要用著作来宣传自己的思想，对社会的进步有所作用，李贽著作本身就是这种思想的体现。

万历二十四年(公元1596年)，李贽已经七十岁了，但他的斗志并不因年老而稍减，相反，他更加自觉地总结了自己思想的发展，继续与黑暗势力展开坚决斗争，这充分表现在这年所写的《读书乐》诗前引和《豫约》(特别是最后一条《感慨平生》)中。这两篇文章，可以说是李贽对自己一生的回顾与总结。《读书乐·引》是这样写的：

曹公云："老而能学，唯吾与袁伯业。"夫以四分五裂，横戈支戟，犹能手不释卷，况清远闲旷哉一老子耶！虽然，此亦难强。余盖有天幸焉。天幸生我目，虽古稀犹能视细书；天幸生我手，虽古稀犹能书细字。然此未为幸也。天幸生我性，平生不喜见俗人，故自壮自老，无有亲宾往来之扰，得以一意读书。天幸生我情，平生不爱近家人，故终老龙湖，幸免俯仰逼迫之苦，而又得以一意读书。然此亦未为幸也。天幸生我心眼，开卷便见人，便见其人终始之概。夫读书论世，古多有之，或见皮面，或见体肤，或见血脉，或见筋骨，然至骨极矣。纵自谓能洞五脏，其实尚未刺骨也。此余之自谓得天幸者一也。天幸生我大胆，凡昔人之所忻艳以为贤者，余多以为假，多以为迂腐不才而不切于用；其所鄙者、弃者、唾且骂者，余皆的以为可托国托家而托身也。其是非大戾昔人如此，非大胆而何？此又余之自谓得天之幸者二也。有此二幸，是以老而乐学，故作《读书乐》以自乐焉。②

① 《李卓吾先生遗书》附录。又见《李氏全书》附《李温陵外纪》卷一，《李贽全集注》第二十六册，第205页。

② 《焚书》卷六。

在《读书乐·引》中，生动表现出李贽以读书为战斗、以战斗为快乐的豪迈气概和旺盛斗志，以及敢于冲破儒家是非标准的批判精神。李贽说他天生有两个幸运条件：其一是具有一种超过俗人的眼力，这就是读书论世，别人只能看到人物的皮面、体肤、血脉、筋骨，甚至五脏六腑，但并不能达到骨髓，而他却能透过表面看到事物的骨髓。其二是具有超过俗人的胆量，古人认为是贤德出众的人，李贽却认为是一些不足信赖的伪君子和迂腐无能、不切实用的人；而古人所鄙弃、唾骂的，李贽却认为是一些可以托付国家大事、人身性命的人。李贽对自己的这两点概括，确实道出了他“异端”思想的特点，那就是不以孔子的是非为是非，不以封建正统思想为准绳。这一特点是李贽一生斗争精神的表现，也是他之所以能成为明朝杰出进步思想家的根本原因。

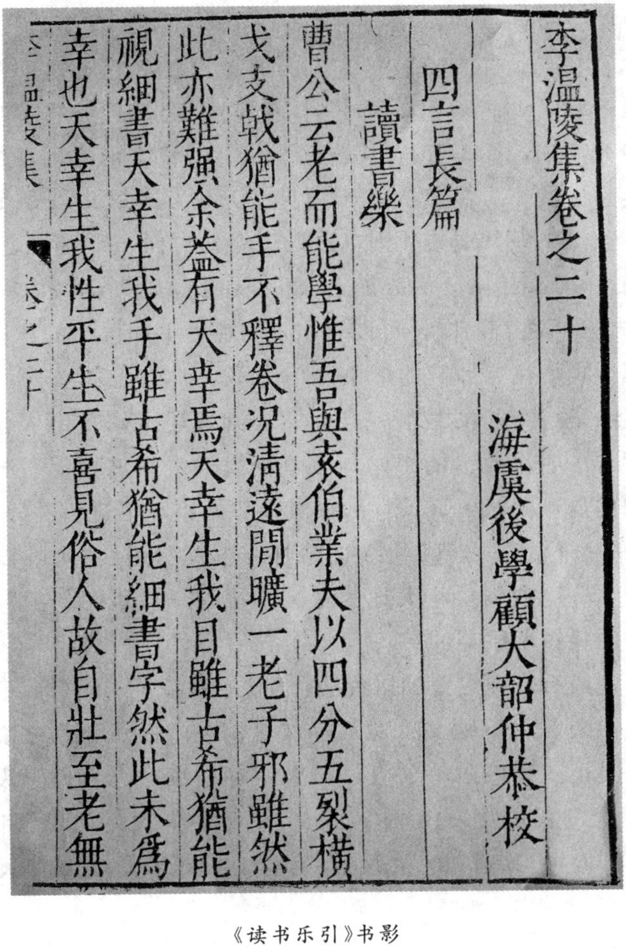
李温陵集卷之二十

海虞後學顧大韶仲恭校

四言長篇

讀書樂

曹公云老而能學惟吾與袁伯業夫以四分五裂横戈支戟猶能手不釋卷況清遠閒曠一老子耶雖然此亦難强余盖有天幸焉天幸生我目雖古希猶能視細書天幸生我手雖古希猶能細書字然此未爲幸也天幸生我性平生不喜見俗人故自壯至老無

李温陵集　卷之二十

《读书乐引》书影

如果说《读书乐·引》是李贽对自己思想的总结，那么《预约》则是对自己一生行动的回顾与总结了。《预约》是李贽为芝佛院几个随侍他的僧徒写下的几条遗嘱式的约言，在《小引》中说："余年已七十矣，旦暮死皆不可知。然余四方之人也，无家属僮仆于此，所赖以供朝夕者，皆本院之僧，是故豫为之约。"在《早晚守塔》中说："封塔后即祀木主，以百日为度，早晚俱烧香，唯中午供饭一盏，清茶一瓯，豆豉少许，上悬琉璃。我平生不爱人哭哀哀，不爱人闭眼愁眉作妇人女子贱态。丈夫汉喜则清风朗月，跳跃歌舞，怒则迅雷呼风，鼓浪崩沙，如三军万马，声沸数里，安得有此俗气，况出家人哉？……我爱书，四时祭祀必陈我所亲校正批点与纂集钞录之书于供桌之右，而置常穿衣裳于供桌之左，早陈设，至晚便收。每年共十三次祭祀，虽名为祭祀，亦只是一饭一茶一少许豆豉耳。但我爱香，须烧好香；我爱钱，须烧好纸钱；我爱书，须牢收我书，一卷莫轻借人，时时搬出日头晒晒，干便收讫。虽庄纯甫近来以教子故，亦肯看书，要书但决不可与之。且彼亦不知我死，纵或于别处闻知我死而来，亦不可与之我书。"又说："我之形虽不可复见，而我心则开卷即在矣。读其书，见其人，精神且千万倍，若彼形骸外矣，又何如我书乎？况读其豫约，守其戒禁，则卓吾老子终日对面，十目视之无有如其显，十手指之无有如其亲者，又何必悲恋此一具瘦骨柴头，以为能不忘老子也耶？"[①]从这些"豫约"之言，同样可以见出李贽那种不同世俗的狂狷性格，而且表现出李贽死后也要以"异端"的形象留存世间。

《感慨平生》是《豫约》的最后一条，它详细叙述了李贽走入仕途后的种种遭遇，激烈抨击了明代政治的黑暗与官场的腐败，愤怒揭露了封建礼教的害人和理学家的虚伪，同时申诉了自己在黑暗势力重压下进行斗争的艰苦处境，强烈表现出"平生不愿属人管"的叛逆精神。李贽写道："余唯以不受管束之故，受尽磨难，一生坎坷，将大地为墨，难尽写也。"表明他的"异端"思想与封建黑暗势力的尖锐矛盾与冲突。

在《豫约》的最后，李贽曾加以说明："以上六条，末条(即《感慨平生》)复潦倒哀鸣，可知余言之不顾矣！劝尔等勿哭勿哀，而我复言之哀哀，真情实意，固自不可强也。我愿尔等勿哀，又愿尔等心哀，心哀是真哀也。真哀自难止，人安能止？"在《与周友山》中也说：《感慨平生》"并及余之平生，后人欲见李卓老者，即此可当年谱矣"，而且"言语真切至到，文词惊天动地"。[②] 李

① 《焚书》卷四。
② 《续焚书》卷一。

贽那种“平生不愿属人管”的“真情实意”，带有资本主义萌芽时期争取个性解放的因素，与他反对封建统治阶级德礼政刑的束缚是完全一致的。由于这种“平生不愿属人管”而遭到的“受尽磨难，一生坎坷”，正是李贽的“异端”思想与封建传统思想相冲突的必然结果。李贽在《感慨平生》及其他作品中所表现出的看不到前途的孤苦寂寞心情，则正是这种矛盾的反映。李贽毕竟脱不出时代对他的局限啊！

但是，李贽确是一个很坚强的人，他虽然已是年逾古稀，虽然不时发出孤苦寂寞的感慨，但他却一直在为自己的人生理想而进行着不懈的追求。这时，他不仅继续著述抨击封建正统思想，而且对黑暗势力的迫害也进行了不屈的斗争。

这年刘东星因丁父忧而家居，“草土余息，惧有颠坠”[①]，想起了老友李贽，特地叫儿子用相（字肖甫，又称肖川）到龙潭湖邀请李贽到山西上党做客。临行之前，当时任湖广按察司佥事（此职又称“分巡道”，简称“道”）的史旌贤，扬言要以“大坏风化”的罪名把李贽驱逐出麻城。史旌贤是耿定向的门生，这显然是一次政治迫害。李贽得知后，决定暂时不去山西。他在与友人的信札中，表明了不怕迫害，要与史旌贤斗争到底的决心：

> 承念极感！生所以出家者，正谓无有牵挂，便于四方求友问道而已。而一住黄、麻二邑遂十六载，可谓违却四方初志矣。故晋川公遣人来接，遂许之。又以此老向者救我之恩不敢忘，相念之勤不能已，可去之会又适相值也。……
>
> 本约以是月初十往，开春便回，不意又闻史道欲以法治我，是又天不准我往山西去也，理又当守候史道严法，以听处分矣。想晋老闻之，亦能亮我。[②]

> 本选初十日吉，欲赴沁水之约。闻分巡之道欲以法治我，此则治命，决不可违也。若他往，是违治命矣，岂出家守法戒者之所宜乎！止矣！止矣！宁受枉而死以奉治命，决不敢侥幸苟免以逆治命，是的也。
>
> 大抵七十之人，平生所经风浪多矣。平生所贵者无事，而所不避者

---

① 刘东星：《书〈道古录〉首》，存《李氏文集》。《李贽全集注》第十四册，第 334 页。“草土余息”，他本或作“草上余息”、“草木余息”，非，“草土余息”即苫块余生之意。《仪礼·既夕礼》：“寝苫枕块”，意谓孝子寝卧之时，要以苫（草垫子）为褥，以块（土块）为枕，以表示对己亲的哀悼。

② 《续焚书》卷一《答梅琼宇》。

多事。贵无事，故辞官辞家，避地避世，孤孤独独，穷卧山谷也。不避多事，故宁义而饿，不肯苟饱；宁屈而死，不肯幸生。此其志颇与人殊。盖世人爱多事，便以无事为孤寂；乐无事，便以多事为桎梏。唯我能随寓而安，无事固其本心，多事以好度日。使我苟不值多事，安得声名满世间乎？①

李贽不惧怕，不逃避，这说明他是一个不怕压、不怕死的硬汉。

这时李贽好友耿定理之子耿汝念也写信给李贽，希望他能到黄安耿家住一住。李贽本来已经决定要去黄安，可是又一想，这样也许有人怀疑他是到黄安去向耿家求情，就决定连黄安也不去了。他在《与耿克念（即汝念）》②的两封信中，特意作了这种说明："我欲来已决，然反而思之，未免有瓜田之嫌，恐或以我为专往黄安求解免也，是以复辍不行，烦致意叔台并天台勿怪我可。""嫌疑之际，是以不敢往，虽逆尊命，不敢辞。"并表示了要与史旌贤斗争到底的意志：

丈夫在世，当自尽理。我自六七岁丧母，便能自立，以至于今七十，尽是单身度日，独立过时。虽或蒙天庇，或蒙人庇，然皆不求自来，若要我求庇于人，虽死不为也。历观从古大丈夫好汉尽是如此，不然，我岂无力可以起家，无财可以畜仆，而乃孤孑无依，一至此乎？可以知我之不畏死矣，可以知我之不怕人矣，可以知我之不靠势矣。盖人生总只有一个死，无两个死也，但世人自迷耳。有名而死，孰与无名？智者自然了了。

窃谓史道欲以法治我则可，欲以此吓我他去则不可。夫有罪之人，坏法乱治，案法而究，诛之可也，我若告饶，即不成李卓老矣。若吓之去，是以坏法之人而移之使毒害于他方也，则其不仁甚矣！他方之人士与麻城奚择焉？故我可杀不可去，我头可断而我身不可辱，是为的论，非难明者。

"可以知我之不畏死矣，可以知我之不怕人矣，可以知我之不靠势矣"，"我可

① 《续焚书》卷一《与城老》。
② 《与耿克念》的两封信及以下引文，均见《续焚书》卷一。

杀不可去，我头可断而我身不可辱"，这种"不畏死"、"不怕人"、"不靠势"、头可断而身不可辱的大无畏气概，充分显示了李贽勇于战斗的可贵性格与精神。

李贽之所以具有这种战斗精神，是因为他认为自己是正确的，压迫他的恶势力是腐朽的，他坚信最终的胜利也一定会属于自己：

住居隔县三十余里，终岁经年未尝接见一人，闻有骂我"递解回籍"之语，便以为至当。谓"不递解此人，我等终正不得麻城风化"，不知孤远老叟化饭而食，安坐待毙，于风化何损也！彼其口出"正风化"之语者，皆其身实大坏风化之人。噫！已矣，勿言之矣，于老子无与矣。但老子出家人也，出家之人所如之地，兴尽则去，岂待不合。今也不但不合，又已如此如此矣，此而不去，亦真无耻者。然我若去，何须递解；我若不去，亦无人解得我去也。何也？我老矣，可以死矣，不须去也，又何递解以去乎？

又我性本柔顺，学贵忍辱，故欲杀则走就刀，欲打则走就拳，欲骂则走而就嘴，只知进就，不知退去，孰待其递解以去也！盖此忍辱孝顺法门，是我七八岁时用至于今七十岁，有年矣，惯用之矣。不然，岂其七十之老，身上无半文钱钞，身边无半个亲随，而敢遨游旅寓万里之外哉！盖自量心上无邪，身上无非，形上无垢，影上无尘，古称"不愧""不怍"，我实当之。是以堂堂之阵，正正之旗，日与世交战而不败者，正兵在我故也。正兵法度森严，无隙可乘，谁敢邀堂堂而击正正，以取灭亡之祸欤！①

这是李贽战斗形象的自我描绘。李贽固然不时流露出苦闷、怀疑、孤寂的心绪，但他终其生都是在战斗，在那严密的残酷的封建统治下，李贽不愧为一个反封建压迫反传统思想的斗士。

在与史旌贤斗争的同时，李贽仍然读书著述，其主要成果就是读杨慎诗文后编撰的《读升庵集》二十卷。书前有《读升庵集小引》，全文如下：

李卓吾曰：余读先生文集，有感焉。夫古之圣贤，其生也不易，其死也不易。生不易，故生而人皆仰；死不易，故死而人尔思。于是乎前

① 《续焚书》卷一《与周友山》。

而生者，犹冀有待于后世；后而生者，又每叹恨于后时；同时而生者，又每每比之如附骥，比之如附青云。则圣贤之生死固大矣。余读先生文集，欲求其生卒之年月而不得也。遍阅诸序文，而序文又不载。彼盖以为序人之文，只宜称赞其文云耳，亦犹序学道者必大其道，叙功业者必大其功，叙人品者必表扬其梗概，而岂知其不然乎！盖所谓文集者，谓其人之文的然必可传于后世，然后集而传之也。则其人之文当皎然如日星之炳焕，凡有目者能睹之矣，而又何藉于叙赞乎？彼叙赞不已赘乎？况其人或未必能文，则又何以知其文之必可传，而遂赞而序之以传也？故愚尝谓世之叙文者，多其无识孙子欲借他人位望以光显其父祖耳。不然，则其势之不容以不请，而又不容以不文辞者也。夫文而待人以传，则其文可知也，将谁传之也？若其不敢不请，又不敢辞，则叙文者亦只宜直述其生卒之日，与生平之次第，使读者有考焉斯善矣。

吁！先生人品如此，道德如此，才望如此，而终身不得一试，故发之于文，无一体不备，亦无备不造，虽游其门者尚不能赞一辞，况后人哉！余是以窃附景仰之私，欲考其生卒始末，履历之详，如昔人所谓年谱者，时时置几案间，俨然如游其门，蹑而从之。而序集皆不载，以故恨也。况复有矮子者从风吠声，以先生但可谓之博学人焉，尤可笑矣！[①]

在《小引》中对杨慎之人品、才望及在明代文坛上的地位，都作了高度评价，对杨慎受到封建统治者的打击与排斥的不幸遭遇发出了不平之鸣。杨慎(公元1488—1559年)，字用修，号升庵，四川新都(今四川新都)人。武宗正德六年(公元1511年)殿试进士第一，授翰林修撰。世宗时，因“大礼仪”事件(反对世宗朱厚熜为生身父母加以帝、后谥号)，被贬谪云南三十年。他致力于著述，诗文杂著达一百余种，在明代文坛上颇负盛名，对李贽的思想也有一定影响。《读升庵集》是李贽读杨慎诗文集后所撰写的读书札记。李贽对这一著作很得意，他在《与方訒庵》的信中说：“夏来读《杨升庵集》，有《读升庵集》五百页。升庵先生固是才学卓越，人品俊伟，然得弟读之，益光彩焕发，流光于百世也。……余琐琐别录，或三十页，或七八十页，皆老人得意之书，惜兄无福可与我共读之也。”[②]该书在引用杨慎原文之后，多加发挥，以表现李贽

① 《李贽全集注》第十六册，第1页。
② 《续焚书》卷一。

自己的思想。如《李涉赠盗》[①]：

唐李涉《赠盗》诗曰："相逢不用相回避，世上如今半是君。"刘伯温《咏梁山泊分赃台》诗云："突兀高台累土成，人言暴客此分赢。饮泉清节今寥落，何但梁山独擅名！"《汉书》云："吏皆虎而冠。"《史记》云："此皆劫盗而不操戈矛者。"李卓吾曰：此皆操戈矛而不畏官兵捕盗者。因记得盗赠官吏亦有诗一首，并录附之：

未曾相见心相识，敢道相逢不识君？一切萧何今不用，有赃抬到后堂分。肯怜我等夜行苦，坐者十三行十五。若谓私行不是公，我道无私公奚取？君倚奉公戴虎冠，谁得似君来路宽？月有俸钱日有廪，我等衣食何盘桓！君若十五十三俱不许，我得持疆分廪去，驱我为盗宁非汝！

全文由杨慎提出的李涉赠盗诗，借题发挥，其中不无愤激的"官即虎"、"官即盗"，以及"官逼民反"的寓意，颇具认识意义。

① 杨慎原文见《升庵集》卷五五，题为《李涉赠盗诗》。李贽《读升庵集》载卷一一。又见《焚书》卷五。

六、在山西和《明灯道古录》的著述及《孙子参同》的修订

万历二十四年至万历二十五年

（公元 1596 年—1597 年）

万历二十四年（公元 1596 年）秋，李贽应刘东星之邀，不顾年迈身衰，路途遥遥，在用相的陪同下，离开麻城，来到了山西上党沁水坪上村。

坪上村是刘东星的故乡，离沁水百余里，“村居不足数十家，颇岑寂”，看到这样一个与长江南北迥然不同的寂静而安闲的小村落，李贽非常喜欢。从此以后，他白天“终日闭户读书，每见其不释手抄写，虽新学小生不能当其勤苦也”[①]。夜晚就与刘东星相对而坐，探讨人生哲理，研读古代典籍。同时，刘东星的儿子用相和侄子用健，又时时坐听他们的谈话，并以李贽为师，质问《学》《庸》大义。他们把听到问到的记录了下来，就成了后来刊印的《明灯道古录》（又称《道古录》）。李贽在《〈道古录〉引》中曾详细记载了他这段有趣而满意的生活：

晋川昔辖楚藩，始会予，与余善。至是读礼山中，予往吊焉。晋川喜予至，故留予。谓予无家属童仆，何所不可以栖托。晋川沁水人，而家于沁之坪上村。坪上去沁百里，村居不足数十家，颇岑寂。予喜其岑寂也，亦遂留。天寒夜永，语话遂长。或时予问而晋川答，或时晋川问而予应。使平子若在，不知几番绝倒矣。惜哉！无人记录也，故予亦每自叹息焉。晋川之子用相、用健者二人，有时在坐与闻之，而心喜，然亦不过十之一二矣。退而咸录其所闻之最亲切者，其不甚亲切者又不录，则又不过百之一二矣。然时日既多，积久亦成帙。予取而复视之，不觉俯几叹曰：“是录也，乃吾二人明灯道古之实录也，宜题其由曰《明灯道古录》。远之不足以继周、邵，近之不足以继陈、王。然此四先生者，精爽可畏，亦必喜而读之曰：‘是明灯道古之录也，是犹在门庭之内也，真不谬为吾家的统子孙也。’”然则晋川之留予也果不虚，坪上于今不岑寂

① 刘东星：《书〈道古录〉首》，《李贽全集注》第十四册，第 334 页。

矣。宜梓而传之，俾天下后世知吾二人并其二子不虚度时光也与哉！[1]

据刘东星《书〈道古录〉首》："犹子用健，复夜夜入室，质问《学》《庸》大义"，则知用健是刘东星的侄子，李贽这里把用健也称为刘东星之子，是误记。

李贽在坪上的生活是比较惬意的，刘东星热情好客，是一个既注重实际，又简朴好学的人，与那些只知打恭作揖、如同泥塑的道学家绝然不同，与那些碌碌无为、卑琐无聊的封建官僚也别异其趣。因此，李贽在精神上感到愉快，在生活上感到满意，他更加努力地著述，以追逐时光的流逝。这种情绪充分表现在他的诗作《九日坪上》(三首)、《至日自讼谢主翁》、《除夕道场即事》(三首)中。

刘东星故乡山西沁水坪上村。如今已有铁路通过，已非李贽在《道古录引》笔下那个"村居不足数十家，颇岑寂"的小村落。远处是榼山，李贽有《榼山寺夜坐》诗："松风已可哀，萝月复飞来。如何当此夜，万里独登台。"[2]

九日坪上

如鸟飞飞到处栖，今年九日在山西。
太行正是登高处，无菊亦应有酒携。

---

① 《李贽全集注》第十四册，第 227 页。

② 《焚书》卷六。

其二

坪上无花有酒钱，谩将沽酒醉逃禅。
若言不识酒中趣，可试登高一问天！

其三

身在他乡不望乡，闲云处处总凄凉！
故人若问凉边事，日射坪田索酒尝。①

至日自讼谢主翁

明朝七十一，今朝是七十。长而无述焉，既老复何益！
虽有读书乐，患失又患得。患失是伊何？去日已蹉跎。
患得是伊何？来日苦无多。聪明虽不逮，精神未有害。
笔秃锋铓少，指柔龙蛇在。宛然一书生，可笑亦可爱！
且将未死身，暂作不死人。所幸我刘友，供馈不停手。
从者五七人，素饱为日久。如此贤主人，何愁天数九！②

除夕道场即事

众僧齐唱阿弥陀，人在天涯岁又过。
但道明朝七十一，谁知七十已蹉跎！

其二

坪上相逢意气多，至人为我饭楼那。
烧灯炽炭红如日，旅夕何愁不易过！

其三

白发摧人无奈何，可怜除夕不除魔！
春风十日冰开后，依旧长流沁水波。③

《九日坪上》三首写于九月九日重阳节。李贽从二十九岁时离家以后直到七十岁，四十年来，除两次回泉州奔丧外，从没回过故乡。万历十三年(公元1585年)他移居麻城，把家眷全部送回泉州后，就孤身一人，以寺院为家，以朋友为亲。四十年，他由南而北，由北而南，受到多少的诽谤与迫害，今天

① 《焚书》卷六。
② 《焚书》卷六。
③ 《焚书》卷六。

又来到离家万里的太行山下，在重阳佳节时，作何感想呢？他说自己是“如鸟飞飞到处栖，今年九日在山西”，但李贽并没有因为这种像鸟一样到处飞、栖的流浪生活而悲愁。他虽然也思念故人，并想到故人也在思念他，但他却“身在他乡不望乡”，虽不免凄凉之感，却又以乐观的情调说他正“日射坪田索酒尝”。日射，每天谋求饮酒。射即射覆，古代酒令之一。清代俞敦培《酒令丛钞》：“今酒座所谓射覆……射者言某字，彼此会意，余人更射。不中者饮，中者令官饮。”即猜字、对词一类游戏。《红楼梦》第六十二回：“宝玉便说：‘雅坐无趣，须要行令才好。’众人中有说行这个令好的，又有说行那个令才好的。黛玉道：‘依我说，拿了笔砚，将各色令都写了，拈成阄儿，咱们抓出那个来就是那个。’众人都道‘妙极！’……众人想了一回，共得十来个，念着，香菱一一写了，搓成阄儿，掷在一个瓶中。探春便命平儿拈，平儿向内搅了搅，用箸夹了一个出来，打开一看，上写着‘射覆’二字。”从“如鸟飞飞到处栖”，却又“日射坪田索酒尝”的诗中句，我们可以看到李贽特有的放达性格。

《至日自讼谢主翁》是冬至时，特为感谢主人刘东星而作，《除夕道场即事》是大年除夕在道场即兴而作，从“所幸我刘友，供馈不停手。从者五七人，素饱为日久。如此贤主人，何愁天数九”，和“坪上相逢意气多，至人为我饭楼那。烧灯炽炭红如日，旅夕何愁不易过”，可知当时跟随李贽住在坪上的还有“五七人”，怀林就是其中之一。

这两首诗还反映出李贽在垂暮之年仍然积极勤奋的精神状态。“明朝七十一，今朝是七十。长而无述焉，既老复何益！”“众僧齐唱阿弥陀，人在天涯岁又过。但道明朝七十一，谁知七十已蹉跎！”他意识到岁月不饶人，来日不多，应该更加努力啊！“白发摧人无奈何，可怜除夕不除魔！春风十日冰开后，依旧长流沁水波。”七十高龄的白发老人，在等待冰开雪化除掉妖魔的春天，这种精神确实是可贵的。

李贽这种斗争精神，充分反映在他这时期的著作《明灯道古录》中。这部书涉及的范围很广，但以《大学》、《中庸》为主。明万历间海虞顾大韶校刊的《李氏文集》(又名《李温陵集》)第十八、十九两卷收存此书，全书分上卷为十八段(即十八章)，下卷为二十四段(即二十四章)。每章谈论一个问题，有的一文到底，有的有问有答，发问人以用健、用相为多，间有晋川、怀林的问话或述说，而以李贽的回答为主。这部书是了解李贽晚年思想的重要著作之一。《李贽全集注》收入第十四册，可参阅。

第一，《明灯道古录》再次反映了李贽反对封建束缚、要求自由发展的思想。

李贽说：

> 道本不远于人，而远人以为道者，是故不可以语道。可知人即道也，道即人也，人外无道，而道外亦无人。故君子以人治人，更不敢以己治人者，以人本自治；人能自治，不待禁而止之也。若欲有以止之，而不能听其自治，是伐之也，是欲以彼柯易此柯也。虽近而实远，安能治之，安足为道也耶？[①]

“道”这个概念，被封建正统思想家弄得神秘不可测，李贽则赋予极为普通的现实内容。在李贽看来，“道”是和人紧密相连的：“人即道也，道即人也，人外无道，而道外亦无人”。正因为如此，社会政治应该是因人而治，以人治人，人人自治，而不是以己治人。以己治人，那就是用自己的一套去禁锢别人，这就不能因人而治，这就是“伐之”，这就根本不能把社会治理好，又哪能算“道”呢？为了说明这个道理，李贽还重新解释了儒学的“忠恕”说：

> 然其所以不能以人治人者，由其不能推己及人耳。故说忠恕：中心为忠，自己不容，己之实心也；如此中心为恕，自己不容，二之初念也。所谓施诸己而不愿，则勿以施之于人是也。不愿者，中心之实也；勿施者，如心之推也。如是则自能以人治人，而不忍执柯以伐之矣。……既能推己及人，以行吾强恕之功，则自能以人治人，自妙夫无为之化。然世又有不能推己及人者，则以不知反己自责之道耳。[②]

在李贽看来，忠恕就是推己及人，“施诸己而不愿，则勿以施之于人是也”，也就是要“以人治人”，而不是以己治人。他把儒家鼓吹的忠恕之道，赋予自由发展的社会内容，这真是对儒家经典的大胆背叛。

为了说明因人而治的道理，李贽还提出了“物情不齐”、“因材并育”的理论，作为自己的哲学根据：

> 今之言政、刑、德、礼者，似未得礼意，依旧说在政教上去了，安能使民格心从化也？彼盖但知礼之为中，齐之为齐，中则不可使人有过

① 《明灯道古录》卷下第六章，《李贽全集注》第十四册，第 289 页。
② 《明灯道古录》卷下第六章，《李贽全集注》第十四册，第 289 页。

不及之差，齐则欲齐人之所不齐以归于齐。夫天下至大也，万民至众也，物之不齐，又物之情也。中无定在，又孰能定其太过而损之，定其不及而益之也？若一一而约束之，整齐之，非但日亦不给，依旧是走在政教上去矣。彼政教之所以不能使民格心归化者，正以条约之密，无非使其就吾之条理，而约之于中，齐其不齐，而使之无太过不及之病也。是欲强天下使从己，驱天下使从礼，人自苦难而弗从，始不得不用刑以威之耳。是政与刑自是一套，俗吏之所为也，非道之以德之事也。……

则千万其人者，各得其千万人之心，千万其心者，各遂其千万人之欲，是谓物各付物，天地之所以因材而笃也，所谓万物并育而不相害也。今之不免相害者，皆始于使之不得并育耳。若肯听其并育，则大成大，小成小，天下更有一物之不得所者哉？是之谓"至齐"，是之谓"以礼"。夫天下之民，各遂其生，各获其所愿有，不格心归化者，未之有也。世儒既不知礼为人心之所同然，本是一个千变万化活泼泼之理，而执之以为一定不可易之物，故又不知齐为何等，而故欲强而齐之，是以虽有德之主，亦不免于政刑之用也。吁！礼之不讲久矣。《平天下》曰："民之所好，好之；民之所恶，恶之。"好恶从民之欲，而不以己之欲，是之谓"礼"，礼则自齐，不待别有以齐之也。若好恶拂民之性，灾且必逮夫身，况得而齐之耶？[①]

李贽认为"物之不齐，物之情也"，天下的事物千差万别，人的才能、性情、喜好也各有差别，总是不一样的。如若硬把这些差别整齐划一，约束在一个框子里，这就等于是强迫普天下的人服从我自己，这样，千差万别的人自然觉得是一种苦难而不服从，那么就不得不用刑罚去威胁他们了。而用政令刑罚威胁、束缚人的本性的做法，原是庸俗官吏所干，并不能真正引导百姓走上应走的道路。李贽反对这种"齐人之所不齐以归于齐"，反对用德礼政刑强制束缚人们的个性发展，主张"物各付物"、"因材并育"，任物情的自由发展。在李贽看来，正因为事物是不齐的，人性是有别的，那就应该任其自由发展，只有这样，千万人才可以实现自己的心愿，千万种心愿才可以得到满足。如果万事万物都顺从他们的本性，做到共同发展而不相害，就可以使"大成大，小成小"，使"天下之民，各遂其所生，各获其所愿有"，那么，"不格心归化者，未之有也"，人人都得到了自己的满足，那不就达到天下大治了

① 《明灯道古录》卷上第十五章，《李贽全集注》第十四册，第 271 页。

吗？相反，封建统治者凭恃政令刑罚之威，“强天下使从己，驱天下使从礼”，这就违反了人们的自然之性，这就必然引起天下大乱。因此，李贽要求君主要“从民之欲”，不加束缚与限制，以造成人人顺其本性、个个随心如愿的理想政治局面。

个性的差异和个性的自由发展，必然导致强者和弱者的冲突，产生不同的前途和结果。李贽看到了这一点，而且明确表示自己的同情是在强者一边：

今子但见世人挟其诈力者，唾手即可立致，便谓富贵可求，不知天与以致富之才，又借以致富之势，畀以强忍之力，赋以趋时之识，如陶朱、猗顿辈，程郑、卓王孙辈，亦天与之以富贵之资也。是亦天也，非人也。若非天之所与，则一邑之内，谁是不欲求富贵者？而独此一两人也耶？①

夫栽培倾覆，天必因材，而况于人乎？强弱众寡，其材定矣。强者弱之归，不归必并之；众者寡之附，不附即吞之。此天道也，虽圣人其能违天乎哉！今子乃以强凌众暴为法所禁，而欲治之，是逆天道之常，反因材之笃，所谓拂人之性，灾必及其身者，尚可以治人耶？②

李贽认为，有些人能够致富贵，这是因为他们具有致富贵的才、势、力、识，而这些条件全是天赋的。既然他们有这样的天赋，那就应该顺从天道，让他们发展。而且，强并弱、众吞寡，这是天道自然，圣人只能顺从天道的发展，而不能违背天道。否则，“逆天道之常，反因材之笃”，这就是违背天道、人性，就必然会招来祸害。李贽这种强凌弱、众吞寡的自由发展观，其实质在于推崇个人自由，反对封建生产关系的束缚，这一命题的提出，在中国文化思想史上实为罕见。在当时的历史条件下，客观上具有为资本主义萌芽发展制造舆论的作用。当然在阶级社会里，对立的各个阶级不可能都“自由发展”，李贽的“强者弱之归，众者寡之附”，归根结底是为有产阶级辩护。

第二，《明灯道古录》鲜明体现出李贽反对封建等级制、要求平等的思想。

在这本书里，李贽重新解释了儒家经典《中庸》中关于“尊德性”、“道问学”、“率性”等理论，并从中引出了人们要平等的结论。《中庸》中对“尊德

① 《明灯道古录》卷上第九章，《李贽全集注》第十四册，第252页。

② 《明灯道古录》卷下第七章，《李贽全集注》第十四册，第292页。

性”、“道问学”是这样说的：“大哉圣人之道，洋洋乎发育万物，峻极于天。优优大哉！礼仪三百，威仪三千，待其人而后行。故曰：苟不至德，至道不凝焉。故君子尊德性而道问学，致广大而尽精微，极高明而道中庸。温故而知新，敦厚以崇礼。是故居上不骄，为下不倍。”①《中庸》把“尊德性”、“道问学”看作是达到那个至大至极、至精至微、神秘莫测的道的途径，其目的就是要“居上不骄”、“居下不倍”，各守其位，以维护其封建统治的固有等级制。关于“率性”，《中庸》是这样说的：“天命之谓性，率性之谓道，修道之谓教。”②《中庸》虽然提出了“率性之谓道”，但其重点却在“修道之谓教”。照朱熹的解释：“修，品节之也。性道虽同，而气禀或异，故不能无过不及之差。圣人因人物之所当行者而品节之，以为法于天下，则谓之教，若礼乐刑政之属是也。”③显然，这也是要以礼乐刑政来束缚人们的思想，为封建统治服务。

对于《中庸》“尊德性”的解释，李贽用了很多文字，描绘德性的至高至圣，至尊无对。但他的结论却是：人人都具有此德性，尊德性并没有什么神秘可言，也不是什么神异的事，不过就是尊重众人之所能为而已：“能尊德性，则圣人之能事毕矣。于是焉或欲经世，或欲出世，或欲隐，或欲见，或刚或柔，或可或不可，固皆吾人不齐之物情，圣人且任之矣。故曰‘以人治人’。”④这样，所谓“尊德性”，不过是每个人按照自己的本性自由发展就是了。李贽进一步指出，在尊德性上，圣人也并没什么高超之处：“尔勿以尊德性之人为异人也，彼其所为，亦不过众人之所能为而已。人但率性而为，勿以过高视圣人之为可也。尧舜与途人一，圣人与凡人一。”⑤“尧舜与途人一，圣人与凡人一”，天下人人平等，那有什么高低上下之别，这真是骇俗之论。很清楚，李贽从传统的“尊德性”、“率性”的理论中，引出的却是反传统的崭新的平等思想，与封建统治阶级的严密的等级制和腐朽的特权制形成了鲜明的对立。

正是从这种德性平等、圣凡一律的理论出发，李贽还引出了圣人与凡人在能力上的平等：

> 今天下之事，凡可以容吾力者，人无不竭力以为之。如天下之均，爵禄之辞，白刃之蹈，此皆世间第一等难能之事。然以天下之众，而能

① 朱熹：《四书章句集解》，中华书局，1983，第35～36页。
② 朱熹：《四书章句集解》，中华书局，1983，第17页。
③ 朱熹：《四书章句集解》，中华书局，1983，第17页。
④ 《明灯道古录》卷上第十一章，《李贽全集注》第十四册，第259页。
⑤ 《明灯道古录》卷上第十一章，《李贽全集注》第十四册，第260页。

使之均平若一人；以天下之大，与之而不屑受，此固难矣，犹谓所重者身耳。至于白刃之蹈，则生死且不顾，身亦度外物矣。即此三者，人皆可能。可见天下无不能之人，人无不能之事，凡稍可致力，人争勉焉，则以可能故也。……盖世人但知百姓与夫妇之不肖不能，而岂知圣人亦不能也哉！以故告之曰："尔勿谓圣人能是也！"自我言之，圣人所能者，夫妇之不肖可以与能，勿下视世间之夫妇为也。……若说夫妇所不能者，则虽圣人亦必不能，勿高视一切圣人为也。……以此观之，彼天下之均，爵禄之辞，白刃之蹈，皆极其力之所可能。鸢鱼类耳，夫妇等耳，曷足怪哉！是又安足道耶！庄生谓"尘滓秕糠"、"陶铸尧舜"，岂荒唐语耶？正与先正"尧舜事业一点浮云过目"相合。[①]

"天下无不能之人，人无不能之事"，这是一个积极的命题，正是从这一命题出发，李贽认为圣人做到的，愚夫愚妇也能做到；愚夫愚妇做不到的，圣人也一定做不到；所以不能低看愚夫愚妇，也不能高视所谓圣人。正因为如此，尧舜又有什么高贵之处？他们也不过像庄周所说，都是"尘滓秕糠"陶铸而成，极其平庸，他们被吹得神乎其神的事业，也不过像浮云过目一样，没什么了不起。李贽从德性的平等，引出圣贤凡人能力上的平等，否定了尧舜的神圣地位，这是他的平等观念的突出表现。

正是从这种圣凡平等的思想出发，李贽还提出了"以百姓之迩言为善"的政治主张：

舜好问已矣，而又好察；好察是矣，而所察者又是其极迩之言。谓之曰好问，则自四岳、九官、十二牧以至刍荛工瞽，无不好问，可知也，而未必皆其所好察也。唯是街谈巷议，俚言野语，至鄙至俗，极浅极近，上人所不道，君子所不乐闻者，而舜独好察之。以故民隐无不闻，情伪无不烛，民之所好，民之所恶，皆晓然洞彻，是民之中，所谓善也。夫善言即在乎迩言之中，则迩言安可以不察乎？曰察，则不止于问；曰好察，则不止于好问，然则圣人之于迩言善矣。夫唯以迩言为善，则凡非迩者必不善。何者？以其非民之中，非民情之所欲，故以为不善，故以为恶耳，非真如今人所谓妨政蠹民之恶也。既知其为恶，则隐而置之不复用；既知其为善，则扬而举之以用其中于民。隐恶扬善，两端之执也，

① 《明灯道古录》卷下第三章，《李贽全集注》第十四册，第285页。

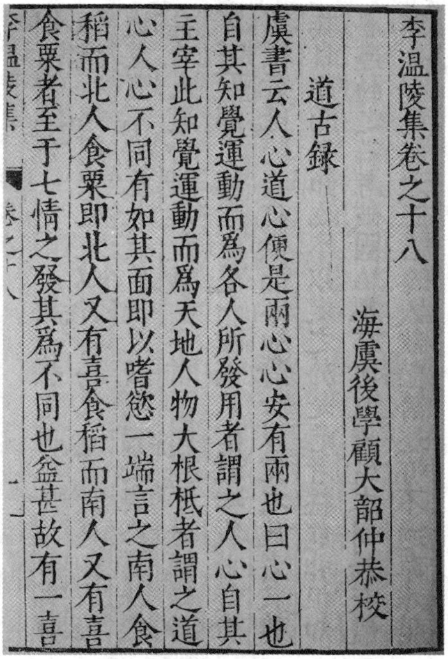
李温陵集卷之十八
海虞後學顧大韶仲恭校
道古録
虞書云人心道心便是兩心心安有兩也曰心一也自其知覺運動而爲各人所發用者謂之人心自其主宰此知覺運動而爲天地人物大根柢者謂之道心人心不同有如其面即以嗜慾一端言之南人食稻而北人食粟即北人又有喜食稻而南人又有喜食粟者至于七情之發其爲不同也益甚故有一喜
李温陵集 卷之十八

《道古录》书影（一）

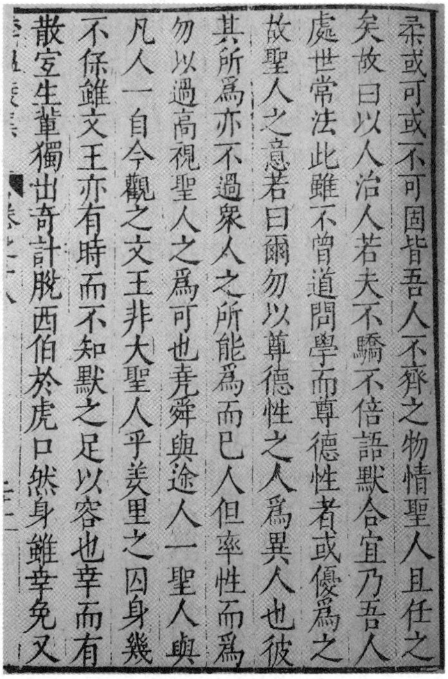
柔或可或不可固皆吾人不齊之物情聖人且任之矣故曰以人治人若夫不驕不倍語默合宜乃吾人處世常法此雖不曾道問學而尊德性者或優爲之故聖人之意若曰爾勿以尊德性之人爲異人也彼其所爲亦不過衆人之所能爲而已人但率性而爲勿以過高視聖人之爲可也堯舜與途人一聖人與凡人一自今觀之文王非大聖人乎羑里之囚身幾不保雖文王亦有時而不知默之足以容也幸而有散宜生輩獨出奇計賂西伯於虎口然身雖幸免又
李温陵集 卷之十八

《道古录》书影（二）

用中于民。圣人无中，以民为中也。夫民之所欲，天必从之，况居民上而为天子者哉？天之立君，所以为民。舜唯日夜思所以用民之中，俾之无有失所欲者，安得而不遑遑焉而唯迩言是察也？迩言者，近言也。察言者止于近言，何以成智？又何以成大智？盖言而曰近，则一时之民心，即千万世之人心，而古今同一心也；中而曰民，则一民之中，即千万民之中，而天下同一民也。大舜无中，而以百姓之中为中；大舜无善，而以百姓之迩言为善；则大舜无智，而唯合天下、通古今以成其智。夫智而至于合天下、通古今也，其谓小智乎，大智乎？当自知之矣。故曰："舜其大智也与！"①

理学家鼓吹"存天理，灭人欲"，认为"天理"至善，"人欲"至恶，按照"三纲五常"进行统治，才是"王道"政治，企图泯灭广大人民的一切生存权利，维护地主阶级的反动统治。李贽却反其道而行之，大胆提出"民之所欲"就是"善"，反之就是"不善"，而这种"善"就反映在"迩言"即普通民众日常的言论中。由此，李贽主张君主要尊重和顺从民欲，要把"街谈巷议，俚言野语，至鄙至俗，极浅极近，上人所不道，君子所不乐闻"的"迩言"，作为考察民情和从政治国的依据。那么，到底什么是李贽所说的"迩言"呢？他在《答邓明府》一文中指出，他所说的"迩言"，即"百姓日用之迩言也"，"如好货，如好色，如勤学，如进取，如多积金宝，如多买田宅为子孙谋，博求风水为儿孙福荫，凡世间一切治生产业等事，皆其所共好而共习，共知而共言者，是真迩言也"。② 把"百姓日用"和"一切治生产业等事"说成是真正的"迩言"，这表明李贽是注重社会现实生活的。在这封信中，李贽还提出"本来无圣"，所谓"圣人之言"就是"迩言"，就是"百姓日用"。而这种"百姓日用"的"迩言"，"无一迩言而非真圣人之言，则天下无一人而不是真圣人之人明矣"。"迩言"，才是真圣人之言，因此人人都是真圣人。李贽把神圣不可侵犯的"圣人之言"同普通百姓的日常言谈、活动等同起来，把天下人都说成是圣人，这就打破了封建统治阶级所宣扬的上智下愚、圣凡不同的神话，宣扬了圣凡一律的平等思想。正是从这样的前提出发，李贽在《明灯道古录》中又强调指出，只有能够精心考察百姓的物质利益和要求，以民之善为善，以民之智为智，这才是真正的"大智"。也只有这样，才能把社会治理好，创造出理想的政治。李贽提出"以

① 《明灯道古录》卷下第一章，《李贽全集注》第十四册，第 281 页。
② 《焚书》卷一。

百姓之迩言为善”的主张，是他反对封建等级制、主张平等的思想的进一步发展。李贽所说的“民欲”，主要反映了没有特权的中下层地主阶级和工商业者要求生存发展的愿望，他所设想的使天下“无有失所欲者”的社会局面，在阶级社会中也根本不可能实现。但他要求从至鄙至俗、极浅极近的街谈巷议、俚言野语中考察民欲，要求把“百姓日用”和“一切治生产业等事”作为立政治国的出发点，这对地主阶级的专制统治和理学家的一套统治哲学，无疑是有力的批判，客观上有利于广大人民群众反对封建统治的斗争。

第三，《明灯道古录》反映了李贽非孔反理学的战斗精神。

李贽在《明灯道古录》中，借对儒学经典的解释，对孔子进行了讽刺与批判。例如：

> 圣人虽曰视富贵“如浮云”，然得之亦若固有；虽曰：“不以其道得之，则不处”，然亦曰：“富与贵，是人之所欲”。今观其相鲁也，仅仅三月，能几何时，而素衣麑裘，黄衣狐裘，缁衣羔裘等，至富贵享也。御寒之裘，不一而足；裼裘之饰，不一而袭：凡载在《乡党》者，此类多矣。谓圣人不欲富贵，未之有也。①

孔子说过：“不义而富且贵，于我如浮云。”②“富与贵，是人之所欲也，不以其道得之，不处也。”③但据《论语·乡党》记载，孔子相鲁仅仅三个月，穿白色的鹿皮袍时，就配上白色的罩衣；穿黄色的狐皮袍时，就配上黄色的罩衣；穿黑色的羔羊皮袍时，就配上黑色的罩衣，如此讲究衣着，怎么还能说“视富贵如浮云”呢？从孔子的所作所为，清楚说明圣人也一样贪求富贵。

《明灯道古录》还借着对儒家经典的解释，批判了传统的儒学思想，特别是对于儒家最高的道德标准中庸之道，李贽更是尖锐、深刻地揭露其虚伪本质。他说：

> 圣人以择中庸而能服膺弗失者为大贤上士，以择中庸而不能期月守者，比之驱人于罟擭陷阱而不知避，如禽兽贪夫，犯死不顾。夫中庸何物也？择而守之则生，不知择而守之则遂自纳于死，岂非谬与！今之不

---

① 《明灯道古录》卷上第九章，《李贽全集注》第十四册，第252页。

② 《论语·述而》。

③ 《论语·里仁》。

知中庸者众矣，何以不入于阱也？予实思之而未得。释氏动以生死恐吓人，曾谓吾圣人亦言生死乎？意者夫子十五便志学，五十犹学《易》，正谓陷阱在前，当思所以急避之耶？不如是戒慎恐惧，临深履薄，恐此身出不得苦。是以比之禽兽，比之贪夫，比之网罟，比之牢狱，令人早依于中庸耳矣，非不义而言之太甚也。予实不知中庸之可以免死，因书之以请教四方之讲道学者。①

《中庸》记载孔子的话，把选择了中庸之道并能信守不移的人，说成是最有修养最有道德的人；把虽然选择了中庸之道，但连一个月也遵守不了的人，比作被赶向罗网或陷阱却不知道躲避，就像禽兽、贪夫那样不顾死活。对此，李贽提出了疑问：中庸之道究竟是什么东西？选定并信守它就可以生存，不选定它不信守它就必定死亡吗？现在不懂中庸的人很多，为什么都没有陷于死地呢？李贽这一质问，不仅是对不守中庸则死的这一命题的否定，实际上也是对中庸之道本身的否定。

总之，《明灯道古录》虽然也存在许多传统的说教，但它的反封建束缚、要求自由发展的思想，反对封建等级制、要求平等的思想，以及对孔子及儒学的一些批判，都具有强烈的战斗意义，在中国思想史上留下了一定的影响。

万历二十五年（公元1597年），李贽七十一岁。这年春天，他仍住在坪上。正月，刘东星六十寿辰，李贽为作《寿刘晋川六十序》。在这篇寿文中，李贽用道家万物齐一、天内人外的思想，阐发自己的生死观和生命观，具有以道释儒的特点。他说："寿者受也"，有些人所以能"立跻上寿，亦以所受者宏也"。例如与刘东星故乡接壤的平阳的尧、蒲坂的舜、安邑的禹，可说是天下的上寿，他们的影响固然至今尚在；而像与刘东星同乡的狄仁杰、白居易、裴度和文彦博，虽是中寿，他们的影响也至今不灭。这是因为他们受的宏而泄的广。李贽用海河为喻说："上寿如海，百川日注而不盈，以有尾闾以泄之，已复散为百川，故终日注，终日泄，而不溢不竭也。此大受之量也，非与其能受，与其能泄也。若江若河则异矣：上流若一月日霖雨不止，即冲沙颓岸，坏屋庐田土，损民不小矣；赖其终朝赴海，不暂停止，故他处无伤。所伤者一二，而所利济者千百，则归海之功，能泄之验，于斯尤著。"②这种能受能泄的思想，正是从庄子而来。庄子在《秋水》篇中，为了说明万物齐一、

① 《明灯道古录》卷下第五章，《李贽全集注》第十四册，第288页。

② 《续焚书》卷二。

天内人外的思想，曾以大海为例说："天下之水，莫大于海；万川归之，不知何时止而不盈；尾闾泄之，不知何时已而不虚；春秋不变，水旱不知；此其过江河之流，不可为量数。而吾未尝以此自多者，自以比形于天地而受气于阴阳。吾在于天地之间，犹小石小木之在大山也。方存乎见少，又奚以自多？计四海之在天地之间也，不似礨空之在大泽乎？计中国之在海内，不似稊米之在大仓乎？号物之数谓之万，人处一焉；人卒九州，谷食之所生，舟车之所通，人处一焉。此其比万物也，不似豪末之在于马体乎？五帝之所运，三王之所争，仁人之所忧，任士之所劳，尽此矣。"[①]庄子在《秋水》篇中，用了很多例证说明万物齐一、天内人外的思想，大海之能受能泄是其一。李贽以此解释、阐发他对人类生命的认识，表现出外生死的观念。他以此向刘东星祝寿，也超出了常人以谀词祝寿的俗态。

正在这时，焦竑给李贽来信，劝李贽回龙湖去，而且告诉他，有人曾经想置他于死地，由于焦竑的努力，才得以幸免。是什么人要谋害李贽？现在还不清楚，但当时焦竑在北京，李贽在上党，很可能是当时京都中权势者的阴谋。但李贽并没有听从焦竑的劝告，他明确表示，自己并不是"贪风水之人"，也决不会成为"坐枯禅，图寂灭，专一为守尸鬼之人"，因此，没有必要再回龙湖，以龙湖为冢舍。不仅如此，这封信还再一次表现了顽强不息、无所畏惧的战斗精神，他说："生在中国而不得中国半个知我之人，反不如出塞行行，死为胡地之白骨也。""龙湖未是我死所，有胜我之友，又真能知我者，乃我死所也。""与其不得朋友而死，则牢狱之死，战场之死，固甘如饴也，兄何必救我也？死犹闻侠骨之香，死犹有烈士之名，岂龙湖之死所可比耶！"[②]生死已被李贽置之度外，死在牢狱也好，死在战场也罢，李贽已下定决心为自己的信念斗争到底了，他要用反封建压迫反传统思想的"异端"行为，去赢得"侠骨之香"、"烈士之名"。

这时，李贽接到了大同巡抚梅国桢的邀请，要他到大同去做客。李贽与梅国桢之间有着深厚的友情，虽然与刘东星相处极为融洽，也不得不向他辞别了。

李贽离开沁水，沿着纵贯山西中部的汾河谷地，由南而北。他观赏着黄土高原的独特景色，凭吊着历史上留下的种种遗迹，心有所感，就发为诗篇。

途经太原，李贽写下了《晋阳怀古》：

① 陈鼓应：《庄子今注今译》，中华书局，1983，第411～412页。

② 《焚书》卷二《与焦弱侯》。

水决汾河赵已分，孟谈潜出间三军。
如何智伯破亡后，高赦无功独首论？[①]

晋阳即太原，本古唐国，周成王封其弟叔虞于此，称唐侯，后改国曰晋。春秋时，晋国有赵、范、智、荀、韩、魏六卿，势力极大，后来互相兼并，剩下智、赵、韩、魏四卿。公元前454年，晋出公在位，这年智伯骄横地向韩康子、魏桓子、赵襄子索地，韩、魏自思不能抗拒，都忍痛答应了智伯的要求，独赵襄子不与。智伯怒，帅韩、魏之兵攻赵襄子，赵襄子无奈逃到晋阳。三国攻晋阳一年多，不下，乃引汾水灌其城，城中"悬釜而炊，易子而食，群臣皆有外心，礼益慢，唯高共不敢失礼"[②]。在这种外攻内乱的形势下，赵襄子非常着急。后来他使张孟谈夜间偷偷到韩、魏军营，向他们说明"唇亡则齿寒，赵已则韩、魏为之次"的利害，离间了智伯与韩康子、魏桓子的关系，并约定共灭智伯的日期。到了约定日期，赵襄子派人夜间杀了智伯守汾河堤的士卒，用水灌智伯军，韩、魏又同时从两侧击之，终于大败智伯，并灭其族，分其地，这就是我国历史上有名的"三家分晋"。智伯被灭后，赵襄子论功行赏，却以毫无战功的高共为头等功。张孟谈质问此事，赵襄子说："方晋阳急，群臣皆懈，惟共不敢失人臣礼，是以先之。"就因为高共在动乱中守君臣之礼，就给他以头等功，而把冒着生命危险深夜潜入韩、魏军中进行离间计，破了智伯救了赵的张孟谈排斥在下，这是多么不公平的事情啊！李贽路过太原，想起了我国历史上这一重要事件，想起了这次战争中智伯的骄横与失败，更想起了张孟谈建奇功而不得重赏，高共无功而受禄，他不禁发出了："如何智伯破亡后，高赦无功独首论？"李贽的这一质问，鲜明表现出他对赵襄子那种只知维护君臣之礼，不管谁为国家立下功劳的行为的不满，实际上也是对君臣之礼的不敬，表现了李贽重实际、尚战功的思想，这与那些只知打恭作揖以求高功、不顾国家生死存亡的道学家形成鲜明对比。

李贽由太原继续北行，路过代州的雁门关，写下了《过雁门》两首：

尽道当关用一夫，昔人曾此扞匈奴。
如今冒顿来稽颡，李牧如前不足都。

① 《焚书》卷六。

② 《史记·赵世家》："高共"的"共"，裴因集解："徐广曰：'一作赫'。"李贽诗中误记为赦。

其二

千金一剑未曾磨，陡上关来感慨多。

关下人称真意气，关头人说白头何！①

雁门关在山西代县雁门山上，两山夹峙，形势雄险，自古是戍守重地。战国时，赵将李牧曾长期驻守雁门郡(今山西北部宁武以北，包括大同的东部、北部，都是雁门郡所辖故地)，防备匈奴的入侵，并大破匈奴，使其不敢犯边者十余年。李贽路过雁门山，登上雁门关，看到这一夫当关万夫莫开的险要地形，想起了古代李牧一流抗敌英雄，想起明朝自开国一直到嘉靖、隆庆期间，二百年来，边患不息，特别是西北边疆，先是瓦剌，后是鞑靼，常年侵犯边塞，给人民造成极大痛苦。而朝廷内部，除少数像于谦这样的抗敌英雄外，其他或则贪图贿赂而通敌，或则无所作为而待毙。直到张居正任内阁首辅后，整饬边防，坚决支持戚继光为巩固西北边防而进行的一系列军事改革，才多次挫败俺答的侵袭，使俺答不得不遣使与明朝议和。俺答死后，其后继者也接受了明朝顺义王封号，俺答妻三娘子亦受封忠顺夫人，极力保持与明朝的和平互市关系。这样，延续了二百多年的西北边患才得到解除，人民也稍得安定。这一切都引起李贽极大的感慨："尽道当关用一夫，昔人曾此扞匈奴。如今冒顿来稽颡，李牧如前不足都。"在张居正、戚继光的丰功伟绩面前，李牧还有什么可特别夸奖的呢？在第二首诗中，李贽抒发了自己虽胸中寄寓着远大的抱负，但年事已高，不能为国建功立业，表现了他对国事的关怀和心中的深深感慨。

翻过雁门关，来到桑间河(即桑干河)旁，李贽等住在驿舍，旅人相继询问他们祖籍和去向，李贽心有所感，发为诗歌，写下了《渡桑间》：

逢人匆问我何方，信宿并州即我乡。

明日桑间横渡去，两程又见梅衡湘。②

这首诗反用贾岛《渡桑乾》诗意："客舍并州已十霜，归心日夜忆咸阳；无端更渡桑乾水，却望并州是故乡。"贾岛此诗写渡桑乾河北行时的感受，意谓久居并州，天天想回故乡洛阳，现在不但不能回去，反而越走越远。渡过桑

① 《焚书》卷六。

② 《焚书》卷六。

乾，到了更远的北方，回望并州，并州又成了可思念之地。现在并州都不能回，咸阳就更不敢想了。李贽则反用其意，说并州（指大同）就是我的故乡，因为到那里就可以与老友梅国桢相聚了。

李贽一行渡桑间，过山阴，翻山越岭，朝行暮宿，终于在五月间到了大同。一到大同，李贽就写下了《初至云中》：

锡杖朝朝信老僧，苍茫山色树层层。
出门只觉音声别，不审身真到白登。①

大同，古属云中郡，唐置云州，州治即在大同，故大同又称云中。大同东有白登山，又称白登台，汉高祖刘邦北击匈奴冒顿，曾在此被围困七日，因此，提到大同，人们总是想到白登。李贽初到大同，一切都感到新鲜，但最新鲜的还是他从来不曾听过的山西腔。一听到这种新鲜的语音，他就更加感觉到自己是到了西北黄土高原上的云中了。

这是大同新建城楼。李贽在梅国桢陪同下曾参观兵城东门，游览乾楼，不知此新建城楼与此有关否？

李贽在大同的生活也是丰富和惬意的。他除了和梅国桢谈禅论道并从事

① 《焚书》卷六。

著述外，还登上城东门观兵，李贽即兴作诗《观兵城东门》：“鸟夷何敢动天兵，鱼阵今看出塞行。若使仲由闻得此，结缨直下到王京。”由观兵而联想到当时日本侵略朝鲜中国抗日援朝之事，表现出对国事的关心。李贽也不时在梅国桢陪同下出外游览。《焚书》中有《乾楼晚眺》三首，就是这年的七月十五日中元节游览乾楼时所作。这时期的诗作，颇有特色的还有写于八月的《客吟》四首：

昨朝坪上客，今宵云中旅。
旅怀日不同，客梦翻相似。

其二

少小离乡井，欲归无与同。
正是狎鸥老，又作塞上翁。

其三

故乡何处是？夏热又秋凉。
凉炎随时变，何曾是故乡！

其四

乘搓欲问天，只怕冲牛斗。
乘槎欲浮海，又道蛟龙吼。①

“乘槎欲问天”一首，又见《焚书》卷六，题为《塞上吟》，题下注说：“时有倭警”，可见这首诗作于这年八月。《明史》卷三百二十《朝鲜列传》卷二百三十八《麻贵传》记载，这年八月，日军再犯朝鲜全罗道，进逼王京，明兵部尚书邢玠亲往王京坐镇，人心始定。李贽在第四首题下自注“时有倭警”，就是指这次日本再犯朝鲜并进逼王京的战事。《客吟》四首的前三首，主要是思念故乡之作，第四首则再次表现出李贽对国事的关心。

《哭怀林》四首，也是在大同时所作。怀林是李贽在龙潭湖芝佛院时随侍他的小和尚，和李贽朝夕相处，亲密无间。从《焚书》中有关怀林的记载来看，他极其聪明好学，经常与李贽研讨学理，李贽的一些文章，就是和他谈话的记录，有些就是由怀林记录整理而成。如在《为黄安二上人三首·真师二首》中，怀林提出：“据和尚平日所言师友，觉又是一样者。”从而引出李贽“师之

① 《续焚书》卷五。

即友"、"友之即师"[1]的精辟论述。又如那篇有名的《三大士像议》[2]，也是署名"沙弥怀林记"。再如《寒灯小话》[3]中，也一再说到怀林，并记下了他生动形象而含义深刻的言谈。在明容与堂刻李卓吾批评《忠义水浒传》卷首，还载有怀林《李卓吾批评〈水浒传〉述语》[4]一文，从这篇文章可以看出怀林不但对李贽的生活、著述很了解，而且文笔也很流畅。这一切都说明，怀林不仅是李贽生活上的侍从，而且也是他著述上的一个帮手。因此，当李贽听到这个年轻而有为的弟子突然先他而死时，悲痛欲绝写下了《哭怀林》诗四首：

南来消息不堪闻，肠断龙堆日暮云！
当日虽然扶病去，来书已是细成文。

其二

年少才情亦可夸，暂时不见即天涯。
何当弃我先归去，化作楚云散作霞。

其三

梦中相见语依依，忘却从前抱病归。
四大皆随风火散，去书犹嘱寄秋衣。

其四

年在桑榆身大同，吾今哭子非龙钟。
交情生死天来大，丝竹安能写此中！[5]

从"当日虽然扶病去，来书已是细成文"、"梦中相见语依依，忘却从前抱病归"，可知怀林曾随李贽北到上党坪上。前面提到，李贽在《至日自讼谢主翁》中曾说："从者五七人"，可能是李贽的学生，其中应该包括怀林。怀林到坪上后为什么又南归？从诗中可知是因病。李贽万万没想到，怀林"扶病去"、"抱病归"，却是和他的诀别，先他而逝了。"交情生死天来大，丝竹安能写此中！"什么文字诗歌也不能表达出他们之间天大的生死之交啊！从这里，又一次看到李贽是如何珍重友情的。

在大同期间，李贽主要著述活动是修订了《藏书》世纪八卷、列传六十卷，

---

① 《焚书》卷二。
② 《焚书》卷四。
③ 《焚书》卷四。
④ 《李贽全集注》第十九册，第204页。
⑤ 《焚书》卷六。

并完成了《孙子参同》十三篇。他在《老人行叙》中曾说："故至坪上，则有《道古录》四十二章书；至云中，则有《孙子参同十三篇》书；……又有《藏书》世纪八卷，列传六十卷，在塞上日，余又再加修订。"①

《孙子参同》是李贽为《孙子》一书所作的评注。《孙子》是我国古代的一部兵书，在我国军事史上占有重要地位，在宋代即被列为军事著作的《武经七书》之首。历代有不少人为它作注。三国时的大军事家曹操的注，不仅最早，而且最有特色，他充分肯定孙武的军事思想，并根据秦汉以来的战例和他自己的实践经验，加以发挥和补充，所以此注为后人所重视。李贽的《孙子参同》初稿撰于万历二十四年(公元1596年)，书名为《读孙武子十三篇》。李贽在这年写给好友方訒庵的信中说：

兵法家孙武像

《征途与共》一册，是去冬别后物，似妥当可观，故久欲奉不能得奉。今春湖上纂《读孙武子十三篇》，以六书参考，附著于每篇之后，继之论著，果系不刊之书矣。夏来读《杨升庵集》，有《读升庵集》五百叶。升庵先生固是才学卓越，人品俊伟，然得弟读之，益光彩焕发，流光于百世也。岷江不出人则已，一出人则为李谪仙、苏坡仙、杨戍仙，为唐、宋并我朝特出，可怪也哉。余琐琐别录，或三十叶，或七八十叶，皆老人得意之书，惜兄无福可与我共读之也……我虽贫，然已为僧，不愁贫也，唯有刻此二种书不得不与兄乞半俸耳。此二书全赖兄与陆天溥都堂为我刻行，理当将书付去，然非我亲校阅入梓，恐不成书耳。兄可以此书即付陆都堂。②

这封信中所提到的"此二书"，应当是指《征途与共》及《读孙武子十三篇》。万历二十三年(公元1595年)，李贽之婿庄纯夫到麻城、黄安，时任江西宁州知

① 《续焚书》卷二。
② 《与方認庵》，《续焚书》卷一。

州的方訒庵亦来相会，并一起向李贽问学。临别，李贽在他们共学的汇集册子上题写了“征途与共”四字，并写了《〈征途与共〉后语》的跋文。文中提出“世间功名富贵，最易埋没人”，与学道要靠自己的独立实践，方能有得，都颇具启示意义。李贽在这封信中说“此二书全赖兄与陆天溥都堂为我刻行，理当将书付去，然非我亲校阅入梓，恐不成书耳。”由此可知，《征途与共》与《读孙武子十三篇》都已完稿，但尚未刻印。《征途与共》一书已佚，《读孙武子十三篇》则是李贽到大同后又加以修订，并定名为《孙子参同》。①

李贽的《孙子参同》引录了《孙子》十三篇，每篇下除专收曹操为《孙子》所作的注释外，还附录了《吴子》、《六韬》、《司马法》、《黄石公三略》、《尉缭子》、《李卫公问对》等兵书的有关论述，以供参考。同时，李贽还写了序言，加了评注，借以阐明自己对《孙子》军事思想的认识。梅国桢在《孙子参同叙》中说：“古今兵法亡虑数十百家，世所尊为经者七，而首《孙子》。……余友秃翁先生，深于禅者也，于兵法独取《孙子》，于注《孙子》者独取魏武帝，而以余六经附于各篇之后，注所未尽，悉以其意明之，可谓集兵家之大成，得《孙子》之神解。”②所谓“集兵家之大成”，是指《孙子参同》囊括了历代兵家的主要思想。《孙子参同》的结构大致分为四部分：一是《孙子》原文，二是曹操原注，三是李贽总评，四是“参考”部分。特别是“参考”部分，除李贽的评注外，还以《孙子》论述的内容为线，分门别类地引录了《武经七书》中其他“六书”的有关论述，确实做到了“集兵家之大成”。

梅国桢在《叙》中称《孙子参同》是“得《孙子》之神解”，是有一定道理的。这表现在：

第一，李贽肯定并发挥了《孙子》关于军事依赖政治的观点。

《孙子》强调军事对政治的依赖。《孙子》第一篇《始计》一开始就把“道”、“天”、“地”、“将”、“法”五事作为决定战争胜负的因素，而第一事就是“道”。孙武说：“道者，令民与上同意，可与之死，可与之生，而不畏危也。”所谓“道”，就是指推行进步政治，使人民和国君意向相同。这样，人民就能听你驱使，把生死置之度外，不会有任何畏惧、迟疑。孙武还明确提出“主孰有道”是决定战争胜负的第一个条件，要求把“修道而保法”（修明政治、确保法度）作为治军的宗旨。把政治是不是修明，能不能得到人民的拥护，能不能使

① 《孙子参同》，见《李贽全集注》第十四册。

② 《李贽全集注》第十四册，第488页。这篇《叙》的题目，在明万历间继志斋刊本《李卓吾遗书》《孙子参同》中为《孙子参同叙》，在《李温陵外纪》中为《孙子参同契序》。这里引文及《孙子参同》的引文，都依据《李贽全集注》第十四册《孙子参同注》。

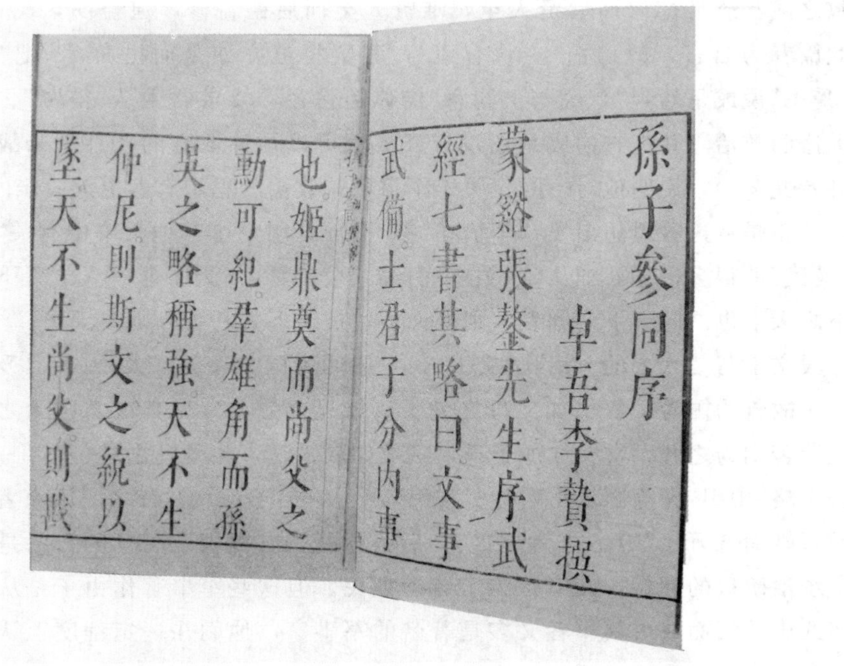

《孙子参同序》首页书影

人民不畏生死地为之战斗，看作是“道”，是决定战争胜负的第一个条件，这表明孙武强调了战争对政治的依赖。

李贽肯定了《孙子》的这一思想，并加以发挥，他说：“一曰道，《孙子》已自注得明白矣，曰：‘道者，令民与上同意，可与之死，可与之生，而不畏危’，是也。夫民而可与之同死生也，则手足捍头目，子弟卫父兄，不啻过矣。孔子所谓‘民信’，孟子所谓‘得民心’是也。此《始计》之本谋，用兵之第一义。”[①]把“令民与上同意”的“道”，比喻为“手足捍头目、子弟卫父兄”一样重要，并说成是“《始计》之本谋，用兵之第一义”，这确实抓住了《孙子》一书的重要命题。在这里，李贽还肯定了孔子的“民信”、孟子的“得民心”，这说明李贽对于儒家要统治者取信于民的进步主张是赞同的。

不仅如此，李贽还进一步提出了达到“令民与上同意”的修道办法，他说：“《始计》五事，一曰道。夫道莫先于得贤，莫要于爱民，得贤则明，爱民则亲，所谓未战而庙算胜者此矣。然非平日修德爱民以致贤人，则贤者亦安能

① 《李贽全集注》第十四册，第346页。

致之哉？故唯德修而后贤人至，唯贤人至而后德益修，道益明，民益亲也。此篇专为君言，故曰：'主孰有道'，其实将道亦如是而已矣。"[1]把"得贤"、"爱民"说成是达到"令民与上同意"的修道途径，要求君主从"得贤"、"爱民"上修明政治，并把它说成是还没有开战就可以预计取胜的条件("未战而庙算胜者此矣")，说明他对《孙子》关于军事依赖政治的思想有着更深一步的理解。

正是从这种思想出发，李贽在"参考"部分引录了其他兵书中有关"得贤"、"爱民"的很多论述。如从《六韬》中引姜太公的话："天下非一人之天下，乃天下之天下也。同天下之利者，则得天下；擅天下之利者，则失天下。"[2]还引了一段文王与姜太公的对话，"文王曰：'愿闻为国之大务。'太公曰：'爱民而已……故善为国者，驭民如父母之爱子，如兄之爱弟。见其饥寒则为之忧，见其劳苦则为之悲，赏罚如加于身，赋敛如取于己，此爱民之道也。'"[3]从《黄石公三略》中引"夫为国之道，恃贤与民"。[4] 从《吴子》中引"昔之图国家者，必先教百姓而亲万民"等。[5]《六韬》实为后人伪托，它提倡"爱民"的目的是为了维护统治阶级的利益，并不是为了劳动人民。但这些军事著作由于是从战争的实践中总结而成，其作者又多是著名的军事家，他们在一定程度上认识到人民在战争中的重要作用。因此他们提倡以"亲贤"、"爱民"为中心思想的"道"，并把实行这种"道"的修明政治，作为取得战争胜负的先决条件，这是有积极意义的。

从军事依赖于政治的原则出发，李贽反对"好战"。他说："夫天下虽大，好战必亡。"[6]所谓"好战"，就是不顾人民死活，而一意地进行军事行动，这当然要遭到人民的反对，也必然会以失败告终。李贽在有关的"参考"部分，引录了其他兵书中许多反对"好战"的论述，要求统治者不但在军事行动之前，要修明政治以争得人心；就是在军事行动中，也要从这方面多加考虑(包括考虑敌国人民)。只有这样，才能得到人民的支持，取得成功。

第二，李贽肯定并发挥了《孙子》的朴素唯物主义军事思想。

《孙子》的朴素的唯物主义军事思想，表现在他对人事的重视，对天命的否定；对气候、地形、物资、人力等自然条件和物质条件的重视，对靠占卜、

① 《李贽全集注》第十四册，第 350 页。
② 《李贽全集注》第十四册，第 351 页。
③ 《李贽全集注》第十四册，第 355 页。
④ 《李贽全集注》第十四册，第 355 页。
⑤ 《李贽全集注》第十四册，第 355 页。
⑥ 《李贽全集注》第十四册，第 362 页。

术数等迷信手段的摒弃；对调查研究、计划制订的重视，对主观臆测、盲目行动的批评。《孙子》在论述战争的胜负时，不但看到了战争对政治的依赖，而且重视天时、地利、将帅和法制等方面的条件，重视双方土地面积的大小、人口的众寡和资源的丰富等物质基础。在如何指导战争上，《孙子》强调要从客观实际出发，不能凭主观愿望和感情用事，要通过各种方法掌握对方情况，做到知己知彼，而不能靠求神问卜。

《孙子参同》肯定、补充和发挥了《孙子》这种朴素的唯物主义军事思想。

首先，《孙子参同》通过评论和引录其他兵书著作，肯定和充实了《孙子》重视人事，否定天命的理论。如在《始计篇》关于"知天知地"部分，就从《六韬》中引了"君不肖则国危而民乱，君贤圣则国安而民治，祸福在君，不在天时"。① 从《尉缭子》中引了关于武王伐纣的成功，是在"人事修不修而然也"，而对于当时的"世将"靠"考孤虚，占咸池，合龟兆，视吉凶，观星辰风云之变，欲以成胜立功，臣以为难"表示了首肯。② 从《李卫公问对》引了李靖的"后世庸将，泥于术数，是以多败，不可不诫也"。③ 都突出了人事的作用，而否定了天命的价值。

这种重人事反天命的思想，还突出表现在李贽对《孙子》"知己知彼，百战不殆"这一思想的充分肯定。在《谋攻篇》，李贽提出："知己知彼，百战不殆，将而知彼、己也，谋攻可也。"④把知己知彼看作是谋攻的关键，可以说是抓住了《孙子》战略战术的精神实质。特别是在《用间篇》，李贽充分肯定了《孙子》把事先了解情况看作是取得战争胜利的先决条件，而反对观天占卜的迷信思想和主观臆测。李贽说："'先知者，不可取于鬼神，不可象于事，不可验于度，必取于人知敌之情者也。'即此观之，则三军之事，莫急于用间矣，故以用间终焉。取于鬼神者，祭祀祈祷也；象于事者，事类推求也；验于度者，卜筮占验也。故曰用兵之道，尽在于人事，彼鬼神等，不过诡道奇谋，因以便于使贪使愚云耳。其实必以先知彼、己为急也，苟知己而不知彼，又何以胜敌而制其命乎？故用间要矣。"⑤李贽充分肯定《孙子》关于"先知者，不可取于鬼神，不可象于事，不可验于度，必取于人知敌之情者也"的朴素唯物主义军事思想，把求鬼神、占卜筮斥之为"便于使贪使愚"的诡道，把"知彼知己"

① 《李贽全集注》第十四册，第 360 页。
② 《李贽全集注》第十四册，第 360 页。
③ 《李贽全集注》第十四册，第 361 页。
④ 《李贽全集注》第十四册，第 395 页。
⑤ 《李贽全集注》第十四册，第 480 页。

看成是战胜敌人的急务，把用兵之道，归结为“尽在于人事”，这都明显表现出李贽在军事上强调唯物论的思想。

李贽还肯定、补充和发挥了《孙子》提出的战争之前，要根据敌我各种实际情况，周密地制订作战计划的思想。《孙子·始计篇》说：“夫未战而庙算胜者，得算多也；未战而庙算不胜者，得算少也。多算胜，少算不胜，而况于无算乎！吾以此观之，胜负见矣。”①在未开战之前就预计能取胜，是因为胜利的条件充分；在未开战之前就预计不能取胜，是因为胜利的条件不充分。考虑得周密就能取胜，考虑得不周密就不能取胜，何况毫无考虑呢！根据这个原则去考察，胜败就可以预见到了。《孙子》强调条件的充分和计谋的周密，这是反对军事上的主观唯心主义。

李贽对此作了充分肯定和发挥。李贽在关于《始计》的评论中说：“势者，权势也。兵无定势，所谓诡道奇谋，此则临时因利而后制，不可以先传也。唯有五事七计兵家常法，当预算于先耳，故曰‘始计’。‘始计’者，预算也。君能预算，将能预算，则胜算常在我矣。以是用兵则临时遇敌有不能因利而制权势者乎？”②又说：“天下虽安，妄（忘）战必危。有国家者，可一日而妄（忘）战乎？唯以不教民战，以不知兵者将，斯殆耳。故未战而庙算胜，始谓得算多。夫未战而庙算已胜，未战而彼我之胜负已可计索而立见其情，则凡诡道奇谋，要不过为将者临时因敌制胜以佐之耳，其必胜之战，岂至此而后决乎？故曰‘始计’，言计之于始者，不可以不预也。若临敌而后选将，又安得为预计于始，而得庙算之胜也邪？”③李贽强调“五事”、“七计”的事先准备，他认为只要有充分的政治和物质基础，有周密的作战计划，再根据作战时的具体情况以“诡道奇谋”作辅佐，就能以遇敌而制之。反之如若不作准备，没有计划，临敌而后选将，那就必然遭到失败。

特别值得注意的是，李贽在强调要有充分的政治、物质基础，要有周密的作战计划的同时，突出了不要忘战、要教民战、要以知兵者为将等思想。李贽说，“天下虽安，忘战必危”，这是一个积极的可贵的军事思想。只有在天下无事之时不忘战争，做好对付战争的准备，才能使自己立于不败之地。反之，如果安于无事，沉醉于升平歌舞之中，那就有使国家遭受危亡的可能。

为了达到安而不忘战，李贽提出了“教民战”、“知兵者将”的主张，特别

① 《李贽全集注》第十四册，第345页。
② 《李贽全集注》第十四册，第346页。
③ 《李贽全集注》第十四册，第362页。

是“教民战”的思想，更具有进步意义。战争的深厚基础在于群众，在封建社会，要取得战争的胜利，也同样要有较深厚的民众基础，因此，杰出的军事家都强调教民战的重要，虽然他们的出发点各有不同，其目的也都是为了统治阶级的利益。李贽强调“教民战”的思想，是对《孙子》等兵家思想的继承。李贽一生中经历过多次战争，并和人民一起参加过抗倭斗争。因此对“教民战”这一点，李贽的体会是深刻的。李贽在《兵食论》一文中曾提出“家自为战，人自为兵”①的口号，与他在《孙子参同》中强调的“教民战”思想完全一致。

第三，李贽肯定、补充和发挥了《孙子》的朴素辩证法思想。

《孙子》一书充满了朴素辩证法思想，特别是在战略战术的论述上。例如孙武主张进攻要速胜、主动灵活。他说“兵贵胜，不贵久”(《作战篇》)。为了达到进攻速胜的目的，孙子主张要做充分准备，集中兵力，以五倍或十倍于敌的兵力，包围敌人，进攻敌人，造成强大优势，以多胜少。《孙子》特别强调应根据敌情变化，灵活地运用战术，所谓“践墨随敌，以决战事”(《九地篇》)；所谓“兵无常势，水无常形，能因敌变化而取胜者，谓之神”(《虚实篇》)，都是在强调不可千篇一律地对待不同的战争情况，而要根据不同的情况，采取不同的战略战术。《孙子》中还谈到军事领域的许多矛盾范畴，如敌我、众寡、强弱、攻守、进退、胜败、虚实、勇怯、安动、治乱、逸劳等，它不仅提到了这些矛盾，而且强调要用人力促使这些矛盾的转化，从而使自己避免不利因素，争取有利因素，避免被动，争取主动。

《孙子参同》对《孙子》的这些朴素辩证法思想也有很好的补充和发挥。这里以《兵势篇》为例加以说明。

《孙子·兵势篇》提出，要想在战争中夺得主动权，必须采取灵活多变的“奇正”战术，也就是要在组织指挥、兵力部署、战术运用和战术行动等方面，能够真假虚实并用，前后正反兼施，而且应用自如，像日月和四季那样循环往复，像五味、五色和五音那样变化无穷。《兵势篇》还提出，战争和其他事物一样，不是静止的，而是不断发展变化的。战场上有利和不利的形势，在一定条件下可以转化，因此要善于根据实际情况灵活多变，才能掌握主动权。

对此，李贽加以评论说：“兵无一定之势，故奇正之兵，亦无一定之用。势者，因利而制权，故奇正之势，亦因敌而变化也。无正不成奇，无奇不成正，谓奇正之相为用可也。无有奇而不正者，亦无有正而不奇者，谓奇正之合为一又可也，奇正之变化其势又乌能定乎？故凡可以诱敌者，皆奇也，是

① 《梵书》卷三。

权势也，是诡道也；凡所以待敌者，皆正也，皆本也，所谓以本待之也。是故以利动之，以形示之，以乱与之，使敌人但见吾之为怯，而闻吾之为弱也，此奇也。然已使敌人皆见而闻之矣，则虽奇亦正。”[①]这里，李贽精辟地说明了“奇”与“正”的辩证关系。所谓奇与正，古代兵书中通常指的是在指挥上，遵守常规为正，灵活运用为奇。在兵力部署上，用以牵制敌人的进攻和防御的部队为正，用以侦察、警戒敌人的部队为奇。在作战方法上，正面作战为正，从侧翼和后方包围、迂回为奇；先击为正，后击为奇；明击为正，偷袭为奇；示敌以真实情况为正，示敌以假情况为奇，等等。但是，奇与正是对立的统一，而且是可以根据不同情况而互相转化的，这就要求指挥员根据不同情况，机动灵活，运用自如地用奇、正之兵为自己服务。这就是李贽所说的“兵无一定之势”，“奇正之势，亦因敌而变化”。李贽在这方面的阐述是比较深刻的。

《孙子·兵势篇》还提到，作战时要善于用假象欺骗敌人，用小利引诱敌人，使敌人听从自己的调动，用重兵和有利时机消灭之。而且进攻时要具有爆发性和突然性，像能够冲动石头的奔腾的洪水，像能掌握时机和距离而突然捕到小鸟的鸷鹰，像从八百丈高山上滚下的木头石块，像拉满弓而离弦的箭。对此李贽也给以辩证的解释：“凡敌之人，未有诱之以利而不来者，未有多方以误之而不可致者。然亦未可以一定执也。设使利之而敌不动，形之而敌不从，与之而敌不取，则虽孙武子亦且奈之何哉！故敌人如太山，吾虽势如激水之疾，可如何？敌人如狡兔之深藏于穴，吾虽势如鸷鸟之节，可如何？敌人能先为不可胜，以藏于九地之下也，吾之势纵如转圆石于千仞之山也，可如何？故任势者，可动即动；不可动，即不敢动。可动，即如转圆石，如鸷鸟节，如漂石激水，迟慢一毫不得矣；不敢动，即如山之安，如木之静，如方之止。夫如是，故其势常在我也。”[②]李贽强调要根据条件和情况的不同，而采取相应的军事行动。该动即动，如转圆石于千仞之山，如捕捉小鸟的鸷鹰之节，如冲动漂浮石头的奔腾洪水，一毫不能迟慢。不该动就不动，如泰山之稳，如方木之静，丝毫不动。这种视条件和情况而定的战术，体现了李贽的朴素辩证法思想。

其他像《虚实篇》中关于虚实的评论，《作战篇》关于速胜而不要久战的评论，《军争篇》中关于兵力分合以及“治气”、“治心”、“治力”、“治变”的军争之法的评论，等等，都很好地发挥了《孙子》在这些范畴上的朴素辩证法思想。

① 《李贽全集注》第十四册，第402页。
② 《李贽全集注》第十四册，第402页。

《孙子参同》在充分肯定战争是与人民生死、国家存亡相关联的大事的同时，还对腐儒轻视军事的思想进行了严厉的批判。这集中表现在李贽自己写的《序》中：

蒙谿张鳌先生序《武经七略》，其略曰："文事武备，士君子分内事也。姬鼎奠，而尚父之勋可纪；群雄角，而孙、吴之略称强。天不生仲尼，则斯文之统以坠；天不生尚父，则戡乱之武曷张？"七书"、"六经"，固仁义一原之理，阴阳贞胜之符也。今之士大夫何独不然乎？高爵以崇之，厚禄以养之，其受之君者重矣。一旦边夷猖獗，小丑跳梁，则栗肱战股，抚髀拈髯，顾后瞻前，张皇错谔，又从而自诿曰：'儒专习文，将专用武，原是两途。纵儒有知兵者，然亦射不穿札，骑不绝尘。'不思子房无五尺之躯，淮阴无缚鸡之力，纶巾羽扇，指顾而挫锋芒；只马单骑，谈笑而退戎虏。所贵乎士者，一究心之耳。若能以卧侧为边防，以走使为卒伍，则折冲樽俎，决胜几席不难矣。正正之旗，堂堂之阵，岂专在孙、吴与太公也耶？"

李卓吾曰：此言固知武事之为重矣。然犹不免与文士为两也；犹以治世尚文，而乱世用武，分治乱时世为二也；犹以太公似未可以继斯文之统，而孔子似未可以谋军旅之事也。夫军旅之事，虽孔子且未尝学，而可责之鲰生小子乎？且世儒之不如郭令公、诸葛武侯者，固众也，而独我也乎？我能通经学道，四六成文，即可称名士，不愧名儒矣。彼吴起、淮阴诸人，有才无行，又况皆非我之所屑者！则蒙溪此言，未免使人以不信也。

然其曰："仁义一原，阴阳贞胜"，则确论矣。夫天下未有有仁而无义，亦岂有有阳而无阴？独阳不生，独阴不成，谓文专指阳，而武专指阴，则不但不成武，而亦不成文矣。故予尝譬之人身然，夫人身有手有足，盖皆所以奉卫此身者也。故凡目之所欲视，耳之所欲听，舌之所欲尝，身之所欲安，非手足则无从而致也。故一身而非手足，则欲饮谁与持，欲食谁与供，欲衣谁与穿，欲远行谁与到？我欲尊吾身，谁与跪拜而致恭？我欲爱吾身，谁与奔走而趋事？是文用也，固此手与足也。一旦有外侮，或欲我跌也，度不能敌，则足自能走；度能敌，则足自能与之交。或欲我搏也，度不能敌，则自能举手以相蔽；度能敌，则自能反手而推击之；是武用也，此亦手与足也，非它物也。故平居无事，则手持而足行；有所缓急，则手抵而足踢。执匕箸者此手，而执棍棒者亦此手也；执茶挑者此手，而执刀剑者亦此手也。伸之则为掌，可以恭敬而奉将；捏之则成拳，可以敌忾而御侮。虽手足亦不自知其孰为文用而孰为武用者。

盖卫生之物，天实畀之，岂直于人为然？虽禽兽亦若此焉耳矣。齿、牙、爪、角，咸有其物，各适于用，未尝少缺也。唯是痿痹不仁之者，则文武皆废，不可齿于人数明矣。此皆待人而后得以苟延其生者，文用且无，况武用耶？然则儒者自谓能文而不能武，有是理耶？既不能武，又岂复有能文之理耶？则亦不过取给于闻见，借助于昔贤而已。是自痿痹而不自知也，是待人而后能起居饮食，而犹强以谓"不屑也，吾不信之矣"。吾独恨其不以"七书"与"六经"合而为一，以教天下万世也。故因读《孙武子》，而以魏武之注为精当；又参考六书，以尽其变；而复论著于各篇之后焉。感叹深矣！①

李贽在这篇序中提到的张鏊，身世不清楚，但可以肯定是一个《孙子》研究者。从李贽所引的文字看，他的见解还是很可取的。他认为"文事武备，士君子分内事也"，讲军事的"七书"和儒家的"六经"一样重要。他对那些窃取高位而又不懂军事、无能无才的腐儒极为不满。李贽对张鏊的这些见解作了充分肯定，特别是肯定张鏊提出的"仁义一原，阴阳贞胜"的命题，赞之为"确论"。"仁义一原"就是仁和义同出于一原。仁象征生发，义象征肃杀，生、杀二者，不可缺一，就如同文武不可缺一一样。"阴阳贞胜"则指阴和阳都不可彼此分离而单独存在。"贞胜"一词原出《周易·系辞》，贞指正、常，原意是说，对立的双方互相消长，而"正道"或"常态"这一方终究要战胜对方，这里则取其互为依存的意思。李贽肯定张鏊用"仁义一原，阴阳贞胜"比喻文武，就是从事物的对立与统一上肯定文武的不可分离。李贽进一步用人体的手脚为喻，论证了文武互相结合、紧密不可分的关系。在李贽看来，文和武就像人体的手和脚，都是人体所离不开的，身体需要的各种活动，靠手脚共同完成。平时手管拿东西，脚管走路，打起架来，则手打脚踢；吃饭喝茶拿筷匙茶碗的是这双手，战斗时拿棍棒刀剑的也是这双手，就是手和脚也分不清哪是文用，哪是武用。正是从这种文武不可分离的理论出发，李贽斥责那些只知"通经学道，四六成文"，而又高叫"能文不能武"的"名儒"之辈，其实是一批"文武皆废"、"痿痹不仁"的麻痹症患者，是"不可齿于人数"的寄生虫。

① 《李贽全集注》第十四册，第339～340页。

李贽对腐儒轻视军事的思想的批判，贯穿了《孙子参同》的全书。在《始计篇》的评论中，李贽指出：孙武是“至圣至神，天下万世无以复加焉者”，但“儒者不以取士，以故弃置不读，遂判为两途，别为武经，右文而左武。至于今日，则左而又左，盖左之甚矣。如是而望其折冲于樽俎之间，不出户庭，不下堂阶，而制变万里之外，可得耶?”不仅如此，那些所谓名臣大儒，其实“个个皆能抱不哭孩儿，一闻少警，其毒尚不如蜂虿，而惊顾骇愕，束手无措”。即使当时有人提出正确的军事建议，他们也不知道说的是什么；即使当时真有勇智的将军，他们也不懂得使用。相反，只会“此句不合《论语》，此句不合《孝经》，此说未之前闻，此人行事不好，此人有处可议”[①]，胡乱指责，瞎眼褒贬。李贽愤慨地指出，在这样的空气下，就是孙武“复生于今”，又有什么用呢？他也只能记诵几篇举子业，去骗骗盲试官而矣。这就不仅批判了腐儒重文轻武的荒谬，而且揭露了他们虚伪无能的丑态。

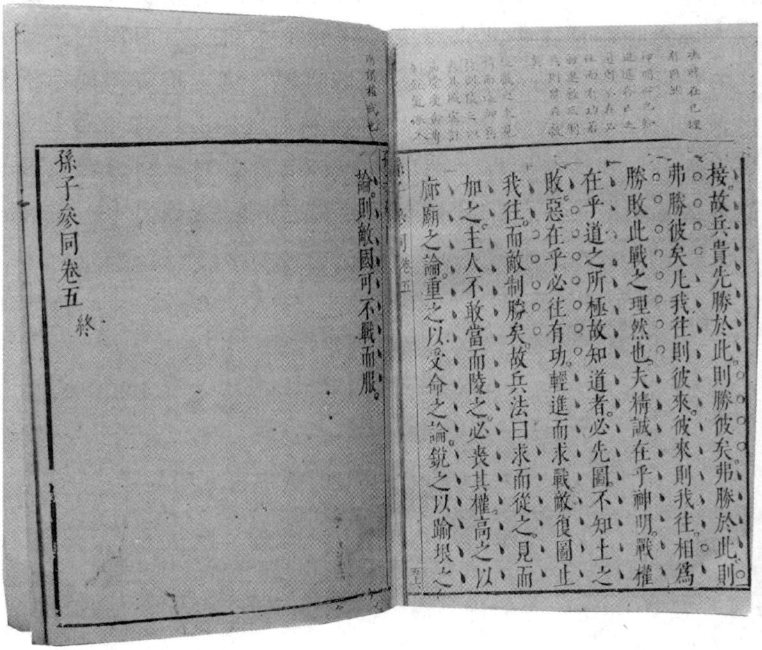

《孙子参同》尾页书影

总之，《孙子参同》这部书，通过独特的组织形式，把兵家的一些基本理

① 《李贽全集注》第十四册，第346页。

论集中了起来，再加上李贽自己的评论和解说，对《孙子》的思想作了很好的解释和发挥，表现了李贽可贵的军事思想，因此，这部书应该引起注意。

这年的秋天，李贽又告别梅国桢，离开大同，到北京去。在从大同到北京的路途中，李贽写了《晓行逢征东将士却寄梅中丞》、《晚过居庸》等诗。前一首如下：

烽火城西百将屯，寒烟晓爨万家村。
雄边子弟夸雕鞯，绝塞将军早闭门。
傍海何年知浪静，登坛空自拜君恩。
云中今有真颇牧，安得移来靓至尊？[①]

这首诗与前边提到的八月作的《客吟》第四首一样，是为日本侵略军再犯朝鲜全罗道、进逼王京一事而发。当时，中国曾派军队前往朝鲜，帮助抵抗日本侵略军。李贽此诗就是在去北京路上，遇到征东将士后而作的。诗中对那些“早闭门”的“绝塞将军”（在边远塞外带兵的将领，这里指带领征东士卒而经过塞外的将领）进行了讽刺。东海之边战事连年不息，但这些领兵大将却早早闭门，养颐天年，看到这些庸碌无能的将军，李贽更加感到梅国桢这一人才的可贵，他多么希望能征善战的梅国桢能得到重用，为国出力。这反映了李贽对国事的关心。

① 《焚书》卷六。

七、在南京和《藏书》的出版

万历二十五年至万历二十七年
（公元 1597 年—1599 年）

万历二十五年（公元 1597 年）九月，李贽到了北京，九日，寓居西山极乐寺。这时他听到袁宏道要到北京的消息，高兴地写了《九日至极乐寺闻袁中郎且至因喜而赋》，诗中说："黄金台上思千里，为报中郎速进途"[①]，反映了李贽思念友人的急切心情。就在这时，汪本钶又到北京极乐寺，再次跟随李贽。汪本钶在《卓吾先师告文》中说："丁酉又寻师于北京极乐寺，师问钶曰：'子不远千里而来，欲求何事？若只教尔举子业，则我非举业师也。'"[②]再次表现出李贽对以八股文取士的举子业的不满。在此期间，李贽还写成了《净土诀》三卷，[③] 并刻版。《老人行叙》中曾记此事说："至西山极乐僧舍，则有《净土诀》三卷书。随手辄书，随书辄梓，不能禁也。"[④]

万历二十六年（公元 1598 年）春天，李贽在焦竑的陪同下，乘船顺运河南下，到南京去。焦竑于万历十七年（公元 1589 年）以殿试第一中状元后，先官翰林修撰，后又为皇长子讲官。二十五年，他充任顺天乡试副主考，因所取举子曹蕃等九人，文多险诞语，被给事中项应祥、曹大咸所劾，贬官福宁州同知。这时他和李贽一同南行，回南京老家。

在从北京到南京的途中，李贽与焦竑除了随时靠岸拜访朋友外，还充分利用旅途中的时间，编著了《老人行》、《〈睽车志〉选录》两部书。

《老人行》是李贽自己作品的一部分汇集。他在《老人行叙》中说：

> 老人之遁迹于龙湖也，亦多年矣，舍而北游，得无非计乎？何其愈老而愈不惮劳也？夫老人之本心，其大较可知也。大较余之初心，不是

---

① 《焚书》卷六。

② 《李贽全集注》第二十六册，第 206 页。该文在《李卓吾先生遗书》附录中题为《卓吾先师告文》，在《李温陵外纪》卷一中题为《哭李卓吾先师告文》，文字稍有出入。

③ 《净土诀》，见《李贽全集注》第二十六册，第 515～538 页。原存《李卓吾遗书》十二种。又见《卍新纂续藏经》No. 1157。

④ 《续焚书》卷二。

欲人成佛，便是欲人念佛耳，而人多不信，可如何！或信矣，而众魔复害之，使之卒不敢信，可如何！因而谤佛沸腾，忧患丛生，终岁闭户而终岁御寇有由也，余虽不欲卒老于行，又可得耶！

余是以足迹所至，仍复闭户独坐，不敢与世交接。既不与世接，则但有读书耳。故或讽诵以适意，而意有所拂则书之；或俯仰以致慨，而所慨勃勃则书之。……今幸偕弱侯联舟南迈，舟中无事，又喜朋盍，不复为闭户计矣，括囊底，复得遗草，汇为二册，而题曰《老人行》，不亦宜欤！

夫老人初心，盖欲与一世之人同成佛道，同见佛国而已，著书立言非老人事也。而书日益多，言日益富，何哉？然而老人之初心至是亦徒然耳。则虽曰《老人行》，而实则穷途哭也，虽欲不谓之徒然不可矣。

虽然，百世之下，倘有见是书而出涕者，坚其志无忧群魔，强其骨无惧患害，终始不惑，圣域立跻，如肇法师所谓"将头临白刃，一似斩春风"，吾夫子所谓"有杀身以成仁"者，则所著之书犹能感通于百世之下，未可知也。则此老行也，亦岂可遂谓之徒然也乎哉！[①]

从这篇序文中可以看出李贽想要超脱尘世而信佛和超不脱尘世而战斗的思想矛盾。《老人行》一书，今未见，但从李贽说的"百世之下，倘有见是书而出涕者，坚其志无忧群魔，强其骨无惧患害"，可以想见《老人行》这部书的大概情况。

关于《〈睽车志〉选录》，李贽在《选录〈睽车志〉叙》中说："今弱侯罢讲官，余又与之连舟南行。舟中闲适，弱侯示余郭伯象《睽车志》。余取其最儆切者，日间细书数纸，以与众僧观省，夜则令众僧诵《法华经》，念《往生神咒》，并度脱水神水鬼，则昼夜皆明鬼事矣。……《睽车志》多，余所手录者，不过十之一，不知者以为好怪，其知者则以为可与《因果录》、《感应篇》同观。"[②]《睽车志》五卷，宋郭象著，记鬼怪神异之事，志怪小说的一种，其书名取《易经》睽卦上六"载鬼一车"一语。李贽从志怪小说《睽车志》中选录一些故事让众僧观省，其目的是要进行因果轮回、劝善惩恶的宣传，这无疑又是他崇信佛教思想的一种消极表现。

李贽在这年冬选编出版的《龙谿王先生文录抄》，也是在这次旅途中开始

① 《续焚书》卷二。

② 《续焚书》卷二。

定稿的。李贽在《龙谿先生文录抄序》中说："今春余偕焦弱侯放舟南迈，过沧州，见何泰宁。泰宁视龙谿为乡先生，其平日厌饫先生之教为深，熟读先生之书已久矣，意欲复梓行之，以嘉惠山东、河北数十郡人士，即索先生全集于弱侯所。弱侯载两船书，一时何处觅索？泰宁乃约是秋专人来取，而命余圈点其尤精且要者。"①何泰宁，名继高，字妆登，浙江山阴(今绍兴)人，与王畿是同乡。万历进士，官至江西布政史参江西布政使司参政，与冯学易、闵远庆同撰《长芦盐法志》。李贽自从四十岁在北京受李逢阳、徐用检的导诱，开始接触王阳明、王畿的学说以来，对王阳明、王畿的著作非常推崇并作了很深的研究。这次他应何泰宁之约，又把王畿"精且要者"的作品编成了《龙谿王先生文录抄》。

夏初，李贽到了南京，寓居永庆寺的伽兰殿。永庆寺一名，因梁天监(公元 502—519 年)中永庆公主香火而起，在南京城内北门桥，铁塔寺后。寺有塔，又名白塔寺，明洪武间重修。寺左数十步即谢公墩(晋时谢安所居之地)。所以李贽在《九日同袁中夫看菊寄谢主人》诗中有："袁生袁生携我手，欲往何之仍掣肘。虽有谢公墩，朝朝长在门。虽有阶前塔，高高未出云。褰裳缓步且相随，一任秋光更设施。天生我辈必有奇，感君雅意来相期。"②

李贽一住进伽兰殿，就在门两旁写上了这样一副对联：

少作书生，未见升堂入室；
老为庙祝，粗知扫地焚香。③

这个对联，又一次反映了李贽对儒、佛的态度。他虽然"少作书生"，但并没有成为一个正宗儒家；后来虽然信佛谈道，也不过是"粗知扫地焚香"，并不受佛法藩篱的束缚。出入于儒、佛之间，不为儒、佛所束缚，这是李贽思想的一个重要特点。

李贽这次在南京住了将近两年，他除了不时接待一些求教者外，主要是与焦竑等研读《周易》，并最后编刻《藏书》。汪本钶在《哭李卓吾先师告文》中说："明年(指万历二十六年)春，弱侯焦先生迎师抵白下，为精舍以居师。时方伯雨师絜家往就学焉，师因与方师日夜读《易》不倦。白下马伯时先生日往

① 《焚书》卷三。

② 《焚书》卷六。

③ 佘永宁：《永庆答问》；《李氏全书》附《李温陵外纪》卷二。又袁宏道《袁中郎游记·墨畦》中也有同样记载。见《李贽全集注》第二十六册，第 497 页。

请正，听至夜分始散，钶不过从旁作记载人，而《易因》梓矣。”[①]李贽一直注重《周易》这部书的研究，此时更加集中精力，其成果就是《易因》一书，这是《九正易因》的前身。汪本钶文中提到的方伯雨和马伯时，都是李贽的学生。万历二十四年(公元1596年)，李贽在麻城龙湖受到史巡道迫害时，曾作信给马伯时说及此事，可见他们早已相识了。方伯雨，名时化，字伯雨，号少初，湖北罗田人，焦竑的门徒，也是李贽的学生，曾任朝城令，著有《易颂》等。当时他絜家住在南京，向李贽学习《周易》，并且“日夜读易不倦”，可以想到他的《易颂》也定会受到李贽思想的影响。《焚书》中有李贽《与方伯雨柬》，其中提道：“以先公之故，犹能记忆老朽于龙湖之上，感念!”[②]可知李贽与方伯雨的父亲是朋友，方伯雨早就与李贽有书信来往。后来方伯雨还曾帮助李贽抄校《焚书》、《说书》，对李贽著作的传播起了一定作用。

李贽在南京时，还得到当时在南京讲学的杨起元的极力推崇。佘永宁在《永庆答问》中曾记载：“万历戊戌仲夏，古歙佘永宁、吴世征同游白下，问学于杨复所先生。先生谓曰：‘温陵李卓老，今之善知识也，现寓永庆寺中，曾相见否?’对曰：‘久从书册想见，却未请见。’曰：‘何不亟请见?’一友从旁曰：‘闻其不肯与人说话。’先生曰：‘就是不说话，见见也好。’又一友曰：‘闻其常要骂人。’先生曰：‘他岂轻易骂人，受得他骂的方好。’”[③]从这段话可以看出杨起元对李贽的评价是很高的。杨起元(公元1547—1599年)，字贞复，号复所，广东归善(今惠阳)人。万历五年(公元1577年)进士，官至吏部右侍郎兼侍读学士，著有《证学编》、《杨子学解》、《论学存笥稿》、《杨子格言》、《杨子政序辑》、《白沙语录》、《证道书义》等，《明史》卷二百八十三和《明儒学案》卷三十四都有传。李贽在《续藏书》中把他列为“理学名臣”，详细记载了他的生平事迹，并对他作了如下评论：“四方之士受学者，履常满户外，公随机指授，人人跃然意满去。持论以明德、亲民、止至善为宗，而要归于孝、悌、慈。谓孩提不学不虑之良心，即圣人之不思不勉，耳目手足之生生即心，愚夫愚妇之知能即圣。气禀物欲，皆明德之寄寓，共睹共闻，即不睹不闻之本体，大抵皆本父师之言而推衍之。闻者始而疑，中而哗以辩，久之群然服者，以公之言，取成于心，非世儒矫强义袭，半途而废者比也。”[④]

杨起元以罗汝芳为师，李贽也曾以罗汝芳为师，从师授关系说，李贽和

① 见《李贽全集注》第二十六册，第206页。

② 《焚书》卷二。

③ 《永庆答问》，存《李氏全书》附《李温陵外纪》卷二。见《李贽全集注》第十八册，第334页。

④ 《续藏书》卷二二《杨侍郎公起元》(正文标题为《侍郎杨公》)。

杨起元同为罗的弟子。但李贽从思想到作风与他们都不同，所以《明史》的《儒林传》和《明儒学案》都不把李贽列入他们的一派。焦竑说起杨起元和李贽在南京讲学的情形和风度时，曾作了如下的记述和评论：

> 岭南复所杨先生倡道金陵，问学者屦常满户外。二三高足弟子有契于中，辄笔其语以传，今载录中者是已。当是时，温陵李长者与先生狎，主道盟。然先生如和风甘雨，无人不亲；长者如绝壁巉岩，无罅可入。二老同得法于盱江(即罗汝芳)，而其风尚悬绝如此。余以为未知学者不可不见先生，不如此则信向靡从；即知学者不可不见长者，不如此则情尘不尽。天生此两人，激扬一大事于留都，非偶然也。[①]

李贽与杨起元虽然风格如此不同，但二人之间还是互相尊重的。正是在杨起元的建议下，他的学生佘永宁(字常吉)和吴世征(字得常)才去向李贽问学求教，并由佘永宁辑录成《永庆答问》[②]。这部书是佘永宁、吴世征在永庆寺中看到和听到的李贽言行的记载和辑录，焦竑在《书〈永庆答问〉序》中说："此编皆秃翁寻常情状，被佘常吉、吴得常两人等闲拈出，便如《传灯》数则公案，盖非秃翁不能道，非两人亦不能述也。"[③]《永庆答问》虽只记录了李贽的片断言行，并有些佛家禅语掺杂其间，但也可以从中看出李贽的一些异端思想。如其中所记："一友见，卓老问：'你要做圣人么?'其友方辞逊，卓老曰：'圣人也没有异样。常人多是说空头话的人，圣人只是个不说空头话的人。'友有省。"[④]这种宣传，不就用简单明了的语言，轻轻抹掉了统治阶级宣扬的至尊至贵的"圣人"头上的神圣灵光吗?

万历二十七年(公元 1599 年)秋天，在焦竑的主持下，《藏书》于南京刻印。[⑤]《藏书》的初稿于万历十六年(公元 1588 年)已初具规模，这在李贽写于该年的《答焦漪园》中可以得到印证(见后)。又经十年的修饰，终于得以刻印面世。

《藏书》是李贽精心编写的一部重要历史著作，全书六十八卷，包括从战国至元末约八百名历史人物的传记，分为"世纪"(帝王的传记)和"列传"(官吏

① 《澹园集》卷二二《题杨复所先生语录》。

② 《李温陵外纪》卷二。详见前注。

③ 《永庆答问》卷首。《李贽全集注》第十八册，第 333 页。

④ 《李贽全集注》第十八册，第 340 页。

⑤ 《藏书》，见《李贽全集注》第四册至第八册。

和学者名人等的传记)两大部分。《藏书》主要取材于历代正史，很多都是原文照录。但是，李贽通过对史料的取舍剪裁和人物的分类编排，特别是写的那些总论、专论和评语，都鲜明体现了他的进步思想和历史观。

一、《藏书》集中反映了李贽不以孔子是非为是非的思想

《藏书》全书开首的《世纪列传总目前论》，就开门见山地揭出了不应以孔子的是非为是非的问题：

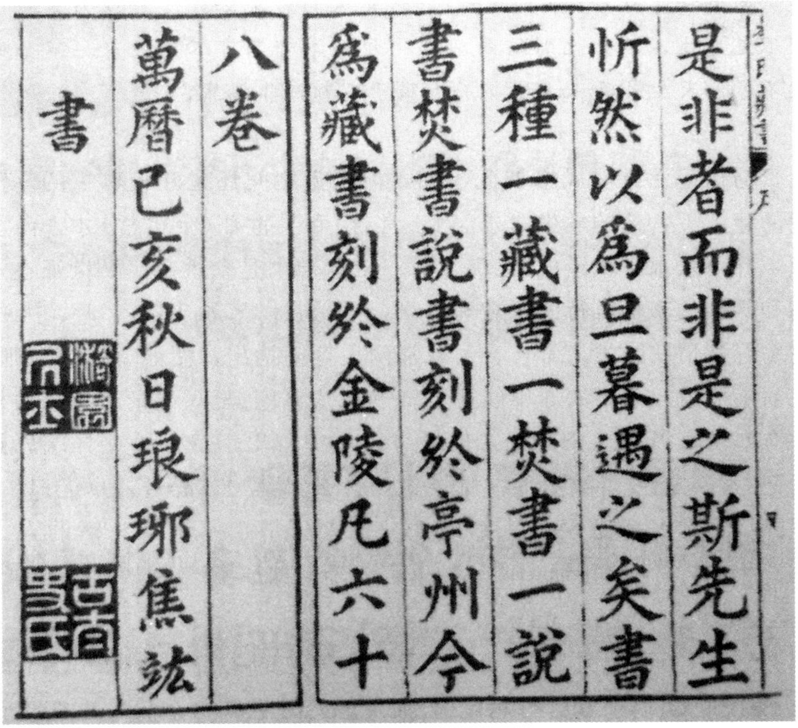
是非者而非是之斯先生忻然以爲旦暮遇之矣書三種一藏書一焚書一說書焚書說書刻於亭州今爲藏書刻於金陵凡六十八卷

萬曆己亥秋日琅琊焦竑書

万历二十七年(公元 1599 年)焦竑为《藏书》写的序

李氏曰：人之是非，初无定质；人之是非人也，亦无定论。无定质，则此是彼非，并育而不相害；无定论，则是此非彼，亦并行而不相悖矣。然则今日之是非，谓予李卓吾一人之是非，可也；谓为千万世大贤大人之公是非，亦可也；谓予颠倒千万世之是非，而复非是予之所非是焉，亦可也。则予之是非，信乎其可矣。

前三代，吾无论矣；后三代，汉、唐、宋是也。中间千百余年，而

独无是非者，岂其人无是非哉？咸以孔子之是非为是非，故未尝有是非耳。然则予之是非人也，又安能已！夫是非之争也，如岁时然，昼夜更迭，不相一也。昨日是而今日非矣，今日非而后日又是矣。虽使孔夫子复生于今，又不知作如何非是也，而可遽以定本行罚赏哉！

老来无事，爰览前目，起自春秋，讫于宋元，分为纪传，总类别目，用以自怡，名之曰《藏书》。《藏书》者何？言此书但可自怡，不可示人，故名曰《藏书》也。而无奈一二好事朋友，索览不已，予又安能以已邪！但戒曰：览则一任诸君览观，但无以孔夫子之定本行罚赏也，则善矣。[①]

这篇说明，反映出李贽的真理观和评史原则。李贽以“颠倒千万世之是非”的英勇气魄，否定了被封建统治阶级定于一尊的孔学的是非标准，提出了自己的是非标准，向孔学的神圣权威挑战。李贽认为，是非标准因人而异，因时而变，是和非，并没有固定不变的标准，没有通行万世的“定论”。而千百年来，封建统治阶级“咸以孔子之是非为是非，故未尝有是非”，正因为这样，李贽才决心打破这种孔子的是非框框，以新的标准来重新评价历史人物。这在当时是一种惊世骇俗之论。

李贽提出的“是非无定质”、“是非无定论”，还涉及真理的相对性和绝对性问题。李贽的这个命题过分强调了真理的相对性，显然是片面的。但李贽提出这个命题的目的在于否定以孔子的是非为是非的真理观，否定封建正统思想的权威，这是极富有战斗精神的。

在真理的发展观问题上，李贽提出了两个命题：其一，真理本身是发展的，即所谓“如岁时然，昼夜更迭，不相一也”；其二，人们对真理的认识也是发展变化的，即所谓“昨日是而今日非矣，今日非而后日又是矣”。这两个命题中，第一个命题，从发展的观点否定了孔子的是非标准存在的依据；第二个命题，从人的认识的发展变化的角度，同样否定了孔子的是非标准的存在依据。两个命题合起来，就得出了否定孔子是非标准的逻辑结论，这就是说：就是孔子复生于今日，也不知道他将作出什么样的是非，怎么可以把孔子过去所定的是非标准作为今天的是非标准呢？

李贽提出的“人之是非，初无定质，人之是非人也，亦无定论”，“夫是非之争也，如岁时然，昼夜更迭，不相一也”，在当时都具有雄辩的力量和战斗作用，表现出李贽真理观的朴素的辩证观点。但是正如毛泽东同志所指出：

① 《藏书》卷首。

“马克思以前的唯物论，离开人的社会性，离开人的历史发展，去观察认识问题，因此不能了解认识对社会实践的依赖关系，即认识对生产和阶级斗争的依赖关系。”①“判定认识或理论之是否真理，不是依主观上觉得如何而定，而是依客观上社会实践的结果如何而定。真理的标准只能是社会的实践。实践的观点是辩证唯物论的认识论之第一的和基本的观点。”②李贽受历史条件的局限，根本不可能了解“认识对生产和阶级斗争的依赖关系”，“真理的标准只能是社会的实践”，他也不可能了解真理的相对性和绝对性的关系，因而，他的真理观，也就只能是片面的和形而上学的。但他反对以孔子的是非为是非，要以自己的是非标准评价历史人物，这在当时是有强烈的战斗意义的。

从这种是非观出发，李贽在《司马迁传论》中尖锐有力地批驳了班彪、班固父子对司马迁所作的“是非颇谬于圣人”的指责：“此班氏父子讥司马迁之言也，班氏以此为真足以讥迁也，当也，不知适足以彰迁之不朽而已。使迁而不残陋，不疏略，不轻信，不是非谬于圣人，何足以为迁乎？则兹史固不待作也。迁、固之悬绝，正在于此。夫所谓作者，谓其兴于有感而志不容已，或情有所激而词不可缓之谓也。若必其是非尽合于圣人，则圣人既已有是非矣，尚何待于吾也。夫按圣人以为是非，则其所言者，乃圣人之言也，非吾心之言也。言不出于吾心，词非由于不可遏，则无味矣。……《史记》者，迁发愤之所为作也，其不为后世是非而作也，明矣，其为一人之独见也者，信非班氏之所能窥也与。”③

这段话的意思很明白，也是强调不以孔子的是非为是非。班固站在封建正统的立场上，攻击司马迁“其是非颇谬于圣人，论大道则先黄老而后六经，序游侠则退处士而进奸雄，述货殖则崇势利而羞贫贱”④，这正是以孔子的是非标准去衡量司马迁。而李贽则认为这正是司马迁的“不朽”之处，也正是司马迁与班固“悬绝”之处。因为一个作者在现实生活中总是有所感、有所激，而后才进行写作，这就不可能“是非尽合于圣人”，因为圣人的是非只是圣人自己的意见，并不是我自己心中的话，如果人云亦云，那又有什么味道呢？李贽称赞司马迁的《史记》为“发愤之所为作”、“一人之独见”，正是他在《世纪列传总目前论》中提出的“然则今日之是非，谓予李卓吾一人之是非，可也”的又一论述，其目的就是要推倒封建统治阶级所确立的孔子的是非标准。

---

① 《实践论》，《毛泽东选集》(四卷合订本)第259、261页。

② 《实践论》，《毛泽东选集》(四卷合订本)第259、261页。

③ 《藏书》卷四〇。

④ 《汉书·司马迁传》。

在《藏书》中，李贽又一次对孟子展开批判。《藏书》人物传记的一般体例是先写传记，后作评论，但对孟轲却有评无传，这种特殊写法本身就表现了李贽对孟轲的极大蔑视。在评论中，李贽对孟轲进行了多方面的批判。

孟子像

首先，李贽指出："孟氏之学，识其大者，真若登孔子之堂而受衣钵也，其足继孔圣之传无疑。……然至尽排众说，犹未免执定说以骋己见，而欲以死语活人也。"[①]李贽认为，人是最生动活泼的，人们的喜好、才力，千差万别，各不相同，人们的这种自然之性就是最完美的，只有"率性而为"，任其自由发展，这才是正确的道路。而孟轲却要"尽排众说"，以孔子的是非为是非，这就等于"以死语活人"，要用僵死的教条来约束世人。李贽还指出："若执一定之说，持刊定死本，而欲印行以通天下后世，是执一也，执一便是害道。"孟轲自己就说过："所恶执一者，其为贼道也。"[②]但孟轲却固执地拿着孔子既定的死本，以此作为是非标准而传示天下后世，这不也是"执一"吗？这不也是"害道"吗？这里李贽用以子之矛攻子之盾的手法，戳穿了孟轲顽固坚持以孔子的是非为是非的荒谬。由此出发，李贽明确提出"不执一说便可通行，不定死法便足活世"，只有不固执一说才可以行得通，不划定死框框才能把国家治理好。这就有力地反对了以孔学为是非标准的封建伦理哲学，表现出要冲决封建教条罗网的战斗精神。

不仅这样，李贽还进一步批判了孟轲神化孔子的做法。孟轲曾说："以予观于夫子，贤于尧舜远矣"，"自有生民以来，未有孔子也"，[③] 把孔子捧上了千古一圣人的吓人高度。李贽指出，这实在是说得太过分了，孔子不是自己说过："我非生而知之者，好古，敏以求之者也"[④]吗？而尧舜不正像你孟轲所说："乃尧舜，性之也"[⑤]，是天生的圣人吗？现在你又把经过学习才掌握到知识的孔子说得比天生的圣人尧舜还伟大，这不是自相矛盾吗？这里李贽巧妙

① 《藏书》卷三二《儒臣传·孟轲》。
② 《孟子·尽心上》。
③ 《孟子·公孙丑上》。
④ 《论语·述而》。
⑤ 《孟子·尽心上》。

地引用孔子的话并利用孟轲言论的矛盾，既驳斥了孟轲，又贬低了孔子。李贽进而指出，孔子终生以周公为榜样，做梦都梦见周公，可见他是远远不如周公的。而周公又远远不能和尧舜相比，孔子连周公还不如，硬说他比尧舜还神圣，这不是太不符合实际了吗？戳穿了说，这不过是孟轲故意美化孔子罢了。李贽就是用这种逻辑推理的方法，剥掉了孟轲罩在孔子身上的神圣外衣。

李贽还尖锐有力地批判了孟轲的倒退历史观。孟轲曾经提出“王道”、“霸道”的问题，说奴隶制时代的“三王”（夏禹、商汤、周文王）行的是“王道”，而春秋时期的“五霸”是“霸道”，认为“五霸者，三王之罪人也”。[①]“五霸”即齐桓公、晋文公、秦穆公、楚庄王、宋襄公，除宋襄公外，其余四人都是有作为的政治家。但是，孟轲却把“五霸”说成是“三王”的“罪人”。李贽指出，这是“舛谬不通甚矣”。李贽通过对当时形势的分析，肯定了五霸逐步取代周天子是历史发展的必然趋势，否定了孟轲“尊王贱霸”的倒退历史观。

二、《藏书》对儒家学派，特别是对宋明道学进行了无情的抨击

李贽对历史人物的褒贬，首先在《藏书》的编排上反映出来。如“世纪”部分把陈胜称为“匹夫首倡”、“古所未有”，与“混一诸侯”的秦始皇及“神圣开基”的汉高祖并列，而对东汉时的元、成、哀、平几个皇帝，则斥之为“此不足称帝”矣，只附在汉宣帝之下，不单独标目立传。《藏书》的“列传”部分，分“大臣传”、“名臣传”、“儒臣传”、“武臣传”、“亲臣传”、“贼臣传”、“近臣传”、“外臣传”等类，“儒臣”仅仅是其中一类。

为什么作了这样的分类编排？李贽在《世纪列传总目后论》中曾作了如下说明：

李卓吾曰：圣主不世出，贤主不恒有，若皆如汉祖、孝文、孝武之神圣，孝昭、孝宣之贤明，则又何患乎其无臣也。唯圣主难逢而贤主亦难遇，然后大臣之道斯为美矣，故传大臣。

大臣之道非一，有因时而若无能者，有忍辱而若自污者，有结主而若媚，有容人而若愚，有忠诚而若可欺以罔者，随其资之所及，极其力之所造，皆可以辅危乱而致太平，如诸葛孔明之辅刘禅，可以观矣，非谓必兼全五者而后足当大臣之名也。

① 《孟子·告子下》。

大臣又不可得，于是又思其次，其次则名臣是已，故传名臣。夫大臣之难遘，亦犹圣主之难遭也，倘得名臣以辅之，亦可以辅幼弱而致富强，然名臣未必知学而实自有学。

自儒者出，而求志达道之学兴矣，故传儒臣。儒臣虽名为学而实不知学，往往学步失故，践迹而不能造其域，卒为名臣所嗤笑，然其实不可以治天下国家，亦无怪其嗤笑也。

自儒者以文学名为儒，故用武者遂以不文名为武，而文武从此分矣，故传武臣。夫圣王之王也，居为后先疏附，出为奔走御侮，曷有二也。唯夫子自以尝学俎豆，不闻军旅，辞卫灵，遂为邯郸之妇所证据，千万世之儒皆为妇人矣，可不悲乎！使曾子、有子若在，必知夫子此语，即速贫速朽之语，非定论也。

武臣之兴，起于危乱，危乱之来，由于嬖宠，故传亲臣、传近臣、传外臣。外臣者，隐处之臣也，天下乱则贤人隐，故以外臣终焉。

呜呼，受人家国之托者，慎无刻舟求剑，托名为儒，求治而反以乱，而使世之真才实学、大贤上圣，皆终身空室蓬户已也，则儒者之不可以治天下国家，信矣！若康节先生、明道先生、龟山杨先生，皆儒也，虽曰古之大臣，又谁曰不宜，又谁敢嗤之！作列传。[①]

这篇说明，很足以表现李贽对儒家学派的轻视。李贽认为神圣的君主不是每代都出现，贤明的君主也不常有，因此合于大臣条件的人，就很值得称赞了。什么是大臣呢？尽管他们有各种不同的表现，只要他们能尽其才智，辅助君主平息危乱而获致太平就可以了。但是大臣也不容易求得，那就求其名臣了，名臣“可以辅幼弱而致富强”，虽“未必知学而实自有学”，他们不一定通晓什么文献典籍，实际上都是有真才实学。惟独儒者出现以后，高喊“求志达道”，以学者自称，以能者自居，其实他们是“虽名为学而实不知学”，只能“学步失故，践迹而不能造其域”，踩着别人的脚印走，永远达不到前人的水平，甚至还把国家搞得乱七八糟。而且由于他们的捣乱，还“使世之真才实学、大贤上圣，皆终身空室蓬户已也”，把真正可以治理国家的有用人才扼杀掉。从这里李贽得出了一个结论：“儒者之不可以治天下国家，信矣！”

李贽在“列传”中的分类，有不少不确切的地方，在这篇《总目后论》中，也过分夸大了个人对社会历史治乱的作用。另外，他把理学家邵雍、程颢、

① 《藏书》卷首。

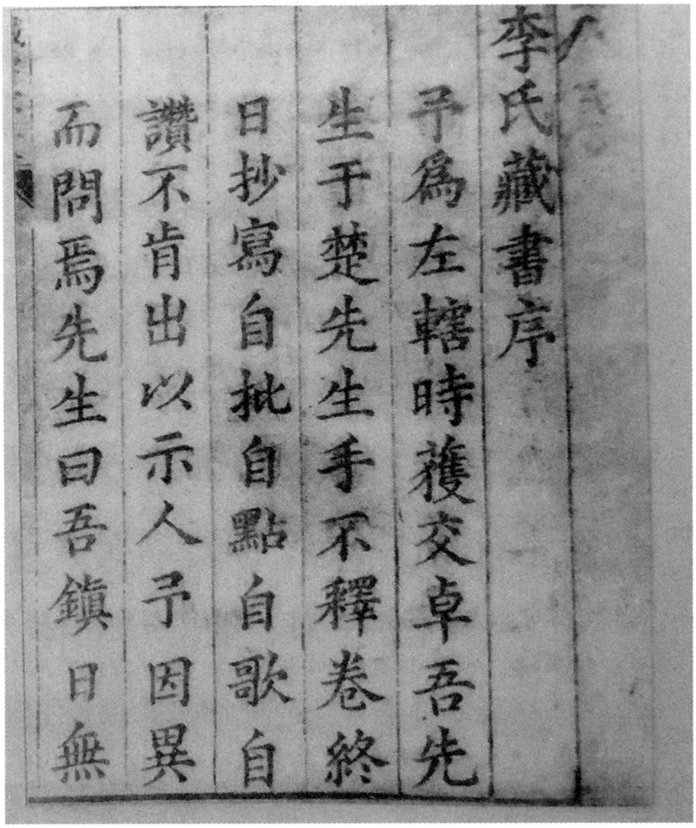
李氏藏書序
予爲左轄時獲交卓吾先
生于楚先生手不釋卷終
日抄寫自批自點自歌自
讚不肯出以示人予因異
而問焉先生曰吾鎮日無

万历二十七年(公元1599年)刘东星为《藏书》写的序

杨时推崇为“古之大臣”(《藏书》中把他们同时列在“经世名臣”、“德业儒臣”类，而在“德业儒臣”中写了传)，这都表现出李贽的唯心史观的局限。但是，李贽把儒臣作为许多门类中的一类，这实际是贬低了儒家的地位。不仅这样，李贽肯定大臣、名臣、武臣，而独斥儒臣为“学步失故”、“刻舟求剑”、只知“践迹”的保守派，这就鲜明地表现了他的批判精神。

在《藏书》中还有不少这样富于批判精神的评论。如：

> 孟子以乐克为善人信人，夫曰善人，则不践迹矣；曰信人，则有入室之望矣，可喜何如也。夫人之所以终不成者，谓其效颦学步，徒慕前人之迹为也。不思前人往矣，所过之迹，亦与其人俱往矣，尚如何而践之！此如婴儿然，婴儿之初生也，未能行立，须藉父母怀抱提携，乃能有往，稍长便不用矣，况既长且大欤！今之践迹者，皆婴儿之类，须赖

有人在前为之指引者也，非大人事也。夫大人之学，止于至善，至善者无善之谓，无善则无迹，尚如何而践之？然则非但不必践，不可践，不当践，虽欲践之而不得焉者也。夫孔子非迹乎？然而孔子何迹也，今之所谓师弟子，皆相循而欲践彼迹者也，可不大哀乎。惟是世间一种善人自然吻合至善之初，生来便自不肯依人脚迹，作辕下之驹，故孔子屡称之而极言其不可得见尔。乃孟子遽以许乐克，则乐克亦可人哉！……①

文中子于道稍有见，其自负亦不小。然学未离门户，教不出垣墙，而责房、魏不能兴礼乐，舛矣。当太宗时，门弟子罗列将相，未为不遇也。而曰有君无臣，曰必待董、薛，则仲淹之教可知矣。彼其区区，欲以周公之礼乐，治当时之天下，以井田、封建、肉刑为后世之必当复，一步一趋，舍孔子无足法者。然则使通而在，犹不能致治平也，况其徒乎！②

在这里，李贽辛辣地讽刺那些迷信先王、效法孔子的儒者们像婴儿一样，总得别人在前边引路才会走路。另一方面，他高度赞美“不肯依人脚迹，作辕下之驹”的革新精神，并发出了对孔孟之道“不必践、不可践、不当践”的呼声，这在当时确实是一种大胆的叛逆行为。

李贽在《藏书》中对历史上儒家学派的主要代表人物几乎都进行了批判。

李贽批判了董仲舒“正义明道”说的荒谬。他针对董仲舒“夫仁人者，正其谊(同‘义’)，不谋其利，明其道不计其功”③的说教，提出：“夫欲正义，是利之也；若不谋利，不正可矣。吾道苟明，则吾之功毕矣；若不计功，道又何时而可明也?”④为什么要维护道义？就是因为这样做有利；要不是为了谋利，道义又什么时候可明呢？这就戳穿了董仲舒只讲仁义不讲功利的虚伪。

李贽尖锐地批驳了由韩愈创说由宋明道学家发挥的道统说。

韩愈为了维护封建等级制，把自己说成是儒家道统的继承人。他在《原道》中说：“尧以是(道)传之舜，舜以是传之禹，禹以是传之汤，汤以是传之文、武、周公，文、武、周公传之孔子，孔子传之孟轲，轲之死不得其传

① 《藏书》卷三二《孟轲》附《乐克论》。
② 《藏书》卷三二《王通传论》。
③ 《汉书·董仲舒传》。
④ 《藏书》卷三二《德业儒臣后论》。

焉。”[①]宋代的道学家接过韩愈的这个道统说，但却把韩愈抛在一边，把自己说成是直接孟子的道统继承人，如《宋史·朱熹传》记载：“黄榦（朱熹门徒）曰：‘道之正统待人而后传，自周以来，任传道之责者不过数人，而能使斯道章章较著者，一二人而止耳。由孔子而后，曾子、子思继其微，至孟子而始著。由孟子而后，周、程、张子继其绝，至熹而始著。’识者以为知言。”[②]又如《宋史·道学列传一》：“道学之名，古无是也。……孔子没，曾子独得其传，传之子思，以及孟子，孟子没而无传。两汉而下，儒者之论大道，察焉而弗精，语焉而弗详，异端邪说起而乘之，几至大坏。千有余载，至宋中叶，周敦颐出于舂陵，乃得圣贤不传之学，作《太极图说》、《通书》，推明阴阳五行之理，命于天而性于人者，了若指掌。张载作《西铭》，又极言理一分殊之旨，然后道之大原出于天者，灼然而无疑焉。仁宗明道初年，程颢及弟颐寔生，及长，受业周氏，已乃扩大其所闻，表章《大学》、《中庸》二篇，与《语》、《孟》并行，于是上自帝王传心之奥，下至初学入德之门，融会贯通，无复余蕴。迄宋南渡，新安朱熹得程氏正传，其学加亲切焉。大抵以格物致知为先，明善诚身为要，凡《诗》、《书》、六艺之文，与夫孔、孟之遗言，颠错于秦火，支离于汉儒，幽沉于魏、晋、六朝者，至是皆焕然而大明，秩然而各得其所。此宋儒之学所以度越诸子，而上接孟氏者欤。其于世代之污隆，气化之荣悴，有所关系也甚大。道学盛于宋，宋弗究于用，甚至有厉禁焉。后之时君世主，欲复天德王道之治，必来此取法矣。”[③]韩愈在道统中也没任何位置了。

宋明时期道学家曾经作过很多的论述，以说明自己是孔孟之道这一道统继承人的正统地位。李贽则根本不承认道学家所说的道统：

> 李生曰：道之在人，犹水之在地也；人之求道，犹之掘地而求水也。然则水无不在地，人无不载道也审矣。而谓水有不流，道有不传，可乎？顾掘地者，或弃井而逃，或自甘于溷浊咸苦，终身不见甘泉而遂止者有之；然而得泉者亦已众矣。彼谓“轲之死不得其传”者，真大谬也。惟此言出，而后宋人直以濂、洛、关、闽接孟氏之传，谓为知言云。
>
> 吁！自秦而汉而唐，而后至于宋，中间历晋以及五代，无虑千数百年。若谓地尽不泉，则人皆渴死久矣；若谓人尽不得道，则人道灭矣，

① 《韩昌黎文集》卷一。
② 《宋史》卷四二九。
③ 《宋史》卷四二七。

何以能长世也！终遂泯没不见，混沌无闻，直待有宋而始开辟而后可也，何宋室愈以不竞，奄奄如垂绝之人，而反不如彼之失传者哉？好自尊大标帜，而不知其诟诬，亦太甚矣。今夫造为谤言，诬陷一家者，其罪诛。今以一语而诬千百载之君臣，非特其民无道，其臣无道，其君亦且无道。一言而千古之君臣皆不免于不道之诛，诬罔若此，有圣王出，反坐之刑，当如何也？而可轻易若此矣乎？

晚年多暇，意欲一洗千古之谤，而力不能致全书。又老来好书，目力既竭，计有行游四方，就正有道，日闻所不闻，庶几快之，而筋力衰矣，出门复难，就正未易。噫！耳目无功，闻见自狭，予虽欲尚论古人，以知其世，何可得也。姑即平生所知者，录而别之，目为有德之儒。虽师友渊源，莫详次弟，而仅存什一，要当知道无绝续，人具只眼云耳。①

在李贽看来，“人无不载道”，人人都可以像得到地下水一样得道，道并不是少数几个“圣贤”所专有的。如果照道学家所说，从秦、汉到宋朝这一千几百年间就都没有道，那么“人道灭矣，何以能长世也”，社会怎么会存在？再说，得道的宋朝还不如失掉道的汉、唐等有生气，这又是怎么回事呢？由此，李贽得出结论说，宋儒之所以以道统自居，那不过是自尊自大，自我标榜。李贽还进一步提出了“道无绝续，人具只眼”的命题，认为道根本不存在断绝和接续的问题，每个人都具有自己独立的见解。这和他在《明灯道古录》中提出的“人即道也，道即人也，人外无道，而道外亦无人”一样，不但说明每个时代道都存在，而且每个时代也都可以得道，也都可以有自己的道。这样，李贽不但否定了宋明理学家的道统继承地位，而且否定了儒家学派的“道”的神秘性，表现出要突破孔孟之道的束缚的战斗精神。

程颐像

《藏书》对宋朝大儒程颐和朱熹进行了辛辣的嘲讽和批判。他有意贬低程颐和朱熹的地位，把他们放在“儒臣”类的“行业儒臣”里标个目，“文学儒臣”中写其传，而不予以“德业儒

① 《藏书》卷三二《德业儒臣前论》。

臣”的地位。《藏书·程颐传》中[1]，多次斥程颐为“村杀”、“真不成话”、“益不成语”。《传》中记载：程颐到涪州去，渡江时，“舟几覆，舟中人皆号哭，颐独正襟安坐如常”，后来安全到岸，有人问他为什么独无惧色，程颐说“心存诚敬耳”。李贽于此批曰：“胡说甚！”揭露了程颐的虚伪。

在《赵汝愚传论》中[2]，李贽猛烈地抨击了朱熹，并宣布道学是“流无穷之毒害”的“伪学”。同时，李贽提出了“治贵适时，学必经世”的论点，要求治理国家要适应时势，学习知识要有助于治国。这对冲破当时在理学统治下政治上顽固保守、治学上陈陈相因的封建专制，无疑也是一种冲击。

三、《藏书》反映了李贽历史观中的积极因素

李贽认为历史总是不断“推移”的，适应“推移”的形势并对它作出贡献的人物，就应该给以肯定。如《焚书》中的《战国论》，在驳斥一些儒生“徒知羡三王之盛，而不知战国之宜”的同时，提出：“夫春秋之后为战国，既为战国之时，则自有战国之策。盖与世推移，其道必尔。如此者非可以春秋之治治也明矣。况三王之世欤！”[3]肯定了春秋代替三王之世，战国代替春秋之世，是一种正常现象，应该加以肯定。李贽的这种历史观，在《藏书》中得到更充分的体现。

李生曰：一治一乱若循环。自战国以来，不知凡几治几乱矣。方其乱也，得保首领，已为幸矣。幸而治，则一饱而足，更不知其为粗粝也；一睡为安，更不知其是广厦也。此其极质极野无文之时也，非好野也，其势不得不野。虽至于质野之极，而不自知也。迨子若孙，则异是矣。耳不闻金鼓之声，足不履行阵之险，惟知安饱是适而已。则其势不极文固不止也。所谓“其作始也简，其将毕也必巨”，虽神圣在上，不能反之于质与野也。然文极而天下之乱复起矣，英雄并生，逐鹿不已，虽圣人亦顺之尔。

儒者乃以忠、质、文并言，不知何说。又谓以忠易质，以质救文，是尤不根之甚矣。夫人生斯世，惟是质文两者。两者之生，原于治乱。其质也，乱之终而治之始也，乃其中心之不得不质者也，非矫也。其积

① 《藏书》卷四三。
② 《藏书》卷三五。
③ 《焚书》卷三。

渐而至于文也，治之极而乱之兆也，乃其中心之不能不文者也，皆忠也。

夫当秦之时，其文极矣，故天下遂大乱而兴汉。汉初，天子不能具钧驷，虽欲不质可得耶？至于陈陈相因，贯朽粟腐，则自然启武帝大有为之业矣。故汉祖之神圣，尧以后一人也；文帝之用柔，文王羑里以后一人也。西楚继蚩尤以兴霸；孝武绍黄帝以增廓；皆千古大圣，不可轻议。群雄未死，则祸乱不息；乱离未甚，则神圣不生。一文一质，一治一乱，于斯见矣。①

李贽这里所谈的，也是针对儒家正统观点而发。《论语·为政》曾记孔子的话："殷因于夏礼，所损益可知也；周因于殷礼，所损益可知也；其或继周者，虽百世可知也。"朱熹注："夏尚忠，商尚质，周尚文。"就是说夏代强调对奴隶主的忠诚，商代重视培养符合奴隶制度的思想感情，周代在奴隶制典章制度方面发展得最完备。历代儒家也都吹嘘三代是最理想的社会，宣扬要按照"忠、质、文"的一套去做，并要求三者"并施"，以互为补充。李贽在这里提出了不同的见解。他认为，历史是"一文一质，一治一乱"的变动过程。当天下大乱的时候，连性命都没有保障，幸而天下治了，能勉强吃饱睡安就满足了，根本讲究不了生活的享受与安逸。这并不是当时的人们喜欢这种低下的生活水平，而是客观条件使人们不得不如此。到了后来，局势稳定了，统治者就知道享乐，弄到穷奢极侈的地步，这时候，就是"神圣在上"也没有办法控制。然而奢侈到了极点，天下又要乱了，这时候，就是"圣人"也只能顺应这个潮流了。

李贽这种一治一乱相循环的观点，当然是一种历史循环论，是唯心主义的。不过，他的历史循环论与战国时邹衍的"五德终始论"和汉代儒家兼神学家董仲舒的"三统"、"三正"论是有区别的。邹衍认为："凡帝王之将兴也，天必先祥乎下民。"②朝代的更替，五德的循环，都是"天"的意志的作用。董仲舒的"三统"、"三正"论，其实质与邹衍的说法完全一样，不过是把"五德"改成黑、白、赤三统而已。在他看来，历史不过就是夏(黑统)、商(白统)、周(赤统)，黑、白、赤三统的更换而已，这种更换也是由于"天"的意志，而不是社会本身的原因。这是典型的唯心主义、神秘主义的历史循环论。但李贽在解释历史循环的原因时，不是求助于"上天"的意志，而是归结于社会原因。他

① 《藏书》卷一《世纪总论》。

② 《吕氏春秋·精通》。

认为历史上的乱，是由于统治者的“极文”，即穷奢极侈；由于统治者的穷奢极侈，于是英雄们起来造反了，即“文极而天下之乱复起矣，英雄并生，逐鹿不已，虽圣人亦顺之”。那么，在李贽的心目中，什么样的人算是“英雄”呢？我们知道，他曾热情称赞当时海上的反抗者林道乾“有二十分才，二十分胆”，是“豪杰抱不平之恨，英雄怀罔措之戚”[①]。在《藏书》中他又称赞农民起义的领袖陈胜为“匹夫首倡”、“古所未有”[②]，把他与另一个农民起义领袖窦建德一起列入了《世纪》[③]，和历代帝王并列。综合这些情况，可以说李贽在考察历史时，注重了社会生活的原因，注重了人事关系的原因。这种历史观，是含有一定的积极因素的。

当然，应该指出，李贽所说的治乱相生、质文交替，并没有揭示出社会发展的根本原因，他也不可能对历史的发展规律作出科学的说明。另外，李贽对待农民起义的态度也是矛盾的，在《藏书》中不只一次地骂农民起义为“盗贼”，这都是时代与阶级的局限。

秦始皇像

《藏书》对许多历史事件和历史人物的评价，也有值得重视的地方。

《藏书》肯定了我国的统一，高度赞扬了秦始皇统一中国的功绩，称他为“千古一帝”。[④] 肯定隋朝杨坚、杨广“混一南北”的历史作用，[⑤] 称赞元朝为“华夷一统”，[⑥] 这在当时不失为一种卓越的见解。

李贽还肯定反抗民族侵略、勇于保卫国家的历史人物。他详细记载并赞扬了文天祥的英勇事迹，并特意录下了文天祥的“人生自古谁无死，留取丹心照汗青”的充满爱国主义的诗句。[⑦] 他记述了宗泽临死之时还一心为国的动人情景：“泽前后请上还京二十余奏，皆为潜善等所抑，因疽发于背。诸将入问

① 《焚书》卷四《因记往事》。
② 《藏书》卷二《世纪》。
③ 《藏书》卷七《世纪》。
④ 《藏书》卷二《世纪》。
⑤ 《藏书》卷七《世纪》。
⑥ 《藏书》卷八《世纪》。
⑦ 《藏书》卷三一《直节名臣·文天祥》。

疾，泽矍然曰：‘吾以二帝蒙尘，积愤至此。汝等能歼敌，则我死无恨。’众皆流涕。诸将出，泽叹曰：‘出师未捷身先死，长使英雄泪满襟。’翼日风雨昼晦，泽连呼‘过河’者三而卒。都人号恸，三学之士，千余人，为文以哭。”[①]他详细记载了岳飞抗金的战功，生动记述了广大人民对岳飞抗金的支持，有力地揭露了卖国贼秦桧对岳飞的陷害及其卖国行为。特别可贵的是他否定了岳飞的愚忠，当叙述到岳飞受审，出于愤怒裂开衣裳，露出“尽忠报国”四个“深入肤理”的刺字时，李贽批注道：“何用!”[②]他还批驳了朱熹对陈亮的贬抑。陈亮坚决主张抗金，反对投降，并与朱熹多次进行论战，因此朱熹攻击陈亮“气粗”、“血气粗豪”。李贽针锋相对指出：“堂堂朱夫子，反以章句绳亮，粗豪目亮，悲夫。士唯患不粗豪耳，有粗有豪而后真精细出矣，不然皆假也。”[③]从这里不难看出，李贽是一个具有民族气节的硬汉。

四、《藏书》在一定程度上反映了资本主义萌芽时期的启蒙思想

“人必有私”，这是李贽在《藏书》中提出的一个重要命题：

李生曰：圣人之学，“无为而成”者也。然今之言无为者，不过曰无心焉耳。夫既谓之心矣，何可言无也？既谓之为矣，又安有无心之为乎？农无心，则田必芜；工无心，则器必窳；学者无心，则业必废：无心安可得也？

解者又曰：“所谓无心者，无私心耳，非真无心也。”夫私者，人之心也。人必有私，而后其心乃见；若无私，则无心矣。如服田者，私有秋之获，而后治田必力；居家者，私积仓之获，而后治家必力；为学者，私进取之获，而后举业之治也必力。故官人而不私以禄，则虽召之，必不来矣；苟无高爵，则虽劝之，必不至矣。虽有孔子之圣，苟无司寇之任、相事之摄，必不能一日安其身于鲁也决矣。此自然之理，必至之符，非可以架空而臆说也。然则为无私之说者，皆画饼之谈，观场之见，但令隔壁好听，不管脚跟虚实，无益于事，只乱聪耳，不足采也。[④]

在这篇评论中，李贽还把传统的功利说和“人必有私”的命题结合起来，

① 《藏书》卷五二《武臣传·大将·宗泽》。

② 《藏书》卷五二《武臣传·大将·岳飞》。

③ 《藏书》卷一六《名臣传·疆主名臣·陈亮》。

④ 《藏书》卷三二《德业儒臣后论》。

并以虞舜、姜太公、周公、孔子，直至汉文帝、汉武帝等历史人物追求功利的事实作为历史根据，批驳儒家特别是宋明理学家反对私欲、反对功利的虚伪说教。

义利之辨，由来已久。孟轲提出："何必曰利，亦有仁义而已矣。"①他认为："为人臣者怀利以事其君，为人子者怀利以事其父，为人弟者怀利以事其兄：是君臣、父子、兄弟，终去仁义，怀利以相接；然而不亡者，未之有也。"反之，"为人臣者怀仁义以事其君，为人子者怀仁义以事其父，为人弟者怀仁义以事其兄：是君臣、父子、兄弟去利，怀仁义以相接也；然而不王者，未之有也。何必曰利！"②董仲舒说："夫仁人者，正其谊(义)，不谋其利，明其道不计其功。"③南宋理学家张栻说："大抵王者之政，皆无所为而为之，霸者则莫非有所为而然也。无所为者，天理，义之公也；有所为者，人欲，利之私也。"④张栻更把"义利之辨"同"存天理，灭人欲"的命题联系在一起，变成了"存灭"之争，其为封建统治者制造统治理论的目的就更明显了。

与此相反，李贽大力倡导事功，认为功利之心是人们从事社会活动的动力，不可除也除不掉。种田的人因为怀着要得到丰收的私心，耕作才有劲头；居家过日子的人因为怀着积攒财物的私心，管家才用心计；求学的人因为怀着谋取高官厚禄的私心，学习八股文才肯下功夫。所以使人做官，假如不用厚禄来满足他的私心，请他他也不来；假如不给他以高位，怎么劝他他也不去。就说孔子这样的圣人吧，假如不让他担任鲁国的司寇，并代行鲁相职务，可以肯定，他连一天也不愿意留在鲁国。正是从这一系列社会现象以及像孔子这样圣人的行为的分析中，李贽得出了"人必有私"、"私者，人之心也"的结论，批判了"无私"之说不过是"画饼之谈，观场之见"，并指出这种谎言，无益于事，混淆视听，毫无可取。正是从这样的基础出发，李贽驳斥了儒家学派不计功利的伪善说教，提倡大有作为，鼓励人人都要做出"一段光明俊伟之业"⑤。

李贽提倡谋利计功，把物质福利作为人人都具有的本性，把满足人们物质的需要作为道德规范之一，这和封建主义的禁欲主义道德标准处于对立地位。禁欲主义扼杀人民群众的私欲，实质上就是要广大人民牺牲自己的一切，

---

① 《孟子·梁惠王上》。

② 《孟子·告子下》。

③ 《汉书·董仲舒传》。

④ 《南轩文集·汉家杂霸》。

⑤ 《藏书》卷三二《德业儒臣后论》。

充当封建统治阶级的奴才。朱熹提倡“居敬”，王守仁提倡“格物”，宋明理学共同鼓吹“存天理，灭人欲”，都清楚表明这种哲学为封建统治者服务的实质。李贽针锋相对地提出“人必有私”，揭穿了禁欲主义的荒谬。世界上没有超阶级的功利主义，李贽的“人必有私”也不是超阶级的，而是当时资本主义萌芽在思想领域的一种反映，表现了当时工商业者和不享有特权的中下层地主要求生存和发展的愿望，在客观上也符合当时广大人民群众的利益。但是，应该指出，作为一个普遍性的命题，这种提法，不仅抹杀了功利的阶级内容，而且表现了剥削阶级的偏见。

《藏书》还反映了李贽赞扬婚姻自主的进步思想。他在《司马相如传论》中，热烈赞扬了司马相如和卓文君的自主相爱：

> 方相如之客临邛也，临邛富人如程郑、卓王孙等，皆财倾东南之产，而目不识一丁，令虽奏琴，空自鼓也，谁知琴心？其陪列宾席者，衣冠济楚，亦何伟也！空自见金而不见人，但见相如之贫，不见相如之富也。不有卓氏，谁能听之！然则相如，卓氏之梁鸿也。使当其时，卓氏如孟光，必请于王孙，吾知王孙必不听也。嗟夫！斗筲小人，何足计事？徒失佳偶，空负良缘，不如早自抉择，忍小耻而就大计。《易》不云乎：“同声相应，同气相求”，同明相照，同类相招，“云从龙，风从虎”，归凤求凰，安可诬也！是又一奇也。①

理学家说寡妇卓文君改嫁司马相如是“失身”、“淫奔”。李贽则公开宣称，卓文君无视父母之命，自择心知“佳偶”，是“忍小耻而就大计”。在《司马相如传》中，还明确指出这是“正获身，非失身”。这表现了李贽对封建宗法权力的极大蔑视，对“饿死事极小，失节事极大”的吃人礼教的勇敢挑战，和对封建传统观念的背叛。

从以上几个方面可以看出，《藏书》所表现的进步思想涉及社会历史领域的许多方面，闪耀着时代的思想光辉。

《藏书》是李贽的一部重要代表作，李贽自己也认识到这一点，他在《答焦漪园》中曾说：

> 承谕，《李氏藏书》，谨抄录一通，专人呈览。年来有书三种，惟此

① 《藏书》卷三七。

一种系千百年是非，人更八百，简帙亦繁，计不止二千叶矣。……惟《藏书》宜闭秘之，而喜其论著稍可，亦欲与知音者一谈，是以呈去也。其中人数既多，不尽妥当，则《晋书》、《唐书》、《宋史》之罪，非余责也。

窃以魏、晋诸人标致殊甚，一经秽笔，反不标致。真英雄子，画作疲軟汉矣；真风流名世者，画作俗士；真啖名不济事客，画作褒衣大冠，以堂堂巍巍自负。岂不真可笑！因知范晔尚为人杰，《后汉》尚有可观。今不敢谓此书诸传皆已妥当，但以其是非堪为前人出气而已，断断然不宜使俗士见之。望兄细阅一过，如以为无害，则题数句于前，发出编次本意可矣，不愿他人作半句文字于其间也。何也？今世想未有知卓吾子者也。然此亦惟兄斟酌行之。弟既处远，势难遥度，但不至取怒于人，又不至污辱此书，即为爱我。中间差謬甚多，须细细一番乃可。若论著则不可改易，此吾精神心术所系，法家传爰之书，未易言也。[①]

这是万历十六年（公元1588年）李贽寓居麻城龙潭湖时写给焦竑的信，这时《藏书》已初具规模，但还没有完成。李贽称《藏书》是“此吾精神心术所系，法家传爰之书，未易言也”，可见李贽对《藏书》的反传统思想的战斗意义是认识很清楚的。他在写作《藏书》过程中，原不准备把它公开刊行问世，而要“闭秘之”，“断断然不宜使俗士见之”。但是经过十年修订后，他不顾《藏书》会触及封建统治者的利益，可能构成自己的“罪状”，而把它公开刊行，这充分表现出大无畏的战斗精神。果不出李贽所料，三年以后，明神宗就以《藏书》等为因，给李贽加上了“惑世诬民”的罪名，将他迫害致死。

李贽在《藏书》中所表现出的反传统的战斗精神却激励了当时及以后的许多进步思想家。当时，焦竑、刘东星、梅国桢、祝世禄、耿定力、黎遂球都曾为《藏书》写了序。焦竑在序中批判了当时的学者“沉锢于俗流，而迷沿于闻见，于人之言，非其所耳熟不以信”；称赞李贽“程量今古，独出胸臆，无所规放”，说《藏书》可以“且以为衡鉴，且以为蓍龟”。[②] 刘东星在序中说，《藏书》“包罗千古，鉴别众形”，“一从胸怀点缀以出，品骘区别，据事直书，真可谓断自本心，不随人唇吻者也”。[③] 梅国桢在序中指出：“当其时，士方持文墨，矩步绳趋，谈性命之糟粕。独一秃翁，其识趣论议，谁从而信之？故官

① 《焚书》卷一。

② 《李贽全集注》第八册，第696页。

③ 《李贽全集注》第八册，第697页。

至二千石，辄自劾免。取汉以来至金、元君臣名士，撮其行事，分类定品，一切断以己意，不必合于儒者相沿之是非。”[①]李贽死后，袁中道在《李温陵传》中批判了当时“世儒”对历史人物“概绳以一切之法”而造成的“接响传声，其观场逐队之见，已入人之骨髓而不可破”的传统见解，称赞李贽的《藏书》是“上下数千年之间，别出手眼，凡古所称为大君子者，有时攻其所短；而所称为小人不足齿者，有时不没其所长。其意大都在于黜虚文，求实用；舍皮毛，见神骨；去浮理，揣人情。即矫枉之过，不无偏有重轻，而舍其批驳谑笑之语，细心读之，其破的中窍之处，大有补于世道人心。而人遂以为得罪于名教，比之毁圣叛道，财已过矣”。袁中道还把《六经》比为粱、肉，把《藏书》比为大黄、蜀豆，说人们食粱肉太多，留滞而成痞，就要用大黄、蜀豆泻其积秽，然后才能使脾胃复好。因此，他结论说：“谓公之书为消积导滞之书可；谓是世间一种珍奇，不可无一不可有二之书亦可。”[②]

李贽在南京期间，还有一件值得提出的事情，就是他和利玛窦的三次会见。

利玛窦(公元1553—1610年)，意大利天主教传教士，1581年来华[③]，先在肇庆、韶州等地传教。万历二十三年(公元1595年)跟随兵部侍郎石星(字拱辰)北上[④]，准备到北京传教。路经南京，想在此建立寓所，但被他原来相识的友人现居南京高官的徐大任以南京“不是外国人逗留的地方，有引发暴乱的危险”为由，迫使他离开南京，又折回南昌。[⑤] 万历二十六年(公元1598年)利玛窦的中国朋友王忠铭去北京，道经南昌，又携带他同行，路过南京时，作了短期停留，而后到达北京。这时正是日本侵略朝鲜之时，没人敢插手外国人之事，更无人敢为他上达皇帝，不得已，他又离京南下，于万历二十七年(公元1599年)第三次到南京。万历二十八年(公元1600年)利玛窦第三次北上，经过山东临清，为督税太监马堂拦截，到天津后，把他囚在一座庙宇

① 《李贽全集注》第八册，第698页。

② 《珂雪斋集》卷一七。

③ 据意大利艾儒略：《大西利先生行迹》。利玛窦万历二十八年(公元1601年)十二月二十四日上疏：“淹留肇庆、韶州二府十五年，……由江西至南京，又淹五年”，共二十年。从1601年上推，恰好为1581年，与艾儒略说同。但利玛窦著文铮译《耶稣会与天主教进入中国史》(商务印书馆，2014)则说：“利玛窦于1582年8月7日到达澳门。”(见该书第134页)存疑待查。

④ 见《耶稣会与天主教进入中国史》第186页与192页注④。有著作说是“随南雄府少司马石公”到南京，录以备考。

⑤ 见《耶稣会与天主教传入中国史》，第196～197页。

内。[①] 后被放，于万历二十九年(公元 1601 年)到达北京，经过一太监之手，将贡表、贡物上于神宗，并上奏疏曰：

利玛窦像

太西洋陪臣利玛窦谨奏：为贡献土物事，臣本国极远，从来贡献所不通。逖闻天朝声教文物，窃欲沾被其余，终身为氓，庶不虚生。用是辞离本国，航海而来，时历三年，路经八万余里，始达广东。缘音译未通，有同喑哑，僦居学习语言文字，淹留肇庆、韶州二府十五年，颇知中国古先圣人之学，于凡经籍，亦略诵记，粗得其旨。乃复越岭，由江西至南京，又淹五年。伏念堂堂天朝，方且招徕四夷，遂奋志经趋阙廷，谨以原携本国土物，所有天主图像一幅，天主母图像二幅，天主经一本，珍珠镶嵌十字架一座，报时自鸣钟二架，万国图志一册，西琴一张等物，陈献御前。此虽不足为珍，然自极西贡至，差觉异耳，且稍寓野人芹曝之私。臣从幼慕道，年齿逾艾，初未婚娶，都无系累，非有望幸。所献宝像，以祝万寿，以祈纯嘏，佑国安民，实区区之忠悃也。伏乞皇上怜臣诚悫来归，将所献土物，俯赐收纳，臣益感皇恩浩荡，靡所不容，而于远臣慕义之忱，亦少伸于万一耳。又臣先于本国，忝于科名，已叨禄位，天地图及度数，深测其秘，制器观象，考验日晷，并与中国古法吻合。倘蒙皇上不弃疏微，令臣得尽其愚，披露于至尊之前，斯又区区之大愿，然而不敢必也。臣不胜感待命之至，谨奏。万历二十八年十二月二十四日具题。[②]

神宗看到利玛窦所献贡物后，很高兴，把天主圣像供之御前，自鸣钟放在御

① 《耶稣会与天主教进入中国史》，第 278 页。

② 《增订徐文定公集》(明刻本)卷首下，又据徐宗泽《中国天主教传教史概论》(上海书店，2010)校订。

儿，万国地图珍藏内府，并在便殿召见利玛窦，垂询西方政治、天主教义，命礼部供给廪饩，还于京都宣武门内东首，赐第居之。自此以后，利玛窦一直住在北京，并任耶稣会中国全教区的会长，直到万历三十八年(公元1610年)五月在北京逝世，年五十七，在中国二十七年。

利玛窦万历二十八年的上疏，很可以代表他在中国传教活动的特点。利玛窦作为一个天主教教士到中国来的目的，是要宣传天主教义，使中国成为天主教的园囿。但是，利玛窦的传教活动又有他的特点：

第一，他随同中国习俗。开始时他随从佛教规矩，薙发剪须，僧服僧冠，把教堂称为寺。后来听人说在中国儒者比和尚更受尊重，更易深入社会，他立即改用儒服，并努力钻研儒家经典。

第二，先以西方奇巧物品作宣传。利玛窦到肇庆后，并不急于传教，而是将带来的自鸣钟、天文仪器、地理图、三棱镜、洋装书、圣母玛利亚像等，陈列满室，任人参观，引起人们的兴趣，而后再作教义宣传。在上疏中，他同样以这些作为贡品献给神宗，并不谈天主教教义本身。

第三，广泛交际社会名流。利玛窦到任何一地，都与政界、学术界的名流进行接触。他在中国二十七年间，与明朝政府中很多大臣及社会上著名人物进行了交往，有的成为亲密无间的朋友，甚至在他影响下，受洗入了天主教，成为利玛窦在中国传教的得力帮手，如徐光启、李之藻、杨廷筠、冯应京、李天经、王徵、瞿式耜、孙元化等。

第四，带来了一些西方科学技术，如历法、算术、世界地理知识等，这些都符合明朝统治者当时的需要，也自然引起具有进步思想和爱国精神的士大夫的兴趣。著名科学家徐光启就是由于倾心西方的科学技术，而与利玛窦成了挚友。李贽也正是出于探求新事物的热情，对利玛窦产生了兴趣。利玛窦的上疏特别标明“天地图及度数，深测其秘，制器观象，考验日晷，并与中国古法吻合”，以深通天文自诩，想以此打动神宗。

第五，为了使天主教能够为中国人接受，利玛窦还用孔子的理论附会天主教教义，使天主教儒化，这就是从利玛窦开始的耶稣会士进行的“合儒”工作。

利玛窦到中国后宣扬天主教教义的第一部著作《天主实义》，就明确规定了联合儒家，反对佛、道的方针。他说：“二氏之谓曰无，曰空，于天主理大相刺谬，其不可崇高明矣。夫儒之谓曰有、曰诚，虽未闻其择，固庶几乎！”①

① 《天主实义》第二篇，土山湾印书馆，1923。

利玛窦为了以儒学附会天主教，曾遍阅儒家经典，把中国古籍中的“天”、“上帝”的概念，曲解为天主教的“天主”，企图以此证明“吾国天主即经言上帝”，“历观古书而知上帝与天主特异以名也”。[1] 他的《天主实义》的最初版本，称天主为天、帝，直到1704年，教皇格来孟十一世禁止这种称谓后，《天主实义》印行时才改去天、帝的称谓。利玛窦之所以要用中国古籍中的天、帝的概念，附会天主教的“天主”、“上帝”，其目的就是要以此证明“天学”并不是西方所特有，而是在中国本来就存在，信奉天主教也不是什么信西方之教，而是信奉中国本来就存在的教义，这样就便于传教工作的进行。

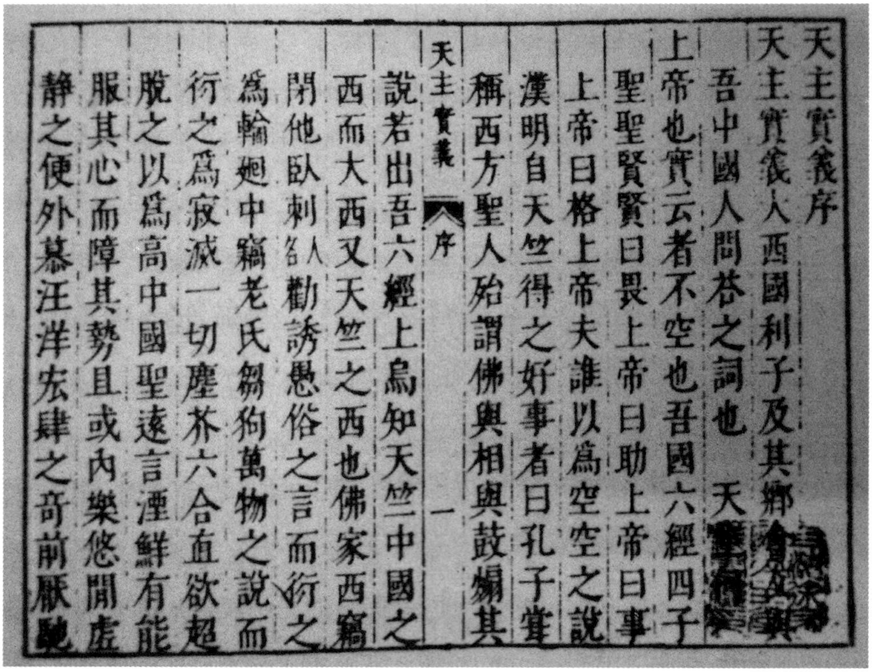
天主實義序
天主實義大西國利子及其鄉會友與
吾中國人問答之詞也　天
上帝也實云者不空也吾國六經四子
聖聖賢賢曰畏上帝曰助上帝曰事
上帝曰格上帝夫誰以爲空空之說
漢明自天竺得之好事者曰孔子嘗
稱西方聖人殆謂佛與相與鼓煽其
天主實義　序　一
說若出吾六經上烏知天竺中國之
西而大西又天竺之西也佛家西竊
閉他臥刺勸誘愚俗之言而衍之
爲輪廻中竊老氏芻狗萬物之說而
衍之爲寂滅一切塵芥六合直欲超
脫之以爲高中國聖遠言湮鮮有能
服其心而障其勢且或內樂悠閒虛
靜之便外慕汪洋宏肆之奇前厭馳

冯应京：《天主实义序》书影

为此目的，利玛窦还曲解中国历史：“考中国之史，当汉明帝时，尝闻其事(指天主教)，遣使西往求经，使者半途误值身毒之国，取其佛经，流传中国。迄今贵邦为所诳诱，不得闻其正道，大为学术之祸，岂不惨哉！”[2]把佛经说成是伪经、邪道，那么与中国经典相符的天主教自然就应该是真经、正道了，显然，批佛联儒，其目的还是要传播天主教义。

---

① 《天主实义》第二篇，土山湾印书馆，1923。
② 《天主实义》第二篇，土山湾印书馆，1923。

天主教的经院哲学除了有上帝这一理论外，还创造了灵魂不灭的理论，并由灵魂不灭，导出了天堂地狱、赏善罚恶的一整套僧侣主义哲学。利玛窦的著作，也反映了这方面的内容，并随心所欲地在中国史书中寻找根据。他在《天主实义》中，提出十种理由证明灵魂不灭(见第三篇)，并说：“《西伯戡黎》，祖伊谏纣曰，……非先王不相我后，惟王淫戏自绝。祖伊在盘庚之后，而谓殷先王既崩，而能相其子孙，则以死者之灵魂为永在不灭矣。”①这就是说，在中国的《尚书》中已经找到灵魂不灭的根据了。不仅如此，利玛窦还从《诗经》中找到了天堂地狱的根据：“《诗》曰，文王在上，于昭于天，天王陟降，在帝左右。……夫在上，在天，在帝左右，非天堂之谓其何欤?”②

总之，利玛窦极力用儒学经典附会天主教教义，借以证明天主教与儒学没有什么不同，都是中国古已有之，以便为他的传教工作减少阻碍。

但是，中国的儒学由于历史条件的不同而有所变化。就宋明道学来说，道学家或从客观唯心主义出发，或从主观唯心主义出发，或把道解释为太极、无极，或说成是理、是心。这种解释，与天主教说上帝是创世主、是“至尊无对”的“天地真主”是不能相容的。道学家的这些理论虽然也是荒谬的，但由于他们不承认人格神的上帝的存在，这就为利玛窦等人的“合儒”工作造成了困难。因此，他们在“合儒”时，把儒学分为“先儒”、“后儒”，而分别对待，赞成先儒而反对后儒，把宋明道学和释、道一样看成异端，加以猛烈攻击。

利玛窦就曾极力攻击道学家关于太极、天、地和理的概念，他说：

> 夫至尊无两，惟一焉耳。曰天、曰地，是二之也。……朱注曰：“不言后土者、省文也。”窃意仲尼明一之不可为二，何独省文乎?《周颂》曰：“上帝是皇”，……夫帝者非天之谓，则不以苍天为上帝可知。③
>
> 若太极只解之所谓理，则不能为天地万物之原矣。盖理亦依赖之类，自不能立，曷立他物哉?中国文人学士讲伦理者，只谓有二端，或在人心或在事物，事物之理合乎人心之理，方为真实焉，人心能穷彼在物之理，而尽其知，则谓之格物焉。据此两端，则理固依赖，奚得谓物原乎?二者皆在物后，而后岂先者之原?④

① 《天主实义》第四篇，土山湾印书馆，1923。

② 《天主实义》第七篇，土山湾印书馆，1923。

③ 《天主实义》第二篇，土山湾印书馆，1923。

④ 《天主实义》第二篇，土山湾印书馆，1923。

利玛窦反对道学家把上帝说成是苍天，说成是天、地、太极，说成是理，把理论证为第二性，其目的就是要说明只有上帝才是创世主，为他宣传天主教教义服务。

与这种天主教教义的经院神学理论相一致，利玛窦还明确提出了与封建专制主义统治相适应的政治主张。他说："邦国有主，天地独无主乎？国统于一，天地有二主乎？"[①]这就是说，天主是天地的最高统治者，天地间只能统一于天主，不能有任何僭越天主的行为。在这个天主之下，封建帝王是人间的最高统治者，任何人都不能有僭越封建帝王的行为。这种天无二主、人无二君的说教，不正好适应于封建统治阶级的统治需要吗？

为此目的，利玛窦还用天堂地狱的赏善罚恶、审判报应进行恫吓，他说：

> 来世之利害甚大，非今世之可比也。……人生世间，如俳优在戏场，……今世伪事已终，即后世之真情起矣；而后乃各取其所宜之贵贱也。[②]
>
> 来世之利至大也、至实也，……重来世之益者，必轻现世之利；轻现世之利，而好犯上、争夺、弑父、弑君，未之闻也。[③]

"来世"的利害是真的、大的，"今世"的利害是伪的、小的，只有舍弃"今世"伪的、小的利害，才能换得"来世"真的、大的利害，只有忍受现在的贫困和痛苦，才能换取来世的幸福和安乐。如若人人都看重来世的利益，轻视现世的利益，安于贵贱贫富的命运，哪里还会有犯上、争夺、弑父、弑君的反抗行动呢？利玛窦要求人们放弃对现实利益的追求，放弃对现实不平的反抗斗争，这显然是对封建专制统治的有力支持。

为此目的，利玛窦还狂热鼓吹禁欲主义，他说："夫德行之乐乃灵魂之本乐也，吾以兹与天神侔矣。饮食之娱，乃身之窃愉也，吾以兹与禽兽同矣。吾益增德行之娱于心，益近至天神矣；益减饮食之乐于身，益逖离禽兽矣。"[④]只有虔诚地敬事天主，抑制现实的生活愿望，才能接近上帝，升入天堂；如若追求现实的幸福，要求得到现实生活的满足，那就和禽兽一样，是永远得不到天堂的幸福的。要求人们牺牲现实生活的一切，去换取所谓天堂的真正

---

① 《天主实义》第二篇，土山湾印书馆，1923。

② 《天主实义》第六篇，土山湾印书馆，1923。

③ 《天主实义》第六篇，土山湾印书馆，1923。

④ 《畸人十篇》(道光刻本)第六篇。

快乐，这种僧侣主义的禁欲主义，带有鲜明的阶级色彩。

很清楚，利玛窦的神学教义完全是为当时的封建统治阶级服务的。

徐光启像

但另一方面，利玛窦等传教士也确实带了一些科学技术知识到中国来。就以利玛窦为例，他在中国期间，先后著译书籍近二十种，除部分是宣传天主教教义外，很多都是关于数学、天文、地理的著述。著名的欧几里得的《几何原本》，就是他与徐光启合译到中国的。还有《同文指算》(利玛窦、李之藻译)、《园容较义》(利玛窦、李之藻译)，在当时都产生了很大影响。利玛窦绘制的世界全图(《万国舆图》)，从万历十二年(公元1584年)到万历三十六年(公元1608年)，二十四年之间，翻印达十二次之多，可见引起当时的广泛注意。这幅地图，不仅说明了地球是圆形，而且第一次正式介绍了世界五大洲的轮廓。在天文历法方面，利玛窦等也传进了一些新东西。可以说，中国接触西方科学技术就是从这时开始的。但应该看到，利玛窦等耶稣会士带来的这些东西，并不是当时最先进的科学技术知识，而且他们的目的也并不是传播西方先进的科学技术，不过是利用这些科学技术知识作为传教的一种手段。

由于这种种原因，利玛窦等人对中国当时的社会政治生活产生了一种复杂的影响。他们宣扬的一整套经院神学理论及其政治说教，在当时的中国，正好起到维护封建统治的目的，与当时中国随着资本主义萌芽而正在兴起的启蒙思想处于对立的地位；而他们传来的一些科学知识与技术，又确实引起了当时一些启蒙学者的极大兴趣，激发了他们探求新事物、新思想的热情。

就是在这种形势与情况下，李贽于万历二十七年(公元1599年)在南京和利玛窦相识。李贽和利玛窦相会的情况，在利玛窦、金尼阁所著《利玛窦中国札记》、《耶稣会与天主教进入中国史》和裴行化的《利玛窦司铎和当代中国社会》中有所记述。根据这些记述，可知李贽与利玛窦的见面有五次，三次是在南京，两次是在济宁。

当时，在南京城里住着一位显贵的公民，他原来得过学位中的最高级别。[①] 中国人认为这本身就是很高的荣誉。后来，他被罢官免职，闲居在家，养尊处优，但人们还是非常尊敬他。这个人素有我们已经提过的中国三教的领袖的声誉，他在教中威信很高。他家里还住着一位有名的和尚。[②] 此人放弃官职，削发为僧，由一名儒生变成一名拜偶像的僧侣，这在中国有教养的人中间是很不寻常的事情。他七十岁了，熟悉中国的事情，并且是一位著名的学者，在他所属的教派中有很多的信徒。这两位名人都十分尊重利玛窦神父，特别是那位儒家的叛道者；当人们得知他拜访外国神父后，都惊异不止。不久以前，在一次文人集会上讨论基督之道时，只有他一个人始终保持沉默，因为他认为，基督之道是唯一真正的生命之道。他赠给利玛窦神父一个纸折扇，上面写有他做的两首短诗，[③] 这两首短诗就放到利玛窦当时积累的资料中去；这是中国人常见的作风。如果当初有人爱好虚荣，把这些献给利玛窦神父和他同伴的短诗保存下来的话，它们会有厚厚的一册。[④]

在山东省有一位总督，[⑤] 他管辖着所有内河船只，甚至包括给皇城运粮的船只。他的地位高于那些其职务为保证皇城没有缺匮之虞的官员们。当时这位总督是山西人，是一个虔诚的偶像崇拜者，但对于来生来世十分关心。他的儿子曾由一位名叫李卓吾(Liciu)的朋友介绍，见过利玛窦神父，所以他也从儿子那里听到了很多有关基督信仰的事。恰巧这位李卓吾和总督都住在济宁(Zinim)城。船在那里停泊，利玛窦神父派使者去找他的朋友李卓吾，说是想要拜会他，谈谈去北京的事。

他的朋友在官场中是位有名的交际家，又是一位老成持重的幕僚。他是总督的挚友，彼此交情很深，总督甚至在相邻的双方宅第之间的墙上开了扇门，以便彼此天天相互拜访。李卓吾听说利玛窦神父要来，马上就转告自己的邻居；总督十分高兴，向神父发了正式邀请，派出了轿子或轿夫，把他接进府来。他们热烈接待了神父，然后听他谈了一些欧洲的情况以及总督十分关心的有关来生来世的问题。当神父后来要告辞

① 此人指焦竑。意大利文说他中过 Cioaniuen(状元)。——原注按

② 此人指李贽。——原注按

③ 现存一首《赠利西泰》，见《焚书》卷六。

④ 何高济等译：《利玛窦中国札记》，中华书局，1983，第 358～359 页。《耶稣会与天主教进入中国史》有大同小异的记述(见该书第 251 页)。

⑤ 指刘东星，当时他任漕运总督。

时，总督对他说，“玛窦”，他用尊敬的名字称呼西泰(Sithai)，“我也想上天堂”，这表明了他所关心的并不是财富和尘世的荣誉，而是自己的永恒得救。

……利玛窦神父刚一回到船上，城里就响起了一阵不寻常的类似骚乱的喧哗。这是总督大驾前来，扈从前呼后拥所致，他急于赶到利玛窦神父的船上，所以对路上耽搁时间太长很不耐烦。管事的太监对于这种不寻常的骚动感到十分惊讶，港内其他船上的人也都一样。总督最后上了船，行过正式访问时遵行的常礼，他赞叹不绝地观赏送给皇帝的礼物，他的扈从莫不如此，不能拒绝他们进行参观。随他之后，来了该城的其他官员。

第二天，利玛窦神父正式回访，作为交换礼物，他送给总督一些欧洲饰物，这些东西制作新奇，他们缺乏估价。他在官府中呆了一整天，和李卓吾及总督的孩子共同进餐，他发现这次访问是这样愉快高兴，以致他完全觉得自己是在欧洲的家里，或者跟他的朋友在他教会的教堂中，而不是在世界另一面的异教徒中。

利玛窦神父离开时，总督派一个属员去伴随他，这个属员，奉他上司之命，让神父的船只，沿着几里的路途，在其他船只之前通过几条狭窄的河道，这就大大缩短了他们的旅程。到达码头，他发现利玛窦的船在港口外有些距离，在那里，船是由负责的太监接待，他不能容忍好奇的观众，他们的横蛮差点引起骚乱。后来他下令让利玛窦上他的船。

神父们充分决定，在一有可能的机会时就报答他们受到的恩德。他们也有意把基督教义的奥妙教给总督和他的朋友李卓吾。当时他们做不到这点，因为他们访问的时间短暂，也因为负责北京之行的人行动匆忙。那个时间的三年内，总督和李卓吾都死了。总督在离任退休前去世，而李卓吾在北京自刎而死。一些不知姓名的官员[①]向皇帝上章控告李卓吾，谴责他写的书。因此皇帝下诏把他的书全部焚毁，并把他投入囹圄。李卓吾不能忍受公开地遭到贬抑，以致他的名字成为他的敌人的笑谈。作为中国人中罕见的典例，他要向他的弟子证明，如他平常告诉他们那样，他完全不因畏死而动容，并且这样一死来使他的敌人失望，他们想要看

① 指向神宗上疏劾奏李贽的张问达。

到他受辱而死。[1]

那位啸傲王侯、目空一切，不肯轻易晋谒达官显宦的李贽和尚，竟不惜纡尊枉驾先来拜访利公。利公前往答拜的时候，他带了许多随侍左右的子弟们簇拥着出来相见，彼此畅谈宗教，谈得很久。但他不肯讨论也不辩驳，只说你们天主教是好的。他送给利公两把扇子，上面写着两首小诗，是他亲笔写作；这两首诗后来有许多人抄读，还收入他的诗集中，刊印出来。末了，他命人把利公的《交友论》誊录了好几份，加上几句推崇的话，寄给他湖广一带为数很多的门生。[2]

从以上记述，可以知道利玛窦在南京时，李贽先去拜访了利玛窦，而后利玛窦又“前往答拜”，同时，两人又一起参加了“文人集会”，前后相见共三次。万历二十八(公元1600年)，刘东星以漕务巡河到南京，接李贽到山东济宁漕署。当年，利玛窦和西班牙人庞迪我从南京到北京去，途经济宁，特到刘东星漕署与李贽相会，并和刘东星相识。第二天，利玛窦又“正式回访”，在刘东星“官府中呆了一整天，和李卓吾及总督的孩子共同进餐。”从以上的论述可以看出，李贽与利玛窦的交往是非常亲密和笃厚的。

利玛窦到中国传教时，澳门神学院派遣了一个比利时人金尼阁神父协助其工作，《利玛窦中国札记》就是金尼阁于1615年完成的。其中提到文人集会讨论基督教之事，是实有所指的。当时在南京的著名儒道维护者刘冠南、黄洪恩等，曾几次组织文人聚会，与利玛窦辩论，辩论的内容非常广泛，从天文、地理、世界的构成，宗教的教义，以及“人性善”、“人性恶”等哲学命题。辩论的目的是要驳倒利玛窦所宣传的西方哲学思想、宗教信仰和自然科学知识。金尼阁称赞李贽在辩论中“始终保持沉默”，并由此误认李贽已认为“基督之道是唯一真正的生命之道”，其实是不确切的。李贽不像当时的一些腐儒那样，对利玛窦完全采取排斥态度，对利玛窦所宣传的西方文化、自然科学，李贽是赞赏的，但对其传教的目的，则又有所怀疑。这一点清楚地表现在他的《与友人书》中：

① 何高济等译：《利玛窦中国札记》，中华书局，1983，第385～388页。《耶稣会与天主教进入中国史》有大同小异的记述(见该书第271～272页)。

② 裴化行：《利玛窦司铎和当代中国社会》，王昌社译，1943年上海震旦大学史学研究所出版，第一册，第253页。

承公问及利西泰，西泰大西域人也。到中国十万余里，初航海至南天竺始知有佛，已走四万余里矣。及抵广州南海，然后知我大明国土先有尧、舜，后有周、孔。住南海肇庆几二十载，凡我国书籍无不读，请先辈与订音释，请明于《四书》性理者解其大义，又请明于《六经》疏义者通其解说，今尽能言我此间之言，作此间之文字，行此间之仪礼，是一极标致人也。中极玲珑，外极朴实，数十人群聚喧杂，雠对各得，傍不得以其间斗之使乱。我所见人未有其比，非过亢则过谄，非露聪明则太闷闷聩聩者，皆让之矣。

但不知到此何为，我已经三度相会，毕竟不知到此何干也。意其欲以所学易吾周、孔之学，则又太愚，恐非是尔。①

在这封信中，李贽对利玛窦到我国后的情况、为人处世态度，作了概括而准确的说明，对利玛窦到中国来的目的，提出了怀疑。李贽的怀疑不是泛泛的疑问，而是表明两人思想上的不同。前面曾经指出，利玛窦到中国的目的，是在宣传天主教教义。利玛窦到中国时，正值中国资本主义萌芽，“异端”思想崛起之时，李贽就是这种“异端”思想的代表。利玛窦为了实现其传教任务，进行了“合儒”工作，使天主教涂上中国的色彩，并带来一些科学技术，以博得封建统治者及广大士大夫的信任。在这种错综复杂的情况下，李贽对利玛窦有信任又有怀疑。利玛窦带来的科学技术，当然会引起李贽追求新事物的热情，利玛窦对宋明理学的批判，和李贽也有一定的共鸣。但利玛窦对“先儒”的推崇，却与李贽反传统的思想相抵触，利玛窦联儒批道的路线，与李贽批儒信道的思想当然也不相容。特别是利玛窦维护封建等级制的政治主张，与李贽要求个性自由平等，反对封建束缚和等级制的主张，处于对立的地位。这一切当然使李贽对利玛窦产生了怀疑。从《与友人书》中可以清楚看出，李贽称赞利玛窦“是一极标致人也，中极玲珑，外极朴实”，称赞他在辩论中能“雠对各得，傍不得以其间斗之使乱”，对利玛窦的推崇是在他个人的为人和办事的精干上。而对他的怀疑：“毕竟不知到此何干也。意其欲以所学易吾周、孔之学，则又太愚，恐非是尔”，则正是在他的传道目的上。这正是当时利玛窦的神学蒙昧主义与李贽的启蒙思想对立的表现。李贽信中提到“我已经三度相会”，当指在南京时的二次相聚，而不包括参加的“文人集会,”并把济宁的二日中的二次相见概为一次之意。

① 《续焚书》卷一。

《利玛窦中国札记》中还提到李贽赠利玛窦诗一事，现存《赠利西泰》一首：

逍遥下北溟，迤逦向南征。
刹利标名姓，仙山纪水程。
回头十万里，举目九重城。
观国之光未？中天日正明。[①]

这首诗不过是一般的酬答之作，并不能由此证明李贽对利玛窦的政治态度。诗中李贽特意提出“观国之光未？中天日正明”，显示了李贽的民族自豪感。

德国汉学家福兰阁曾在普鲁士学术研究院发表了两篇关于李贽的论文，第二篇《李贽与利玛窦》就是叙述李贽和利玛窦的交往的。此文与裴化行的《利玛窦司铎和当代中国社会》一文所述都是依据《利玛窦中国札记》。但他们二人都提到李贽很重视利玛窦的《交友论》。《交友论》是利玛窦在南昌时为明宗室建安王而写。“书中假托当今皇帝与利神父（指利玛窦）的对话，阐述了欧洲对友谊问题的看法。利神父汇集了欧洲哲人、圣贤和所有古代、现代作家的观点回答了皇帝就此提出的问题。”[②]全文不过二千多字，论述了交友的重要，如说：“吾友非他，即吾之半，乃第二我也；故当视友如己焉。友之与我，虽有二身，二身之内，其心一而已。”这篇著作及其所论述的交友的道理，很为当时的士大夫所推崇，万历二十三年（公元 1595 年）在南昌印行后，二十七年（公元 1599 年）、三十一年（公元 1603 年）又先后在南京和北京出了再版、三版，瞿汝夔、冯应京都先后为此书写了序。焦竑在《古城答问》中也说：“西域利君言：‘友者乃第二我也。’其言甚奇，亦甚当。”[③]利玛窦在《交友论》中所论述的关于交友的思想，与李贽的看法比较相近。李贽在《答沈王》中提出：“独学难成，唯友为益。”[④]在《为黄安二上人三首·真师》中提出：“友之即师”，“师之即友”。[⑤] 在《与吴得常》中提出：“学道人脚跟未稳当，离不得朋友；脚跟既稳当，尤离不得朋友。何者？友者有也，故曰道德由师友有之，此可以见朋之不可离矣。”[⑥]在《论交难》中提出“夫唯君子超然势利之外以求同志之劝，

① 《焚书》卷六。
② 《耶稣会与天主教进入中国史》，第 205 页。
③ 《澹园集》卷四八。
④ 《续焚书》卷一。
⑤ 《焚书》卷二。
⑥ 《续焚书》卷一。

而后交始难耳”的见解，并指责了那些“以圣人而居市井之货”的“今之学者”，说他们是“阳为圣人”、“阴为市井”，这种两面为人的人“比之市交者又万万不能及矣”。[①] 从重视友道这一方面看，李贽推崇利玛窦的《交友论》，把它推荐给门生和朋友，都是可能的，这也是他赞赏利玛窦的原因之一。

① 《续焚书》卷二。

八、不幸的晚年和《九正易因》的完成

万历二十八年至万历三十年（公元 1600 年—1602 年）

万历二十八年（公元 1600 年）春，刘东星亲自到南京，接李贽到济宁（今山东济宁）漕署去。

刘东星于万历二十六年（公元 1598 年）升任工部尚书兼右副都御史，总理河漕，住在济宁漕署。李贽对刘东星的远离京城专理河漕是有看法的，他认为这并不能充分发挥刘东星的才干。他写于万历二十七年（公元 1599 年）的《书晋川翁寿卷后》中说："公今暂出至淮上，淮上何足烦公耶！然非公亦竟不可。夫世固未尝无才也，然亦不多才。唯不多才，故见才尤宜爱惜，而可令公卧理淮上耶！在公虽视中外如一，但居中制外，选贤择才，使布列有位，以辅主安民，则居中为便。吾见公之入矣，入即持此卷以请教当道。今天下多事如此，将何以辅佐圣主，择才图治？当事者皆公信友，吾知公决不难于一言也，是又余之所以为公寿也。"①他希望刘东星能回到京城，以便"居中制外，选贤择才，使布列有位，以辅主安民"。因为他深感当时"天下多事"，没有一些有能力的大臣"辅佐圣主，择才图治"，国事是很难解决好的。这表现了李贽对当时国事的关心。

李贽于万历二十八年三月二十一日随刘东星到济宁的。李贽在南京时，正在编录《阳明先生道学钞》、《阳明先生年谱》，到济宁后，继续完成这一工作。他在《阳明先生道学钞序》中曾详细叙述了到济宁后的情况：

> 今岁庚子（公元 1600 年）元日，余约方时化、汪本钶、马逢旸及山西刘用相，暂缀《易》，过吴明贡，拟定此日，共适吾适，决不开口言《易》。而明贡书屋正有《王先生全书》，既已开卷，如何释手？况彼己均一旅人，主者爱我，焚书煮茶，寂无人声，余不起于坐，遂尽读之。于是乃敢断以先生之书为足继夫子之后，盖逆知其从读《易》来也。故余于《易因》之稿甫就，即令汪本钶校录《先生全书》，而余专一手抄《年谱》。以谱先生

① 《焚书》卷二。

者须得长康(顾恺之)点睛手，他人不能代也。抄未三十叶，工部尚书晋川刘公以漕务巡河，直抵江际，遣使迎余。余暂搁笔，起，随使者冒雨登舟，促膝未谈，顺风扬帆，已到金山之下矣！嗟嗟！余久不见公，见公固甚喜，然使余辍案上之纸墨，废欲竟之全钞，亦终不欢耳！于是遣人为我取书。今书与谱抵济上，亦遂成矣。[①]

李贽对他编著的《阳明先生道学钞》、《阳明先生年谱》是很满意的，他说："我于《阳明先生年谱》，至妙至妙，不可形容。"[②]又说："《阳明先生年谱》及《抄》在此间梓，未知回日可印行否？想《年谱》当有也。此书之妙，千古不容言。"[③]

《阳明先生道学钞》是王阳明论文、书信、杂著的一个选本。现存有明万历己酉(万历三十七年，公元 1609 年)春月武林继绵堂刊本，共八卷，分"论学书"(十六篇)、"杂著书"(二十二篇)、"龙场书"(六篇)、"庐陵书"(一篇)、"南赣书"(二十八篇)、"平濠书"(二十八篇)、"思田书"(十五篇)，共一百一十六篇。第八卷为《阳明先生年谱》(分上、下)。李贽编这样一部书，出于他对王阳明的崇拜，虽然李贽的思想早已脱出了王学的藩篱，但他到老也还是一个王学的崇拜者。这一点在他写的《阳明先生年谱后语》中看得很清楚。

余自幼倔强难化，不信学，不信道，不信仙、释，故见道人则恶，见僧则恶，见道学先生则尤恶。惟不得不假升斗之禄以为养，不容不与世俗相接而已。然拜揖公堂之外，固闭户自若也。不幸年逋四十，为友人李逢阳、徐用检所诱，告我龙溪王先生语，示我阳明王先生书，乃知得道真人不死，实与真佛、真仙同，虽倔强，不得不信之矣。李逢阳，号翰峰，白门人。徐用检，号鲁源，兰溪人。此两公何如人哉？世人俗眼相视，安能一一中款，今可勿论。即其能委委曲曲以全活我一个既死之人，则亦真佛真仙等矣。今翰峰之仙去久矣，而鲁源固无恙也。是春，予在济上刘晋川公署，手编《阳明年谱》自适，黄与参见而好之，即命梓行以示同好，故予因复推本而并论之耳。要以见余今者果能读先生之书，果能次先生之谱，皆徐、李二先生之力也。若知阳明先生不死，则龙溪

① 《阳明先生道学钞》卷首，见《李贽全集注》第二十六册，第 506 页。

② 《续焚书》卷一《与汪鼎甫》。

③ 《续焚书》卷一《与方伯雨》。

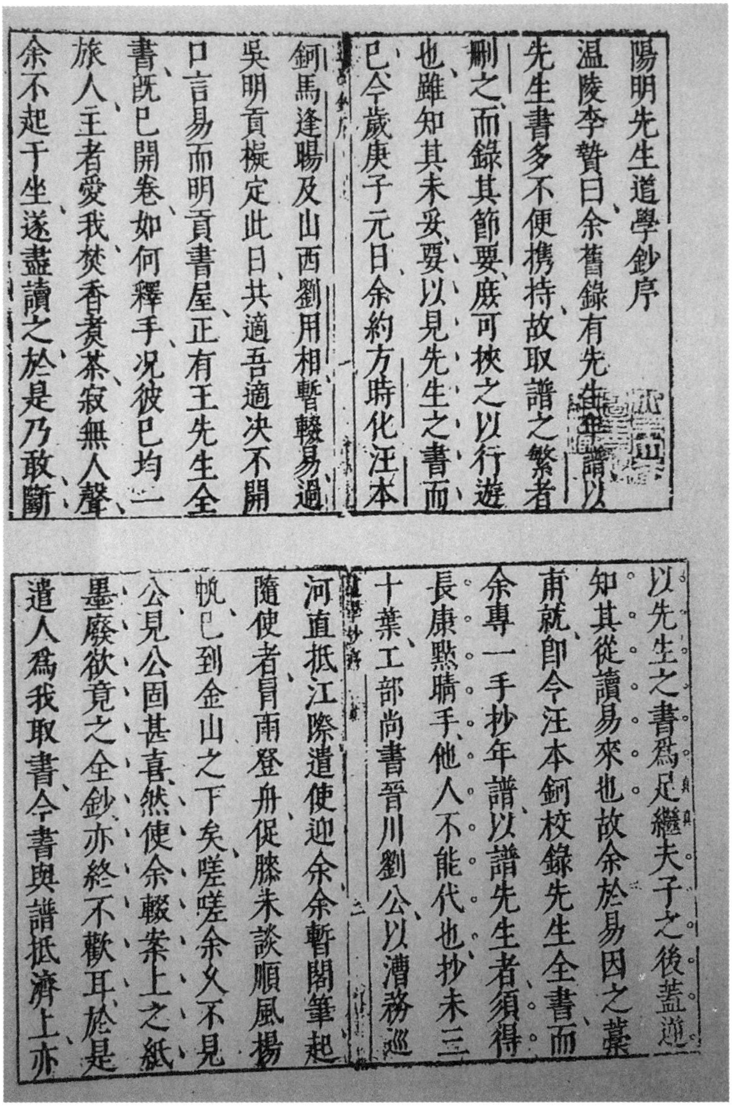
陽明先生道學鈔序
溫陵李贄曰余舊錄有先生年譜以
先生書多不便攜持故取譜之繁者
刪之而錄其節要庶可挾之以行遊
也雖知其未妥要以見先生之書而
已今歲庚子元日余約方時化汪本
鈳馬逢暘及山西劉用相暫輟易過
吳明貢擬定此日共適吾適決不開
口言易而明貢書屋正有王先生全
書既巳開卷如何釋手況彼巳均一
旅人主者愛我焚香煮茶寂無人聲
余不起于坐遂盡讀之於是乃敢斷
以先生之書爲足繼夫子之後蓋逆
知其從讀易來也故余於易因之叢
甫就即令汪本鈳校錄先生全書而
余專一手抄年譜以譜先生者須得
長康點睛手他人不能代也抄未三
十葉工部尚書晉川劉公以漕務巡
河直抵江際遣使迎余余暫閣筆起
隨使者冐雨登舟促膝未談順風揚
帆巳到金山之下矣嗟嗟余久不見
公見公固甚喜然使余輟案上之紙
墨廢欲竟之全鈔亦終不歡耳於是
遣人爲我取書令書與譜抵濟上亦

《阳明先生道学钞序》书影

先生不死，鲁源、翰峰二先生之群公与余也，皆不死矣。谱其可以年数计耶？同是不死，同是不死真人，虽欲勿梓，焉得而勿梓。[1]

① 见《李贽全集注》第十八册，第 482～483 页。

《阳明先生年谱》与《阳明先生道学钞》同时着手，同时完成，并合印成书，在李贽有特别的用意。《阳明先生道学钞》节录王阳明一生文章、言论，按其行年编排，与《年谱》同读，便于更清晰、更深入地理解王阳明其人其学并践行其学，如李贽所说，《阳明先生道学钞》“与《年谱》并观，真可喜。士大夫携之以入扶手，朝夕在目，自然不忍释去，事上使下，获民动众，安有不中窾者乎？”[①]《阳明先生年谱》系主要据钱德洪等所撰《阳明年谱》(以下简称钱《谱》)节略并加评点而成。王阳明逝后，其门人钱德洪、王畿、薛侃、欧阳德、黄弘纲、何性之、张元冲等合议决定修撰《阳明年谱》，先分年搜集材料撰成草稿，由邹守益总成之。嘉靖三十九年(公元1560年)《年谱》仍未成稿，邹守益又委托钱德洪总修。至嘉靖四十二年(公元1563年)《年谱》成。《年谱》凡四卷，附钱德洪、王畿、罗洪先等叙论《年谱》之文一卷。《阳明先生年谱》虽据钱《谱》节略而成，但并不是对钱《谱》的简单随意的节录，而是李贽按照自己对王阳明的学说、事功独有的认识精心节撰而成。《阳明先生道学钞》与《阳明先生年谱》同时着手，《道学钞》委托汪本钶校录，而《年谱》则由李贽独自完成。李贽说：“余专一手抄《年谱》，以谱先生者，须得长康(顾恺之)点睛手，他人不能代也。”[②]可见他编《阳明先生年谱》，对于钱《谱》是有点睛传神之功的。(按，顾恺之画人物点睛传神事见《世说新语·巧艺》。)如正德十五年(公元1520年)六月，王阳明答罗钦顺问学，钱《谱》录答书甚详，而李贽只录“失在过信孔子”一语。这就是点睛之笔，这是在特别提醒人们，王阳明认为对孔子也不能盲目尽信。李贽自己不以孔子之是非为是非，其所承，不也就是王阳明此说吗？又如王阳明正德间在赣南平乱，嘉靖间在广西平乱，都是剿、抚并举，钱《谱》对这两方面记载皆较详，而李贽所录，则重抚而略剿。这显然是为了突出王阳明的仁德之心，也表明了李贽自己对平定民乱的主张。《年谱》充分表现了李贽对王阳明的尊崇，但值得注意的是，在《年谱》中，李贽对王阳明并不一味颂扬，在有的地方，甚至对王阳明还有所批评。如正德十二年(公元1517年)，王阳明在上杭祷雨，果得三日雨，有司请名行台为“时雨堂”，王阳明作《时雨堂记》，李贽评曰：“太俗气矣！只为先生有这个在也。”这是在直言不讳地批评王阳明名心未退，道心不足，太俗气。又如思、田平定后，王阳明自为文勒石记功，李贽评语以为此举乃“劳而伐，功而德，非九三君子之终”，认为“事只管做，绝口不言功劳，乃是经纶千古好手”。王阳明

① 《续焚书》卷一《与方伯雨》。
② 《阳明先生道学钞序》。《阳明先生道学钞》卷首，见《李贽全集注》第二十六册，第506页。

于此，显然有所不足。总的看，《阳明先生年谱》虽据钱《谱》节略，却能表现李贽一己的见解、眼光、个性。

在济宁时，李贽还与马经纶相会。马经纶，字主一，又字诚所，顺天通州(今北京通州)人。万历十七年(公元1589年)进士，除肥城(今山东肥城)知县，后入为御史。万历二十三年(公元1595年)冬，因兵部军政考选事和东厂太监张诚之家奴锦衣副千户霍文炳之迁任事，神宗朱翊钧把北京、南京几十个给事中、御史等言官免职、贬官、罚俸，九卿大臣也因上疏申救而受到处分。马经纶对此极为愤怒，抗疏神宗，指责他斥逐南北言官、罚俸停职的荒谬，并指责神宗"不敬天"、"不敬祖"、"不勤政"、"去邪不决，任贤不笃"、"好货成癖，御下少恩"，言辞极为激烈。其末段说："夫人君受命于天，与人臣受命于君一也。言官本无大罪，一旦震怒，罪一失职，无一敢抗命者。既大失人心，必上拂天意。万一上天震怒，以陛下之不郊不禘、不朝不讲、不惜才、不贱货，咎失人君之职，而赫然降非常之灾，不知陛下尔时能抗天命否乎？臣不能抗君，君不能抗天，此理明甚，陛下独不思自为社稷计乎？"①从马经纶的抗疏，可以看出他的为人和品德，特别是他敢于那样直言进谏，打抱不平，这是难能可贵的。结果引起神宗大怒，贬三秩，出之外。后又因工部都给事中林熙春等上疏为他说情，御史鹿久徵、南京御史林培相继疏陈时政，神宗又追怒到马经纶，把他贬斥为民。从此，马经纶回到通州，杜门却扫凡十年，死后，门人私谥闻道先生。马经纶之父马历山与李贽早相识，马经纶对李贽也极为崇拜。这时，马经纶特到济宁刘东星漕署拜识李贽，并陪同李贽游济宁城和太白楼、南池诸名胜，又同游单县和曲阜，李贽留有《琴台》、《轮藏殿看转轮》、《南池》、《太白楼》、《释迦佛后》等多篇诗文。在《释迦佛后》一文中写道："余偶来济上，乘兴晋谒夫子庙，登杏坛，入林中，见桧柏参天，飞鸟不敢栖止。一草一木，皆可指摘而茎数，刺草不生，棘木不长，岂圣人之圣真能使草木皆香洁，乌鹊不敢入林窠噪哉！至德在躬，山川效灵，鬼神自然呵护。庸夫俗子无识不信，独不曾履其地乎？何无目之甚也！"②这是瞻仰孔庙、孔林之后的所感，深切地表现了李贽对孔子这一历史人物的礼赞。联系到李贽稍后定稿的《九正易因》中对孔子的极力称颂，与早年对孔子的贬斥，显示出李贽思想发展中一个变化的轨迹。

在济宁时，李贽以七十四岁的高龄，在编著《阳明先生道学钞》、《阳明先

① 《明史》卷二三四《马经纶传》。

② 《续焚书》卷四。

生年谱》的同时，又继续对《易因》进行修改。他说："我此处又读《易》一回，又觉有取得象者，又觉我有稍进处。"并从中认识到"人生一日在世未死，便有一日进益，决无有不日进之理；不有日进，便是死人"[①]的道理，表示要"时时进"，表现出顽强的好学精神和坚韧的毅力。

这种精神还明显地表现在李贽从济宁回麻城以后对道学家的斗争上。李贽在济宁住了一段时间后，又回到了龙潭湖，但是，当时有人却不愿他住在麻城，妄图把他赶回老家泉州去。他们开始是造舆论，说李贽住麻城不合适，是害了麻城人，应该回泉州去。李贽在给焦竑的信中透露了这一消息，并驳斥了这种谬论："若其人不宜居于麻城以害麻城，宁可使之居于本乡以害本乡乎？是身在此乡，便忘却彼乡之受害，仁人君子不如是也。既不宜使之说法为教主于麻城，而令其说法为教主于久去之乡县，是重他乡而藐视目前，亦又太远于人情矣！"[②]在这封信中，李贽还明确表示了他坚持著述的意志："'说法教主'四字真难当。生未尝说法，亦无说法处；不敢以教人为己任，而况敢以教主自任乎？唯有朝夕读书，手不敢释卷，笔不敢停挥，自五十六岁以至今年七十四岁，日日如是而已。关门闭户，著书甚多，不暇接人，亦不暇去教人，今以此四字加我，真惭愧矣！"李贽不顾一些人的非难，也不愿承当"说法教主"的虚荣，只知手不释卷、笔不停挥的学习著述，这正是他顽强性格与战斗精神的一个表现。

造舆论赶不走李贽，他们就勾结封建官吏，雇用流氓打手，以"维持风化"为名，"逐游僧，毁淫寺"，对李贽进行驱逐迫害。《泉州府志》记载："贽遂至麻城，筑室龙湖寺中。著书谈道，听者日众。间有宦门闺壶，亦致篚帛受业，坐是喧阗郡邑。符卿周公宏禴曰：'李先生学已入禅，行多诞，祸不旋踵矣。'会冯应京为楚佥事，毁龙湖寺，置诸从游者法。"[③]查《明史·冯应京传》："二十八年擢湖广佥事，分巡武昌、汉阳、黄州三府。绳贪墨，摧奸豪，风采大著。"[④]冯应京毁龙湖寺可能就在此时。李贽事先得到消息，在杨定见的协助下，躲入河南商城黄柏山由无念僧师做住持的法眼寺中，使其免遭了封建统治者的毒手。

无念俗姓熊，名深有，嘉靖二十三年(公元 1544 年)生于湖北麻城，十余岁出家，曾游历天下名山，参禅。《释无念传》载："释无念，名深有，山东熊

① 《续焚书》卷一《与方伯雨》。
② 《续焚书》卷一《与焦弱侯》。
③ 乾隆《泉州府志》卷五四《明文苑》。见《李贽全集注》第二十六册，第 329 页。
④ 《明史》卷二三七《冯应京传》。

氏子。少孤，披剃，便游诸方。一日参一名宿，直宿方锄瓜茄次。僧请开示，宿即指曰：黄瓜茄子！僧参四十年后，忽有省。原不识文字，自是偈颂书札，口占如流。李长者(指李贽)闻而与之游。”[①]无念原为麻城龙潭湖芝佛守院僧，万历十六年(公元1588年)，曾为周思久(柳塘)礼请李贽居芝佛院，从而更加深交。李贽在《释子须知序》中说：“柳塘，友山兄，亦好学，虽居县城，去芝佛院三十里，不得频频接膝，然守院僧无念者以好学故，先期为柳塘礼请在焉，故余遂依念僧以居。”[②]在《穷途说》中说：“住龙湖为龙湖长老者，则深有僧；近龙湖居而时时上龙湖作方外伴侣者，则杨定见秀才。余赖二人，又得以不寂寞，虽不可以称相知，然不可以不称相爱矣。”[③]在《无念上人诞辰》中说：“有僧无念，学道精勤，众人不知，目为庸僧。我与无念相半九载，知其非庸。”[④]后来，无念与其徒常闻发生矛盾，与李贽也产生了隔膜，经常游方不归，终于在万历二十二年(公元1594年)到黄柏山结庐，创建法眼寺。无念选取黄柏山建法眼寺，有着他的深意。这可以从法眼寺的楹联上使我们得到认知。该楹联是：“雾幛风光，烟火境邻湖北北；幢幡峻岭，云山静居汝南南。”黄柏山乃大别山主脊一脉，盘亘于豫鄂皖三省边界，更是豫鄂划分的界山，故上联称之为“湖北北”；黄柏山位于商城西南，商城明代属汝宁府，治所在汝南，故下联称之为“汝南南”。黄柏山层峦叠障，竹木苍翠，风光旖旎，在这里建一寺院，实为参禅讲经的圣地。

李贽与无念虽曾有过隔膜，但当李贽受到迫害而避难于法眼寺时，还是受到无念的热情款待。因为无念对李贽一直都非常景仰，这在李贽去世后，无念给梅之焕的信中有着鲜明的体现：“李长者英敏过人，下笔无渗漏，识浪滔天。凡读其书信，无不受益。总是依通，不得圆通，皆执侠令不化，此乃真侠骨见解者所使的样子。”[⑤]

李贽避难于黄柏山时，并不受统治者迫害的干扰，而继续读书撰著。他一方面继续对《周易》的研究，并修订《易因》；一方面完成前几年已开始的《言善篇》一书的编撰。该书又名《卓吾老子三教妙述》，简称《三教妙述》。书中收辑了儒、道、释三家“堪以劝戒”的一些诗文，故名。现存四卷，恐已非全部，有明万历四十六年(公元1618年)宛陵刘逊之刊本。《续焚书》卷二有刘东星的

① 《黄蘖无念复问》卷二，民国三十三年(1944年)刻本。

② 《续焚书》卷二。

③ 《续焚书》卷二。

④ 《黄蘖无念复问》卷二，民国三十三年(1944年)刻本。

⑤ 麻城《梅氏族谱》卷三三《中丞公遗稿》。

《序言善篇》，和李贽写的三篇序文《释子须知序》、《道教钞小引》和《圣教小引》。刘东星的序文中说："《言善篇》者何？卓吾老子取其将死而言善也。"又说："是书凡六百余篇，皆古圣要语，卓吾汇而集之，欲以开来学而继往圣，余尚未见，见其《小引》三首与《言善篇目》而已。"李贽在《释子须知序》中充满激情地表现了对耿定理、周友山、无念等人对自己的多方关照的感激，以及对佛法的认知。并说："余今年七十又五矣，旦暮且死，尚置身册籍之中，笔墨常润，砚时时湿，欲以何为耶？因与众僧留别，令其抄录数种圣贤书真足令人启发者，名曰《释子须知》，盖以报答大众二十余年殷勤，非敢曰为僧说法也。"表现出对这一书的重视。在《道教钞小引》则表现了李贽对道教的尊崇，说孔子都曾向老子问礼，"千万世学者可以一时不佩服于身，一息而不铭刻于心耶？"并说《道德经》应该"日置案头，行则携持入手夹"，与佛学经典一样"皆宜随身者"。此文在推重道家的同时，又把道家与释家相提并论，并给以赞颂。与这两篇序文相对照，在《圣教小引》中却表现了对以孔子为代表的"圣教"的不恭，而且文笔犀锋诙谐，充分表现出李贽作为"异端"的思想及其文风。

> 余自幼读圣教不知圣教，尊孔子不知孔夫子何自可尊，所谓矮子观场，随人说妍，和声而已。是余五十以前真一犬也，因前犬吠形，亦随而吠之，若问以吠声之故，正好哑然自笑也已。五十以后，大衰欲死，因得友朋劝诲，翻阅贝经，幸于生死之原窥见斑点，乃复研穷《学》、《庸》要旨，知其宗贯，集为《道古》一录。于是遂从治《易》者读《易》三年，竭昼夜力，复有六十四卦《易因》锓刻行世。
>
> 呜呼！余今日知吾夫子矣，不吠声矣；向作矮子，至老遂为长人矣。虽余志气可取，然师友之功安可诬耶！既自谓知圣，故亦欲与释子辈共之，盖推向者友朋之心以及释子，使知其万古一道，无二无别，真有如我太祖高皇帝所刊示者，已详载于《三教品》刻中矣。[①]

这篇文章以回顾自己一生对孔子和儒教的态度为线索，反对盲目尊孔，提倡自立是非，对当时的尊孔热潮予以痛击，同时又把自己说成是真正"知吾夫子"的"长人"。文中采用讽喻手法，把道学家们尊孔的大合唱比作黑夜中的"一犬吠影，众犬吠声"，孔子这尊偶像，就是在众犬的狂吠声中被哄抬起来

① 《续焚书》卷二。

的。这在当时不能不说是对孔教的大背叛。李贽说他集中翻阅了佛经，研读了《学》、《庸》，探讨了《周易》，从而使他真正认识到孔夫子为什么可尊，而不再跟着别人闻声而叫了。那么李贽认识了的圣教是什么？他答曰："万古一道，无二无别"，他把神圣的儒教和佛、老同等看待，这与其说是对孔教的尊重，还不如说是对孔教一尊地位的否定。这种"万古一道，无二无别"，混同一切不同的教义与主张的观点，当然是一种超阶级的唯心主义的观点，而且李贽也并没有完全否定孔子和孔教。这说明，在儒教占统治地位的封建社会，像李贽这样的人，也不可能完全摆脱传统观念的束缚。

李贽在黄柏山时还写有《读草庐朱文公赞》[①]，这是对人称"草庐先生"的元代学者吴澄有关"朱文公"(朱熹)赞文的评述。"朱文公赞"一文未见吴澄《吴文正公集》，苏天爵编著的《元文类》(又名《国朝文类》)卷一八有《晦庵先生画像赞》，又见《元风雅》，题为《晦庵画像赞》，与李贽此文中引用的文字大同小异。李贽在此文中，对吴澄吹捧朱熹进行了否定，并由此对朱熹也进行了贬斥。在《书〈胡笳十八拍〉后》[②]一文中，对蔡文姬的不幸遭遇深表同情，其中也寓意着李贽自己"天涯沦落"之感。文中说读了《胡笳十八拍》，"令人悲叹哀伤，五内欲裂"，为之"真情"所动，表现出李贽一贯的对文艺创作要表现真情实感的追求。文中要"学者"们从蔡文姬的作品中领略"朝闻夕死"的真谛，更是李贽对人生对理想不断追求的表现。

李贽在黄柏山时，或与朋友酬答唱和，或触景生情，或有所感悟，发而为诗，都极富情意，并具隽永优美的韵致。如《张陶亭逼除上山既还写竹赠诗故以酬之》[③]，用陶渊明、文与可、颜真卿、苏轼等诗人和书画家比喻张陶亭及其诗画作品，并用"古木倚孤竹，相将结岁盟"的画面，寄寓着二人深交之情。特别是"我为何病来，君胡自商城"的反问，既表现出李贽被迫害而避难于法眼寺时对统治者的愤慨，又表现出张陶亭能在此时上山探访李贽的深情厚意。全诗融历史人物与诗画创作以及友情交深为一体，实为一首感人的抒怀之作。又如《温泉酬唱》[④]以"洗心千涧水，濯足温泉宫"，表现自己不惧世患的超脱心态，深切感人。"洗心"，语出《周易·系辞上》："圣人以此洗心。"以喻洗涤心胸，除去杂念，保持真心，不为世俗所缠绕。"濯足"，语出《孟子·离娄上》："沧浪之水清兮，可以濯我缨；沧浪之水浊兮，可以濯我足。"原意

① 《读焚书》卷二。
② 《续焚书》卷四。
③ 《续焚书》卷五。
④ 《续焚书》卷五。

为洗去脚污，后以喻清除世尘，保持高洁。千涧水，温泉宫，都是商城的实景。以史籍与实景相融为一体而言志，更显示出李贽作为一位思想家而兼诗人的深刻睿智与丰富情思。

还应该提及的是，当时马经纶赴麻城向李贽问道求学，到麻城后得知李贽受迫害的情况，又立即冒雪赶到黄柏山法眼寺。在这里他与李贽一起习《周易》，“辨惑解缚，闻所未闻，四十日间，受益无量”①。

万历二十九年(公元1601年)年初，李贽与马经纶仍住在黄柏山中，马经纶为去岁李贽被逐一事，激愤地写了《与当道书》，为李贽辩护：

> 顾卓吾儒老，其托迹禅林，殆若古人之逃于酒，隐于钓；其寄居麻城，亦若李太白之流寓山东，邵尧夫、司马君实之流寓洛阳。古人得遂其高于流寓，至令后人载之邑乘，以为地重；绘之图画，以为世荣。而卓吾不能安其身于麻城，闻檄被驱，狼狈以避。虽以黄堂四品大夫，大明律所谓以礼致仕与见任官同者，而地主独不相容。虽以七十五岁风烛残年，孔大圣人所谓老者安之，而顾毁其庐，逐其人，并撤其埋藏此一具老骨头之塔，忍令死无葬所而不顾，此岂古今之势异哉！缘麻城人以“异端惑世”目之，以“宣淫”诬之耳。夫使诚惑世而宣淫也，天道不容，国法不贷，即杀此七十五岁老翁以正一方之风化，此正豪杰非常作用，弟且为圣门护法庆矣，又何疑于驱逐乎。然而七十五岁老翁，旦暮且死，麻城人尚毫无怜老之心，攻之至再至三，曾不少置，此亦足以见此老之决不能惑世明矣。诚使足以惑世，而麻城之人果为其所惑也，又何至群起而攻之？夫麻城之人，未尝不知此老之不能惑世，未尝不知此老之不能宣淫，亦未尝不怜此老之衰老，即有言语小嫌，亦未尝不少忍，以待此老之死。然今日独恝然为此事者，其意不在此老也，昭昭著矣。彼盖借宣淫之名，以丑诋其一乡显贵之族，又借逐僧毁寺之名，以实其宣淫之事。于是贿众狂吠，若以为公论公恶焉耳。此其机械深，而其用心亦太劳矣。②

这封信有力地批驳了道学家以“惑世”、“宣淫”的罪名对李贽的诬蔑。马经纶为了批驳道学家对李贽的诬陷，把李贽描绘成典型的“儒老”，当然是不确切

① 马经纶：《与当道书》，据《李温陵外纪》卷四。见《李贽全集注》第二十六册，第102页。

② 《李温陵外纪》卷四，见《李贽全集注》第二十六册，第102～103页。

的，但他对道学家谎言的批驳却是铮铮有力的。在《与当道书》中，马经纶还公开告诉当道者，是他把李贽奉寓在商城黄柏山中，而且，稍待春和，就携同李贽入湖广省城，流寓武昌了。这无疑是向当道者示威。

但是，马经纶并没有同李贽到武昌去，而是在这年的二月，一同回到了通州，李贽从此寓居马家。关于当时李贽的生活状况，可以从现有的资料中了解到一些。例如，当时汪可受起官霸上，到马经纶家探望李贽的情况：

辛丑，老子以马侍御之约，至通州，而余适起官霸上，约相见于侍御之别业。老子以儒帽裹僧头，迎揖如礼。余惊问曰："何恭也?"老子曰："吾向读孔子书，实未心降。今观于《易》，而始知不及也。敢不如其礼。"余少顷曰："如先生往事，犹在是非窠臼中。"老子曰："此非我事，乃人道中事耳。有手在，安得人打不打；有口在，安得人骂不骂?"余笑曰："依旧卓吾老子也。"[①]

又如袁中道这年到通州访李贽时见面的情形：

岁辛丑，余在潞河马诚所所，又遇袁小修三弟，虽不获见太史家兄(去年袁宗道卒，李贽有《哭袁大春坊》诗)，得见小修足矣，况复见此卷乎!

小修劝我勿吃荤。余问之曰："尔欲我不用荤何故?"曰："恐阎王怪怒，别有差委，不得径生净土耳。"余谓："阎王吃荤者，安敢问李卓吾耶！我但禁杀不禁嘴，亦足以免矣。孟子不云七十非肉不饱？我老，又信儒教，复留须，是宜吃。"小修曰："圣人为祭祀故远庖厨，亦是禁吃荤者，其言非肉不饱，特为世间乡间老耳，岂为李卓老设此言乎？愿勿作此搪塞也!"余谓："我一生病洁，凡世间酒色财半点污染我不得。今七十有五，素行质鬼神，鬼神决不以此共见小丑，难问李老也。"[②]

再如刘东星在《史阁款语》中所记他和李贽关于"为臣不易"的辩论情形：

岁辛丑夏，李卓吾同马诚所侍御读书山中，余屡遣迎不至，谓余宜

---

① 汪可受：《卓吾老子墓碑》，《畿辅通志》卷一六六。见《李贽全集注》第二十六册，第84页。

② 李贽：《书小修卷手后》，《续焚书》卷二。

邸非遨游之地，官署非读书之场。……所著何书，指示我！于是得《史阁》二十一篇以归。其所叙述，专以“为臣不易”一语，更端言之极尽。余因戏答之曰：“今人正坐不易一语，怠缓了国家大事，使世界无所倚托，今何为出此言也？动步不敢，见勇往直前者则指为轻进；动口不敢，见开口见胆者则指为干名。若皆慎重不易，则斯世何赖，朝廷何赖？”

卓吾子勃然作曰：“我为上上人说法，不为此等人说法。此等人乃世间患得失之人，贤者耻之，岂吾所说耶？我为世间贤人多是如此，必欲进之于大圣人之域，文王、孔子之归。盖必如此，然后能济世，然后能有益于君。此实载在《尚书》，著在《周易》，特无人提动，不省耳。公看斯世谁不愿为文王、孔子大圣人者？”①

从这些记载看，李贽一方面以儒帽裹僧头，自称信儒教，要人都做孔子似的大圣人；一方面又对当时的世俗加以藐视，对阎罗鬼神加以嘲笑，重点发挥“为臣不易”这种与君为臣纲不相一致的理论，并以一生爱好洁净，没有污染酒、色、财而自夸，以及那种念佛又吃荤的行动，这都带有“异端”的色彩，正像汪可受所说：“依旧卓吾老子也。”

李贽到通州后，除了不时会见老友与一些客人外，就集中力量修改他从前写成而已经刻印的《易因》。并根据马经纶的意见：“乐必九奏而后备，丹必九转而后成，《易》必九正而后定，宜仍旧名《易因》，而加‘九正’二字即得矣”②，定名为《九正易因》。

《九正易因》是李贽的最后一部著作。汪本钶在《哭李卓吾先师告文》中记载李贽研读修改《易因》的情况说：“庚子(公元 1600 年)冬，师又读《易》于黄柏山中，改正《易因》。适马诚所先生自北通州来访师山中。越春二月，师与马先生同至通州。既至，又与马先生读《易》，每卦自读千遍，又引坡公语钶曰：‘经书不厌百回读，熟读深思子自知。’近一年所，而《易因》改正成矣，名曰《九正易因》。钶计从师先后计九载，见师无一年不读《易》，无一月不读《易》，无一日无一时刻不读《易》，至于忘食忘寝，务见三圣人之心而后已。”③李贽从五十岁开始读《易》，用了二十多年的功夫，对《易》进行精心研讨，对《易因》多次修改，最后终于带病写完了《九正易因》，这种精神是值得称道的。

---

① 李贽：《史阁叙述》附，《续焚书》卷二。

② 李贽：《九正易因序》。见《李贽全集注》第十五册，第 1 页。

③ 《李温陵外纪》卷一。《李氏遗书》附录题为《卓吾先师告文》。见《李贽全集注》第二十六册，第 206 页。

中国社会科学院哲学所图书室现存明抄本《九正易因》二卷(共八册，一至四册为第一卷，五至八册为第二卷)，可能是李贽原著。第一卷卷首有《九正易因序》(有残页、残字)，《序》后有《读易要语》，而后为正文，按六十四卦顺序分别解说。每卦首列卦象、卦辞、彖辞、爻辞(李贽认为彖、爻辞是文王所作，故列前)与小象辞、大象辞，而后为李贽对经、传的综合解说，而后为附录，收入从先秦到明朝李贽时期有关《周易》研究的成果。《九正易因》在乾、坤两卦后不载文言，因为李贽认为“乾、坤不载文言者，以文言宜自为传，不宜独摘乾、坤两卦，而遗其他，以破碎圣人之经传也。”①也没收系辞、说卦、序卦、杂卦，李贽说：“待未死，尚当穷究系辞之奥，不但发明文言而已。”②说明他当时还来不及对这部分作解释，而准备以后再加补充。

在《序》中，李贽记述了他从《易因》的著述到《九正易因》成书的经过。他说《易因》一书是他在南京时作的，当时天寒夜永，他每每卧听读《易》者说《易》，心中不解，惨然感慨道：“此岂吾孔氏之书哉!”从此，遂三年闭门，专一钻研《周易》，而后写成了《易因》一书。后来，他又随马经纶到了通州马经纶读《易》的精舍。马经纶也是以《易》起家，号称通于《易》，于是李贽就与他一起“昼夜参详，才两年，而《易因》之旧者存不能一二，改者且至七八矣。”③

《易因》刻成于万历二十八年(公元1600年)，万历二十九年(公元1601年)二月，李贽与马经纶到了通州。李贽说“才两年，而《易因》之旧者存不能一二，改者且至七八矣”，可见《九正易因》是在万历三十年(公元1602年)完稿的。李贽在两年之内，对《易因》作出如此大的更动，可见他对自己著作是精益求精的。

《九正易因》重点解的是卦象、卦辞、彖辞、爻辞及象辞(小象辞和大象辞)，而且特别推崇孔子对《易》的发挥。他在《读易要语》中说：

> 文王彖辞、爻辞，其言约，其旨深，非夫子读而传之，后之人终不可得而读也。唯夫子于《易》终身焉，是故举其象，指其义，陈其辞，以至圣之心，合前圣之心，而后羲画文理灿然详明，厥功大矣。虽谓夫子以注解文王之《易》可也，后之人又何以赘为。夫唯不免有赘矣，以故夫子之传明而复晦，赘赘无已，晦晦相仍，《易》道大丧。乃后之用《易》者，

① 《乾卦·附录》，《李贽全集注》第十五册，第7页。

② 《乾卦·附录》，《李贽全集注》第十五册，第7页。

③ 《李贽全集注》第十五册，第1页。

反师其所训诂，即以为真圣人之神化，自入于过，而欲人寡过也，不亦甚与！故世之读《易》者，只宜取夫子之传详之，必得其《易》象之自然乃已。不然宁不读《易》，不可误述医方，以伤人也。[①]

李贽把彖辞、爻辞说成是文王所作，是不对的。《周易》一书，相传是伏羲画八卦，不一定可靠，八卦可能产生于原始社会时期，也许经过传说中的伏羲的整理。六十四卦则产生于殷朝，司马迁在《报任少卿书》中说："西伯拘而演《周易》"[②]，把六十四卦说成是周文王推演而成，也还可信。爻辞则是周公所作，与周文王无关。彖辞上下、象辞上下、系辞上下、文言、说卦、序卦、杂卦名为《易传》十翼，有些是孔子所作，有些是孔子弟子及其后学者记录和阐述孔子的见解而成，十翼所表述的思想，基本上是孔子的思想。

《周易》是一部占筮书，古人为了占筮人事的吉凶，创造了六十四卦，以象征宇宙间的事物，并由此推演出人事的吉凶，这当然是一种迷信。但《周易》以阴阳说明矛盾，说明对立面，却包含着朴素的辩证法因素，因此，也可以看作是一部哲学书。它产生在公元前 12 世纪，比公元前 6 世纪出现的希腊最早的泰利士的哲学学说，还早六百年。特别是孔子及其弟子所作的《易传》十翼，对《周易》作了一定的解释和补充，虽然也有不少形而上学的东西，而且表现了鲜明的等级观念，（如《系辞》上"天尊地卑，乾坤定矣。卑高以陈，贵贱位矣"。）但在很多地方发展了《周易》的朴素的辩证法因素，并把它更多地运用到人类社会关系中去，这就更为可贵。因此，李贽在《九正易因序》和《读易要语》中，对孔子的解释加以推崇，说孔子"举其象，指其义，陈其辞"，使《周易》"文理灿然详明"，是有一定道理的。

但李贽对孔子以后历代关于《周易》注释的否定却是片面的。为《周易》作注释的，孔子以后到李贽的时代约有两千来家，其中有相当一部分是把《周易》当作占筮用的书，注释其关于占筮的部分，这种关于神学迷信的宣传当然是要不得的。就是把《周易》作为哲学书的注释，有些日趋烦芜，更加使《周易》神秘晦涩，有些借以宣扬形而上学，宣扬封建统治阶级的等级观念，到宋朝，更出现了用先天图、河图和洛书的图形解《易》的方法，这种唯心主义的论说，把《周易》解得更加神秘荒谬，当然是应该扬弃的。但也有不少对《周易》的好的解释，如魏晋时代的王弼的注，不但能以简约代烦琐，而且突出了

① 《李贽全集注》第十五册，第 1 页。

② 《汉书·司马迁传》。

《周易》的朴素辩证法因素，提出了“异而知其通”的说法，对于变易的作用加以强调，这是可贵的。李贽笼统地把孔子以后的《周易》注释说成是使孔子的解释“明而复晦，赘赘无已，晦晦相仍，《易》道大丧”，这种认识是片面的。

李贽虽然独尊孔子对《周易》的解释，但在“附录”部分，却又集录了从庄子、子夏直到李贽的好友焦竑等历代关于《周易》的解说约六十家，分别附在六十四卦李贽自己解说之后。这些集录是很庞杂的，但也可证李贽并不是完全排斥前人的注释，而是作了辛勤的研讨与摘录。在全书中，还保存有马经纶和李贽弟子方时化、汪本钶等的解释十条，马经纶、方时化、汪本钶都曾长期从李贽学《易》，这十条也许就是他们在研讨中所记。李贽在自己的著作中，保存了其弟子的解释，说明他是能虚心接纳别人的见解，也表现了他一贯主张的“师即友”的思想。

李贽自己的解释是《九正易因》的主要内容。李贽的解释也很不统一，有些地方表现了形而上学的思想，甚至杂有占筮的神学观点。但很多解释则阐明、发挥了《周易》的朴素唯物论和朴素辩证法因素。

如对乾(☰)卦的解释：

乾卦卦辞、彖辞、爻辞、象辞(次序依《九正易因》)：

(☰)乾下

乾上

乾：元亨利贞。

彖曰：大哉乾元，万物资始，乃统天。云行雨施，品物流形。大明终始，六位时成。时乘六龙以御天。乾道变化，各正性命，保合太和，乃利贞。首出庶物，万国咸宁。

初九，潜龙勿用。象曰：潜龙勿用，阳在下也。

九二，见龙在田，利见大人。象曰：见龙在田，德施普也。

九三，君子终日乾乾，夕惕若，厉，无咎。象曰：终日乾乾，反复道也。

九四，或跃在渊，无咎。象曰：或跃在渊，进无咎也。

九五，飞龙在天，利见大人。象曰：飞龙在天，大人造也。

上九，亢龙有悔。象曰：亢龙有悔，盈不可久也。

用九，见群龙，无首，吉。象曰：用九，天德不可为首也。

大象曰：天行健，君子以自强不息。

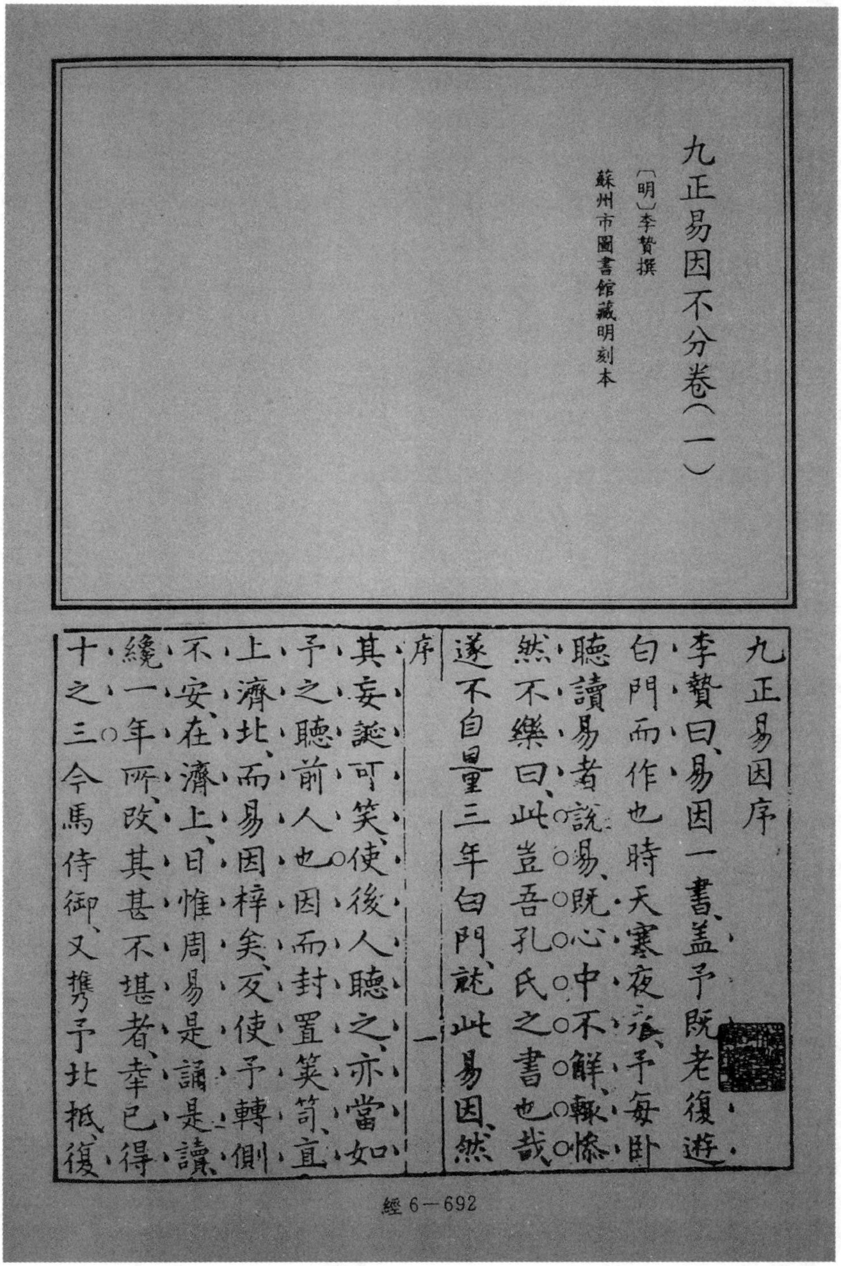

九正易因不分卷（一）

（明）李贄撰

蘇州市圖書館藏明刻本

九正易因序

李贄曰易因一書蓋予既老復遊白門而作也時天寒夜永予每卧聽讀易者說易既心中不鮮輙[illegible]然不樂曰此豈吾孔氏之書也哉遂不自量三年白門就此易因然

序　一

其妄誕可笑使後人聽之亦當如予之聽前人也因而封置筴笥直上濟北而易因梓矣又使予轉側不安在濟上日惟周易是誦是讀纔一年所改其甚不堪者幸已得十之三今馬侍御又携予北抵復

經 6—692

明刊本《九正易因序》(一)

李贽的解释是：

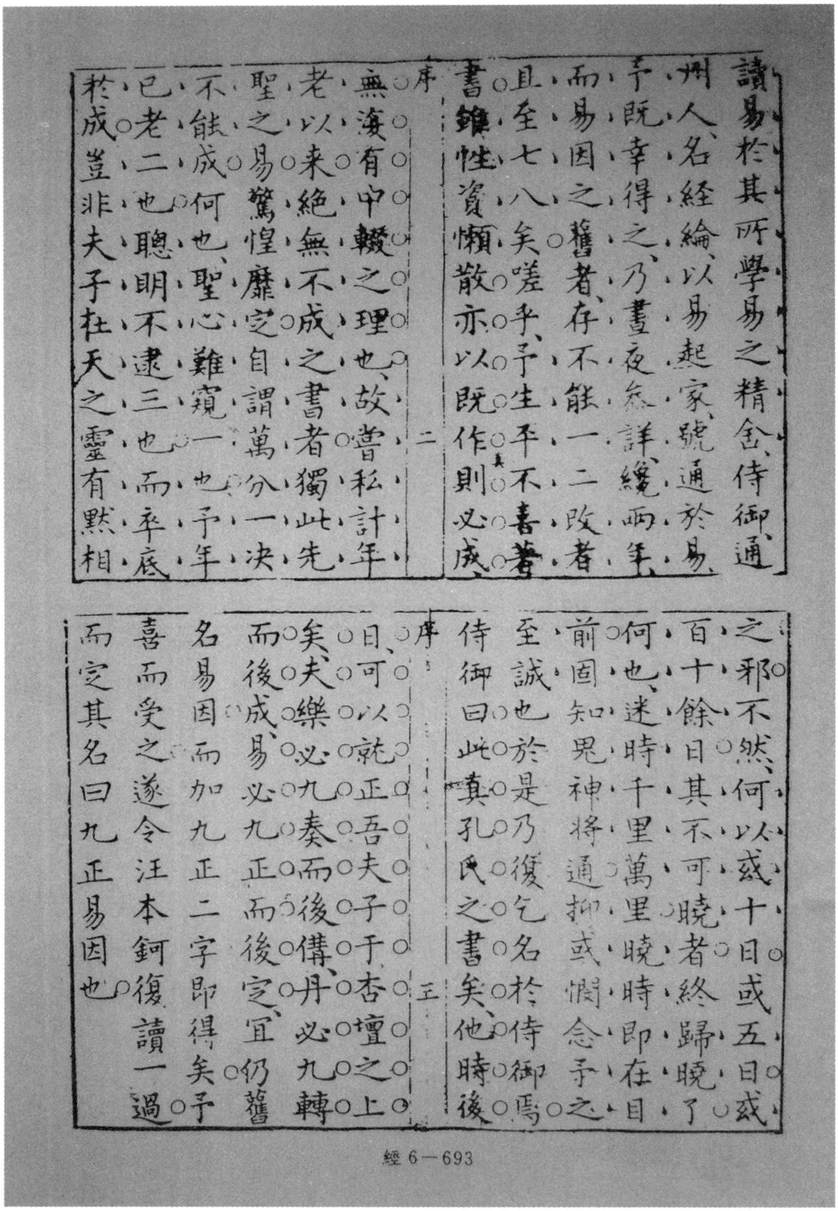
讀易於其所學易之精舍侍御通
州人名經綸以易起家號通於易
予既幸得之乃晝夜紬繹兩年
而易因之舊者存不能一二改者
且至七八矣嗟乎予生平不喜著
書雖性資懶散亦以既作則必成

序 二

無滯有中輟之理也故嘗私計年
老以來絕無不成之書者獨此先
聖之易驚惶靡定自謂萬分一決
不能成何也聖心難窺一也予年
已老二也聰明不逮三也而卒底
於成豈非夫子在天之靈有默相

之耶不然何以或十日或五日或
百十餘日其不可曉者終歸曉了
何也迷時千里萬里曉時即在目
前固知鬼神將通抑或憫念予之
至誠也於是乃復乞名於侍御焉
侍御曰此真孔氏之書矣他時後

序 三

日可以就正吾夫子于杏壇之上
矣夫樂必九奏而後備丹必九轉
而後成易必九正而後定宜仍舊
名易因而加九正二字即得矣予
喜而受之遂令汪本鈳復讀一過
而定其名曰九正易因也

經6—693

明刊本《九正易因序》(二)

大哉乾元，万物资始，既资以始，必资以终，元非统天而何？夫天者万物之一物，苟非统以乾元，又安能行云施雨，使品物流通，形著而若是亨乎？故曰：大哉乾元。人唯不明乾道之终始，是以不知乾元之为大。苟能大明乎此，则知卦之六位，一时皆已成就，特乘时而后动矣。是故居初则乘潜龙，居二则乘见龙，居三乘惕龙，居四乘跃龙，居五乘飞龙，居上乘亢龙，盖皆乾道自然之变化，圣人特时乘之以御天云耳。是故一物各具一乾元，是性命之各正也，不可得而同也；万物统体一乾元，是太和之保合也，不可得而异也。故曰：乃利贞。然则人人各正一乾之元也，各具有是首出庶物之资也，乃以统天者归之乾时，乘御天者归之圣，而自甘与庶物同腐焉，不亦伤乎？万国保合，有是乾元之德也，何尝一日不咸宁也。乃以乾为天，以万为物，以圣人能宁万国，以万国必咸宁于圣人，不益伤乎！[①]

《乾卦》的主要思想是说明事物都是在变化的，人们要随应这种变化，利用这种变化，以求事情向有利的方面发展。所谓“大哉乾元，万物资始，乃统天。云行雨施，品物流形”，就是说天下万物都是流动的，变化的，像云一样，像雨一样，而且随着事物的不同采取着不同的形态，这是对大自然界的唯物的认识，也带着朴素辩证法的因素。在《爻辞》中，又通过龙这一形象的不同表现，寓意着在不同情形下人们应该采取的行动。一条龙最初藏在水底，比喻有圣德的人暂时的潜伏；而后龙出现在田间，摆脱了地下潜伏状态，比喻有圣德的人而不在其位；而后龙跳跃于深渊，比喻有圣德的人为自己的施展抱负而作准备；而后龙冲天而起，比喻有圣德的人终居高位，成就大业。但是“亢龙有悔”，龙达到了最高地位，就要物极必反；圣德之人达到了最高地位，就容易骄傲自满。只有身居高位，而又知道自悔，时时警戒自己，那就能把坏事变好事，最后像群龙半隐半现于云端那样，转动自如，自由飞腾。显然这其中带有可贵的朴素的辩证法思想。《大象》辞说：“天行健，君子以自强不息。”从天体的运动，联系到人事，要人们自强不息，永不满足已有的成就，争取更大的成功，这就把《乾卦》的含义明白地运用到人事上了。

李贽的解说抓到了《周易·乾卦》这一可贵的朴素的唯物的辩证的思想。他说“天者万物之一物”，这就肯定了天体的物质性。他说正是由于万物统一于这个大哉乾元的天，才能行云施雨，使品物流通，这实际上是肯定了自然的变化，正是物质运动的必然结果。他认为《乾卦》的六位（即初爻的始位，中四爻的中四位，上爻的终位）是“乘时而后动矣”，这都是“乾道自然之变化，圣人特时乘之以御天云耳”，圣人就是要利用这种自然的变化，以掌握有利时

① 《李贽全集注》第十五册，第5页。

机，为自己的事业创造有利条件，这都很好地阐述了《乾卦》的辩证思想。

更为可贵的是，李贽还提出了“一物各具一乾元”、“万物统体一乾元”、“人人……各具有是首出庶物之资”的见解。李贽认为因为“一物各具一乾元”，每种物都具有《乾卦》所说的变化这一本质，所以每种物的性命都是正的。但是由于每种物的不同，它们又各有自己的特点，不可得而同也。另一方面，“万物统体一乾元”，各种物又都逃不脱《乾卦》所说的事物是变化的这一规律，在这一点上，万物都“不可得而异也”。物质是变化的、运动的，这和万物一样；物质的变化又是随着事物的不同采取着不同的形态，这却是多种多样。李贽的这种认识，接触到世界的统一性与事物的多样性。

正因为“一物各具一乾元”，李贽又进而提出“人人各正一乾之元也，各具有是首出庶物之资也”，就是说人人都具有乾元这种大德，人人都可具备首出万物的资格，没必要把一切都归于圣人，如若认为只有圣人才能“乘御天”、“宁万国”，那是真正的悲哀可伤啊！李贽从《乾卦》引出的这一命题，强调人人平等、人人皆圣，具有强烈的反封建压迫反传统思想的战斗意义。

这种思想多见于《九正易因》中，如对蒙(䷃)卦的解释：

> 山下有险，险而止，以此卦下险上止象也。夫方其止也，混混沌沌，莫知所之。童蒙如此，圣人如此，虽欲不止，其可得乎！然既以险而止，则必以亨通而行。及其亨通而行也，圣人如此，童蒙如此，虽欲不行，又可得乎？故曰：“蒙，亨，以亨行，时中也。”言时止即止，时行即行，即此便是时中，圣人与童蒙无异矣。①

《蒙卦》的中心意思是讲对童蒙的教育问题，李贽从中引出圣人与童蒙一样，遇到险境，莫知所之时，不管是圣人或是童蒙，都要止，虽欲不止，也没有办法。险而止以后，自然也可以找到亨而通，找到通行之路，这时圣人要前进，童蒙也要前进。这不但在教育、学习方法上给人以有益的启示，而且李贽提出的根据不同的条件，时止即止，时行即行，圣人与童蒙没有什么不同的结论，实际上是又一次谈到人人皆圣的问题。

像这样的例证还很多，《九正易因》中表现出的朴素唯物思想和朴素辩证法思想，以及像人人平等、圣愚一律的思想，都是借对《周易》的阐述和生发，表现了李贽自己的思想，具有鲜明的时代特色。《九正易因》中也有不少消极

① 《李贽全集注》第十五册，第28页。

因素，如有些解释出于牵强臆测，表现出明显的唯心的形而上学观点。有些则表现出李贽的思想局限，如在《坤卦》中把天尊地卑称为"正理"，并由此引出君尊臣卑为"正道"，这显然是错误的，也是与他所主张的人人平等、圣愚一律的思想相矛盾。但《九正易因》仍不失为一部研究李贽思想的重要著作，也是研究《周易》的一部重要参考书。

李贽带病完成《九正易因》后，身体愈来愈坏[1]，他感到自己的来日不多了，二月五日，特草《遗言》如下：

> 春来多病，急欲辞世，幸于此辞，落在好朋友之手，此最难事，此余最幸事，尔等不可不知重也。
>
> 倘一旦死，急择城外高阜，向南开作一坑：长一丈，阔五尺，深至六尺即止。既如是深，如是阔，如是长矣，然复就中复掘二尺五寸深土，长不过六尺有半，阔不过二尺五寸，以安予魄。既掘深了二尺五寸，则用芦席五张填平其下，而安我其上，此岂有一毫不清净者哉！我心安焉，即为乐土，勿太俗气，摇动人言，急于好看，以伤我之本心也。虽马诚老能为厚终之具，然终不如安余心之为愈矣。此是余第一要紧言语。我气已散，即当穿此安魄之坑。
>
> 未入坑时，且阁我魄于板上，用余在身衣服即止，不可换新衣等，使我体魄不安。但面上加一掩面，头照旧安枕，而加一白布中单总盖上下，用裹脚布廿字交缠其上。以得力四人平平扶出，待五更初开门时寂寂抬出，到于圹所，即可妆置芦席其上，而板复抬回以还主人矣。既安了体魄，上加二三十根椽子横阁其上。阁了，仍用芦席五张铺于椽子之上，即起放下原土，筑实使平，更加浮土，使可望而知其为卓吾子之魄也。周围栽以树木，墓前立一石碑，题曰："李卓吾先生之墓"。字四尺大，可托焦漪园书之，想彼亦必无吝。[2]

这篇《遗言》是李贽谈自己死后的葬事。这是一个很奇特的葬式，带有浓厚的回教葬式特色。李贽要求不用棺木，而是穿圹安魄，身下置芦席，身上横空加椽子，仍用芦席覆盖其上，而后盖土，这和回族使亡人（他们称死者为

① 袁中道：《李温陵传》："初公病，病中复定所作《易因》，其名曰《九正易因》。常曰：'我得《九正易因》成，死快矣。'《易因》成，病转甚。"《珂雪斋集》卷一七。

② 《续焚书》卷四《李卓吾先生遗言》。

亡人)不挨土的习俗完全一样。回族人死后入葬前，净洗亡人全身，而后裸体用白布缠裹，戴白帽，面遮白布，李贽也要求用白布巾单总盖上下，用裹脚布廿字交缠其上，面上加一掩面，只是仍穿身上衣服，也不换新衣，这也大致和回族葬仪相近。前面已经指出，李贽的家族中很多都是和回教徒通婚的，李贽本人身上确实存在着回族的血统，从《遗言》中李贽自己关于死后葬式的安排，更可以说明这一点。当然，这种葬式和回教徒严格的葬式并不完全一致。这种葬式本身，又一次表现出李贽反传统思想的特点。

李贽写《遗言》时，原想平平安安地了此一生。“落在好朋友之手，此最难事，此余最幸事”，他虽然一生坎坷，受尽诽谤与迫害，若最终能死在朋友之手，这对极重友情的李贽来说，也就心满意足了。

但是，黑暗势力还是不放过他。就在李贽写《遗言》的前后，忽然在京师又有传言，说李贽著书，是要丑诋大学士沈一贯，沈一贯“恨甚”，但“踪迹无所得”[①]，显然这是为迫害李贽作舆论准备。究其因是万历二十六年(公元1598年)东征赞画主事丁应泰上疏揭发援朝将领杨镐败状，及辅臣张位、沈一贯与之秘密书信来往，交结欺瞒，而李贽却在给焦竑信中对丁应泰加以热情赞扬，称“丁公此举大快人意，大快生平，亦大有功于朝廷矣。”[②]从而引起沈一贯的仇恨。但事过四年，又重提此事，则是别有用心。果然，闰二月乙卯，当时任礼科给事中的张问达在沈一贯的授意下上疏劾奏李贽：

> 李贽壮岁为官，晚年削发，近又刻《藏书》、《焚书》、《卓吾大德》等书，流行海内，惑乱人心。以吕不韦、李园为智谋，以李斯为才力，以冯道为吏隐，以卓文君为善择佳偶，以司马光论桑弘羊欺武帝为可笑，以秦始皇为千古一帝，以孔子之是非为不足据，狂诞悖戾，未易枚举，大都刺谬不经，不可不毁者也！尤可恨者，寄居麻城，肆行不简，与无良辈游于庵院，挟妓女，白昼同浴。勾引士人妻女入庵讲法，至有携衾枕而宿庵观者，一境如狂。又作《观音问》一书，所谓观音者，皆士人妻女也。后生小子，喜其猖狂放肆，相率煽惑。至于明劫人财，强搂人妇，同于禽兽而不足恤。迩来缙绅士大夫，亦有诵咒念佛，奉僧膜拜，手持数珠，以为戒律，室悬妙像，以为皈依，不知遵孔子家法，而溺意于禅教沙门者，往往出矣。近闻贽且移至通州，通州离都下仅四十里，倘一

① 沈德符：《野获编》卷二七，见《李贽全集注》第二十六册，第225页。

② 《续焚书》卷一。

入都门，招致蛊惑，又为麻城之续。望敕礼部檄行通州地方官，将李贽解发原籍治罪，仍檄行两畿各省，将贽刊行诸书，并搜简其家未刊者，尽行烧毁，毋令贻祸乱于后，世道幸甚。①

张问达的劾疏除了诬陷之词外，却也说到了封建统治集团迫害李贽的原因。特别是李贽"以卓文君为善择佳偶，以司马光论桑弘羊欺武帝为可笑，以秦始皇为千古一帝，以孔子之是非为不足据"，这些确实是与封建传统思想大相背谬。张问达指责李贽的这些见解是"刺谬不经"，指责李贽的行为是"不知遵孔子家法"，正好从反面证明了李贽这个封建叛逆者的思想性格。

张问达的劾疏完全代表了封建统治阶级的思想与利益，所以明神宗朱翊钧很快就批示："李贽敢倡乱道，惑世诬民，便令厂卫五城严拿治罪。其书籍已刊未刊者，令所在官司尽搜烧毁，不许存留。如有党徒曲庇私藏，该科及各有司访参奏来并治罪。"②这样，在明王朝最高统治者的命令下，李贽被捕入狱了，他的已刻和未刻的著作被通令烧毁了。

明万历皇帝朱翊钧像

袁中道在《李温陵传》中，详细记载了李贽被捕和入狱的情况：

至是逮者至，邸舍匆匆，公以问马公，马公曰："卫士至。"公力疾起，行数步，大声曰："是为我也。为我取门片来！"遂卧其上，疾呼曰："速行！我罪人也，不宜留。"马公愿从。公曰："逐臣不入城，制也。且君有老父在。"马公曰："朝廷以先生为妖人，我藏妖人者也。死则俱死耳，终不令先生往而已独留。"马公卒同行。至通州城外，都门之牍尼马公行者纷至，其仆数十人，奉其父命，泣留之。马公不听，竟与公偕。明日，大金吾置讯，侍者掖而入，卧于阶上。金吾曰："若何以妄著书？"公曰："罪人著书甚多，具在，于圣教有益无损。"大金吾笑其倔强，狱竟

① 《神宗实录》卷三六九。见《李贽全集注》第二十六册，第326页。
② 《神宗实录》卷三六九。见《李贽全集注》第二十六册，第326页。

无所置词，大略止回籍耳。[①]

李贽被捕后下镇抚司狱[②]。他对封建统治者的迫害是无所畏惧的，他以所著书"于圣教有益无损"为自己辩护则是无力的。李贽用自己的著作和行动，向封建统治阶级的压迫和传统思想进行了反抗和斗争，但他自己却并不能完全明确认识到这个反抗与斗争的真正意义。

据马经纶说，李贽被捕时，已"卧病三月，仅余喘息，门板抬来，一路昏迷，而且连日粒米难进，呕吐相继，诊脉变常，医者缩手"。[③] 可见病情已经很严重。

李贽被捕入狱以后，马经纶不仅亲自去探视，而且不顾自身安危多次上书，为李贽辩护。其中《启当事书》、《与李麟野都谏转上萧司寇》写得文词泼洒，情理兼尽，很值得一读，现分别节录如下：

卓吾生今之世，宜乎为今之人，乃其心事不与今人同，行径不与今人同，议论不与今人同，著作不与今人同。夫彼既自异于今之人矣，今之人其谁不以彼为异为颇。此固情所必至，势有固然，无足怪者。夫既以彼为异为颇矣，则忌者诬之曰淫纵，便信以为真淫纵；忌者诬之曰勾引，便信以为真勾引。何也？其心诚疑之也。疑蛇则蛇，疑窃则窃，此亦情所必至，势有固然，无足怪者。夫以七八十岁垂尽之人，加以淫纵勾引之行，不亦可笑之甚乎？且所谓麻城士女云者，盖指梅衡湘守节之女言也。夫衡湘身冒矢石，为国讨贼，凛凛大节，是当今一个有数奇男子，乃有女不能制，有家不能正，有仇不能报，有耻不能雪，必待诸公为伊抱不平，而慷慨陈言，代为处分，世间曾有此理否？然则诸公自视何大，自待何有余，而视梅衡湘何轻，待梅衡湘何浅鲜不足齿数一至此极也。盖此事起于麻城士夫相倾，借僧尼宣淫名目，以丑诋衡湘家声，因以败坏衡湘之官，如斯而已。今麻城官京师者甚多，中间尽有是非不昧之人，可质问也。

夫评史与论学不同，《藏书》品论人物，不过一史断耳，即有偏僻，何妨折衷。乃指以为异为邪，如此则尚论古人者，只当寻行数墨，终身

① 《珂雪斋集》卷一七。

② 《续焚书》卷四《李卓吾先生遗言》附汪本钶跋。

③ 《马公文集》卷三《与王翼廷主事》。又见《李卓吾先生遗书》附录，《李温陵外纪》卷四，《李贽全集注》第二十六册，第106页。

惟残唾是咽，不敢更置一喙耶。……今李氏刊书遍满长安，可覆按也。乃不摘其论学之语，商量同异，而顾括其评史之词，判定邪正，何也？吾观自来评史之异者，亦不少矣。秦桧千古奸臣也，丘仲深以为再造于宋。太公望万世大圣也，王元美以为不及管仲。严光以一丝维汉九鼎，谈节义者必首称之，而我太祖高皇帝亲洒宸翰，特为著论，曰："吾观天下之罪人，罪人之大者，莫大乎严光。"噫，何其异也。夫太祖当干戈倥偬之时，而读史能破拘挛，妙发心得，迥绝老生常谈，此亦足以发明旧说之不必尽泥，不必尽同矣。惟不同所以为《藏书》，惟宜藏而不藏，所以有今日之禁。呜呼！《史记》早出，子长婴祸。实录昭著，崔浩丧元。彼以本朝之事，而遇刚暴之君，宜乎不免。今《藏书》之所评者往事，卓吾之所遇者圣君。曾参杀人，慈母不免三至投杼，即圣君且奈卓吾何哉。所幸天理之公，常在人心，流言之沸，止于智者。惟大君子矜其孤老，哀其病困，霈然速赐完结，令卓吾早得生出都门，免致死于幽系，其功德真难算譬矣。[①]

卓吾先生之素行，何如也？宦游二十余年，一介不取，清标苦节，人所难堪，海内荐绅，谁不慕说。夫以如是人品，如是操履，而以逾闲荡检之事诬之，亦大不伦矣。至于著述，人各有见，岂能尽同，亦何必尽同。有同有异，正以见吾道之大，补前贤之缺。假使讲学之家，一以尽同为是，以不同为非，则大舜无两端之执，朱陆无同异之辨矣。先生有官弃官，有家弃家，有发弃发，盖其天性孤峻，直行己志，老来任便，有何不可？世之人甘一官若饴，数日不近妇人若死，甚至涂抹须发，外以求怜上官一日之容，内以取媚姬妾半刻之欢，习以成风，贤者不免，其视先生之素行，愧乎，不愧乎？而反以弃发为口实，何也？

先生之寓通州，非先生意也。不佞冒雪走三千里，访之黄柏山中，随携而北以避楚难云耳。今先生七十六岁，形容憔悴，动履艰涩，病困垂绝，预草遗言，不佞见今营葬潞水之西，此通国人士所共见也。先生业已无意于人世，又何意于都门。乃过虑先生入都，而以勾引士女为词乎？无论勾引非所以论先生，都中士女果一七十六岁老丑病夫所能勾引否耶？先生圣人之徒也，三教圣人合一之旨，未尝不精深之。然终日不

① 马经纶：《启当事书》，《马公文集》卷三。又见《李温陵外纪》卷四，《李贽全集注》第二十六册，第 103～104 页。

膜拜，终夜不持咒，终年不念佛，终身不持斋，彼持斋念佛，若世所称斋公然者，方以先生为破戒律，视之若冤，而乃以为诱之迷耶？吁！亦冤甚矣。

《大明律》致仕官与见任官同，先生致仕知府，所谓从大夫之后者，亦云尊贵矣。乃在湖广则逐之，在通州则拿之，虽云奉旨从事，然含糊奏请，圣明不知也。堂堂天朝，济济高贤在列，而令一衰病廉吏二千石，遍天下无容身之地，乃世之贪官污吏满载而归，恣欲而行，彼不自以为耻，人亦不以彼为耻，甚至利其有而为之纳交，掩其丑而为之延誉，或以境内人才荐，或以例应存问请，虽间为有识者所鄙，有司者所驳，然踵而行之，恬以不为怪也。岂贪者乃真孔氏家法，宜亲宜近，而廉吏若先生，乃为惑世诬民，应逐应拿应拟罪耶？然则良吏安可为也！

海内传先生刻书，若陕西刻《南询录》，长芦刻《龙溪集》，徽州刻《三教品》，济宁刻《道学钞》，永平刻《道古录》，山西刻《明灯录》，此皆素与先生不相识面之士夫，喜其书而乐梓之，先生不知也。又况书坊觅利之人，见其刊之获厚赀也，每窃得先生抄稿，无有不板行者矣。总计先生平生著述，见刊传四方者，不下数十百种。夫人之精神，岂有一生用之于著述至数十百种之多，而有淫纵不检之行者乎？即无论先生高年，大凡少年有志读书者，必不肯近妇人，少年喜近妇人者，必不肯读书。既以著书为先生罪，又以淫纵为先生罪，既曰晚年削发，又曰勾引妇女，不亦自相矛盾乎？此真可笑之甚矣。①

在这两封书信中，马经纶有理有据地驳斥了张问达在劾疏中诬蔑李贽“淫纵”、“勾引”的诬妄，指出他以摘录评史之语以定李贽罪名的不当；同时，用李贽的清标苦节、一介不取，对比当时贪官污吏的满载而归、恣欲而行；用李贽的被逐之于湖广，被拿之于通州，遍天下无容身之地的不幸遭遇，对比贪官污吏广被纳交、延誉、推荐、问请的飞黄腾达，也从一个侧面揭露了当时统治集团的腐败。“岂贪者乃真孔氏家法，宜亲宜近，而廉吏若先生，乃为惑世诬民，应逐应拿应拟罪耶?”这一质问又多么有力地揭露了封建统治者打着孔子家法的伪善和丑恶。

可能是由于马经纶多次上书据理申辩的缘故，李贽被捕入狱以后，除却

① 马经纶：《与李麟野都谏转上萧司寇》，《马公文集》卷三。又见《李温陵外纪》卷四，《李贽全集注》第二十六册，第105～106页。

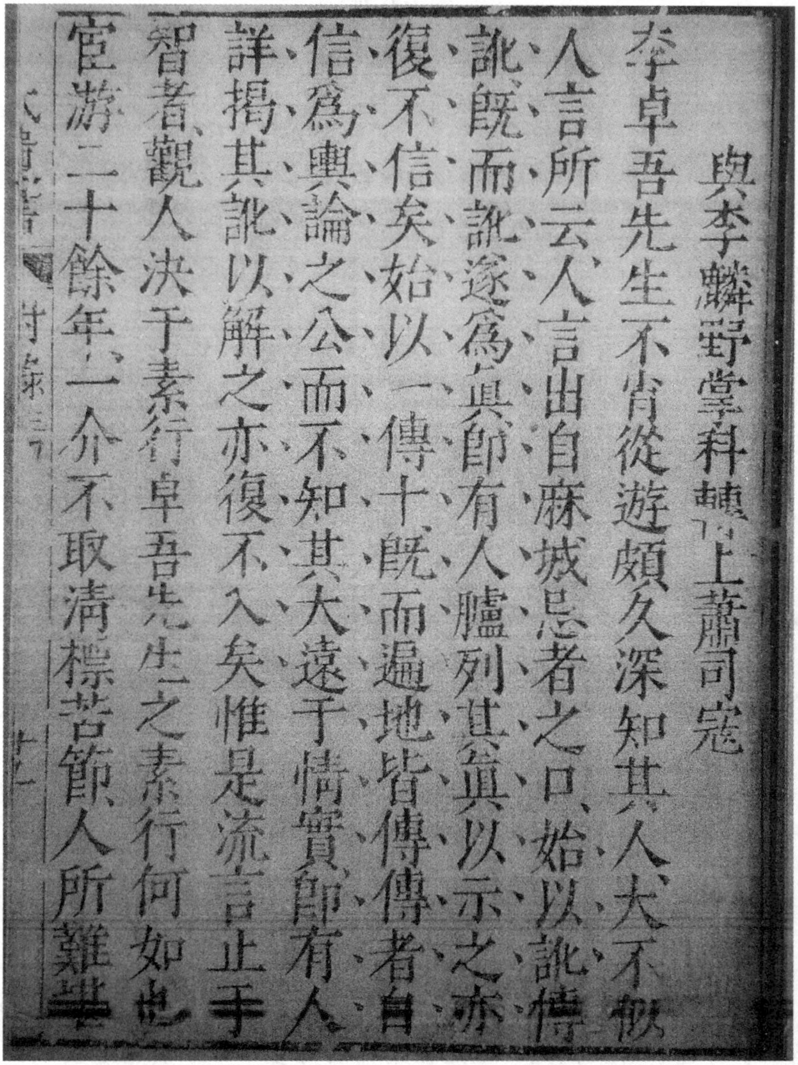

與李麟野掌科轉上蕭司寇
李卓吾先生不肯從遊頗久深知其人大不似
人言所云人言出自麻城忌者之口始以詭傳
詭既而詭遂為真即有人臚列其真以示之亦
復不信矣始以一傳十既而遍地皆傳傳者自
信為輿論之公而不知其大遠于情實即有人
詳揭其詭以解之亦復不入矣惟是流言止于
智者觀人決于素行卓吾先生之素行何如也
宦游二十餘年一介不取淸標苦節人所難

马经纶：《与李麟野掌科（一作都谏）转上萧司寇》书影

大金吾走过场式的置讯一次外，“久之旨不下，公于狱舍中作诗读书自如”。[1]《系中八绝》就是李贽在狱中留给我们的最后著作：

① 袁中道：《李温陵传》，《珂雪斋集》卷一七。

系中八绝

老病始苏

名山大壑登临遍，独此垣中未入门。
病间始知身在系，几回白日几黄昏！

杨花飞絮

四大分离像马奔，求生求死向何门？
杨花飞入囚人眼，始觉冥司亦有春。

中天朗月

万里无家寄旅村，孤魂万里锁穷门。
举头喜见青天上，一大圆光照覆盆。

书幸细览

可生可杀曾参氏，上若哀矜何敢死！
但愿将书细细观，必然反覆知其是。

书能误人

年年岁岁笑书奴，生世无端同处女。
世上何人不读书，书奴却以读书死。

老恨无成

红日满窗犹未起，纷纷睡梦为知己。
自思懒散老何成，照旧观书候圣旨。

不是好汉

志士不忘在沟壑，勇士不忘丧其元。
我今不死更何待，愿将一命归黄泉。[①]

从《老病始苏》一诗的“病间始知身在系，几回白日几黄昏”，可证他刚入狱时是处于昏迷状态。但是，就是在这样的处境中，李贽也还要赋诗言志，倾诉心中的愤懑与不平。在这八首诗中，李贽思想上的矛盾也表现得很清楚。他当时对统治者还寄以希望，特别是对神宗朱翊钧抱有幻想，希望他能不受昏官污吏的蒙蔽，而对自己有一个公平的判处。但李贽哪里知道朱翊钧是不可能“将书细细观”的，即使是“细细观”了，李贽著作中那种反封建压迫反传统思想的精神，也只能被认为是“乱道”、“惑世”而加罪的。

另一方面，这八首诗也表现了李贽坚定不屈的斗争性格。他并不把对他

① 《续焚书》卷五。

的禁锢看在眼里，他说自己名山大壑都登临遍了，只有监狱的大门还没进过，进来看看不正弥补了一生的缺憾吗？他说关在牢房中，求生不得，求死不能，但一看到那随风飘舞的柳絮，觉得地狱也没什么可怕。李贽还明确表示，要是怕死就不是好汉，他自己则要做一个不怕弃尸山沟的志士，做一个不怕丢掉脑袋的勇士，现在死去，正是死得其所，死得其时。李贽是把生死置之度外了。

当时传说封建统治阶级要把李贽遣送回原籍。李贽说："我年七十有六，死耳，何以归为？"[①]三月十五日，李贽呼侍者剃发，遂夺剃刀自割其喉，气不绝者两日。侍者问："和尚痛否？"他以手指书其手曰："不痛。"又问："和尚何自割？"他书答曰："七十老翁何所求！"[②]遂气绝，时为三月十六日(公历5月7日)子时。[③] 就这样，一个特出的反封建压迫反传统思想的进步思想家，在封建统治阶级的迫害下离开了人世！

---

① 钱谦益：《列朝诗集小传》闰集《卓吾先生李贽》。

② 袁中道：《李温陵传》，《珂雪斋集》卷一七。

③ 汪本钶：《哭李卓吾先师告文》，《李温陵外纪》卷一。《李卓吾先生遗书》附录题为《卓吾先师告文》。见《李贽全集注》第二十六册，第205页。

九、李贽在中国思想史上的地位及其影响

李贽去世后，马经纶把他收葬在通州北门外马氏庄迎福寺侧，葬式均照李贽遗言。而且“冢高一丈，周列白杨百余株”①，大有向相距几十里的北京神宗示威之意。据《帝京景物略》记载，李贽墓前还立碑两块：“一曰‘李卓吾先生墓’，秣陵焦竑题。一曰‘卓吾老子碑’，黄梅汪可受撰，碑不志姓名乡里，但称卓吾老子也。”②这个记载是对的。但这两块碑的摹勒镌刻则是分别于李贽死后十年（万历四十年）和八年完成的。

现在北京通州城北西海子公园李贽墓前存有墓碑一块，碑阳书“李卓吾先生墓”，碑阴有詹轸光于万历四十年（公元 1612 年）写的《李卓吾先生碑阴记》和《吊李卓吾先生墓二首》（七律）：

李卓吾先生碑阴记

呜呼，此明卓吾李先生墓也。先生以死友之谊，就马侍御于通州，及被逮，不可辱而自刎，则侍御搜其遗骸，归葬之。今其冢岿然，其白杨森森然也。呜呼，世之无朋友也久矣。乃有生于我乎养，死于我乎葬，如侍御也者，则千古之友道，未坠地也。侍御立朝，直声动天下，天下望而震焉。而独折节先生于师友间，则先生可知矣。余获侍先生有年，先生盖目余为小友。今已再展先生墓，而兹石依然草莽也。叹侍御不可复作，而诣其嗣子健顺，出太史氏所为题字，泣而曰：“顺不肖，敢忘先君子之义哉!”遂摹勒成而树之。时万历壬子之二月。呜呼！千秋百岁后，有景行先生而思一识其藏者，此碑可藉不朽云。先生讳贽，温陵人。侍御讳经纶，凤阳人，而余则新安詹轸光也。③

① 刘侗、于奕正：《帝京景物略》卷八《畿辅名迹》，《李贽全集注》第二十六册，第 246 页。

② 刘侗、于奕正：《帝京景物略》卷八《畿辅名迹》，《李贽全集注》第二十六册，第 246 页。

③ 《李温陵外纪》卷五，《李贽全集注》第二十六册，第 198 页。

吊卓吾先生墓二首

雨雪□□□曙晖，风凉千载一沾衣。
自拼垂老唯朋友，谁较浮名有是非。
侠骨不妨燕市死，焚书正使□人讥。
悲来故出西州路，马策于今几叩扉。

祇□□□错参差，人望肖条思转悲。
白眼昔疑中散傲，玄经今识子云奇。
故人收骨犹千古，小□□□此一时。
燕赵古来多慷慨，□看堕泪岘山碑。①

根据李贽《遗言》："墓前立一石碑，题曰'李卓吾先生之墓'。字四尺大，可托焦漪园书之。"②和詹轸光《碑记》"今已再展先生墓，而兹石依然草莽也。叹侍御不可复作，而诣其嗣子健顺，出太史氏所为题字，……遂摹勒成而树之"，可知碑阳题字为焦竑所书。但不知什么原因当时没有摹勒镌刻，而只树了一个无字的石碑。到万历壬子（万历四十年）李贽死后十年，詹轸光到通州拜谒李贽墓时，才由马经纶的儿子马健顺把妥善保存的焦竑题字拿了出来，摹勒而树之，并由詹轸光写了《碑记》，以记其事。

汪可受写的《卓吾老子墓碑》则是在万历庚戌（万历三十八年，公元1610年），他在碑文一开头就写道：

余与公安袁家兄弟尝问道于卓吾老子。庚戌之春，余以关吏述职竣，中郎数偕同志梅掌科、苏侍御招游野寺，慨然怀古。中郎指蜕骨在通州城外马氏庄，恐孤坟荒草，日久且不可辨识，奈何！余曰：彼实轻去其乡，以吾楚人不终以至此，今谁为慰此寂寞，正吾楚人所不得辞也。中郎任为文以誌之，余与二公任捐赀树之碑。未几，中郎长逝，则誌亦余之所不得辞也。③

由此可知，万历三十八年，汪可受以关吏述职完毕后，和袁宏道等人曾

① 《李温陵外纪》卷五，《李贽全集注》第二十六册，第198页。

② 《续焚书》卷四《李卓吾先生遗言》。

③ 《畿辅通志》卷一六六，古迹十三，陵墓二。又见《李温陵外纪》卷一，《李贽全集注》第二十六册，第83页。

到通州李贽墓前凭吊。这时李贽墓前没有碑记，他们恐孤坟荒草，日久不可辨识，商议立碑以为誌。原定由袁宏道写碑文，汪可受与梅、苏承担镌刻树碑之赀，但袁宏道碑文还没撰写，就在这年去世了，结果由汪可受写了这篇《卓吾老子墓碑》。在这篇碑文的最后，汪可受还“哀之以偈”：

伯阳深藏貌若虚，卓吾虚极匪深藏。
老子谁能终不老，入万劫也落空亡。
信口信心兼信手，信手一刀出断常。
记得上党夜中说，不会先机谓是狂。
龙湖路水共汤汤，大千世界任徜徉。
我亦怪君葛藤长，焚书不焚藏不藏。
但愿还我证道歌，绝学无为娑婆诃。

詹轸光和汪可受在碑文和诗中，把李贽颂为慷慨壮烈的燕赵之士，信口信心信手的狂人，赞美《焚书》不焚，《藏书》不藏，说李贽死后还散发着侠骨之香，对封建统治阶级迫害李贽发出了不平。

李贽死后，当时还有很多人写诗文追悼。这里略举一二：

吊李卓吾先生二首　　周汝登

其一

半成伶俐半糊涂，惑乱乾坤胆气粗；
惹得世人争欲杀，眉毛狼藉在囹圄。

其二

天下闻名李卓吾，死余白骨暴皇都；
行人莫向街头认，面目由来此老无。[①]

吊卓吾先生墓　　释真程

鸦鸣犬吠荒村里，木落草枯寒月边；
三拜孤坟无一语，只应拍手哭苍天。
踏破百年生死窟，倒翻千古是非窠；

① 《周海门先生文录》卷一二。又见《李温陵外纪》卷五，刘侗、于奕正《帝京景物略》卷八《畿辅名迹》，《李贽全集注》第二十六册，第124～125页。

区区肉眼谁能识，肉眼于今世几多。①

叹卓老　　汤显祖

自是精灵爱出家，钵头何必向京华？

知教笑舞临刀杖，烂醉诸天雨杂花。②

李卓吾墓　　于奕正

此翁千古在，疑佛又疑魔。未效鸿冥去，其如龙亢何！书焚焚不尽，老苦苦无多(公晚年著书名《老苦》)。潞水年年啸，长留君浩歌。③

在这些充满激情的诗文中，他们赞美李贽“惑乱乾坤胆气粗”、“倒翻千古是非案”的豪气与胆量，斥责不识李贽精神的世俗肉眼，抗议使李贽“死余白骨暴皇都”的封建统治者的残暴，歌颂李贽的精神天下闻名，长留世间。

李贽死后，还有很多人为他写传，袁中道的《李温陵传》就是一篇代表作。在这篇传记中，袁中道全面介绍了李贽一生的事迹，正确评价了李贽著作的战斗意义，并对李贽的“异端”思想作了热情歌颂：

盖公于诵读之暇，尤爱读史，于古人作用之妙，大有所窥。以为世道安危治乱之机，捷于呼吸，微于缕黍。世之小人既侥幸丧人之国，而世之君子理障太多，名心太重，护惜太甚，为格套局面所拘，不知古人清净无为，行所无事之旨，与藏身忍垢、委曲周旋之用。使君子不能以用小人，而小人得以制君子。故往往明而不晦，激而不平，以至于乱。而世儒观古人之迹，又概绳以一切之法，不能虚心平气，求短于长，见瑕于瑜，好不知恶，恶不知美。至于今，接响传声，其观场逐队之见，已入人之骨髓而不可破。于是上下数千年之间，别出手眼，凡古所称为大君子者，有时攻其所短；而所称为小人不足齿者，有时不没其所长。其意大抵在于黜虚文，求实用；舍皮毛；见神骨；去浮理，揣人情。即矫枉之过，不无偏有重轻，而舍其批驳谑笑之语，细心读之，其破的中窍之处，大有补于世道人心。……

① 刘侗、于奕正：《帝京景物略》卷八《畿辅名迹》。又见《李贽全集注》第二十六册，第 248 页。

② 《汤显祖诗文集》卷一五《玉茗堂诗之十》。又见《李贽全集注》第二十六册，第 128 页。

③ 刘侗、于奕正：《帝京景物略》卷八《畿辅名迹》。又见《李贽全集注》第二十六册，第 247 页。

或问袁中道曰："公之于温陵也学之否？"予曰："虽好之，不学之也。其人不能学者有五，不愿学者有三。公为士居官，清节凛凛，而吾辈随来辄受，操同中人，一不能学也。公不入季女之室，不登冶童之床，而吾辈不断情欲，未绝嬖宠，二不能学也。公深入至道，见其大者，而吾辈株守文字，不得玄旨，三不能学也。公自少至老，惟知读书，而吾辈汩没尘缘，不亲韦编，四不能学也。公直气劲节，不为人屈，而吾辈怯弱，随人俯仰，五不能学也。若好刚使气，快意恩仇，意所不可，动笔之书，不愿学者一也。既已离仕而隐，即宜遁迹名山，而乃徘徊人世，祸逐名起，不愿学者二矣。急乘缓戒，细行不修，任情适口，鸾刀狼藉，不愿学者三矣。[①]

袁中道说李贽的著作"大有补于世道人心"，这不过是一种掩饰之词；他说李贽的著作是上下数千年间"别出手眼"，颠倒公认的是非，这是对李贽的真正评价。袁中道还从不同角度，用自己和李贽对比的手法，肯定了李贽思想行为的可贵，驳斥了封建统治阶级对李贽的诬蔑。

明神宗朱翊钧曾经亲笔批示，要把李贽已刻未刻的著作"尽搜烧毁"。但是，与封建统治集团的愿望相反，李贽的著作却更加风行天下。李贽死后七年即万历三十七年（公元 1609 年），焦竑、李维桢在刻印《续藏书序》中就分别指出："宏甫殁，遗书四出，学者争传诵之。"[②]"李卓吾先生殁，而其遗书盛传。"[③]李贽死后十七年即万历四十六年（公元 1618 年），汪本钶在《续刻李氏书序》中又说：李贽"一死而书益传，名益重"，以致"海以内无不读先生之书者，无不欲尽先生之书而读之者，读之不已或并其伪者而亦读矣。"[④]顾炎武、朱国桢、沈铁、陈明卿也都曾指出：当时"虽奉严旨，而其书之行于人间自若也"[⑤]。当时士人"全不读《四书》本经，而李氏《藏书》、《焚书》，人挟一册，以为奇货"。[⑥]"尔时，部议并毁其书刻，而世人喜其高奇，反以盛传于世。"[⑦]"卓吾书盛行，咳唾间非卓吾不欢，几案间非卓吾不适。朝廷虽禁毁之，而士

① 《珂雪斋集》卷一七。
② 《李贽全集注》第十册，第 358 页。
③ 《李贽全集注》第十一册，第 359 页。
④ 《李贽全集注》第三册，第 421 页。
⑤ 顾炎武：《日知录》卷一八《李贽》。《李贽全集注》第二十六册，第 272 页。
⑥ 朱国桢：《涌幢小品》卷一六《李卓吾》。《李贽全集注》第二十六册，第 200 页。
⑦ 沈铁：《李卓吾传》，见何乔远《闽书》卷一五二《畜德志》上。《李贽全集注》第二十六册，第 77 页。

大夫则相与重锓，且流传于日本。”①

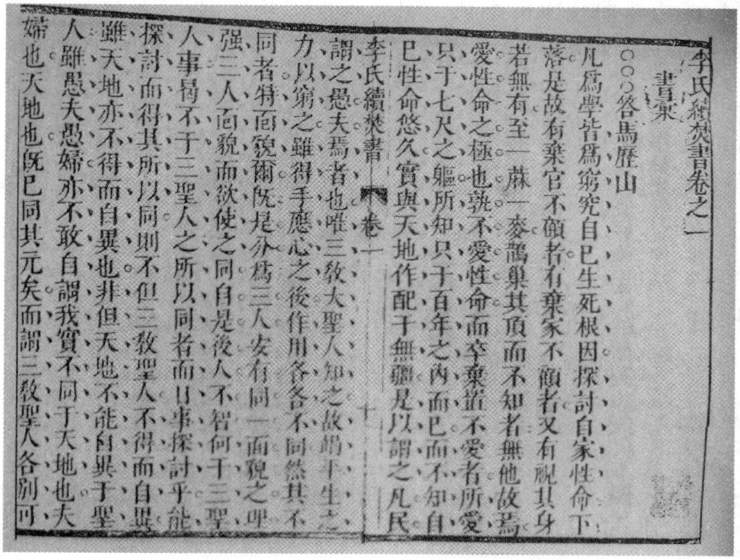
李氏續焚書卷之一

書彙

答馬歷山

凡爲學皆爲窮究自己生死根因，探討自家性命下落。是故有棄官不顧者，有棄家不顧者，又有視其身若無有，至一麻一麥，鵲巢其頂而不知者。無他，故爲愛性命之極也。孰不愛性命，而卒棄置不愛者，所愛只于七尺之軀，所知只于百年之內而已，而不知自己性命悠久，實與天地作配于無疆。是以謂之凡民，

李氏續焚書　卷一　七

謂之愚夫焉者也。唯三教大聖人知之，故竭于生之力以窮之，雖得手應心之後，作用各各不同，然其不同者特面貌爾。既是分爲三人，安有同一面貌之理？強三人面貌而欲使之同，自是後人不智，何干三聖人事。曷不于三聖人之所以同者而日事探討乎？能探討而得其所以同，則不但三教聖人不得而自異，雖天地亦不得而自異也。非但天地不能自異于聖人，雖愚夫愚婦亦不敢自謂我實不同于天地也。夫婦也，天地也，既已同其元矣，而謂三教聖人各別，可

明刊本《续焚书》卷一首页书影

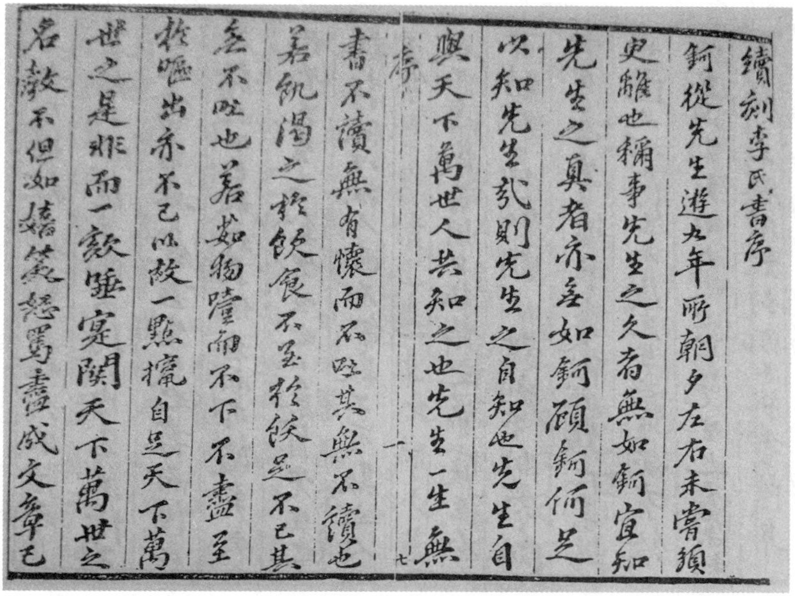
續刻李氏書序

鈳從先生遊九年，所朝夕左右，未嘗須臾離也。稱事先生之久者，無如鈳，宜知先生之真者，亦無如鈳。顧鈳何足以知先生哉？則先生之自知也，先生自與天下萬世人共知之也。先生一生無書不讀，無有懷而不吐。其無不讀也，若飢渴之於飲食，不至於飫足不已；其無不吐也，若茹物噎而不下，不盡至於嘔出亦不已。以故一點擒自足天下萬世之是非，而一欬唾寔關天下萬世之名教，不但如嬉笑怒罵盡成文章已

明刊本《续焚书》汪本钶序书影

---

① 陈明卿语。转引自吴虞《吴虞文录·李卓吾别传》。《李贽全集注》第二十六册，第 317 页。

熹宗天启五年(公元1625年)，又一次焚禁李贽著作。但禁者自禁，藏者自藏，李贽的著作照样流传不止。顾炎武曾记其事说："天启五年九月，四川御史王雅量疏：奉旨李贽诸书怪诞不经，命巡视衙门焚毁，不许坊间发卖，仍通行禁止。而士大夫多喜其书，往往收藏，至今未灭。"①

李贽的著作很多，生前刻印的就有《藏书》、《焚书》、《初潭集》、《道古录》、《孙子参同》、《三教品》、《庄子解》、《老子解》、《说书》、《南询录》、《道学钞》、《净土诀》、《阳明先生道学钞》、《阳明先生年谱》、《易因》等。这还不是全部。马经纶在《与李麟野都谏转上萧司寇》中说："海内传先生刻书，……总计先生生平著述，见刊传四方者，不下数十百种。"②由此可见，李贽著作之勤，其书在生前就刊印了很多，流传也很广。

李贽死后，在明王朝的严令禁止下，他的著作继续被人们所刻印，举其要者有：

万历三十七年(公元1609年)，《阳明先生道学钞》八卷(附《阳明先生年谱》二卷)，由武林继绵堂刻印刊行。

万历三十九年(公元1611年)，由焦竑作序(作于万历三十七年己酉)、李维祯作序的《续藏书》由金陵王维俨刻印刊行。

万历四十年(公元1612年)，佘永宁、陈大来(邦泰)刻印《李卓吾先生遗书》二卷(附录一卷)。佘永宁在《李卓吾先生遗书小序》中曾说："壬子(万历四十年)秋，余寻诸友旧盟，奉澹园焦先生教，语及先生(李贽)。焦先生因出先生遗书示余，书皆未经传布者。余得书甚喜，……亟付陈大来氏，寿之梓。"③

万历四十五年(公元1617年)，李维祯删订、顾大韶参记的《李氏六书》六卷，由痂嗜轩刻印刊行，内收《历朝藏书》一卷，《皇明藏书》一卷，《焚书书答》一卷，《焚书杂述》一卷，《丛书汇》一卷，《说书》一卷。

万历四十六年(公元1618年)，汪本钶辑录、焦竑、张鼐作序的《续焚书》五卷，由新安汪氏虹玉斋刻印刊行。同年，《卓吾老子三教妙述》(又名《言善篇》)由宛陵刘逊之刻印刊行。

万历间海虞顾大韶校刊的《李氏文集》二十卷(又名《李温陵集》)，卷一至卷十三为"书答"、"杂述"，即《焚书》；卷十四至卷十七为读史，以《藏书》史论为主；卷十八至卷十九为《道古录》；卷二十为诗。

① 顾炎武：《日知录》卷一八《李贽》。《李贽全集注》第二十六册，第272页。

② 《马公文集》卷三。《李贽全集注》第二十六册，第106页。

③ 《李温陵外纪》卷三。《李贽全集注》第二十六册，第192页。

万历间有信著斋刊本《李氏全书》十九卷，内有《说书》十卷，《焚书》四卷，《续焚书》五卷。内附潘曾竑辑录的《李温陵外纪》五卷，收明代人论述李贽的诗、文、传记等，资料非常可贵。

万历间继志斋刊本《李卓吾遗书》十二种二十三卷，内收《道古录》二卷，《心经提纲》一卷，《观音问》一卷，《老子解》二卷，《庄子解》二卷，《孙子参同》三卷，《墨子批选》二卷，《因果录》三卷，《净土诀》一卷，《暗然录最》四卷，《三教品》一卷，《永庆答问》一卷。

另外，还存有明刻本《九正易因》二种，一种未详刊刻年月及刻家，不分卷，现藏苏州市图书馆；一种为明末毛氏汲古阁刻本，不分卷，藏辽宁省图书馆。还有明抄本《九正易因》二卷(有清康熙时刑部尚书巢可托印)，存中国社会科学院哲学所。

李贽的著作当然不只这些，他在《焚书》、《续焚书》中提到的关于《水浒传》、《拜月》、《西厢》、《琵琶》、《玉合》、《昆仑奴》、《红拂》诸评，也都是广为流传的。但这些作品，今天有些已看不到，有些是否是李贽原作还待考定。就是李贽的书答、杂著等作品，现在流传下来的也不是全部。焦竑在《与陈大来书》中曾说："卓老尺牍见于刻行文集者，什之三四耳。鄙意欲尽数检出，稍择其粹者，付之剞劂。不意长儿竟逝，所收半已散轶，今其存者遣往，烦即梓行之，以俟识者之自择，其亦可也。"①可见在李贽生前，他的尺牍收入文集者不过十之三四。后来焦竑尽数搜检，却又不幸半已散佚，说明李贽的著作在焦竑生时已丢失不少了。

但是，仅就上面的书目，就可以说明李贽一生是多么勤奋了。在封建统治阶级一禁再禁的严令下，这些著作仍然广泛流传，而且深入人心。汪本钶在《续刻李氏书序》中说：李贽的著述"一点撺自足天下万世之是非，而一咳唾实关天下万世之名教，不但如嬉笑怒骂尽成文章已也。盖言语真切至到，文辞惊天动地，能令聋者聪，瞶者明，梦者觉，酲者醒，病者起，死者活，躁者静，聒者结，肠冰者热，心炎者冷，柴栅其中者自拔，倔强不降者亦无不意俯而心折焉。何若是感触之灵通且异也！然卒以此不免，至自引决，则又非钶之所敢知矣。"②这就形象地说明了李贽著作的启蒙作用，说明了封建统治者要迫害李贽的原因。

李贽在我国思想史上占有重要地位。他的著作之所以引起封建统治阶级

① 《澹园续集》附编一《佚文辑录》。

② 《李贽全集注》第三册，第 421 页。

那样的仇视，在人们中间产生那样大的影响，其主要原因就在于他反封建压迫反传统思想的战斗精神，对封建统治阶级的统治起到了冲击作用，对封建社会中人们思想的解放起到了刺激作用。

在中国思想史上，有不少进步的思想家对封建专制统治进行过不同程度的批判。但敢于那样把“德礼政刑”一起否定，敢于那样强烈要求个性的自由与平等，李贽则是第一人。这对后来进步思想家反封建专制主义的斗争产生了很大的影响。

在中国思想史上，有不少进步的思想家从不同方面，或深或浅的、自觉不自觉地对孔教提出过怀疑或非议。但像李贽那样敢于明确提出不以孔子的是非为是非，以及对孔子老大不敬和对儒教及其历代主要代表人物进行严厉的批判，这在中国思想史上也是非常突出的。

李贽对明朝占统治地位的官方哲学——理学的无情揭露，具有更加强烈的战斗意义。理学提出的一些命题也有一定的合理性，但他是更加精致化了的孔学，具有更大的虚伪性。李贽对理学伪善的剔肤见骨的揭露和批判，使人们认识到它丑陋的一面，确实给人们以振聋发聩的启蒙作用。当时和后来的一些思想家、文学家对理学展开的猛烈攻击，在一定程度上都受到李贽的影响。

李贽在反对封建统治阶级的“德礼政刑”，在非孔批儒批理学的同时，还多次提出官逼民反的思想，提出“天之立君，所以为民”，[①] 要求统治者尊重和顺从民欲，表现出对人民的一定同情和关注，这也是难能可贵的。李贽还多次为当时受歧视的商人鸣不平，并提出了一些有利于当时处于萌芽状态的资本主义发展的理论，为中国资本主义萌芽的发展制造了舆论，这也使李贽在中国思想史上占有了一个特殊的地位。

李贽反封建压迫反传统思想的战斗精神，对以后的反对封建专制主义的斗争的影响也是比较大的。如后来的黄宗羲、顾炎武、戴震、王夫之、曹雪芹、谭嗣同、严复、章炳麟以及吴虞等人，虽然其中有些人对李贽未必好感，但他们对孔学及理学的批判，对封建专制主义的揭露，都在不同程度上受到李贽的影响。

在李贽死后八年出生的黄宗羲(公元 1610—1695 年)，在对君主专制的批判上，是受李贽反封建压迫思想的影响的。黄宗羲揭露了封建皇帝在夺取政权的过程中，任意“屠毒天下之肝脑，离散天下之子女”，以求一己的统治；

---

① 《藏书》卷一《世纪·九国兵争·田齐》。

而后又肆无忌惮地“敲剥天下之骨髓，离散天下之子女，以奉我一人之淫乐”。他愤怒指出，这种君主专制制度正是“天下之大害”[①]。他还痛斥小儒的“君臣之义无逃于天地之间”为胡说，提出“天子之所是未必是，天子之所非未必非，天子亦遂不敢自为是非，而公其是非于学校”。[②] 这是李贽反传统思想、反对以孔子是非为是非的进一步发展。

明末清初的王夫之(公元 1619—1692 年)，从唯物论的感觉论出发，批判了理学家“去欲存理”的说教，指出“欲即天之理”，[③] “终不离欲而别有理”，[④] 欲就是理，理就在欲中，不能把人欲和天理对立起来。为什么说“欲即天理”呢？王夫之说，因为“饮食男女之欲，人人之大共”，[⑤] 就是说，饮食男女是人人都具有的一种自然欲望，作为统治者或“圣人”，就必须使“人欲各得”，以行“天理之大同”和“天理之大公”，[⑥] 使人人都满足这种自然的欲望。显然，这和李贽“穿衣吃饭，即是人伦物理；除却穿衣吃饭，无伦物矣”的命题是一脉相承的。[⑦] 尽管王夫之在反传统思想上不如李贽坚决，而且对李贽有很深的成见，骂李贽为“邪陷”、“愚陋”、“妄人”，但在对理学的批判上，他无疑是受到李贽的影响的。

清朝的戴震(公元 1723—1777 年)，在李贽、王夫之的影响下，也批判过宋、明理学家“存天理，灭人欲”的说教。他提出：“饥寒愁怨，饮食男女，常情隐曲之感，则名之曰人欲。”而“人之同欲”，“心之同然”，人人都具有这种欲，而且“天下必无舍生养之道而得存者。凡事为皆有于欲，无欲则无为矣。有欲而后有为，有为而归于至当不可易之谓理，无欲无为，又焉有理?”进一步发挥了王夫之理就存在欲中，无欲也就无理的命题。由此出发，戴震尖锐指出：理学家“去欲存理”的说教，是对人民大众的“残杀之具”，它比酷吏的以法杀人更为残酷，因为“人死于法，犹有怜之者；死于理，其谁怜之!”[⑧]戴震对封建统治阶级的压迫与统治也进行了深刻的揭露，他指出：统治者“肆其贪，不异寇取”，致使无数劳动者“愁苦而动摇不定”，陷于“饥寒呼号”、“男女哀怨”之中。针对宋儒“民之所为不善”是“乱之本”的谬说，戴震指出，人民

① 《明夷待访录·原君》。
② 《明夷待访录·学校》。
③ 《读四书大全说》卷四。
④ 《读四书大全说》卷八。
⑤ 《诗广传·陈风》。
⑥ 《读四书大全说》卷四。
⑦ 《焚书》卷一《答邓石阳》。
⑧ 《孟子字义疏证·理》。

之所以作“乱”，正是由于统治者“贪暴以贼其民所致”[①]。这和李贽认为天下所以不得安生的原因，就在于统治者用“德礼以格其心”，用“政刑以絷其四体”，人们从而“始大失所矣”，也是一脉相通的。

清朝伟大的现实主义作家曹雪芹的《红楼梦》，在社会思想和创作思想上，也深受李贽思想的影响。《红楼梦》通过贾宝玉、林黛玉、薛宝钗之间的恋爱与婚姻悲剧，写出了当时具有代表性的贾、史、王、薛四大家族的兴盛和衰败，揭露了封建社会后期的种种黑暗与罪恶，表现了封建制度必然要崩溃的历史趋势，对以儒家为正统思想的中国封建社会的伦理道德进行了无情的抨击和批判。以贾宝玉、林黛玉为代表的贵族阶级叛逆者，反对科举功名，反对礼教纲常，要求婚姻自主、男女平等，尊重个性，与顽固维护封建利益、封建道德的贾母、贾政、王夫人为代表的封建势力展开了尖锐的冲突与斗争。曹雪芹热情歌颂了贾宝玉、林黛玉为代表的封建阶级叛逆者，对被奴役、被压迫的处于社会底层的广大丫环表现了深切同情，对封建统治阶级进行了无情批判，鲜明表现出他反封建统治反传统思想的民主主义思想，这正是对李贽思想的直接继承。曹雪芹是带着对封建统治者的愤慨而创作《红楼梦》的，他说“字字看来都是血，十年辛苦不寻常”。在创作思想上，他在《红楼梦》一开始就表明自己写的“并无大贤大忠，理朝廷，治风俗的善政”，也不是“千部一腔，千人一面”的才子佳人公式，而是根据自己“半世亲见亲闻来创作”，“其间离合悲欢，兴衰际遇，俱是按迹循踪，不敢稍加穿凿，至失其真”。表现出曹雪芹是在生活的真实基础上进行艺术再创作的，而不是按照封建统治阶级的伦理道德、文艺观点进行创作的。在人物描写上，曹雪芹特别注意艺术典型的塑造，注重人物个性的刻划；在艺术描写上注重“自然之理”、“自然之趣”，这也都表现出他深受李贽文艺思想的影响。

戊戌变法时期资产阶级改良派人物谭嗣同(公元1865—1898年)，曾经对封建名教进行过激烈的批判，对理学家“去欲去理”的谬说进行过抨击。他说：“世俗小儒，以天理为善，以人欲为恶，不知无人欲，尚安得有天理?”并肯定了王夫之关于“天理即在人欲之中，无人欲，则天理亦无从发现”的理论。[②] 谭嗣同还把秦朝以来的君主斥之为“独夫民贼”，[③] 揭露他们把天下作为其“囊橐

① 《原善》下。

② 谭嗣同：《仁学》，《谭嗣同全集》，中华书局，1981，第306、340、341、337页。

③ 谭嗣同：《仁学》，《谭嗣同全集》，中华书局，1981，第306、340、341、337页。

中之私产”，[①] 提出“废君统、倡民主、变不平等为平等”[②]的口号，这当然是当时时代的产物，但追溯其思想渊源也可以看到李贽的影响。

直到“五四”时期，一些资产阶级的代表人物，在“打倒孔家店”的革命声浪里，还把李贽的著作作为向封建统治阶级及旧礼教进行斗争的武器。如吴虞(公元1871—1949年)在《明李卓吾别传》中，就借介绍评价李贽，对孔教进行了猛烈抨击。他说：

夫儒者于吾国之圣人，既集古今之大成，绝对无诤，而不可非矣。又昧于宗教之流派性质，凡不同于我者，概目之为异端；不本于我者，概指之为邪说。“息邪说，辟异端”之谬见深中人心，岸然自封，深闭固拒，坐成锢蔽，方自诩为正学，为真儒；而不悟其乖僻迂妄，误国殃民，为祸之烈，百倍于洪水猛兽也。何以言之？国内之学，既禁毁摧残而挫折之，使不克发达；域外之学，又鄙夷轻蔑而闭塞之，使不能传布，愚民日陋劣，政府日专横，学绝道丧，至于今日，宙合棣通，而其效可睹矣。向使无儒教之束缚拘挛，则国内之学分歧发展，骎骎演进，未必无欧美炜晔灿烂之观。于域外之学，博采兼收，虚襟研究，则艾儒略《西学凡》，已述有欧西建学育才之法，文科、理科、法科、医科，莫不粲然具著；使当日不挟儒家之成见，目以变幻支离，辟斥钳制，以“正学”、“真儒”之道脉心传自封，妄矜深意，而弃短取长，互相师法，则三百年来文化之增进昌明，虽不敢与欧美颉颃，其与俄之大彼得，日之明治，或堪匹敌；而何至丧权辱国，败绩蹙地，一蹶不振，如此之甚哉？由此观之，儒教之影响于亡国亡种实大矣。[③]

吴虞还借李贽的不幸遭遇来揭露封建专制制度的罪恶。他说：“专制时代，名贤下狱，何世无之！与其行尸走肉，保樗栎之长年，宁可玉碎兰摧，留英灵之浩气。况所谓有罪者，亦不过人君曰‘臣罪当诛’而已，岂有公理哉？”[④]又说：“呜呼！卓吾产于专制之国，而弗生于立宪之邦，言论思想，不获自由，横死囹圄，见排俗学，不免长夜漫漫之感；然亦止能自悲其身世之

① 谭嗣同：《仁学》，《谭嗣同全集》，中华书局，1981，第306、340、341、337页。
② 谭嗣同：《仁学》，《谭嗣同全集》，中华书局，1981，第306、340、341、337页。
③ 《吴虞文录》。《李贽全集注》第二十六册，第321页。
④ 《吴虞文录》。《李贽全集注》第二十六册，第319页。

不幸而已矣，复何言哉！复何言哉！”[①]吴虞简直把李贽当成同一阶级的战斗人物了！

李贽反封建压迫反传统思想的战斗精神，对人们的思想解放也起到了一定的推动作用，这一点也被后人所看到。如顾炎武说：“自古以来，小人之无忌惮，而敢于叛圣人者，莫甚于李贽。”[②]傅维鳞说：李贽的著作“其说新奇，……而大旨在翻孔子之是非”，结果“士大夫靡然信之”，“后士风大都由其染化”，成为“孔子之道一大厄也”。[③] 沈瓒说：李贽“好为惊世骇俗之论，务反宋儒道学之说。……儒、释从之者几千、万人。其学以解脱直截为宗，少年高旷豪举之士，多乐慕之，后学如狂，不但儒教溃防，而释宗绳检，亦多所清弃”[④]。纪昀在《四库全书总目提要》中对李贽著作中的反圣教思想，进行了激烈的攻击，说李贽的著作“皆狂悖乖谬，非圣无法”，“排击孔子，别立褒贬，凡千古相传之善恶，无不颠倒易位，尤为罪不容诛”，[⑤] “为名教之罪人，诬民之邪说”[⑥]。因此，他编的《四库全书》，不收李贽的著作，而“特存其目，以深暴其罪焉”。[⑦] 纪昀站在封建统治阶级和封建正统思想立场上对李贽的攻击，恰好说明李贽的著作在当时社会上确实起到解放人们思想的作用。

李贽的思想也是矛盾的，带有时代与阶级的局限。

李贽毕竟是地主阶级的思想家。他不否定皇权，也不否定封建的土地制度。他虽然对封建统治阶级的“德礼政刑”提出了批判，但并没有否定封建专制主义的制度，也没有对封建土地制提出过任何批判。他对明朝的政治黑暗提出过尖锐批评，对明朝统治阶层特别是理学朝臣进行过无情抨击，但他却称赞朱元璋说：“我太祖高皇帝，盖千万古之一帝也。”[⑧]另外，他对农民反贪官污吏的斗争虽然表示了一定的同情，称赞《水浒传》描写的农民起义为英雄，但他只是觉得这些起义者是被贪官污吏逼起来才造反的，是“官逼民反”，而对皇帝还是忠诚的，因此他仍称他们是“忠义”。有时他甚至骂农民起义是“盗贼”、“妖贼”，这都表明他并不赞成农民起义推翻地主阶级的封建专制政权。在思想上他敢于提出不以孔子的是非为是非，并批判了某些封建道德如忠孝

① 《吴虞文录》。《李贽全集注》第二十六册，第 323 页。

② 《日知录》卷一八。《李贽全集注》第二十六册，第 272 页。

③ 《李贽传》，《明书》卷一六〇《异教传》。《李贽全集注》第二十六册，第 263～264 页。

④ 《近事丛残》卷一。《李贽全集注》第二十六册，第 126 页。

⑤ 《四库全书总目提要》卷五〇“史部”《藏书六十八卷》。《李贽全集注》第二十六册，第 297～298 页。

⑥ 《四库全书总目提要》卷一七八“集部”《李温陵集二十卷》。《李贽全集注》第二十六册，第 307 页。

⑦ 《四库全书总目提要》卷五〇“史部”《藏书六十八卷》。《李贽全集注》第二十六册，第 297～298 页。

⑧ 《续藏书·小引》。

节义、三纲五常，但他并没有彻底否定他们，有时他还以“真儒”自居，用忠孝节义之类的道德概念来称赞他所赞美和肯定的人物。这些都明显地表现出李贽的阶级属性和时代局限。

正因为这样，李贽在大胆揭露封建统治阶级和理学家虚伪、丑恶的面目的时候，在进行反封建压迫反传统思想的战斗中，看不到前进的方向，找不到光明的道路，在他的作品中，不时流露出一种悲观情调，甚至表现出一定程度的颓废感情。

李贽的哲学思想也是很复杂的。他在一些著作中，表现出一定程度的朴素唯物主义与朴素辩证法思想。但由于他受到王阳明主观唯心主义和佛教思想的影响，有不少作品宣扬了唯心主义的东西。他还不时表现出梦想在现实生活中找到一种超现实的彼岸世界，找到一种心灵上的“佛国”。在他著作中的那些谈法说道的文章，就是这种思想的产物。这些作品有时也成为李贽反封建压迫反传统思想的理论武器，但就其内容来说，却是唯心主义的，甚至是宗教的哲学说教，这些应该予以指明。

李贽的思想还有另一方面，这就是他提出的人人皆圣、人人平等，反对封建统治阶级用“德礼政刑”对人们的束缚，要求自由发展人们的自然之性，提出“人必有私”，为商人辩护，鼓吹反映市民生活和思想意识的新兴文艺作品等，这些都是当时资本主义萌芽时期市民阶层思想的反映。当然，李贽所反映的市民思想，仅仅是资本主义萌芽状态的初期阶段。因此，尽管他向封建压迫和传统思想的进攻是坚决的、猛烈的，但他又不能完全摆脱传统思想的束缚，不能提出新的明确的政治主张，李贽的思想状态，正是当时资本主义萌芽的初期阶段这种社会现实的产物。

还应指出，李贽在反封建压迫反传统思想时，提出了“人必有私”等一类道德命题，在当时固然有一定进步意义，但由此出发，鼓吹“夫私者，人之心也，人必有私而后其心乃见，若无私则无心矣”。[①] 把自私自利说成是人类的普遍本性，这显然是错误的。李贽“人必有私”的道德命题，是当时资本主义萌芽在意识形态上的一种反映，它说明资产阶级在其萌芽成长过程中用以反对封建统治阶级的理论武器，就带有鲜明的阶级烙印，这应该给以阶级的分析。

李贽的思想虽然充满了矛盾，存在着这样那样的局限，但他坚持反封建压迫反传统思想的业绩，他敢于反对迷信和偶像的大无畏精神，在中国思想

① 《藏书》卷三二《德业儒臣后论》。

史上永远闪耀着光辉。李贽曾自豪和自信地说："坚其志无忧群魔，强其骨无惧患害。"[①]"以堂堂之阵，正正之旗，日与世交战而不败者，正兵在我故也。正兵法度森严，无隙可乘，谁敢邀堂堂而击正正，以取灭亡之祸欤！"[②]这两段话，可以看作是李贽对自己战斗一生的总结。李贽不愧是一位顽强的坚决的反封建压迫反传统思想的英勇斗士！

① 《续焚书》卷二《老人行叙》。

② 《续焚书》卷一《与周友山》。

附录一　李贽生平自述

卓吾论略[①]

滇中作

孔若谷曰：吾犹及见卓吾居士，能论其大略云。

居士别号非一，卓吾特其一号耳。卓又不一，居士自称曰卓，载在仕籍者曰笃，虽其乡之人，亦或言笃，或言卓，不一也。居士曰："卓与笃，吾土音一也，故乡人不辨而两称之。"余曰："此易矣，但得五千丝付铁匠胡同梓人，改正矣。"居士笑曰："有是乎？子欲吾以有用易无用乎？且夫卓固我也，笃亦我也。称我以'卓'，我未能也，称我以'笃'，亦未能也。余安在以未能易未能乎？"故至于今并称卓、笃焉。

居士生大明嘉靖丁亥之岁，时维阳月，得全数焉。生而母太宜人徐氏没，幼而孤，莫知所长。长七岁，随父白斋公读书歌诗，习礼文。年十二，试《老农老圃论》。居士曰："吾时已知樊迟之问，在荷蒉丈人间。然而上大人丘乙已不忍也，故曰'小人哉，樊须也'。则可知矣。"论成，遂为同学所称。众谓"白斋公有子矣"，居士曰："吾时虽幼，早已知如此臆说未足为吾大人有子贺，且彼贺意亦太鄙浅不合于理。彼谓吾利口能言，至长大或能作文词，博夺人间富若贵，以救贱贫耳，不知吾大人不为也。吾大人何如人哉？身长七尺，目不苟视，虽至贫，辄时时脱吾董母太宜人簪珥以急朋友之婚，吾董母不禁也。此岂可以世俗胸腹窥测而预贺之哉！"

稍长，复愦愦，读传注不省，不能契朱夫子深心。因自怪，欲弃置不事。而闲甚，无以消岁日，乃叹曰："此直戏耳。但剽窃得滥目足矣，主司岂一一能通孔圣精蕴者耶！"因取时文尖新可爱玩者，日诵数篇，临场得五百。题旨下，但作缮写誊录生，即高中矣。居士曰："吾此幸不可再侥也。且吾父老，弟妹婚嫁各及时。"遂就禄，迎养其父，婚嫁弟妹各毕。居士曰："吾初意乞一官，得江南便地，不意走共城万里，反遗父忧。虽然，共城，宋李之才宦游地也，有邵尧夫安乐窝在焉。尧夫居洛，不远千里就之才问道。吾父子倘亦闻道于此，虽万里可也。且闻邵氏苦志参学，晚而有得，乃归洛，始婚娶，亦既四十矣。使其不闻道，则终身不娶也。余年二十九而丧长子，且甚戚。夫不戚戚于道之谋，而惟情是念，视康节不益愧乎！"安乐窝在苏门山百泉之上。居士生于泉，泉为温陵禅师福地。居士谓"吾温陵人，当号温陵居士"。

① 《焚书》卷三，《李贽全集注》第一册，第233～235页。

至是日游遨百泉之上，曰：“吾泉而生，又泉而官：泉于吾有夙缘哉！”故自谓百泉人，又号百泉居士云。在百泉五载，落落竟不闻道，卒迁南雍以去。

数月，闻白斋公没，守制东归。时倭夷窃肆，海上所在兵燹。居士间关夜行昼伏，余六月方抵家。抵家又不暇试孝子事，墨衰率其弟若侄，昼夜登陴击柝为城守备。城下矢石交，米斗斛十千无籴处，居士家口零三十，几无以自活。三年服阕，尽室入京，盖庶几欲以免难云。

居京邸十阅月，不得缺，囊垂尽，乃假馆受徒。馆复十余月，乃得缺，称国子先生，如旧官。未几，竹轩大父讣又至。是日也，居士次男亦以病卒于京邸。余闻之，叹曰：“嗟嗟！人生岂不苦，谁谓仕宦乐。仕宦若居士，不乃更苦耶！”吊之。入门，见居士无异也。居士曰：“吾有一言，与子商之：吾先曾大父大母殁五十多年矣，所以未归土者，为贫不能求葬地；又重违俗，恐取不孝讥。夫为人子孙者，以安亲为孝，未闻以卜吉自卫暴露为孝也。天道神明，吾恐决不肯留吉地以与不孝之人，吾不孝罪莫赎矣。此归，必令三世依土。权置家室于河内，分赙金一半买田耕作自食，余以半归，即可得也。第恐室人不从耳。我入不听，请子继之！”居士入，反覆与语。黄宜人曰：“此非不是，但吾母老，孀居守我，我今幸在此，犹朝夕泣忆我，双眼盲矣。若见我不归，必死。”语未终，泪下如雨。居士正色不顾，宜人亦知终不能迕也，收泪改容谢曰：“好好！第见吾母，道寻常无恙，莫太愁忆，他日自见吾也。勉行襄事，我不归，亦不敢怨。”遂收拾行李托室买田种作如其愿。

时有权墨吏吓富人财不遂，假借漕河名色，尽彻泉源入漕，不许留半滴沟洫间。居士时相见，虽竭情代请，不许。计自以数亩请，必可许也。居士曰：“嗟哉，天乎！吾安忍坐视全邑万顷，而令余数亩灌溉丰收哉！纵与必不受，肯求之！”遂归。岁果大荒，居士所置田仅收数斛稗，长女随艰难日久，食稗如食粟；二女三女遂不能下咽，因病相继夭死。老媪有告者曰：“人尽饥，官欲发粟。闻其来者为邓石阳推官，与居士旧，可一请。”宜人曰：“妇人无外事，不可。且彼若有旧，又何待请耶？”邓君果拨己俸二星，并驰书与僚长各二两者二至，宜人以半籴粟，半买花纺为布。三年衣食无缺，邓君之力也。居士曰：“吾时过家葬毕，幸了三世业缘，无宦意矣。回首天涯，不胜万里妻孥之想，乃复抵共城。入门见室家，欢甚。问二女，又知归未数月俱不育矣。”此时黄宜人泪相随在目睫间，见居士色变，乃作礼，问葬事，及其母安乐。居士曰：“是夕也，吾与室人秉烛相对，真如梦寐矣。乃知妇人势逼情真，吾故矫情镇之，到此方觉屐齿之折也！”

至京，补礼部司务，人或谓居士曰：“司务之穷，穷于国子，虽子能堪忍，独不闻‘焉往而不得贫贱’语乎?”盖讥其不知止也。居士曰：“吾所谓穷，非世穷也。穷莫穷于不闻道，乐莫乐于安汝止。吾十年余奔走南北，只为家事，全忘却温陵、百泉安乐之想矣。吾闻京师人士所都，盖将访而学焉。”人曰：“子性太窄，常自见过，亦时时见他人过，苟闻道，当自宏阔。”居士曰：“然，余实窄。”遂以宏父自命，故又为宏父居士焉。

居士五载春官，潜心道妙，憾不得起白斋公于九原，故其思白斋公也益甚，又自号思斋居士。一日告我曰：“子知我久，我死请以志嘱。虽然，余若死于朋友之手，一听朋友所为，若死于道路，必以水火葬，决不以我骨贻累他方也。墓志可不作，作传其可。”余应曰：“余何足以知居士哉！他年有顾虎头知居士矣。”遂著论论其大略。后余游四方，不见居士者久之，故自金陵已后，皆不撰述。或曰：“居士死于白下。”或曰：“尚在滇南未死也。”

高洁说①

余性好高，好高则居傲而不能下。然所不能下者，不能下彼一等倚势仗富之人耳；否则稍有片长寸善，虽隶卒人奴，无不拜也。余性好洁，好洁则狷隘而不能容。然所不能容者，不能容彼一等趋势谄富之人耳；否则果有片善寸长，纵身为大人王公，无不宾也。能下人，故其心虚；其心虚，故所取广；所取广，故其人愈高。然则言天下之能下人者，固言天下之极好高人者也。余之好高，不亦宜乎！能取人，必无遗人；无遗人，则无人不容；无人不容，则无不洁之行矣。然则言天下之能容人者，固言天下之极好洁人者也。余之好洁，不亦宜乎！

今世龌龊者皆以余狷隘而不能容，倨傲而不能下。谓余自至黄安，终日锁门，而使方丹山有好个四方求友之讥。自住龙湖，虽不锁门，然至门而不得见，或见而不接礼者，纵有一二加礼之人，亦不久即厌弃。是世俗之论我如此也。殊不知我终日闭门，终日有欲见胜己之心也。终年独坐，终年有不见知己之恨也。此难与尔辈道也！其颇说得话者，又以余无目而不能知人，故卒为人所欺；偏爱而不公，故卒不能与人以终始。彼自谓离毛见皮，吹毛见孔，所论确矣。其实视世之龌龊者仅五十步，安足道耶！

夫空谷足音，见似人犹喜，而谓我不欲见人，有是理乎？第恐尚未似人耳，苟其略似人形，当即下拜而忘其人之贱也，奔走而忘其人之贵也。是以

① 《焚书》卷三，《李贽全集注》第一册，第294～295页。

往往见人之长而遂忘其短，非但忘其短也，方且隆礼而师事之，而况知吾之为偏爱耶！何也？好友难遇，若非吾礼敬之至，师事之诚，则彼聪明才贤之士，又曷肯为我友乎？必欲与之为友，则不得不致吾礼数之隆。然天下之真才真聪明者实少也。往往吾尽敬事之诚，而彼聪明者有才者终非其真，则其势又不得而不与之疏。且不但不真也，又且有奸邪焉，则其势又不得而不日与之远。是故众人咸谓我为无目耳。夫使我而果无目也，则必不能以终远；使我而果偏爱不公也，则必护短以终身。故为偏爱无目之论者，皆似之而非也。

今黄安二上人到此，人又必且以我为偏爱矣。二上人其务与我始终之，无使我受无目之名可也。然二上人实知余之苦心也，实知余之孤单莫可告语也，实知余之求人甚于人之求余也。吾又非以二上人之才，实以二上人之德也；非以其聪明，实以其笃实也。故有德者必笃实，笃实者则必有德，二上人吾何患乎？二上人师事李寿庵，寿庵师事邓豁渠。邓豁渠志如金刚，胆如天大，学从心悟，智过于师，故所取之徒如其师，其徒孙如其徒。吾以是卜之，而知二上人之必能为我出气无疑也，故作好高好洁之说以贻之。

自　赞①

其性褊急，其色矜高，其词鄙俗，其心狂痴，其行率易，其交寡而面见亲热。其与人也，好求其过，而不悦其所长；其恶人也，既绝其人，又终身欲害其人。志在温饱，而自谓伯夷、叔齐；质本齐人，而自谓饱道饫德。分明一介不与，而以有莘藉口；分明毫毛不拔，而谓杨朱贼仁。动与物迕，口与心违。其人如此，乡人皆恶之矣。昔子贡问夫子曰：“乡人皆恶之何如?”子曰：“未可也。”若居士，其可乎哉！

豫约·感慨平生②

善因等众菩萨，见我涅槃，必定差人来看。夫诸菩萨甚难得，若善因者，以一身而综数产，纤悉无遗；以冢妇而养诸姑，昏嫁尽礼。不但各无间言，亦且咸得欢心，非其本性和平，真心孝友，安能如此？我闻其才力其识见大

① 《焚书》卷三，《李贽全集注》第一册，第356～357页。
② 《焚书》卷四，《李贽全集注》第二册，第108～111页。

不寻常，而善因固自视若无有也。时时至绣佛精舍，与其妹澹师穷究真乘，必得见佛而后已。故我尤真心敬重之。此皆尔等所熟闻，非千里以外人，百年以远事，或出传说未可信也。尔等但说出家便是佛了，便过在家人了。今我亦出家，宁有过人者，盖大有不得已焉耳，非以出家为好而后出家也，亦非以必出家乃可修道然后出家也。在家不好修道乎？缘我平生不爱属人管。夫人生出世，此身便属人管了。幼时不必言；从训蒙师时又不必言；既长而入学，即属师父与提学宗师管矣；入官，即为官管矣。弃官回家，即属本府本县公祖父母管矣。来而迎，去而送；出分金，摆酒席；出轴金，贺寿旦。一毫不谨，失其欢心，则祸患立至；其为管束至入木埋下土未已也，管束得更苦矣。我是以宁飘流四外，不归家也。其访友朋求知己之心虽切，然已亮天下无有知我者；只以不愿属人管一节，既弃官，又不肯回家，乃其本心实意。特以世人难信，故一向不肯言之。然出家遨游，其所游之地亦自有父母公祖可以管摄得我。故我于邓鼎石初履县时，虽身不敢到县庭，然彼以礼帖来，我可无名帖答之乎？是以书名帖不敢曰侍生，侍生则太尊己；不敢曰治生，治生则自受缚。寻思四字回答之，曰“流寓客子”。夫流寓则古今时时有之，目今郡邑志书，称名宦则必继之以流寓也。名宦者，贤公祖父母也；流寓者，贤隐逸名流也。有贤公祖父母，则必有贤隐逸名流，书流寓则与公祖父母等称贤矣。宦必有名乃纪，非名宦则不纪，故曰名宦。若流寓则不问可知其贤，故但曰流寓，盖世未有不是大贤高品而能流寓者。晦庵婺源人，而终身延平；苏子瞻兄弟俱眉州人，而一葬郏县，一葬颍州。不特是也，邵康节范阳人也，司马君实陕西夏县人也，而皆终身流寓洛阳，与白乐天本太原人而流寓居洛一矣。孰谓非大贤上圣而能随寓皆安者乎？是以不问而知其贤也。然既书流寓矣，又书客子，不已赘耶？盖流而寓矣，非筑室而居其地，则种地而食其毛，欲不受其管束又不可得也。故兼称客子，则知其为旅寓而非真寓，如司马公、邵康节之流也。去住时日久近，皆未可知，县公虽欲以父母临我，亦未可得。既未得以父母临我，则父母虽尊，其能管束得我乎？故兼书四字，而后作客之意与不属管束之情畅然明白，然终不如落发出家之为愈。盖落发则虽麻城本地之人亦自不受父母管束，况别省之人哉！或曰：“既如此，在本乡可以落发，又何必麻城？”噫！我在此落发，犹必设尽计校，而后刀得临头。邓鼎石见我落发，泣涕甚哀，又述其母之言曰：“尔若说我乍闻之整一日不吃饭，饭来亦不下咽，李老伯决定留发也。且汝若能劝得李老伯蓄发，我便说尔是个真孝子，是个第一好官。”呜呼！余之落发，岂容易哉！余唯以不肯受人管束之故，然后落发，又岂容易哉！写至此，我自酸鼻，尔等切勿以落发为好事，而轻易受人布施也！

虽然，余之多事亦已极矣。余唯以不受管束之故，受尽磨难，一生坎坷，将大地为墨，难尽写也。为县博士，即与县令、提学触；为太学博士，即与祭酒、司业触。如秦，如陈，如潘，如吕，不一而足矣。司礼曹务，即与高尚书、殷尚书、王侍郎、万侍郎尽触也。高、殷皆入阁，潘、陈、吕皆入阁，高之扫除少年英俊名进士无数矣，独我以触迕得全，高亦人杰哉！最苦者，为员外郎不得尚书谢、大理卿董并汪意。谢无足言矣，汪与董皆正人，不宜与余抵。然彼二人者皆急功名，清白未能过人，而自贤则十倍矣，余安得免触耶？又最苦而遇尚书赵。赵于道学有名。孰知道学益有名而我之触益又甚也！最后为郡守，即与巡抚王触，与守道骆触。王本下流，不必道矣。骆最相知，其人最号有能有守，有文学，有实行，而终不免与之触，何耶？渠过于刻厉，故遂不免成触也。渠初以我为清苦敬我，终反以我为无用而作意害我，则知有己，不知有人，今古之号为大贤君子，往往然也。记余尝苦劝骆曰："边方杂夷，法难尽执，日过一日，与军与夷共享太平足矣。仕于此者，无家则难住；携家则万里崎岖而入，狼狈而去。尤不可不体念之！但有一能，即为贤者，岂容备责？但无人告发，即装聋哑，何须细问。盖清谨勇往，只可责己，不可责人，若尽责人，则我之清能亦不足为美矣，况天下事亦只宜如此耶！"嗟嗟！孰知余竟以此相触也哉！虽相触，然使余得以荐人，必以骆为荐首也。此余平生之大略也。上之不能如东方生之避世金马门，以万乘为僚友，含垢忍耻，游戏仕路；最上又不能如胡广之中庸，梁江总之头黑，冯道之五代。贪禄而不能忍诟，其得免于虎口，亦天之幸耳！既老而思胜算，就此一著，已非上策，尔等安得知耶？

故余尝谓世间有三种人决宜出家。非三种而出家，非避难，即无计治生，利其闲散，可以成就吾之懒也，无足言也。三种者何？盖世有一种如梅福之徒，以生为我酷，形为我辱，智为我毒，身为我桎梏，的然见身世之为赘疣，不得不弃官而隐夫洪崖、玉笥之间者，一也。又有一种如严光、阮籍、陈抟、邵雍辈，苟不得比于吕尚之遇文王，管仲之遇齐桓，孔明之遇先主，傅说之遇高宗，则宁隐无出。故夫子曰："居则曰不吾知也，如或知尔，则何以哉？"又曰："沽之哉！我待价者也。"是以孔子终身不仕而隐也。其曰："有道则仕，无道则怀"，不过以赞伯玉等云耳。若夫子苟不遇知己善价，则虽有道之世，不肯沽也。此又一种也。夫天下曷尝有知己之人哉？况真为天下知己之主欤！其不得不隐居于岩穴、钓台、苏门之山，固其所矣。又有一种，则陶渊明辈是也：亦贪富贵，亦苦贫穷。苦贫穷故以乞食为耻，而曰"扣门拙言词"；爱富贵故求为彭泽令，因遣一力与儿，而曰“助汝薪水之劳”。然无耐其不肯折腰何，是以八十日便赋《归去》也。此又一种也。适怀林在旁研墨，问曰：“不审和尚于此三种何居?”余曰：“卓哉！梅福、庄周之见，我无是也。必遇知己之主而后出，必有盖世真才，我无是才也，故亦无是见也。其唯陶公乎?”夫陶公清风千古，余又何人，敢称庶几？然其一念真实，受不得世间管束，则偶与同耳，敢附骥耶？

焚书・自序①

自有书四种：一曰《藏书》，上下数千年是非，未易肉眼视也，故欲藏之，言当藏于山中以待后世子云也。一曰《焚书》，则答知己书问，所言颇切近世学者膏肓，既中其痼疾，则必欲杀我矣，故欲焚之，言当焚而弃之，不可留也。《焚书》之后又有别录，名为《老苦》，虽同是《焚书》，而另为卷目，则欲焚者焚此矣。独《说书》四十四篇，真为可喜，发圣言之精蕴，阐日用之平常，可使读者一过目便知入圣之无难，出世之非假也。信如传注，则是欲入而闭之门，非以诱人，实以绝人矣，乌可乎！其为说，原于看朋友作时文，故《说书》亦佑时文，然不佑者故多也。

今既刻《说书》，故再《焚书》亦刻，再《藏书》中一二论著亦刻，焚者不复焚，藏者不复藏矣。或曰：“诚如是，不宜复名《焚书》也，不几于名之不可言，言之不顾行乎?”噫噫！余安能知，子又安能知。夫欲焚者，谓其逆人之耳也；欲刻者，谓其入人之心也。逆耳者必杀，是可惧也。然余年六十四矣，倘一入人之心，则知我者或庶几乎！余幸其庶几也，故刻之。

卓吾老子题湖上之聚佛楼。

① 《焚书》卷首，《李贽全集注》第一册，第1页。

附录二　有关李贽传记资料

书宏甫高尚册后①

焦　竑

宏甫解组归，巡台刘君汇荐绅赠言为册，题之曰“高尚”。宏甫寓言于天台杨子，作文一首书其后，其生平大都具矣。天台杨子曰：“吾读刘君高尚诸篇，而益信宏甫之不可知也。”

或曰：“宏甫隐于禅者也。夫宏甫年已五十四矣。自三十登仕，历七仕而至郡守，辛苦跋涉，以至若斯之年，亦既倦而后去耳。使其先四岁而死，亦已不称夭矣。幸而不死，而又博高尚之名以去。不为宏甫氏其终不去乎？且高尚之名，非有道之所处也。仲尼尝比之匏瓜之固矣。曾谓宏甫而不闻之乎？夫大道无高，有高则有过，至人无尚，有尚则有累。渠既深于是，而犹以过自累也，安在其为知道欤?”噫！是非或人所知也。夫宏甫非高尚之士也，而未始非高尚之士也。而与以高尚之名，则受之矣。且天下之物，亦无一而非累也。苟不以物累心，则终身役一官，虽三黜之而不去可也。及其所之既倦，则或四五十，或六七十，辞而去之可也。与之名当其实可也，与之实而不当，亦无不可者。若慕高尚之名而后去，去矣，而又嫌于有其名，皆累也。子何区区于名实之间，揣量而校度之，而欲以议至人之出处，不亦左欤？

且吾闻宏甫氏懒散，不事生产作业，而兢兢一郡，惟恐后时。譬则细人之理其家，然不为千岁之计不止也。凡一切备御经久之费，靡不日新，而孰知其旦暮决去哉。虽宏甫自以决去语人，人且不信。虽其家之人，亦必待既去而后信之耳。而或者欲以是而知宏甫，胡可得矣。然则孰从而名之曰：“此侍御刘公意也。”刘公以为欲以风于世，故借其去而以是名之云耳。虽然，宏甫氏若非今侍御，则亦终莫之名矣。

宏甫为人，一钱之入不妄，而或以千金与人，如弃草芥。一饭之恩亦报，而或与人千金，言谢则耻之。见一切可喜人，无有不当其心者，而不必合于己。己不能酒，而喜酒人；己不能诗，而喜诗人；己不能文，而喜文人；己不捷捷能言，而喜能言之人；己不便鞍马，而喜驰骋；己不好弄，而喜敌道；己不好斗，而喜徘徊古战场；己不好杀，而喜商君、吴起、韩非之书；己不爱纷华，而喜郭汾阳穷奢极欲，以身系国家之安危；己不欲以豁刻自处，而喜于陵仲子辞三公为人灌园。独不喜逊床循墙，终日百拜伛偻以为恭者。以

① 《焦氏笔乘》卷二，《李贽全集注》第二十六册，第93～94页。

故常不悦于世俗之人。俗之所爱，因而丑之；俗之所憎，因而求之；俗之所疏，因而亲之；俗之所亲，因而疏之。有时长贫，虽必不得已，已也；故终身不肯假借于人。有时暂富，虽必可已，不已也；故终其身无一钱之积。平生未尝召客，人召之酒则赴；平生不礼贵人，贵人馈之则受。以故虽不悦于人，而终不见害于人，以宏甫与世无争故也。

独设三科度世，最得祖意。见上士则夸而肆之，冀其或我知也；见中士则椟而藏之，以待其自知也；见下士则时发而后谨闭之，恐其不知而恣疑谤无益也。以此终其身，交游遍天下，无知宏甫者。知宏甫者，疑莫如侍御，故宏甫与我言，并出此相示云。噫嘻！若侍御知宏甫，则可以传矣。

姚安太守卓吾先生善政序[①]

李元阳

知隐而隐，其弊也忘世；知仕而仕，其弊也循世。忘则亏及物之仁，循则涉逐物之累，忘固不可，循则未为得也，二者安衷哉！昔者夫子尝曰："吾非斯人之徒欤而谁与?"乃知及物为仕之本愿明矣。及由、求、赤三子为邦之对，乃不之与，而独有浴沂之曾点，何哉？盖必有点也之意，而后可以为由、求、赤之邦，是故急于进取，其心炽然；无求于世，其心退然。以炽然之心以临民，不无躁动之患；以退然之心以莅政，自臻和平之休。于乎！仕之为道，其在不忘不循之间乎！

先生自幼有出俗之韵，超然不染世尘，每欲遨游五岳，以毕其志，然势有不得自由者，俯首一官，崎岖数载。今天子加意穷民，选首长以临郡国，于是先生以郎署出守姚安。自下车以至今日，几三载矣。惟务以德化民，而民随以自化。日集生徒于堂下，授以经义，训以辞章，谆谆亹亹，日昃忘倦，庙学颓圮，罄俸以营之，祀典废缺，殚力以致之。凡关系山川、风土形势，有改作不易者，制度不可阙者，皆悉力为之，处置有法，而民不知劳。节俭自将而惠不啬已，退食自公，载见觞水豆蘖之趣，燕寝凝香，而有枕石漱流之风。啸咏发于郡斋，图书参于案牍。不与时官同宿，而法令靡遗；民隐惟恐不闻，而讼庭多暇。挂冠解组之意，固切于几微；而悯天命、悲人穷之念，不容暂释于朝夕。以愚观之，善学孔子，非先生而谁?

① 《李中谿全集》文集卷六，《李贽全集注》第二十六册，第21～22页。

姚安守罗君某，以僚属事先生有年，深识先生之心，不远千里，介段生锦，征某一言，以纪先生之政，虽未瞻履绚然，私心甚慕之，遂不辞而为之序。

李温陵传[①]

袁中道

李温陵者，名载贽。少举孝廉，以道远，不再上公车，为校官，徘徊郎署间。后为姚安太守。公为人中燠外冷，丰骨棱棱。性甚卞急，好面折人过，士非参其神契者不与言。强力任性，不强其意之所不欲。初未知学，有道学先生语之曰："公怖死否?"公曰："死矣，安得不怖。"曰："公既怖死，何不学道？学道所以免生死也。"公曰："有是哉!"遂潜心道妙。久之自有所契，超于语言文字之表，诸执筌蹄者了不能及。为守，法令清简，不言而治。每至伽蓝，判了公事，坐堂皇上，或置名僧其间，簿书有隙，即与参论虚玄。人皆怪之，公亦不顾。禄俸之外，了无长物。久之，厌圭组，遂入鸡足山阅龙藏不出。御史刘维奇其节，疏令致仕以归。

初与楚黄安耿子庸善，罢郡遂不归。曰："我老矣，得一二胜友，终日晤言以遣余日，即为至快，何必故乡也。"遂携妻女客黄安。中年得数男，皆不育。体素癯，澹于声色，又癖洁，恶近妇人，故虽无子，不置妾婢。后妻女欲归，趣归之。自称"流寓客子"。既无家累，又断俗缘，参求乘理，极其超悟，剔肤见骨，迥绝理路。出为议论，皆为剑刀上事，狮子迸乳，香象绝流，发咏孤高，少有酬其机者。

子庸死，子庸之兄天台公惜其超脱，恐子侄效之，有遗弃之病，数至箴切。公遂至麻城龙潭湖上，与僧无念、周友山、丘坦之、杨定见聚，闭门下键，日以读书为事。性爱扫地，数人缚帚不给。衿裾浣洗，极其鲜洁，拭面拂身，有同水淫。不喜俗客，客不获辞而至，但一交手，即令之远坐，嫌其臭秽。其忻赏者，镇日言笑，意所不契，寂无一语。滑稽排调，冲口而发，既能解颐，亦可刺骨。所读书皆钞写为善本，东国之秘语，西方之灵文，《离骚》、马、班之篇，陶、谢、柳、杜之诗，下至稗官小说之奇，宋元名人之曲，雪藤丹笔，逐字雠校，肌擘理分，时出新意。其为文不阡不陌，摅其胸中之独见，精光凛凛，不可迫视。诗不多作，大有神境。亦喜作书，每研墨

① 《珂雪斋集》卷一七，《李贽全集注》第二十六册，第157～161页。

伸楮，则解衣大叫，作兔起鹘落之状。其得意者亦甚可爱，瘦劲险绝，铁腕万钧，骨棱棱纸上。一日恶头痒，倦于梳栉，遂去其发，独存鬓须。公气既激昂，行复诡异，斥异端者日益侧目。与耿公往复辩论，每一札，累累万言，发道学之隐情，风雨江波，读之者高其识，钦其才，畏其笔，始有以幻语闻当事，当事者逐之。

于时左辖刘公东星迎公武昌，舍盖公之堂。自后屡归屡游：刘公迎之沁水，梅中丞迎之云中，而焦公弱侯迎之秣陵。无何，复归麻城。时又有以幻语闻当事，当事者又误信而逐之，火其兰若，而马御史经纶遂躬迎之于北通州。又会当事者欲刊异端以正文体，疏论之。遣金吾缇骑逮公。

初公病，病中复定所作《易因》，其名曰《九正易因》。常曰："我得《九正易因》成，死快矣。"《易因》成，病转甚。至是逮者至，邸舍匆匆，公以问马公。马公曰："卫士至。"公力疾起，行数步，大声曰："是为我也。为我取门片来！"遂卧其上，疾呼曰："速行！我罪人也，不宜留。"马公愿从。公曰："逐臣不入城，制也。且君有老父在。"马公曰："朝廷以先生为妖人，我藏妖人者也。死则俱死耳。终不会令先生往而已独留。"马公卒同行。至通州城外，都门之牍尼马公行者纷至，其仆数十人，奉其父命，泣留之。马公不听，竟与公偕。明日，大金吾置讯，侍者掖而入，卧于阶上。金吾曰："若何以妄著书？"公曰："罪人著书甚多，具在，于圣教有益无损。"大金吾笑其倔强，狱竟无所置词，大略止回籍耳。久之旨不下，公于狱舍中作诗读书自如。一日，呼侍者薙发。侍者去，遂持刀自割其喉，气不绝者两日。侍者问："和尚痛否？"以指书其手曰："不痛。"又问曰："和尚何自割？"书曰："七十老翁何所求！"遂绝。时马公以事缓，归觐其父，至是闻而伤之，曰："吾护持不谨，以致于斯也。伤哉！"乃归其骸于通，为之大治冢墓，营佛刹云。

公素不爱著书。初与耿公辩论之语，多为掌记者所录，遂裒之为《焚书》。后以时义诠圣贤深旨，为《说书》。最后理其先所诠次之史，焦公等刻之于南京，是为《藏书》。盖公于诵读之暇，尤爱读史，于古人作用之妙，大有所窥。以为世道安危治乱之机，捷于呼吸，微于缕黍。世之小人既侥幸丧人之国，而世之君子理障太多，名心太重，护惜太甚，为格套局面所拘，不知古人清净无为，行所无事之旨，与藏身忍垢、委曲周旋之用。使君子不能以用小人，而小人得以制君子。故往往明而不晦，激而不平，以至于乱。而世儒观古人之迹，又概绳以一切之法，不能虚心平气，求短于长，见瑕于瑜，好不知恶，恶不知美。至于今，接响传声，其观场逐队之见，已入人之骨髓而不可破。于是上下数千年之间，别出手眼，凡古所称为大君子者，有时攻其所短；而所称为小人不足齿者，有时不没其所长。其意大抵在于黜虚文，求实用；舍皮毛，见神骨；去浮理，揣人情。即矫枉之过，不无偏有重轻，而舍其批驳谑笑之语，细心读之，其破的中窍之处，大有补于世道人心。而人遂以为得罪于名教，比之毁圣叛道，则已过矣。

昔马迁、班固各以意见为史：马迁先黄、老后《六经》，退处士进游侠，当时非之；而班固亦排守节，鄙正直。后世鉴二史之弊，汰其意见，一一归之醇正，然二家之书若揭日月，而唐、宋之史读不终篇，而已兀然作欠伸状，何也？岂非以独见之处，即其精光之不可磨灭者欤！且夫今之言汪洋自恣，莫如《庄子》，然未有因读《庄子》而汪洋自恣者也，即汪洋自恣之人，又未必读《庄子》也。今之言天性刻薄，莫如《韩子》，然未有因读《韩子》而天性刻薄者也，即天性刻薄之人，亦未必读《韩子》也。自有此二书以来，读《庄子》者撮其胜韵，超然名利之外者，代不乏人，读申、韩之书，得其信赏必罚者，亦足以强主而尊朝廷。即醇正如诸葛，亦手写之以进后主，何尝以意见少驳，遂尽废之哉！

夫《六经》、洙泗之书，粱肉也。世之食粱肉太多者，亦能留滞而成痞，故治者以大黄蜀豆泻其积秽，然后脾胃复而无病。九宾之筵，鸡豚羊鱼相继而进。至于海错，若江瑶柱之属，弊吻裂舌，而人思一快朵颐。则谓公之书为消积导滞之书可；谓世间一种珍奇，不可无一不可有二之书亦可。特其出之也太早，故观者之成心不化，而指摘生焉。

然而穷公之所以罹祸，又不自书中来也。大都公之为人，真有不可知者：本绝意仕进人也，而专谈用世之略，谓天下事决非好名小儒之所能为。本狷洁自厉，操若冰霜人也，而深恶枯清自矜，刻薄琐细者，谓其害必在子孙。本屏绝声色，视情欲如粪土人也，而爱怜光景，于花月儿女之情状亦极其赏玩，若借以文其寂寞。本多怪少可，与物不和人也，而于士之有一长一能者，倾注爱慕，自以为不如。本息机忘世，槁木死灰人也，而于古之忠臣义士、侠儿剑客，存亡雅谊，生死交情，读其遗事，为之咋指斫案，投袂而起，泣泪横流，痛哭滂沱而不自禁。若夫骨坚金石，气薄云天；言有触而必吐，意无往而不伸；排拓胜己，跌宕王公。孔文举调魏武若稚子，嵇叔夜视钟会如奴隶。鸟巢可覆，不改其凤味；鸾翮可锻，不驯其龙性。斯所由焚芝锄蕙，衔刀若卢者也。嗟乎！才太高，气太豪，不能埋照溷俗，卒就囹圄，惭柳下而愧孙登，可惜也夫！可戒也夫！

公晚年读《易》，著书曰《九正易因》。意者公于《易》大有得，舍亢入谦，而公遂老矣逝矣！公所表章之书，若《阳明先生年谱》，及《龙溪语录》，其类多不可悉记云。

或问袁中道曰："公之于温陵也学之否?"予曰："虽好之，不学之也。其人不能学者有五，不愿学者有三。公为士居官，清节凛凛，而吾辈随来辄受，操同中人，一不能学也。公不入季女之室，不登冶童之床，而吾辈不断情欲，未绝嬖宠，二不能学也。公深入至道，见其大者，而吾辈株守文字，不得玄旨，三不能学也。公自少至老，惟知读书，而吾辈汨没尘缘，不亲韦编，四不能学也。公直气劲节，不为人屈，而吾辈胆力怯弱，随人俯仰，五不能学也。若好刚使气，快意恩仇，意所不可，动笔之书，不愿学者一矣。既已离仕而隐，即宜遁迹名山，而乃徘徊人世，祸逐名起，不愿学者二矣。急乘缓戒，细行不修，任情适口，鸾刀狼藉，不愿学者三矣。夫其所不能学者，将终身不能学；而其所不愿学者，断断乎其不学之矣。故曰虽好之，不学之也。若夫幻人之谈，谓其既已髡发，仍冠进贤，八十之年，不忘欲想者，有是哉！所谓蟾蜍掷粪，自其口出者也。"

卓吾老子墓碑①

汪可受

余与公安袁家兄弟尝问道于卓吾老子。庚戌之春，余以关吏述职竣，中郎数偕同志梅掌科、苏侍御招游野寺，慨然怀古。中郎指蜕骨在通州城外马氏庄，恐孤坟荒草，日久且不可辨识，奈何！余曰：彼实轻去其乡，以吾楚人不终以至此，今谁为慰此寂寞，正吾楚人所不得辞也。中郎任为文以誌之，余与二公任捐赀树之碑。未几，中郎长逝，则誌亦余之所不得辞也。

按卓吾老子者，其乡里世族并宦迹生理，皆老子所敝屣弃之，人第知其为卓吾老子云。老子好读书，多所著述，有《焚书》、《藏书》、《说书》之属行于世。而余性不喜涉猎，亦莫得而详焉。惟是相见因缘，言犹在耳，姑传而述之，可想见老子之为人。

岁己丑，余初见老子于龙湖，时麻城二三友人俱在。老子秃头带须而出，一举手便就席。余曰："今士习多任放，先生将广教化于此，何不以戒律倡之?"老子曰："何誉诸君之过也。放之一字，恐诸君子承当不得。"复以手作箍形曰："总跳不出。"余曰："如先生者发去须存，犹是剥落不尽。"老子曰："吾宁有意剃落耶！去夏头热，吾手搔白发，中蒸蒸出死人气，秽不可当。偶见

① 《畿辅通志》卷一六六，古迹一三，陵墓二，据《李温陵外纪》校正。《李贽全集注》第二十六册，第 83～84 页。

侍者方剃落，使试除之，除而快焉，遂以为常。”复以手拂须曰：“此物不碍，故得存耳。”众皆大笑而别。

又丙申岁，老子以刘司空之约至上党，余亦以校士至，约相见于上党之精舍。老子问余曰：“试士何题?”余曰：“诚意章。”老子曰：“毋欺之义，只不作小人掩着便是。近得周少司农书，自谓以言事触众，惧且见逐，得圣旨优容，喜之不胜，此可与语不欺矣。若使他人道之，便费多少话说，遮掩宦情。”余曰：“周公幸素闻道”。老子曰：“虽然，恩爱太重，终当作儿孙之儿孙耳。”夜深，余请宗门下事，老子曰：“尚有数年不死，可再晤谈。”余曰：“老子末后一著何如?”老子曰：“吾当蒙利益于不知我者，得荣死诏狱，可以成就此生。”余意厌之。老子复大鼓掌曰：“那时名满天下，快活快活。”余止勿寐语，夫安知其为真实语也。

又辛丑，老子以马侍御之约，至通州，而余适起官霸上，约相见于侍御之别业。老子以儒帽裹僧头，迎揖如礼。余惊问曰：“何恭也?”老子曰：“吾向读孔子书，实未心降。今观于《易》，而始知不及也。敢不如其礼。”余少顷曰：“如先生往事，犹在是非窠臼中。”老子曰：“此非我事，乃人道中事耳。有手在，安得人打不打；有口在，安得人骂不骂?”余笑曰：“依旧卓吾老子也。”时紫柏老人在戒坛，余意欲为二老者作小西天主人，傍观宗门下事。而忽有河上之役，行矣。行而念老子不置，复过辞于侍御之别业。老子怆然曰：“顾以笔墨来，为公书《证道歌》一幅，异日见书如见我也。”余亦怆然不能应，徐曰：“将作盐梅于乡党，迎先生归龙湖。”老子曰：“吾百年之计在盘山矣。”别后，老子竟遭恶口，被逮至禁卫，蒙主恩不杀，而老子自杀以实其言。余时急胼胝，不获详闻。第闻人称侍御甚盛德，不舍老子于患难中，使生有养而死有葬也。孔子曰：吾见老子其犹龙乎。以余所见，卓吾老子亦殊异乎鸟飞鱼游兽走矣。碑不详姓名，定知千载下考古者不疑有两卓吾老子也。哀之以偈。偈曰：

> 伯阳深藏貌若虚，卓吾虚极匪深藏。老子谁能终不老，入万劫也落空亡。信口信心兼信手，信手一刀出断常。记得上党夜中说，不会先机谓是狂。龙湖潞水共汤汤，大千世界任徜徉。我亦怪君葛藤长，《焚书》不焚藏不藏。但愿还我《证道歌》，绝学无为娑婆诃。

卓吾先师告文[①]

汪本钶

壬寅年五月廿六日，弟子汪本钶接纯夫庄先生书，而知吾师烈烈死矣。师春间病通州，有遗言葬通州，到通州而病犹未愈，夫不肯病死，竟烈烈而死，此向者《五死篇》之所由作邪！钶自三月十二日别师，师遽于三月十五日引决，到十六夜子时长往矣，曾几何时也。不获亲聆遗教，钶闻之痛恨欲死，如梦寐中过日，恨不即死，早见吾师也。但愧钶实不知师，而又何可以死，又何以能得见师也。

忆钶甲午年始见师于龙湖。钶少慕仙术，意师为神仙中人，及见师，乃知师非养生者。厥后师语钶曰："丈夫生于天地间，太上出世为真佛，其次不失为功名之士。若令当世无功，万世无名，养此狗命在世何益？不如死矣。"留钶读书龙湖三月，日课举子业，夜谈《易》一卦，此时钶尚懵懵也。丁酉又寻师于北京极乐寺，师问钶曰："子不远数千里而来，欲求何事？若只教尔举子业，则我非举业师也。"钶茫然无以应。此时出世之志默自凛凛振起一番。

明年春，弱侯焦先生迎师抵白下，为精舍以居师。时方伯雨师絜家往就学焉。师因与方师日夜读《易》不倦。白下马伯时先生日往请正，听至夜分始散，钶不过从旁作记载人，而《易因》梓矣。

庚子冬，师又读《易》于黄柏山中，改正《易因》。适马诚所先生自北通州来访山中。越春二月，师与马先生同至通州。既至，又与马先生读《易》，每卦自读千遍，又引坡公语钶曰："经书不厌百回读，熟读深思子自知。"近一年所，而《易因》改正成矣，名曰《九正易因》。钶计从师先后计九载，见师无一年不读《易》，无一月不读《易》，无一日无一时刻不读《易》，至于忘食忘寝，必见三圣人之心而后已。钶今思之，竟不知《易》为何物，伴师读《易》为何事？夫既不知读《易》，又安能希了出世之志乎？既不能了出世之志，又安能明师之《九正易因》乎？真所谓觌面相失者也。而今已矣，已矣，不复见吾师矣。钶从此愿终身读《九正易因》以见吾师，师其在天之灵，悯念予诚而神将通之。俾钶不得明《易》道于师之生前，庶几窥《易》道于师之没后，了此出世之志，而千万劫皈依师于一堂上，得以见我师也夫，得以见我师也夫。

① 《李氏遗书》附录，据《李温陵外纪》校补，《李贽全集注》第二十六册，第205～206页。

李太守好奇[①]

骆问礼

姚安李知府，名载贽，号卓吾，善文能书，好讲学。时讲学者多入于禅，而此公尤甚。然廉靖明达，上下爱之。一日出一对于“观海楼”，曰：

> 禅缘乘入，有下乘，有中乘，有上乘，有上上乘，参得透，一乘便了；
>
> 佛以法修，无灭法，无作法，无非法，无非非法，解得脱，万法皆通。

一日学道出巡，予燕之于楼，谓予曰：“此非禅寺，胡揭此联?”予曰：“此李太守漫笔，爱其奇巧，不欲去之耳。”后李公求致仕，人以予亲临守道，不能留之为言，且有传予去之之说。为去其官者，又招致一书生，文辞清雅，仪容秀发，而无姓名、籍贯。予疑之，行文府中查明，而竟不回文。予曰：“查之本道事已毕，倘有违碍，事在该府。”人又有谓予不能为太守留贤者。然予出滇时，李公尚未致仕。及致仕，竟不归乡，寄住耿楚侗家，以其为道学宗主也。不知何故游至京师，死于非命。大抵清奇可怪而不近人情，终非儒者正道。李福建晋江人。

赠姚安守温陵李先生致仕去滇序[②]

顾养谦

温陵李先生为姚安府且三年，大治，恳乞致其仕去。

初，先生以南京刑部尚书郎来守姚安，难关万里，不欲携其家，其室人强从之。盖先生居常游，每适意辄留，不肯归，故其室人患之，而强与偕行。至姚安，无何即欲去，不得遂，乃强留。然先生为姚安，一切持简易，任自然，务以德化人，不贾世俗能声。其为人汪洋停蓄，深博无涯涘，人莫得其端倪，而其见先生也，不言而意自消；自僚属、士民、胥隶、夷酋，无不化

① 《李太守好奇》，《万一楼集》卷五六《续羊枣集九》，《李贽全集注》第二十六册，第62～63页。

② 《焚书》卷二《又书使通州诗后》附，又见《李温陵外纪》卷一，《李贽全集注》第二十六册，第63～64页。

先生者，而先生无有也。此所谓无事而事事，无为而无不为者耶？

谦之备员洱海也，先生守姚安已年余，每与先生谈，辄夜分不忍别去，而自是先生不复言去矣。万历八年庚辰之春，谦以入贺当行。是时，先生历官且三年满矣，少需之，得上其绩，且加恩或上迁。而侍御刘公方按楚雄，先生一日谢簿书，封府库，携其家，去姚安而来楚雄，乞侍御公一言以去。侍御公曰："姚安守，贤者也。贤者而去之，吾不忍。非所以为国，不可以为风，吾不敢以为言。即欲去，不两月所为上其绩而以荣名终也，不其无恨于李君乎？"先生曰："非其任而居之，是旷官也，贽不敢也；需满以幸恩，是贪荣也，贽不为也；名声闻于朝矣，而去之，是钓名也，贽不能也。去即去耳，何能顾其他？"而两台皆勿许。于是先生还其家姚安，而走大理之鸡足。鸡足者，滇西名山也。两台知其意已决，不可留，乃为请于朝，得致其仕。

命下之日，谦方出都门，还趋滇，恐不及一晤先生而别也，乃至楚之常、武而程程物色之。至贵竹，而知先生尚留滇中，遨游山水间，未言归，归当以明年春，则甚喜。或谓谦曰："李姚安始求去时，唯恐不一日去，今又何迟迟也？何谓哉！"谦曰："李先生之去，去其官耳。去其官矣，何地而非家，又何迫迫于温陵者为？且温陵又无先生之家。"及至滇，而先生果欲便家滇中，则以其室人昼夜涕泣请，将归楚之黄安。盖先生女若婿皆在黄安，依耿先生以居，故其室人第愿得归黄安云。先生别号曰卓吾居士。卓吾居士别有《传》，不具述，述其所以去滇者如此。

先生之行，取道西蜀，将穿三峡，览瞿塘、滟滪之胜，而时时过访其相知故人，则愿先生无复留，携其家人一意达黄安，使其母子得相共，终初念，而后东西南北，唯吾所适，不亦可乎？先生曰："诺。"遂行。

李卓吾先生碑阴记[①]

詹轸光

呜呼！此明卓吾李先生墓也。先生以死友之谊，就马侍御于通州。及被逮，不可辱而自刎；则侍御收其遗骸归葬之。今其冢岿然，其白杨森森然也。呜呼！世之无朋友也久矣！乃有生于我乎养，死于我乎葬，如侍御也者，则千古之友道未堕地也。侍御立朝，直声动天下，天下望而震焉；而独折节先

① 《李氏全书》附《李温陵外纪》卷五，《李贽全集注》第二十六册，第179页。

生于师友间，则先生可知矣。余获侍先生有年，先生盖目余为小友。今已再展先生墓，而兹石依然草莽也。叹侍御不可复作，而诣其嗣子健顺，出太史氏所为题字[①]，泣而曰："顺不肖，敢忘先君子之义哉！"遂摹勒，成而树之。时万历壬子之二月也。

呜呼！千秋万岁后，有景行先生而思一识其藏者，此碑可藉不朽云。

先生讳贽，温陵人；侍御讳经纶，凤阳人；而余则新安詹轸光也。

李卓吾传[②]

沈 铁

李载贽，字宏甫，嘉靖三十一年乡荐，授共城教谕，以文章擢国子，历礼部司务。从豫章李材、兰溪徐用检讲学都门，谭论数日耳，而二公咸服其闻道早而见道卓，因自号卓吾。——谓颜子尝苦孔之卓；道之卓尔，具在吾人，何苦之有？——久之，厌京师浮繁，乞就留都，擢刑部员外郎中。

天台耿定向督学南畿，以学倡，畿南士白下李士龙、焦竑，其最著者。载贽日与定向、焦、李阐明道学，穷晷继夜，寝食靡辍也。

亡何，出守姚安。姚安虽边郡，载贽日以道德教化。钥迪绳率，夷俗丕变，而载贽且倦游矣，上书挂冠归。

道经楚黄，定向弟定理者，潜心学道人也，闻载贽风，强留之。时江陵相方严驿递禁，载贽空囊不能归，遂居黄安。州人士踱踱来学，而友山周思敬甚心相契者。顾载贽夙年厌章句，而讨论身心，以章句为吾道糟粕也；今则袪身心而探索玄妙，以身心吾道形象也。玄妙道脉，吾家鲜谭之，惟佛氏独得旨趣，成斯道鼻祖者。且曰：道，原自真率，存一去妄心，便非真境矣；道，原自快乐，存一戒惧心，便非乐境矣。老氏静虚，庄氏逍遥，皆从此勘破者。定向有《四求未能论》，载贽驳之曰："子臣弟友，吾人分内物也，何待于求？添一求便著一色相，非道本体矣。"士之好奇者，翕然以为真的，且简易可从也。定向忧之，每于议论中明经旨以端士心，于行事间加检束以挽士习。两家门徒，标榜角立，而耿、李分敌国。此曰："吾师圣人也。"彼亦曰："吾师圣人也。"载贽曰："彼以耿为南方圣人乎，吾将为西方圣人矣！"于是，辞妻别女归泉，削发为方外士。角巾髠首，日携同志遨游巷陌。缙绅衿珮骤

---

① 太史氏：指焦竑。

② 何乔远：《闽书》卷一五二《畜德志》上，《李贽全集注》第二十六册，第76～77页。

睹，骇异之，谤声四起。

黄郡太守及兵宪王君，亟榜逐之。谓黄有左道，诬民惑世。捕曹吏持载贽急，载贽入衡州，过武昌。其入衡州，予方为衡丞，来过之。至武昌，则访公安袁六休、袁小修二兄弟。二袁以语藩司晋川刘公东星，抠谒之，惊，语人曰："是活佛再现者"，延入会城，馆谷之。楚省士翕然争拜门墙：高者乐其玄虚，可以略训诂；卑者乐其简便，可以忘拘检。江夏潘广文延主讲席，载贽勉赴坐，不交一谭；出过市中，群少年唱饮屠室，酣歌彻天，手招载贽入。载贽不辞，偕群少年畅饮而归。或讶之，载贽曰："广文会讲，假借人吻也；少年聚饮，自得天机也。"

刘公入掌内台，而载贽归麻城。铁招耿公曰："李先生信禅，稍戾圣祖，顾天地间自有一种学问，逃墨归杨，归斯受焉，此圣贤作用也。"于是耿、李再晤黄安，相抱大哭，各叩首百拜，叙旧雅，欢洽数日而别。

载贽抵麻城，卜居龙湖寺中。鸠率好义者，大修佛殿，饰如来诸祖像。日著书谈道，听说者日益伙。间有室门女流，持斋念佛，亦受业焉。虽不躬往，订于某日某时受戒，先致篚帛；甫反，候宦女在家合掌拜，载贽在寺亦答受之。坐是喧阗郡邑。符卿周公弘禴曰："李先生学已入禅，行多诞，祸不旋踵矣。"

会冯应京来为楚佥宪，毁龙湖寺，置诸从游者法。载贽再往白门，而焦竑以翰林家居，寻访旧盟，南都士更靡然响之。登坛说法，倾动大江南北。北通州马经纶以御史谪籍，延载贽抵舍，焚香和南执弟子礼，而燕冀人士望风，礼拜尤盛。语稍彻禁中，谏垣张问达以弹章闻矣。有旨逮系，载贽发愤，遂自刎归寂。

所著有《藏书》四十卷，《说书》、《焚书》各二卷，《初潭》四卷，而佛经诸书不与焉。所著《藏书》，论古今君相人物，皆盭于儒先，如以武氏为圣后，冯道为贤臣。漳人薛士彦读而喜之，谓是圣贤学问也，善用之可以建事业；不尔，恐蹈于权谋术数。尔时，部议并毁其书刻，而世人喜其高奇，反以盛传于世。

卓吾先生李贽①

钱谦益

贽字宏甫，晋江人。领乡荐，不再上公车，授教官，历南京刑部主事，出为姚安太守。政令清简，公座或与禅衲俱。簿书之间，时与参论。又辄至伽蓝，判了公事。逾年入鸡足山，阅藏不出。御史刘维奇其人，疏令致仕。与黄安耿子庸善，罢郡，遂客黄安。子庸死，遂至麻城龙潭湖上，闭门下键，日以读书为事。一日，恶头痒，倦于梳栉，遂去其发，秃而加巾。卓吾所著书，于上下数千年之间，别出手眼，而其掊击道学，抉摘情伪，与耿天台往复书，累累万言，胥天下之为伪学者，莫不胆张心动，恶其害己，于是咸以为妖为幻，噪而逐之。马御史经纶迎之于通州，寻以妖人逮下诏狱。狱词上，议勒还原籍。卓吾曰："我年七十有六，死耳，何以归为?"遂夺薙发刀自刭，两日而死。御史收葬之通州北门外，秣陵焦竑题其石曰："李卓吾先生墓"。过者皆吊焉。

袁小修尝语余曰："卓老多病寡欲，妻庄夫人，生一女。庄殁后，不复近女色，其戒行老禅和不复是过也。平生痛恶伪学，每入书院讲堂，峨冠大带，执经请问，辄奋袖曰：'此时正不如携歌姬舞女，浅斟低唱。'诸生有挟妓女者见之，或破颜微笑曰：'也强似与道学先生作伴。'于是麻黄之间登坛讲学者衔恨次骨，遂有宣淫败俗之谤。蟾蜍掷粪，自其口出，岂足以污卓老哉。余兄中郎以吴令谢病归，再起仪部，卓老以谓理不当复出，为诗曰：'王符已著《潜夫论》，为问中郎到也无?'已而中郎将抵国门，乃改前句曰：'黄金台上思千里，为报中郎速进途。'其于进退出处，介介如此。人知卓老为柳下之不恭，不知其为伯夷之隘也。卓老风骨棱棱，中燠外冷，参求理乘，剔肤见骨，迥绝理路，出语皆刀剑上事。狮子迸乳，香象绝流，直可与紫柏老人相上下。"遗山《中州集》有异人之目，吾以为卓吾可以当之。录其诗附于高僧之后，传灯所载，旁出法嗣，卓吾或其俦与。

① 《列朝诗集小传》闰集，上海古籍出版社，1983，第704～706页。《李贽全集注》第二十六册，第230～231页。

李卓吾墓[1]

刘侗　于奕正

卓吾生平求友，晚始得通州马侍御经纶也。其葬通州，卓吾老，马迎之，生与俱也，死于马乎殡。冢高一丈，周列白杨百余株。碑二：一曰李卓吾先生墓，秣陵焦竑题。一卓吾老子碑，黄梅汪可受撰，碑不志姓名乡里，但称卓吾老子也。卓吾，名贽，字宏甫，温陵人。以孝廉为姚安太守，中燠外冷，强力任性。为守日，政令清简，公座或与髡俱，簿书之间，时与参论。又辄至伽蓝，判了公事，人怪之。逾年，入鸡足山，阅藏不出。御史刘维奇其人，疏令致仕归。初善楚黄安耿子庸，遂携妻女客黄安。曰："吾老矣，得一二友以永日，吾乐之，何必吾故乡也！"性癖洁，恶近妇人，无子，亦不置妾。后妻女欲归，趋归之，称流寓客子。自是参求乘理，剔肤见骨，少有酬其机者，人以为骂，又怪之。子庸死，遂至麻城龙潭，筑芝佛院以居。龙潭，石址潭周遭，至必以舟，而河流沙浅，外舟莫至。以是隔远缁素，日独与僧深有、周司空思敬语，然对之竟日读书，已复危坐，不甚交语也。其读书也，不以目，使一人高诵，旁听之。读书外，有二嗜：扫地，湔浴也。日数人膺帚、具汤，不给焉。鼻畏客气，客至，但一交手，即令远坐。一日搔发，自嫌蒸蒸作死人气，适见侍者剃，遂去发，独存鬓须，秃而方巾。先是论学不合者，愈怪之，以幻语闻，当事逐之。时刘左辖东星，迎之武昌，梅中丞国桢，迎之云中，焦翰撰竑，迎之秣陵，皆暂住。无何复归麻城，著《藏书》、《焚书》。又为梅中丞著《孙子参同》，成。先是有与中丞构者，幻语又闻，当事又逐之，至火其居。于是马侍御经纶迎之通州。至，与马公读《易》，每卦千遍，一年而《九正易因》成。时欲老盘山，会当道疏上，指为妖人，逮诏狱。寻得其实，议发还籍矣。曰："我年七十六，作客平生，何归为！"遂以薙发刀自刭。马公痛哭曰："天乎！先生妖人哉！有官弃官，有家弃家，有发弃发，其后一著书学究，其前一廉二千石也。"乃收葬之。葬之通州北门外迎福寺侧。

[1] 《帝京景物略》卷八《畿辅名迹》，《李贽全集注》第二十六册，第 246 页。

李卓吾传[①]

彭际清

李卓吾，名贽，泉州晋江人，嘉靖间领乡荐，为教官。万历初，历南京刑部主事，出为姚安知府。卓吾风骨孤峻，善触人。其学不守绳辙，出入儒佛之间，以空宗为归。于时诸老师，独推龙谿王先生、近谿罗先生，尝从之论学。又尝与耿天台、邓石阳遗书辨难，反复万余言，抉摘世儒情伪，发明本心，剥肤见骨。在姚安，自治清苦，为政举大体，往往喜与衲子游处，常住伽蓝判事而事办。是时，上官严刻，吏民多不安。卓吾言曰："边方杂夷，法难尽执，日过一日，与军民共享太平足矣。仕于此者，携家万里而来，动以过失狼狈去，尤不可不念之。但有一长，即为贤者，岂容备责耶。"居三年，以病告，不许，遂入鸡足山，阅《藏经》不出。御史刘维疏令致仕，遂客居黄安。

旋至麻城龙潭湖上，薙发去冠服，即所居为禅院。居常与侍者论出家事曰："世间有三等人宜出家。其一，如庄周、梅福之徒，以生为我梏，形为我辱，智为我毒，灼然见身世如赘瘤然，不得不弃官隐者，一也。其一如严光、阮籍、陈抟、邵雍之徒，苟不得比于傅说之遇高宗，太公之遇文王，管仲之遇桓公，孔明之遇先主，则宁隐毋出，亦其一也。又其一者，陶渊明是也。亦爱富贵，亦苦贫穷。苦贫穷，故以乞食为耻，而曰：'叩门拙言辞'。爱富贵，故求为彭泽令。然无奈其不肯折腰何，是以八十日便赋'归去也'。此又其一也。"侍者进曰："先生于三者何居?"卓吾曰："卓哉庄周、梅福之见，我无是也。待知己之主而后出，必具盖世才，我亦无是也。其陶公乎？夫陶公，清风被千古，余何人而敢云庶几焉？然其一念真实，不欲受世间管束，则偶与之同也。"

卓吾喜接人，来问学者，无论缁白，披心酬对，风动黄、麻间。时有女人来听法。或言："女人见短，不堪学道。"卓吾曰："人有男女，见亦有男女乎？且彼为法来者，男子不如也。"既而麻、黄间士大夫皆大噪，斥为"左道惑众"，欲逐去之。卓吾笑曰："吾诚左道耶，即加冠可也。"遂服其旧服。御史马经纶尝往问《易》义，大服，事以师礼，奉之入黄蘗山，旋御以北，馆于通州。复为言官所劾，下诏狱。狱成，勒归原籍。卓吾曰："吾年七十六，死

① 《居士传》卷四三《李卓吾传》，《李贽全集注》第二十六册，第292～293页。

耳，何以归为！”夺刀自刭死。经纶备礼殓之，葬于通州北门外。（《明文偶钞》、《温陵外纪》）

知归子曰：“予始观卓吾居士论古之书，骇其言，迹其行事，动为世诟病，以为居士实自取之也。既而读居士论学书，服之。呜呼，若居士者，可谓知本者与！居士既出家，不受戒，无何，又反冠服，其戏耶？其有激而为此耶？则予不足以知之矣”。

汪大绅云：“卓吾努目，允初低眉。以低眉人写努目人，眼光忽如岩下电，此知归子所谓落落自喜者与！”

罗台山云：“古之伤心人，别有怀抱。吾与卓吾先生亦云。中间一段无古无今，苍莽悲怀，恰好间中磕着痛处，触着奇痒难奈处，借一段冷语消释，观者切勿认作实话，钝置卓吾，钝置知归。吾今日读此，乃见卓吾先生可敬处，可爱处。吾今日读此，乃如读屈子《天问》，读庄子《天下篇》，读枚叔《七发》。”

李贽传[①]

傅维鳞

李贽，号卓吾，温陵人。以乡荐累官太守，致仕，寄居麻城，结庵说法，招聚徒党，雄辩无敌。每曰：大道不分男女。作《观音问》一书。士人妻女，多有携衾枕宿庵中者。其说新奇，有《藏书》、《焚书》、《大德》等书，以吕不韦、李园为知谋名臣，李斯为才力名臣，冯道为吏隐，卓文君奔相如为佳偶，秦始皇自千古一君，他名贤皆在讥贬中，而大旨在翻孔子之是非。士大夫靡然信之。

初为耿天台所恶，后忽协为一，焦竑耿高弟，亦推尊不容口，至被嫚骂，怡然受之。总河刘晋川招入署，礼为师。通州御史马经纶，延至家。为给事中张问达所参，逮入京，下镇抚司。素好洁。既束入臭秽，大不堪，以书刀自截。悉毁其书。然家藏户守，后士风大都由其染化，亦孔子之道一大厄也。

① 《明书》卷一六〇《异教传》，《李贽全集注》第二十六册，第263～264页。

李贽被劾[①]

万历三十年闰二月乙卯礼科都给事中张问达疏劾：李贽壮岁为官，晚年削发，近又刻《藏书》、《焚书》、《卓吾大德》等书，流行海内，惑乱人心。以吕不韦、李园为智谋，以李斯为才力，以冯道为吏隐，以卓文君为善择佳偶，以司马光论桑弘羊欺武帝为可笑，以秦始皇为千古一帝，以孔子之是非为不足据，狂诞悖戾，未易枚举，大都刺谬不经，不可不毁者也！尤可恨者，寄居麻城，肆行不简，与无良辈游于庵院，挟妓女，白昼同浴。勾引士人妻女入庵讲法，至有携衾枕而宿庵观者，一境如狂。又作《观音问》一书，所谓观音者，皆士人妻女也。后生小子，喜其猖狂放肆，相率煽惑。至于明劫人财，强搂人妇，同于禽兽而不之恤。迩来缙绅士大夫亦诵咒念佛，奉僧膜拜，手持数珠，以为戒律；室悬妙像，以为皈依，不知遵孔子家法，而溺意于禅教沙门者，往往出矣。近闻贽且移至通州，通州离都下仅四十里，倘一入都门，招致蛊惑，又为麻城之续。望敕礼部檄行通州地方官，将李贽解发原籍治罪，仍檄行两畿各省，将贽刊行诸书，并搜简其家未刊者，尽行烧毁，毋令贻祸乱于后，世道幸甚。得旨："李贽敢倡乱道，惑世诬民，便令厂卫五城严拿治罪。"其书籍已刊未刊者，令所在官司尽搜烧毁，不许存留。如有党徒曲庇私藏，该科及各有司访参奏来并治罪。已而贽逮至，惧罪不食死。

泉州府志·李贽传[②]

李贽原名载贽，字宏甫，号卓吾，晋江人。十二岁，试《老农老圃论》，同学奇之。长习古文词，眼高一世。嘉靖壬子领乡荐，授辉县教谕，以文章擢国子监，历礼部司务，与豫章李材、兰溪徐用检讲学都门，咸为叹服。久之，乞南迁南刑部员外。时耿定向督学南畿，贽与向及其徒李士龙、焦竑等阐明道学，穷晷继夜。已而，出守姚安，性严守洁，居民罹于火，为建火神庙，时祷禳焉。政令清简，堂上判毕公事，或与名僧谈论虚玄，人皆怪之。未逾年，入鸡足山阅藏经不出。一日，头痒，倦于梳栉，遂去其发，秃而加巾，遂自免告归。士民攀卧道间，车不得发。囊中仅图书数卷。御史刘维及藩臬作《高尚册》，以遂其志，佥事顾养谦序之。

---

① 《明神宗万历实录》卷三六九，《李贽全集注》第二十六册，第 326 页。

② 乾隆《泉州府志》卷五四《明文苑传》，《李贽全集注》第二十六册，第 329～330 页。

道经楚黄安，因与定向善，其弟定理强留之，贽亦空囊不能归，遂携妻女客黄州，人士蹑蹑来学，而友山周思敬尤相契。顾持论与定理（应为“向”）不合，两家门徒标榜角立，于是趣妻女归，自称“流寓客子”，髡首日游巷陌。人人骇异，谤声四起。郡守与兵宪谓其左道惑众，捕持之急。乃去衡州，过武昌，藩司刘东星抠延入会城馆之。士翕然争拜门墙。江夏潘广文延主讲席，勉赴席，不交一言。出，过肆，群少年聚饮酣歌，手招之，入与畅饮而归。

既而刘东星入掌内台，贽遂至麻城，筑室龙湖寺中，著书谈道，听者日众。间有宦门闺壶，亦致篚帛受业，坐是喧阗郡邑。符卿周公宏禴曰：“李先生学已入禅，行多诞，祸不旋踵矣。”会冯应京为楚佥事，毁龙湖寺，置诸从游者法。贽再往白门，与太史焦竑寻访旧盟，南都士靡然向之。北通判马经纶以御史谪籍，延贽抵舍，执弟子礼，由是大江南北及燕蓟人士无不倾动。语稍彻禁中，谏垣张问达遂以妖人劾，有旨逮系，妄传论死。贽曰：“我年七十六矣，安能抑抑求生乎！”引薙发刀自刭死。而命下止解还原籍。马经纶收葬于通州门外，焦竑铭其石曰：“李卓吾先生墓。”

贽为文迅发，笔如转丸，惟好抉摘情伪，别出手眼，孤行一意，故多盩于儒先，流入禅定。若夫言有触而即吐，气无往而不伸，则孔文举、稽叔夜之伦，惜不用之于事业节操，而仅放诞傲睨，幽身囹圄以死，可悲亦可戒已。

福建通志·李贽传[①]

李贽字宏甫，嘉靖壬子举人，授辉县教谕，历礼部司务，与李材、徐用检讲学都门，咸叹服。久之迁南京刑部员外郎，出知姚安府。政令清简，公座或与禅衲俱，簿书之闲时参论。又辄至僧寺判了公事。一旦自去其发，解圭组入鸡足山，阅龙藏不出。

初贽与黄安耿定理善，罢官，遂客居黄安。日引士人讲学，杂以妇女，专崇释氏。定理卒，其兄定向亦善贽，其后渐恶之，贽亦屡短定向，与往复辩论，每一札累万言，士大夫好禅者往往从贽游，定向不能胜也。去之麻城龙潭湖上，闭门下键，日以读书为事。会有幻语闻当事，当事逐之。参政刘东星迎之武昌，焦竑复迎之南京，推尊不容口，至被嫚骂，怡然受之。无何，复归麻城，当事复逐之，火其居。寻北游通州，御史马经纶留于家。忽蜚语传京师，云贽著书丑诋沈一贯，一贯恨甚，踪迹无所得。会朝议辟异端以正

① 道光重纂《福建通志》卷二一四《明文苑传》，《李贽全集注》第二十六册，第327页。

文体，礼科给事中张问达劾贽邪说惑众，遂逮下狱。贽素好洁，既入狱，臭秽不堪，以书刀自裁。经纶葬之通州。

王畿之学，一传而为梁汝元，再传而为贽。贽聪明绝世，议论过奇，性卞急，好面折人过。又癖洁，数人缚帚扫地不给。为文抒其胸中独见，精光凛凛，不可逼视，矫枉之过，偏有轻重，气既激昂，行复诡异，卒得罪于名教云。

明李卓吾别传[①]

吴　虞

温陵李先生，名贽(袁宏道《李温陵传》作载贽)，号卓吾，一曰笃吾；泉州晋江人；生明嘉靖丁亥之岁。生而母徐氏殁。七岁，随父白斋公读书歌，习礼文。年十二，试《老农老圃论》，曰："吾时已知樊迟之问，在荷蒉丈人间。"及长，身七尺，目不苟视。虽至贫，辄时时助朋友之急。读传注，愦愦不省，不能契朱子深心，因自怪；欲弃置不事，而闲甚，无以消岁月。乃叹曰："此直戏耳！但剽窃得滥目，足矣。主司岂一一能通孔圣精蕴者耶？"

嘉靖间，领乡荐，以道远，不再上公车，为共城校官。共城为宋李之才宦游地，有邵尧夫安乐窝，在苏门山百泉上。卓吾生于泉，泉为温陵禅师福地，卓吾曰："吾温陵人，当号温陵居士。"至是，日遨游百泉之上，曰："吾泉而生，又泉而官，'泉'于吾有夙缘矣。"故自谓百泉人，又号百泉居士。后官礼部司务，曰："吾闻京师人士所都，盖访而学焉！"人曰："子性太窄，苟闻道，当自宏阔。"卓吾曰："然。"遂又自命为宏父。初未知学道，有先生语之曰："公怖死否？"卓吾曰："死安得不怖？"曰："公既怖死，何不学道？学道，所以免生死也。"卓吾曰："有是哉！"居官五载，潜心道妙；久之，有所契，超然于言语文字之表。出为姚安知府，为政举大体，一切持简易，任自然，务以德化，不贾世俗能声；自治清苦，僚属、士民、胥隶、夷酋，莫不向化。往往喜与衲子游处，常住迦蓝判事。或置名僧其间，簿书有暇，即与参论虚玄。俸禄之外，了无长物。是时上官严刻，吏民多不安；卓吾曰："边方杂夷，法难尽轨。仕于此者，携家万里而来，动以过失狼狈去，尤不可不念之。但有一长，即为贤者，岂宜责备耶？"居三年，以病告，不许。遂入大理之鸡

① 《吴虞文录》，上海亚东图书馆，中华民国十三年(1924年)版。

足山，阅《藏经》，不出。鸡足山，滇西名山也。御史刘维奇其节，疏令致仕。初与楚黄安耿子庸善，罢郡，遂不归，曰："我老矣，得一二胜友，终日晤言，以遣余日，何必故乡也?"遂客黄安。

中年，得数男，皆不育，体素癯，淡于声色，恶近妇人，故虽无子，不置婢妾。旋至麻城龙潭湖上，与僧无念、周友山、邱坦之、杨定见聚，闭门下键，日以读书为事。性爱扫地，数人缚帚不给。衿裾浣洗，极其鲜洁；拂身拭面，有同水淫。不喜俗客，不获辞而至，但一交手，即令之远坐，嫌其臭味。其欣赏者，镇日言笑。意所不契，寂无一语。滑稽排调，冲口而发，既能解颐，亦可刺骨。所读书，皆抄写为善本，逐字雠校，肌擘理分，时出新意。其为文，不阡不陌，摅其胸中之独见。诗不多作。亦喜为书，每研墨伸纸，则解衣大叫，得意者瘦劲险绝，骨棱棱纸上，亦甚可爱。一日头痒，倦于梳栉，遂薙其发，独存鬓须；去冠服，即所居为禅院。

居常与侍者论出家事曰："世间有三等人宜出家：其一，如庄周、梅福之徒，以生为我梏，形为我辱，智为我毒，灼然见身世如赘瘤然，不得不弃官隐者，一也；其一，如严光、阮籍、陈抟、邵雍之徒，苟不得比于傅说之遇高宗，太公之遇文王，管仲之遇桓公，孔明之遇先主，则宁隐毋出，亦其一也；又其一者，陶渊明是也，亦爱富贵，亦苦贫穷。苦贫穷，故以乞食为耻，而曰'叩门拙言辞'。爱富贵，故求为彭泽令，然无奈其不肯折腰何？是以八十日便赋归去也，此又其一也。"侍者进曰："先生于三者何居?"卓吾曰："卓哉庄周、梅福之见——我无是也。待知己之主而后出，必具盖世才，我亦无是也。其陶公乎！夫陶公清风被千古，余何人而敢云庶几焉！然其一念真实，不欲受世间管束，则偶与之同也。"

卓吾喜接引人，来问学者，无论缁白，披心酬对，风动黄麻间。时有女人来听法，或言："女人见短，不堪学道。"卓吾曰："谓人有男女，则可；谓见有男女，岂可乎？谓见有长短，则可；谓男子之见尽长，女人之见尽短，可乎？且彼为法来者，男子不如也!"卓吾气既激昂，行复惊众。麻黄间士大夫皆大噪，诋为左道惑众。因卓吾共彼中士女谈道，刻有《观音问》等书，忌者更以帷薄蜚语，思逐去之。卓吾笑曰："吾左道耶？即加冠可也。"遂服其旧服。于时左辖刘东星迎卓吾武昌，自后屡归屡游。刘晋川迎之沁水，梅中丞迎之云中，焦弱侯迎之秣陵，皆推尊为圣人。无何，复归麻城；又有以蜚语闻当事者，当事乃逐卓吾，而火其兰若。御史马诚所常问卓吾《易》义，大服，事以师礼，奉之人黄柏山。

壬寅，北游，抵郊外极乐寺，馆于通州诚所家。忽蜚语传京师，云："卓吾著书丑诋四明沈相。”沈相恨甚，踪迹无所得。礼垣都谏张诚宇乃疏劾之，遂逮下诏狱。逮者至，邸舍匆匆，卓吾力疾起行数步，大声曰：“是为我也！为我取门片来！”遂卧其上，疾呼曰：“我，罪人也，不宜留！”诚所愿从，曰：“朝廷以先生为妖人，我藏妖人者，死则俱死耳，终不令先生往而己独留。”卒同行。明日大金吾寘讯，侍者掖而入，卧于阶上。金吾曰：“若何以妄著书？”卓吾曰：“罪人著书甚多，具在圣教，有益无损。”大金吾笑其崛强。狱竟，无所置词，大略止回籍耳。久之，旨未下。卓吾于狱中作诗读书自如，当事亦未必遽欲置之死也。一日，呼侍者薙发，遂持刀自割其喉，气不绝者两日。侍者问：“和尚痛否？”以指书其手曰：“不痛。”又曰：“和尚何自割？”书曰：“七十老翁何所求？”遂绝，时年七十六矣。诚所以事缓，归觐其父，至是，闻而伤之曰：“吾护持不谨，以致于斯也！”乃葬其骸于通州北门外，为之大治冢墓，营佛刹焉。

卓吾丰骨孤峻，善触人。其学不守绳辙，出入儒佛之间，以空宗为归，渊源姚江。故于时诸老师，独推王龙谿、罗近谿，常从之论学。盖龙谿为姚江高第弟子，龙谿之学一传而为何心隐，再传而为卓吾。故卓吾之论心隐，尊以为“上九之大人”，而谓杀心隐以媚江陵者为非人，曰：“吾因是而益信谈道者之假也。心隐之狱，彼含怒称冤者，皆未尝识面之夫；其坐视心隐之死，反从而下石者，尽聚徒讲学之人。然则匹夫无假，故不能掩其本心；谈道无真，故必欲铲其出类，又可知矣。”心隐之被杀，实李义河主之，以媚江陵。义河于心隐，素有论学之忤，自有杀之之心。其时义河势焰薰灼，人之事义河者如事江陵，心隐遂不能免矣。黄梨州曰：“心隐之狱，惟耿天台与江陵厚善，且主杀心隐之李义河，又天台之讲学友，斯时救之固不难。天台不敢沾手，恐以此犯江陵‘不说学’之忌。故卓吾深恨天台，至诋为奸逆。”观史称江陵夺情，天台寓书友人，誉为“伊尹”，而贬言者，时议訾之。梨州讥其诵《六艺》，文奸言，卓吾亦讥其谈道之假。史谓卓吾屡短天台，天台后亦渐恶卓吾，盖不知由于心隐之狱致然也。其序《龙谿文录》曰：“先生此书，前无往古，今无将来。后有学者，可以无复著书矣。”又告龙谿文曰：“所怪学道者，病在爱身而不爱道，是以不知前人付托之重，而徒为自私自利之计；病在尊名而不尊己，是以不念儿孙陷溺之苦，而务为远嫌避谤之图。以此设心，是灭道也，非传道也；是失己也，非成己也。先生其忍之乎？我思古人，实未有如先生者也。”其《为黄安上人大孝》文中有云：“当时阳明先生门徒遍天下，独有心斋为最英灵。心斋本一灶丁，目不识一丁，闻人读书，便自悟性。迳往江西见王都堂，欲与之辨质所悟。此尚以朋友往也。后自知不如，乃从而卒业。故心斋亦得闻圣人之道。此其气骨为何如者！心斋之后为徐波石，为颜山农。山农以布衣讲学，雄视一世，而遭诬陷。波石以布政使请兵督战，而死广南。云龙风虎，各从其类，然哉！盖心斋真英雄，故其徒亦英雄也。波石之后为赵大洲，大洲之后为邓豁渠；山农之后为罗近谿，为何心隐；心隐之后为钱怀苏，为程后台；一代高似一代。心隐以布衣出头倡道，而遭横死。近谿虽免于难，然亦幸耳；卒以一官不见容于江陵。盖英雄之士，不可免于世，而可以进于道。”卓吾之尊龙谿、心隐，而称心隐、近谿诸人如此，可以见其渊源学派之所从来矣。

卓吾聪明盖代，快谈雄辩，目空一世。常与耿天台、邓石阳遗书辩难，反复万余言，抉摘世儒情伪，发明本心，剥肤见骨。其答耿天台书略曰：“承教，深中狂愚之病；然此乃孔氏之言也，非我也。夫天生一人，自有一人之用，不待取给于孔子而后足也。若必待取足于孔子，则千古以前无孔子，终不得为人乎？故为‘愿学孔子’之说者，乃孟子之所以止于孟子。仆方痛憾其‘非夫’，而公谓我愿之欤！且孔子未尝教人之学孔子也。使孔子而教人以学孔子，何以颜渊问仁，而曰‘为仁由己’而不由人也哉？何以曰‘古之学者为己’，又曰‘君子求诸己’也哉？惟其由己，故诸子不必问仁于孔子；惟其为己，故孔子自无学术以授门人；是无人无己之学也。无己，故学莫先于克己；无人，故教惟在于因人。”又曰：“恐公尚有执己自是之病，未可遽以人皆说之，而遂自以为是，而遽非人之不是也！未可遽以‘在邦必闻’，而遂‘居之不疑’，而遂以人尽异学，通非孔孟之正脉笑之也！试观公之行事，殊无甚异于人者，人尽如此，我亦如此，公亦如此。自朝至暮，自有知识以至今日，均之耕田而求食，买地而求种，架屋而求安，读书而求科第，居官而求尊显，博采风水以求福荫子孙，皆为自己身家计虑，无一厘为人谋者。及乎开口讲学，便说：‘尔为自己，我为他人’；‘尔为自私，我为利他’；‘我怜东家之饥矣，又思西家之寒难可忍也’！‘某等肯上门教人矣，是孔孟之志也’；‘某等不肯会人，是自私自利之徒也’；‘某行虽不谨，而肯与人为善’；‘某等行虽端谨，而好以佛法害人’。以此而观，所讲者未必公之所行，所行者又公之所不讲。其与言顾行行顾言何异乎？以是谓非孔圣之训乎？翻思此等，反不如市井小夫，身履是事，口便说是事，作生意者但说生意，力田作者但说力田，凿凿有味，令人听之忘倦矣。东廓先生专发挥阳明良知之旨，近时惟龙谿先生足以继之，近谿先生稍能继之。公继东廓先生，终不得也。何也？名心太重也，回护太多也。实多恶也，而专谈‘志仁无恶’；实偏私也，而专谈‘泛爱，博爱’；实执定己见也，而专谈‘不可自是。’公看龙谿有是乎？近谿有是乎？”其剽剥当世儒者，可谓洞厥情状，极嬉笑怒骂之致，无怪乎道学家之侧目也。

其《藏书·纪传总目前论》略曰：“人之是非，初无定质。人之是非人也，亦无定论。无定质，则此是彼非，并育而不相害。无定论，则是此非彼，亦并行而不相悖矣。前三代，无论矣。后三代，汉唐宋是也，中间千百余年而独无是非者，岂其人无是非哉？咸以孔子之是非为是非，故未尝有是非耳。夫是非之争也，如岁时然，昼夜更迭，不相一也；昨日是而今日非矣，今日非而后日又是矣。虽使孔夫子复生于今，又不知作如何是非，而可遽以定本行罚赏哉？”

其《藏书·纪传总目后论》略曰：“自儒者出，而求志达道之学兴。儒臣虽名为学，而实不知学；往往学步失故，践迹而不造其域，其实不可以治天下国家。自儒者以文学名为‘儒’，故用武者遂以不文名为‘武’，而文武从此分。夫圣王之王也，居为后先疏附，出为奔走御侮，曷有二也？惟夫子自以‘尝学俎豆，不闻军旅’辞卫灵，遂为邯郸之妇所证据，千万世之儒，皆为妇人矣。可不悲乎！使曾子、有子若在，必知夫子此语即‘速贫速朽’之语，非定论也。呜呼！托名为儒，求治而反以乱，而使世之真才实学，大贤上圣，皆终身空室蓬户已也，则儒者之不可以治天下国家信矣！”

卓吾之书，一焚于万历三十年，为给事中张问达所奏请；再焚于天启五年，为御史王雅量所奏请。陈明卿云：“卓吾书盛行，咳唾间非卓吾不欢，几案间非卓吾不适，朝廷虽禁毁之，而士大夫则相与重锓，且流传于日本。”近人黄节曰：“学术者，天下之公器。王者徇一己之好恶，乃欲以权力遏之，天下固不怵也。即怵矣，而易世之后，锓卓吾书者自若，亦非明之列祖列宗所得而如何者。特张问达、王雅量之名，何幸藉卓吾而益彰耳。

“夫孔子之诛少正卯也，孟轲之辟杨墨也，董仲舒之罢黜百家也，韩愈之辟佛也，建儒教之‘金城汤池’而树之标准。对于异说，虔刘芟薙，摧陷压抑，务使销亡澌灭，不得萌芽。束天下后世之聪明才力胥出于儒之一途，而其他则无独立并行之余地。吾国学术人才之萎靡衰颓，江河日下，岂无执其咎者乎？且文人相轻，自古而然。班孟坚讥太史公，而范蔚宗复讥班氏，物我异观，是非相贸，端拱武断，诚何足怪？卓吾生儒教专制之时，天王圣明之世，而快口直肠，愤激过甚，破道一风同之见。学与时忤，其身既杀，其书屡毁，记其人者每甚其词，因学术异同之故，挟爱憎攻击之私，自不能免。此即释迦、少正卯、杨朱、墨翟及诸子百家在儒教之国，皆居于排斥诛锄之地位。矧卓吾一身，兼‘非儒’‘学佛’二者，为异端之尤者乎？”

余读顾炎武《日知录》，载张问达劾卓吾疏，略云："壮岁为官，晚年削发，近又刻《藏书》、《焚书》、《卓吾大德》等书，流行海内，惑乱人心，狂诞悖戾，不可不毁。尤可恨者，寄居麻城，肆行不简：与无良辈游庵院，挟妓女，白昼同浴；勾引士人妇女，入庵讲法，至有携衾枕而宿者，一境如狂。迩来缙绅士大夫，亦诵咒念佛，奉僧膜拜，手持数珠以为律戒，室悬妙像以为皈依，不知遵孔子家法，而溺意于禅教沙门者，往往出矣。"顾炎武书其后曰："自古以来，小人之无忌惮而敢于叛圣者，莫甚于李贽。虽奉严旨，其书之行于人间自若也。"炎武素主韩愈"民不出粟、米、丝、麻，作器皿，通货财，以事其上，则诛"之"原道"者，其尊信张问达而痛恨卓吾，固其宜矣。

谢在杭谓："李贽先仕，官至太守，而后削发为僧。又不居山寺，而遨游四方，以干权贵。人多畏其口，而善待之。拥传出入，髡首坐肩舆，张黄盖，前后呵殿，郡县有司，莫敢均茵伏。无何，入京师，以罪下狱死。此亦近于人妖矣。"按："卓吾恶近妇人，故虽无子，不置婢妾。"此见于袁宏道所作《李温陵传》者也。"卓吾同士女谈道，忌者以帏薄疑之，然此老狷性如铁，不足污也。"此见于沈德符《野获编》者也。二君与卓吾同时，岂无闻见！况卓吾死时，年已七十有六，所谓"七十老翁何所求"者；乃借《观音问》一书诬蔑之，则"爰及姜女"，果可据为太王之好色；"三挑阿谷"，亦将证为宣父之冶游矣。有是理乎？

夫非官吏及秀才，不能入孔庙观礼，贤关圣域，万仞宫墙，小人与女子无望焉，惟儒教为然。若佛、耶、回之教，自帝王以至平民，无男无女，祈祷礼拜于教堂，以各伸其信仰，视为当然，绝无所谓帏薄之疑，禽兽之诮也。夫惟无宗教之民，乃近于禽兽，徬徨怅惘，而无以安慰其心灵。故夫儒教之国，民之流入于他教邪教者滋益多，其为害乃愈烈，白莲、红灯，其最著者已。且普通之人，既不得入孔庙；而人心终必有所寄，故士大夫家不能禁其母妻之供观音、地藏，而入庙烧香之俗且遍于国中。张问达、王雅量能焚毁卓吾之书于一时，诬陷卓吾之身于一日，而不能从根本解决，为移风易俗之图，此正卓吾所讥"托名为儒，求治而反乱"者矣。张方平曰："儒门淡泊，收拾不住，皆归释氏。"惜乎张问达、王雅量见不及此也！袁宏道曰："卓吾居官，俸禄之外，了无长物，厌圭组，澹声色。"顾养谦曰："卓吾来姚安，虽万里不欲携家，妻女强从之，一切持简易。"夫以厌圭组，澹声色，捐妻妾，持简易之人，乃不能忘情于黄盖呵殿，其谁信之？其吹求亦太无谓矣。专制时代，名贤下狱，何世无之！与其行尸走肉，保樗栎之长年，宁可玉碎兰摧，留英灵之浩气。况所谓有罪者，亦不过人君曰"臣罪当诛"而已，岂有公理哉？

今不咎沈相之诬贤，诚宇之承旨，乃反以罪卓吾。学者著书，轻于下笔：炎武以为公论，余则以为妄论也。

张、王、顾、谢之后，则纪晓岚于《四库提要》诋卓吾亦甚力。其于《九正易因》曰："贽所著书，大抵皆非圣无法；惟此书尚不敢诋訾孔子。"于《藏书》曰："贽书皆狂悖乖谬，非圣无法，惟此书排击孔子，别立褒贬，凡千古相传之善恶，无不颠倒易位，尤为罪不容诛。其书可毁，其名亦不足以污简牍。特以贽大言欺世，同时若焦竑诸人，几推之为圣人。至今乡曲陋儒，震其虚名，犹有尊信不疑者；如置之不论，恐好异者转矜创获，贻害人心；故特存其目，以深暴其罪焉。"于《续藏书》曰："贽所著《藏书》，为小人无忌惮之尤。"于《初潭集》曰："大抵主儒释合一之说，狂诞谬戾，虽粗识文字者，皆知其妄。"于《李温陵集》曰："贽非圣无法，敢为异端，为名教之罪人，诬民之邪说。"于卓吾之书，莫不加以痛斥丑诋，而其要归，则不过"儒释合一"，"非圣无法"，"敢为异端"三者而已。且于卓吾著述之外，于他人书中，亦多牵率卓吾，而痛斥丑诋之。如于焦弱侯《易筌》曰："大旨欲以二氏通于《易》，每杂引《列子》、《黄庭内景经》、《抱朴子》诸书以释经，史称竑讲学以罗汝芳为宗，而善耿定向、李贽，时颇以禅学讥之，盖不诬云。"于焦氏《笔乘》曰："其讲学解经，尤善杂引异说，参合附会，如以孔子所云'空空'及颜子之'屡空'为虚无寂灭之类，皆乖迕正经，有伤圣教。盖生平喜与李贽游，故耳濡目染，流弊至于如此。"于焦弱侯《问答》曰："竑师耿定向而友李贽，于贽之习气，沾染尤深。二人相率而为狂禅，贽至于诋孔子，而竑亦尊崇杨墨。虽天地之大，无所不有，然不应妄诞至此。"于祝允明《罪知录》引王宏撰《山志》曰："祝允明，狂士也。著《祝子罪知录》，其举刺予夺，言人之所不敢言，刻而戾，僻而肆，盖禅学之弊。乃知屠隆、李贽之徒，其议论亦有所自。"于罗近谿《冬游记》曰："是书乃与王守仁弟子王畿、王艮辈讲学语。所言性命学问，浸淫佛氏，沦于虚寂，并守仁本旨而失之。李贽诸人，沿流不返，遂至累及守仁，为儒者诟詈。其所从来者渐矣。"于屠长卿《鸿苞》曰："大旨耽于二氏之学，引而加于儒者之上。谓'周公、孔子，大而化之之谓圣；老子、释迦，圣而不可知之谓神。儒者言道之当然，佛氏言道之所以然。'盖李贽之流亚也。"于汪廷讷《坐隐集》曰："集中酬唱，皆陈继儒、方于鲁之流，又与李贽赠答，至称其'著书皆了义，评古善诛心'，旨趣如此。"又于毛元淳《寻乐编》曰："元淳自称素性读陈眉公书，则跃然喜；读李卓吾书，则怫然不悦，非有意于爱憎，乃气味自有同异。"于《瞿汝稷集》曰："汝稷最不喜温陵李贽，以为得罪名教，其识实出明季士大夫上。"综纪晓岚之论卓吾，非有严正之理论，明确之评判，而徒有陈陈相因，模棱囫囵之语，恣其诃讪。盖儒家以君父并尊，非圣无法，同为不孝。晓岚叙录官书，故于非圣无法者，不得不诋为名教罪人，以求亲媚于君上；无怪姚姬传谓其“狷狂而无忌惮”也。

然纪晓岚之强不知以为知，敢为大言，深可嗤笑者，尚不在此。余读其于利玛窦《二十五言》曰：“西方之教，惟有佛书。欧罗巴人取其意而变幻之，犹未能甚离其本。厥后既入中国，习见儒书，则因缘假借，以文其说，乃渐至蔓衍支离，不可究诘。”于艾儒略《西学凡》曰：“其致力亦以格物穷理为本，以明体达用为功，与儒学次第略似。特所格之物，皆器数之末；而所穷之理，又支离神怪而不可究诘：是所以为异学耳。”其案语曰：“欧罗巴人，天文推算之密，工匠制作之巧，实逾前古。其议论夸诈迂怪，亦为异端之尤。朝廷节取其技能而禁传其学术，具有深意。其书本不足登之册府之编，然如《寰有诠》之类，《明史艺文志》中已列其名，削而不存，转虑惑诬，故著于录而辟斥之。又《明史》载其书于道家，今考其所言，兼剽三教之理，而又举三教全排之，变幻支离，莫可究诘，真杂学也。故存其目于杂家。”云云。

夫儒者于吾国之圣人，既集古今之大成，绝对无诤，而不可非矣。又昧于宗教之流派性质，凡不同于我者，概目之为异端；不本于我者，概指之为邪说。“息邪说，辟异端”之谬见深中人心，岸然自封，深闭固拒，坐成锢蔽，方自诩为正学，为真儒；而不悟其乖僻迂妄，误国殃民，为祸之烈，百倍于洪水猛兽也。何以言之？国内之学，既禁毁摧残而挫折之，使不克发达；域外之学，又鄙夷轻蔑而闭塞之，使不能传布，愚民日陋劣，政府日专横，学绝道丧，至于今日，宙合棣通，而其效可睹矣。向使无儒教之束缚拘挛，则国内之学分歧发展，骎骎演进，未必无欧美炜晔灿烂之观。于域外之学，博采兼收，虚襟研究，则艾儒略《西学凡》，已述有欧西建学育才之法，文科、理科、法科、医科，莫不粲然具著；使当日不挟儒家之成见，目以变幻支离，辟斥钳制，以“正学”、“真儒”之道脉心传自封，妄矜深意，而弃短取长，互相师法，则三百年来文化之增进昌明，虽不敢与欧美颉颃，其与俄之大彼得，日之明治，或堪匹敌；而何至丧权辱国，败绩蹙地，一蹶不振，如此之甚哉？由此观之，儒教之影响于亡国亡种实大矣。

至若佛教来华，其事已古。“浸淫释氏，沾染狂禅”，固不自卓吾始。李屏山曰：“浮屠氏之书，从西方来，盖距中国数千万里。证之文字，至言妙理，与吾圣人之心魄然而合。诸儒阴取其说，以证古书，自李翱始。至于近代，王介甫父子倡之，苏子瞻兄弟和之，《大易》、《诗》、《书》、《论》、《孟》、《老》、《庄》，皆有所解；濂溪、涑水、横渠、伊川之学，踵而兴焉，上蔡、龟山、元城、横浦之徒，从而翼之；东莱、南轩、晦庵之书蔓衍四出，其言遂大。”胡汲仲曰：“周子之传，出于北固寿涯禅师。程子、朱子皆得之周子。朱子后得张钦夫讲究此道，方得脱然。”彭允初曰：“儒佛盛衰，实相表里。曾溪之化盛，而李翱演‘复性’之书；东林之教行，而周子抉‘无极’之秘；其发轸迥殊，而归宗非别。洎于明道，推阐天人，研穷性命，往往契《金刚》‘无住’之旨，《维摩》‘不二’之门。降及象山、慈湖、阳明、心斋诸先生，直契心源，痛除枝叶。越至明之末造，藩篱尽撤，华梵交宣，大同之化，于是为昭。”然则自宋至明，帝王卿相，圣哲贤豪，平民男女，兼宗二教，其徒实繁。何彼皆许其逃禅，此独禁其佞佛，摭拾一偏之谈，为卓吾罪哉？适见其拘墟囿教，东向而望，不见西墙耳。

焦弱侯曰：“卓吾高迈肃洁，如泰华崇严，不可昵近。听其言，泠泠然，尘土俱尽，众人之疑，不胜贤豪者之信；疑者之恍惚，不胜信者之坚决。虽未必是圣人，可肩一‘狂’字，坐圣人第二席。”袁宏道曰：“卓吾为人，中燠外冷，丰骨棱棱，性甚卞急，好面折人过，强力任性，不强其意之所不欲。为士居官，清节凛凛，不入季女之室，不登冶童之床；深入至道，见其大者；自少至老，惟知读书；直气劲节，不为人屈：此皆吾所不能学者也。大都卓吾之为人，真有不可知者：本绝意仕进人也，而专谈用世之略，谓天下事决非好名小儒所能为；本狷洁自厉，操若冰霜人也，而深恶枯清自矜，刻薄琐屑者，谓其害必在子孙；本屏绝声色，视情欲如粪土人也，而爱怜光景，于花月儿女之情状，亦极其赏玩，若借以文其寂寞；本多怪少可，与物不和人也，而于士之有一长一能者，倾注爱慕，自以为不如；本息机忘世，槁木死灰人也，而于古之忠臣义士，侠客剑儿，存亡雅谊，生死交情，读其遗事，为咋指斫案，投袂而起，泣泪横流，痛苦滂沱，而不自禁。若夫骨坚金石，气薄云天；言有触而必吐，意无往而不伸；排踢胜己，跌宕王公；孔文举调魏武若稚子，嵇叔夜视钟会如奴隶；鸟巢可破，不改其风味；鸾翮可铩，不驯其龙性：斯所由焚芝锄蕙，舍刀若苗者也。”李维桢曰：“卓吾出入三朝，勤学好问，博古通今，所师友正人君子。故其《续藏书》，甄别去取，若奇而正，若疏而覈，若朴而藻，可谓良史矣。”沈德符曰：“卓吾聪明盖代，议论间有过奇，然益人意志不少。同达观师称之为二大教主。”彭允初曰：“余始读卓吾论古之书，骇其言。既而读卓吾论学书，大服之。呜呼！若卓吾者，可谓知本者欤!”罗台山曰：“古之伤心人，别有怀抱，吾于卓吾亦云。”近人邓秋枚曰：“卓吾之学与其理想，皆极高妙，不肯依傍人。其集中之作，屡于孔子有微词。自王充《问孔》后，二千年来，直斥孔子，实惟先生。则其中之所主，必具有大识力者矣。其书明季两遭禁毁，而刊本犹留宇宙者，则以其申言佛理，能见有真是非，不随人脚跟立说。于明季帖括专制，学术束缚之极，而得李氏一为摧荡廓清，故人之嗜爱其说者多也。至今日，学术大通，万端竞进，而卓吾之学，益得以见称于时，然则焚者焚，禁者禁，而藏者自藏，读者自读。帝王之力，固不足以加于儒生之后世也。”夫世之毁卓吾者如彼，而世之誉卓吾者又如此，信乎是非之真无定也。

吴虞曰：纪晓岚于明季兼该儒释诸人之著述，每言“运当末造，风气浇漓，好异者纷纷不绝，所以世道人心日加佻薄，相率而趋于乱亡。”其视诸人之罪，若浮于沈一贯、温体仁、周延儒、马士英者，所以贸然倡“明亡于讲学”之论，其谬甚矣。孟德斯鸠曰：“国家之景运，往往见于治制更张，文物蜕嬗之际。党论纷淆，而相攻相得，流湿就燥，或为仇雠，或为石交，守旧者欲舍生以殉古，作新者犯众难以开今，皆极所能为，不遗余力。此人道最贵之现形也。”观于吾国历史，春秋之末，而战国之人才极盛；两汉之末，而三国之人才极盛；明末之人才，为满清一代之眉目者，不可以指数。守旧开新，各成其学。专制国家，其腐败覆亡之责，惟人君与官吏尸之。讵可以兴亡之运苛责一二无聊之学者耶？至孟子谓“孔子成《春秋》而乱臣贼子惧”，即名教之说所由起。严几道曰：“《春秋》成而莽、操、懿、温，李唐一代之前后，六朝五代之间，篡弑放逐，至为纷纷，乱臣贼子，实未尝惧。逮于赵宋，道学兴而乱臣贼子乃真惧焉。然而由是中国之亡，多亡于外国，何则？非其乱臣贼子，为名教之所不及故也。”王船山谓“晋之谟、绰，羲之诸子，无异宋之汪、黄、秦、汤诸奸，以其屈庾亮，伸王导，恶桓温功成而篡夺。不知天下有大防，夷夏有大辨，即令温功成而篡，犹贤于戴异族为中国主。”然不知异族之得主中国，其事即兴于名教，盖患固常出于所防之外也。况吾国名教二字，非有正确之意义范围，徒为一浑浑噩噩之名词乎？若夫宗教之于民，关系綦重。自宋元以降，士大夫之谈道愈精，而监观有赫之情愈浅。中国之言“天罚”，必就其身与子孙而征之；西国之言“神谴”不存于形体，而受以灵魂。盖天道浩渺难言，形体子孙，或缘无徵而不信，灵魂则以无尽而莫逃。此中西两教维持社会之功所以迥异。吾国历代学者，多归心释氏。张怀泗诗曰：“英雄到老都归佛。”钱谢庵词曰：“人为伤心才学佛。”岂非以生死两端，不可思议，沤珠电影，转瞬俱空，忠孝劳生（文天祥诗：“忠孝太劳生”），别求解脱，冀得身心归著之究竟？卓吾之于生死，泊然无累，由其得力于佛学者深也。何得坚持门户之见，以律非常奇伟之士乎？善乎卓吾与焦弱侯书曰：“今若索豪杰之士于乡人皆好之中，是犹钓鱼于井，胡可得也？豪杰之士，决非乡人之所好，而乡人之中亦决不生豪杰。是故井蛙不可语以海，夏虫不可说以冰，莺鸠不可与谈天理，曲士不可与喻至道也。”惟彭允初称卓吾之学为知本，罗台山称卓吾为古之伤心人；能知此意，而后可以论卓吾矣。

呜呼！卓吾产于专制之国，而弗生于立宪之邦，言论思想，不获自由，横死囹圄，见排俗学，不免长夜漫漫之感；然亦止能自悲其身世之不幸而已矣，复何言哉！复何言哉！

叶恭绰、章士钊、柳亚子、李根源、陈垣先生关于迁移李贽墓、碑给当时通州市政府的信

通州市政府市长：

我们见到通县北关外九神庙浮葬的明代李卓吾先生墓和碑都有保存和崇饰的价值。特向你处介绍李卓吾的历史，并要求你处对李卓吾的遗骨和明代焦竑所写的那座碑即予妥善的安置。

李卓吾先生，晋江人，名贽。是明朝一位有先进思想的人物。在当时统治者认为他是毁圣叛道，致遭受刑法。他所著的《焚书》等是被禁止阅读的，直至满清入关，仍然遭到抽毁或全毁。这更说明了李卓吾的思想的前进和他的反封建思想的严重性，又一方面也证明他的为人与立场。

我们试看袁宏道给所作传记中称述他的话：“有世儒观古人之迹，又概绳以一切之法，不能虚心平气，求短于长，见瑕于瑜，好不知恶，恶不知美，至于今，接响传声，其观场逐队之见，已入人之骨髓，而不可破。于是上下数千年之间，别出手眼。凡古所称为大君子者，有时攻其所短，而称为小人不足齿者，有时不没其所长。其意大抵在于黜虚文，求实用，舍皮毛，见神骨，去浮理，揣人情。细心读之，其破的中窍之处，大有补于世道人心，而人遂以为得罪于名教，比之毁圣叛道”云云。这段话无疑是一个铁证。

像李卓吾突破程朱“正统派”统治思想的樊篱，而为思想解放上放了灿烂的异彩，这样一位有立场和带有反封建思想的学者实是我国文化上的光荣。

因此我们觉得，对于这位有立场的先觉者的遗骨，有保存敬重的必要。本月十日我们特托张君次溪到通县访询李卓吾墓。他到通州市北门外和新建乡政府的干部屈德泉、乡长于士林两位同志接洽，了解了 1953 年 7 月间通州市北关外马厂地区田亩上因为卫生部要修建房舍，遂把李卓吾的墓移在附近盐滩村九神庙空地上，并将焦竑所书石碑移往城内西海子公园，原想建立碑亭，后来变更了计划，事遂搁置，这块碑倒置在九神庙前。于士林又说：“去

年移坟之际，当地人民和领导上对于李卓吾的历史是有相当的尊敬。”因此我们特将李卓吾的思想在历史上的相当重要性向你处介绍。

因为像李卓吾这样一位有人民立场的思想家是中国民族之光，他的遗骨和焦竑所题的碑有保存的价值，且为传之永久，并宜加修理。希望当地政府仍照原有计划把李卓吾之墓和碑迁移到西海子公园或另定其它崇饰办法。以这样一位伟大思想家来点缀园林，实足启发观众的观感，不仅为通县一隅生色，实我国文化史上一件大事。现在该地新建筑方在取土，该墓极易被掘。上说办法并盼早日施行，见复为幸。

此致

敬礼

叶恭绰(印)　章士钊(印)

柳亚子(印)　李根源(印)

陈　垣(印)

按：该信现保存在通州区档案馆。李贽逝世后，由其朋友马经纶(通州人)按其遗言营治冢墓，安葬于通州城北马厂村西迎福寺旁。墓旁立有明代翰林修撰焦竑题词碑，高 2.15 米，宽 0.87 米，上刻有“李卓吾先生墓”六个大字。近百年来，李卓吾墓屡遭破坏，解放后两度迁址。1953 年中央卫生部兴建结核病研究所，遂将李卓吾遗骨浮葬在通州城北盐滩村九神庙的空地上。墓碑倒置于庙前，由于施工取土，该墓极易被毁。当时幸被叶恭绰等先生发现，于 1954 年 5 月联名写信给当时的通州市政府，介绍李卓吾先生的历史地位，阐明保护李卓吾墓的重要意义，并提出具体意见，对李卓吾墓的保护工作给予了极大关注，充分体现了几位先生高瞻远瞩，认真保护国家文化遗产的崇高精神。几位先生还同时致函中央人民政府文化部，对李卓吾墓提出保护意见。文化部于 1954 年 7 月 8 日发函提示：“我部认为，李卓吾墓及墓碑均应予以保存。……选择一可以长远保存的适当地点，将该墓及墓碑一并迁移安葬……。”河北省文化局根据文化部的指示，也于 1954 年的 8 月 4 日发函要求：“……经我局研究提出如下处理意见，该墓之遗骨可改用瓷瓮、坛之类装妥，迁往不易妨碍建设的长远妥善地点掘坑安葬，地表堆丘，以资标志，墓碑随墓迁移，并加盖简单碑楼保固……。”通州市政府根据上述指示，于 1954 年 10 月 23 日开始施工，将李卓吾墓、碑移至通惠河北岸新建乡大悲林村南。11 月中旬修好碑楼，将遗骨装入缸坛，砌砖堆丘，葬于碑楼后。至此，李卓吾墓得以妥善保护，免遭毁灭。“文化大革命”期间，李卓吾墓再遭破坏，碑楼被推倒，石碑弃于路旁。在“批林批孔”运动中，李卓吾被视为明代法家，其墓被修复。《中华人民共和国文物保护法》颁布后，通县政府和文物管理部门为保护好李卓吾墓这一珍贵文物，便于中外人士凭吊观瞻，于 1983 年拨专款将墓、碑迁于通州城内西海子公园。东北角，坐北朝南，南北长 30 米，东西宽 12 米。墓冢青砖宝顶，冢径 2.25 米，高 1.5 米，内葬骨坛。十字花墙三面围冢，焦竑题字碑矗立墓前，碑楼前东西两侧并列初迁碑记和再迁碑记两块。二碑之前居中立有周扬的“一代宗师李卓吾先生墓”题词碑。

附录三　李贽年谱简编

世宗嘉靖六年丁亥(公元1527年)　1岁

李贽，原姓林，名载贽，字宏甫，号卓吾。

> 老长房八世李讳贽，原姓林，入泮学册，系林载贽，旋改姓李。避胜朝庙讳，去载字。贽字宏甫，号卓吾。①

别署甚多。自称温陵居士、百泉居士、卓吾居士、李长者、卓吾老子等。“卓吾”一作“笃吾”。

> 居士别号非一，卓吾特其一耳。……卓又不一，居士自称曰卓，载在士籍者曰笃。……卓与笃，吾土音一也，故乡人不辨而两称之。②

出生于福建泉州府晋江县(今泉州)。

> 吾泉而生。③

据泉州市文管会和泉州市海外交通博物馆所作《李贽的家世、故居及有关问题》一文考证，出生地点在泉州城南门外浯江祖居。1961年泉州市人民委员会确认为李贽故居，并公布为市级文物保护单位。另据1974年发现的林奇材《明故处士章田李公暨丁氏、媵张氏合葬墓志铭》载，李贽属于林允诚支派，而林允诚“初住教场头”，后徙南安。其子孙是否移居浯江，待考。

本年十月二十六日生。

> 居士生大明嘉靖丁亥之岁，时维阳月，得全数焉。④

李贽生年，记载不一。《清源林李宗谱》载：“卓吾公生嘉靖五年丙戌十月二十六日戌时。”《凤池林李宗谱》也说李贽生于嘉靖五年。但马经纶《与淇园道长》、《与王泰宇金吾》等书札和钱谦益《列朝诗集小传》闰集《卓吾先生李贽》以及刘

---

① 《荣山李氏族谱》，厦门大学历史系抄本。
② 《焚书》卷三《卓吾论略》。
③ 《卓吾论略》。
④ 《卓吾论略》。

侗、于奕正《帝京景物略》卷八《畿辅名迹·李卓吾墓》等都说李贽享年七十六，据此李贽当出生于嘉靖六年，与《卓吾论略》相符。

另据上引林奇材《墓志铭》，李贽父讳某，字钟秀，号白斋，郡诸生，塾师。母徐氏，继母董氏，弟妹七人。

弟妹七人。[①]

叔父李廷桂、钟英、钟美。二叔李廷桂于兄弟分居后徙居南安三十都章田村，买田置屋，雇工放债，发家致富。有二子：载华、载盛。李贽未仕前，其家常靠其二叔廷桂"馈膳服劳"。[②]

二月，鞑靼"小王子犯宣府"。[③]

三月，"辽东大饥"。八月，"湖广大水，漂没民田庐，凡五府二十四州县"。[④]

五月，"起前南京兵部尚书王守仁兼左都御史，总制两广、江西、湖广军务"[⑤]，镇压广西农民起事。时王守仁56岁。

另据林海权《李贽年谱考略》本年：

王艮(字汝止，号心斋，江苏泰州人)45岁。

杨慎(字用修，号升庵，四川新都人)40岁。

王畿(字汝中，号龙谿，浙江山阴人)30岁。

罗洪先(字达夫，号念庵，江西吉水人)24岁。

归有光(字熙甫，江苏昆山人)21岁。

李攀龙(字于麟，号鹿门，浙江归安人)16岁。

海瑞(字汝贤，号刚峰，广东琼山人)14岁。

罗汝芳(字维德，号近谿，江西建昌人)13岁。

何心隐(原名梁汝元，字夫山，号桂乾，江西永丰人)11岁。

耿定向(字在伦，号楚侗，又号天台，湖广黄安人)4岁。

张居正(字叔大，号太岳，湖广江陵人)3岁。

---

① 《焚书》卷一《复邓石阳》。

② 林奇材《墓志铭》。

③ 《明通鉴》卷五三。

④ 《明通鉴》卷五三。

⑤ 《明通鉴》卷五三。

王世贞(字元美，号凤洲，又号弇州山人，江苏太仓人)2岁。

嘉靖七年戊子(公元1528年)　2岁

三月，“小王子犯山西”，“宣、大告急”。①

“各处灾伤。”②

十一月，王守仁病卒，年五十七。③

本年，戚继光(字元敬，号南塘，山东济宁人)生。④

嘉靖九年庚寅(公元1530年)　4岁

二月，“畿府旱灾，流民皆入京师求食，道殣相望”。三月，“延绥大饥”。⑤

十二月，“更正孔庙祀典，定孔子谥号曰至圣先师孔子”。⑥

嘉靖十一年壬辰(公元1532年)　6岁

母徐氏卒于本年或明年。

> 我自六七岁丧母，便能自立。⑦
>
> 自幼寡交，少知游。⑧

八月，“河决鱼台”，山西二十州县、河南八十五州县、山东七十九州县被灾。⑨

小王子“犯延绥”。⑩

本年，“海寇冲突围头(属晋江县)”⑪。

---

① 《明通鉴》卷五四。

② 《明通鉴》卷五四。

③ 李贽《阳明先生年谱》卷下，又《明史》本传。

④ 戚祚国《戚少保年谱》。

⑤ 《明通鉴》卷五五。

⑥ 《明史》卷一七《世宗本纪》。

⑦ 《续焚书》卷一《与耿克念》。

⑧ 《焚书》卷四《豫约》。

⑨ 《明通鉴》卷五五。

⑩ 《明通鉴》卷五五。

⑪ 乾隆《泉州府志》卷七三《纪兵》。

嘉靖十二年癸巳(公元 1533 年) 7 岁

开始随父读书。“长七岁，随父白斋公读书歌诗，习礼文。”[①]

我性本柔顺，学贵忍辱。……只知进就，不知退去。……盖此忍辱孝顺法门，是我七八岁时用至于今。[②]

六月初八日，妻黄氏生。耿定力《诰封宜人黄氏墓表》：“此予友晋江李卓吾先生之配黄宜人也。……宜人以嘉靖癸巳六月八日生。”[③]

嘉靖十二年八月初五日，永定寇犯安溪长泰里，又犯崇信里，又犯新康里，杀掠甚惨。同知李东、通判柯迁督兵平之。[④]

浙江、河南、辽东、云南饥荒。[⑤]

十月，大同兵变，杀总兵官李瑾。[⑥]

嘉靖十四年乙未(公元 1535 年) 9 岁

随父读书。

葡萄牙殖民者用贿赂手段居留澳门。这是葡人窃据澳门之始。在这以前，正德十一年(公元 1516 年)葡人开始侵入南海地区，次年在珠江口屯门港强行登陆，“盖屋树栅，恃光铳自固”[⑦]，作为人侵基地，并在广东沿海地区骚扰破坏。正德十六年(公元 1521 年)，广东海道副使奉命率军击败葡军，收回屯田，升任按察使。嘉靖初年，葡人先在沿海进行走私活动，后又窃据澳门作为基地。《明史·佛郎机传》：“嘉靖十四年，指挥黄庆纳贿，请于上官，移之濠镜，岁课二万金。”

嘉靖十五年丙申(公元 1536 年) 10 岁

随父读书。

---

① 《卓吾论略》。
② 《续焚书》卷一《与周友山》。
③ 墓表石刻现藏泉州市文管会。
④ 乾隆《泉州府志》卷七三《纪兵》。
⑤ 《明史》卷一七《世宗本纪》。
⑥ 《明通鉴》卷五六。
⑦ 张燮《东西洋考》卷五《吕宋》。

本年及次年，“泉州旱，民多饿死”[①]。

嘉靖十六年丁酉(公元1537年)　11岁

随父读书。

妻父黄朝卒。

耿定力《诰封宜人黄氏墓表》：宜人……生五岁而丧其父黄公朝。

八月，以灾免福建福州、泉州二府田粮有差。[②]

嘉靖十七年戊戌(公元1538年)　12岁

仍随父读书。试作《老农老圃论》。

年十二，试《老农老圃论》。居士曰：吾时已知樊迟之问，在荷蒉丈人间。然而上大人丘乙已不忍也，故曰：小人哉，樊须也。则可知矣。论成，遂为同学所称。众谓：白斋公有子矣。居士曰：吾时虽幼，早已知如此臆说未足为吾大人有子贺，且彼贺意亦太鄙浅，不合于理。……吾大人何如人哉？身长七尺，目不苟视，虽至贫，辄时时脱吾董母太宜人簪珥以急朋友之婚，吾董母不禁也。此岂可以世俗胸腹窥测而预贺之哉！[③]

后来李贽自述其幼年性格：

余自幼倔强难化，不信学，不信道，不信仙释，故见道人则恶，见僧则恶，见道学先生则尤恶。[④]

稍长，复愦愦，读传注不省，不能契朱夫子深心。[⑤]

① 乾隆《泉州府志》卷七三《祥异》。

② 《明世宗实录》卷二〇三。

③ 《焚书》卷三《卓吾论略》。

④ 《阳明先生年谱后语》。

⑤ 《焚书》卷三《卓吾论略》。

四月，罢征安南。[①]

鞑靼"犯大同"。六月，"犯宣府"。[②]

嘉靖十九年庚子(公元1540年)　14岁

改治《尚书》，然好《易》。

> 余自幼治《易》，复改治《礼》。以少《礼经》决科之利也。至年十四，又改治《尚书》，竟以《尚书》窃禄。[③]

二月，河南、湖广旱，大饥。湖广监察御史姚虞上《流民图》。[④]

泰州学派创始人王艮卒。[⑤]

明年，焦竑生。[⑥]

嘉靖二十一年壬寅(公元1542年)　16岁

入府学约始于本年。[⑦]

八月，礼部尚书严嵩兼武英殿大学士，预机务。

梅国桢生。

嘉靖二十五年丙午(公元1546年)　20岁

开始为生活奔走，具体情况不详。

> 余自弱冠糊口四方，靡日不逐时事奔走。[⑧]

"淮扬灾重。"[⑨]

---

① 《明通鉴》卷五七。

② 《明通鉴》卷五七。

③ 《李氏文集》卷一《易因小序》。

④ 《明通鉴》卷五七。

⑤ 《明史》卷二八三《王艮传》。

⑥ 《明史》卷二八八《焦竑传》。

⑦ 据林海权《李贽年谱考略》。

⑧ 《续焚书》卷一《与焦弱侯》。

⑨ 《明通鉴》卷五八。

嘉靖二十六年丁未(公元1547年)　21岁

与黄氏成婚。

宜人以嘉靖癸巳六月八日生。……年十五，归卓吾。[①]

余妻家姓黄，家颇温厚，又多男子。其男子多读书，又善读书，纵其不尽读书，亦皆能本分生理，使乡里称善人如其读书者，可谓彬彬德素人家矣。今三世读书矣，无有一人以孝廉举、以廪生选贡者，况早第哉！[②]

七月，“河决山东漕县”，“死者甚众”。[③]

同月，“都御史朱纨巡抚浙江，兼管福建福、兴、漳、泉、建宁五府海道。初，日本以嘉靖二十三年来贡，都臣以其未及期，且无表文，却之。其人利互市，留海滨不去，而内地奸人利其交易，商富豪贵争趋之，沿海遂有倭患”，“终嘉靖之世，遂无宁岁”。[④]

十一月，“佛朗机国夷人入掠福建漳、泉，海道副使柯乔御之，遁去”[⑤]。

同月，安溪“剧寇”陈日晖被镇压。

“嘉靖二十六年，剧寇陈日辉据安溪覆鼎山。……分巡佥事余爌督兵至，贼奔回安溪。直捣其穴，平之。”[⑥]

“时泉中承饥馑之后，物力消耗，海寇番舶警报日闻。方萃兵为防海之计，而安溪山寇又作，人情惶骇，官吏畏懦者为之闭城门，息行旅。”[⑦]

本年，“厉海禁，不许通番贸易”[⑧]至万历二十一年八月，闽省始复通海市。[⑨]

罗钦顺卒。[⑩]

---

① 耿定力《诰封宜人黄氏墓表》。
② 李贽《因果录》卷下。
③ 《明通鉴》卷五九。
④ 《明通鉴》卷五九。
⑤ 《明世宗实录》卷三三〇，又见《明史》卷三二五《佛朗机传》。
⑥ 乾隆《泉州府志》卷七三《纪兵》。
⑦ 同上引张岳《平寇记》。
⑧ 道光《晋江县志》卷一八《武功志》。
⑨ 《明神宗实录》卷二六三。
⑩ 《明史》卷二八二本传。

嘉靖二十八年己酉(公元1549年)　23岁

仍"糊口四方"。

三月，佛郎机国人勾结"海贼"行劫福建诏安。朱纨率官军迎击，生擒通敌贼首李光头等96人，斩之。四月，巡按福建御史陈九德劾纨"不俟奏复，擅专行戮，请治纨罪"。朱纨被逮下狱，次年七月在狱中自杀。[①]

嘉靖二十九年庚戌(公元1550年)　24岁

仍"糊口四方"。

> 盖尝北学而食于主人之家矣。天寒，大雨雪三日，绝粮七日，饥冻困踣，望主人而向往焉。主人怜我，炊黍饷我，信口大嚼，未暇辨也。[②]

十二月，前广东按察司佥事林希元(福建同安人)上《改编大学经传》、《定本四书》、《易经存疑》，奏乞刊布。诏焚其书，下希元于巡按御史问，削籍为民。[③]

嘉靖三十一年壬子(公元1552年)　26岁

参加乡试中举。

> 贽字宏甫，号卓吾，嘉靖壬子科举人。[④]
>
> 嘉靖壬子，领乡荐。李贽原名载贽，字宏甫，号卓吾，晋江人。……[⑤]
>
> 余自幼读圣教不知圣教，尊孔子不知孔夫子何自可尊，所谓矮子观场，随人说研，和声而已。是余五十以前真一犬也，因前犬吠形，亦随而吠之，若问何以吠声之故，正好哑然自笑也已。[⑥]
>
> 稍长，复愦愦，读传注不省，不能契朱夫子深心。因自怪，欲弃置

① 《明史》卷三〇五《朱纨传》，《明世宗实录》卷三四七。

② 《焚书》卷三《子由解老序》。

③ 《明世宗实录》卷三六八，谈迁《国榷》卷五九。

④ 《荣山李氏族谱》。

⑤ 乾隆《泉州府志》卷五四《文苑》，又道光《晋江县志》卷三一《选举志》。

⑥ 《续焚书》卷二《圣教小引》。

不事。而闲甚，无以消岁日，乃叹曰："此直戏耳，但剽窃得滥目足矣，主司岂一一能通孔圣精蕴者耶！"因取时文尖新可爱玩者，日诵数篇，临场得五百。题旨下，但作缮写誊录生，即高中矣。居士曰：吾此倖不可再侥也。[1]

二月，宣、大二府大饥，人相食。[2]

鞑靼犯大同。[3]

倭寇浙江，大掠舟山、象山等处。[4]

五月，"福建巢贼李文彪等寇南安，提督军务都御史张烜遣兵御之于聂都岭，败绩"。[5]

嘉靖三十三年甲寅(公元1554年)　28岁

七月，长女生。[6]

五月，以倭寇猖獗，命南京兵部尚书张经(字廷彝，福建建侯官人)总督江南、江北、浙江、山东、福建、湖广等省军务，讨倭。[7]

嘉靖三十四年乙卯(公元1555年)　29岁

出任河南辉县[8]教谕，开始为官。

卓吾自二十九岁做官，以至五十三岁乃休，何曾有半点超脱也。[9]

吾初意乞一官，得江南便地，不意走共城万里，反遗父忧。虽然，共城，宋李之才宦游地也，有邵尧夫安乐窝在焉。尧夫居洛，不远千里就之才问道。吾父子傥亦闻道于此，虽万里可也。[10]

教谕李载贽，福建晋江人，举人，嘉靖三十五年任。[11]

① 《焚书》卷三《卓吾论略》。
② 《明通鉴》卷六〇。
③ 《明通鉴》卷六〇。
④ 《明通鉴》卷六〇。
⑤ 《明世宗实录》卷三八五。
⑥ 据晋江《青阳庄氏族谱》。
⑦ 《明史》卷二〇五《张经传》，同书卷一八《世宗本纪二》。
⑧ 辉县古称共城。
⑨ 《焚书》卷一《答耿司寇》。
⑩ 《焚书》卷三《卓吾论略》。
⑪ 光绪《辉县志》卷二《职官》，又见《卫辉府志》卷一五《职官》。

（宏甫）自三十登仕，历七任而至郡守。①

迎养其父。

……遂就禄，迎养其父，婚嫁弟妹各毕。②

丧长子。

余年二十九而丧长子，且甚戚。③

二月，命工部侍郎赵文华（严嵩义子）祭海并区处防倭。④

四月，“倭犯江北淮、扬诸府”，“分掠常熟、江阴”，“突犯嘉兴”，俞大猷等败之。⑤

五月，总督侍郎张经、副总兵俞大猷大破倭寇于浙江嘉兴王江泾，“自军兴以来称战功第一”。但赵文华窃为己功，诬奏张经“糜饷殃民，畏贼失机”，张经下狱被斩，“天下冤之”。⑥

七月，命总督山东备倭都指挥佥事戚继光为浙江都司参将，镇守宁波、台州一带。⑦

嘉靖三十五年丙辰（公元1556年）　30岁

在辉县教谕任上。

辉县苏门山百泉之上有邵尧夫安乐窝旧址，李贽因自号百泉人、百泉居士，又号温陵居士。

安乐窝在苏门山百泉之上。居士生于泉，泉为温陵禅师福地。居士谓：“吾温陵人，当号温陵居士。”至是日游遨百泉之上，曰：“吾泉而生，

① 焦竑《焦氏笔乘》卷二《书宏甫高尚册后》。
② 《焚书》卷三《卓吾论略》。
③ 《焚书》卷三《卓吾论略》。
④ 《明史》卷一八《世宗本纪二》。
⑤ 《明通鉴》卷六一。
⑥ 《明史》卷一八《世宗本纪二》、《明史》卷二〇五《张经传》。
⑦ 《明史》卷二一二《戚继光传》。

又泉而官，泉于吾有夙缘哉!”故自谓百泉人，又号百泉居士云。[①]

自述当时情景：

余……惟不得不假升斗之禄以为养，不容不与世相接而已。然拜揖公堂之外，固闭户自若也。[②]

为县博士，即与县令、提学触。[③]

在百泉五载，落落竟不闻道，卒迁南雍以去。[④]

二月，进胡宗宪为兵部侍郎兼佥都御史，总督浙直、福建讨倭军务。[⑤]
三月，“福建倭流劫古田”[⑥]。
十月，倭犯福宁州(今福建霞浦)、诏安。[⑦]
十二月，戚继光于浙江招募壮勇，号“戚家军”。[⑧]
倭寇泉州，卫指挥童乾震战死。[⑨]

嘉靖三十六年丁巳(公元 1557 年)　31 岁

在辉县教谕任上。
十一月，胡宪宗计擒海盗王直。[⑩]
倭泊泉州浯屿，分掠同安、惠安、南安诸县。[⑪]

嘉靖三十七年戊午(公元 1558 年)　32 岁

在辉县教谕任上。

---

① 《焚书》卷三《卓吾论略》。
② 《阳明先生年谱后语》。
③ 《焚书》卷四《豫约·感慨平生》。
④ 《焚书》卷三《卓吾论略》。
⑤ 《明史》世宗本纪二，谈迁《国榷》卷六一。
⑥ 《明通鉴》卷六一。
⑦ 《明通鉴》卷六一，谈迁《国榷》卷六一。
⑧ 戚祚国《戚少保年谱》，道光丁未重刊，仙游崇勋祠存版。
⑨ 乾隆《泉州府志》卷七三《纪兵》。
⑩ 谈迁《国榷》卷六二。
⑪ 乾隆《泉州府志》卷七二《纪兵》。

三月，辽东大饥，人相食。[1]

四月，倭寇分犯浙江、福建，寇泉州，登岸焚劫。“至郡城石笋桥，巡按樊献科率属固守二十余日。”[2]

嘉靖三十九年庚申(公元1560年)　34岁

升任南京国子监博士。数月后，丁父忧，守制东归。适倭寇围攻泉州，李贽祖居被焚，族人避入城内。李贽抵家后，即参加守城。

> 在百泉五载，落落竟不闻道，卒迁南雍以去。数月，闻白斋公没，守制东归。时倭夷窃肆，海上所在兵燹。居士间关夜行昼伏，余六月方抵家。抵家又不暇试孝子事，墨衰率其弟若侄，昼夜登陴击柝为城守备。城下矢石交，米斗斛十千无粜处。居士家口零三十，几无以自活。[3]

倭寇流劫福建沿海各地。

“是岁，福建之倭流劫各州县，加以奸民乘间迭起，遂有大埔之窖贼，南湾之水贼，龙豁之山贼，龙岩之矿贼，南靖、永定等处之流贼，无不蜂起，而窖贼张琏等最强。”[4]

“是时南北寇警，征敛繁急，贪吏肆行，水潦荐至，民不堪命，往往聚而为盗。”[5]

“二月，南京振武营兵变，杀总督粮储侍郎黄懋宦。”[6]李贽称之为“留都之变”[7]。

八月，福建兵变，“叛兵三百余人，自沙县、将乐攻泰宁县，破之，守备王址、百户戴权皆战死”[8]。李贽称之为“闽海之变”[9]。

“先是，闽中以倭乱，召募广兵，后以犒赏不餍所致，遂有是变。”[10]

---

① 《明通鉴》卷六一。
② 乾隆《泉州府志》卷七三《纪兵》。
③ 《焚书》卷三《卓吾论略》。
④ 《明通鉴》卷六二。
⑤ 《明通鉴》卷六二。
⑥ 《明史》卷一八《世宗本纪二》。
⑦ 《续焚书》卷二《西征奏议后语》。
⑧ 《明通鉴》卷六二。
⑨ 《续焚书》卷二《西征奏议后语》。
⑩ 《续焚书》卷二《西征奏议后语》。

倭寇“十一月薄（泉州）城，犯涪江（李贽）祖居”[①]。

嘉靖四十年辛酉（公元1561年） 35岁

在泉州服父丧。

“正月，倭历劫晋江屿头、沙塘、陈坑、石菌等处。分巡佥事万民英募永春蓬壶吕尚四等兵至石菌，与贼战，官兵败，死者五百余人。倭寻至吴店市、新桥南头焚掠。”[②]。

五月，诗山、永春叛民攻南安。[③]

嘉靖四十一年壬戌（公元1562年） 36岁

服满，携家入京求职。

> 三年服阕，尽室入京，盖庶几欲以免难云。[④]

二月，福建同安倭夜袭破永宁卫城。[⑤]

五月，御史邹应龙上疏称：“今天下水旱频仍，南北多警，民穷财尽，莫可措手”，“政以贿成，官以贿授。凡四方小吏，莫不竭民脂膏，偿己买官之费。如此则民安得不贫，国安得不竭，天人灾警安得不迭至！”[⑥]

首辅严嵩罢。[⑦]

十一月，“倭攻福建兴化府，陷之”。俞大猷、戚继光会剿。[⑧]

嘉靖四十二年癸亥（公元1563年） 37岁

在京候缺、假馆授徒以自给。

> 居京邸十阅月，不得缺，囊垂尽，乃假馆授徒。[⑨]

---

① 《清源林李宗谱》卷三《历年表》。
② 乾隆《泉州府志》卷七三《纪兵》。
③ 乾隆《泉州府志》卷七三《纪兵》。
④ 《焚书》卷三《卓吾论略》。
⑤ 《明通鉴》卷六二。
⑥ 《明通鉴》卷六二。
⑦ 《明史》卷一八《世宗本纪二》。
⑧ 《明史》卷一八《世宗本纪二》。
⑨ 《焚书》卷三《卓吾论略》。

二月，“福建兴化倭结寨于峙头”，“陷平海卫”。[①]

四月，俞大猷、戚继光“大破倭，复兴化”，闽浙倭患浙息。[②]

十月，升戚继光为福建总兵官，镇守全闽。[③]

“巨盗”林道乾入据澎湖。“夫道乾横行海上，三十余年矣。……称王称霸，众愿归之，不肯背离。其才识过人，胆气压乎群类，不言可知也。”[④]

嘉靖四十三年甲子(公元1564年)　38岁

六月，任北京国子监博士。

> 馆复十余月，乃得缺，称国子先生，如旧官。[⑤]
>
> 为太学博士，即与祭酒、司业触。如秦、如陈、如潘、如吕，不一而足矣。[⑥]

不久，祖父竹轩先生讣至。次男亦病卒，携眷奔丧南归。取道河南，将妻子留在辉县，买田供其耕作度日。

> 未几，竹轩大父讣又至。是日也，居士次男亦以病卒于京邸。……权置家室于河内，分赙金一半买田耕作自食，余以半归，即可得也。……遂收拾行李托室买田种作如其愿。[⑦]

适河南大饥。妻得友人邓林材(号石阳)拨俸救济。二女夭死。

> 岁果大荒，居士所置田仅收数斛稗。长女随艰难日久，食稗如食粟。二女、三女遂不能下咽，因病相继夭死。……邓君果拨己俸二星，并驰书与僚长各二两者二至，宜人以半籴粟，半买花纺为布。三年衣食无缺，

---

① 《明通鉴》卷六三。
② 《明通鉴》卷六三。
③ 《明世宗实录》卷五二六。
④ 《焚书》卷四《因记往事》。
⑤ 《焚书》卷三《卓吾论略》。
⑥ 《焚书》卷四《豫约·感慨平生》。
⑦ 《焚书》卷三《卓吾论略》。

邓君之力也。[1]

只身回泉州守制。将曾祖、祖父、父亲三世合葬于泉州东门外东岳山。[2]

吾先曾大父大母殁五十多年矣，所以未归土者，为贫不能求葬地，又重违俗，恐取不孝讥。……必令三世依土。[3]

二月，倭犯仙游，总兵官戚继光大败之。倭平。[4]
葡萄牙殖民者窃据澳门，筑屋成村。[5]

嘉靖四十四年乙丑(公元1565年)　39岁

在泉州守制。

三月，诏诛前工部左侍郎严世蕃，抄没黄金三万余两，白金三百余万两，其他珍宝无数。嵩及诸孙皆为民。[6]

四月，倭犯福宁，戚继光率水陆兵击败之。[7]

十二月，四川大足县白莲教起事，建号“大唐”，攻破大足、合州等七州县。明年正月被镇压。[8]

嘉靖四十五年丙寅(公元1566年)　40岁

春，服满，离泉州到辉县见妻女。在辉县逗留期间，与友人卫辉府推官邓林材(石阳)等相唱和。辉县现存嘉靖丙寅石刻一块，记载李贽与邓石阳等的唱和诗六首，并李贽跋语。李诗有“世事何纷纷，教予不欲闻”之句。[9]

不久，携家到北京，补礼部司务职。

吾时过家葬毕，幸了三世业缘，无宦意矣。回首无涯，不胜万里妻

① 《焚书》卷三《卓吾论略》。
② 据泉州市文管会1976年9月实地勘查，墓室在东岳长沟头，墓碑残缺散落。
③ 《焚书》卷三《卓吾论略》。
④ 《明史》卷一八《世宗本纪二》。
⑤ 俞大猷《正气堂集》卷五《论商夷不得恃功恣横》，《明史》卷三二五《佛郎机传》。
⑥ 《明通鉴》卷六三。
⑦ 《明世宗实录》卷五四五。
⑧ 《明世宗实录》卷五五三。
⑨ 详见张建业《李贽评传》，福建人民出版社，1992年修订本。

挈之想，乃复抵共城。……至京，补礼部司务。……穷莫穷于不闻道，乐莫乐于安汝止。……吾闻京师人士所都，盖将访而学焉。[①]

自号宏父居士，又号思斋居士。[②]

与同在礼部任职的李逢阳、徐用检交往，在李、徐影响下，开始接触王阳明学说。

不幸年甫四十，为友人李逢阳、徐用检所诱，告我龙谿先生语，示我阳明王先生书，乃知得道真人不死，实与真佛、真仙同，虽倔强，不得不信之矣。李逢阳，号翰峰，白门人。徐用检，号鲁斋，兰溪人。……余今者果能读先生之书，果能次先生之谱，皆徐、李二先生力也。[③]

(徐用检)在都门从赵大洲讲学。礼部司务李贽不肯赴会，先生以手书《金刚经》示之曰："此不死学问也，若亦不讲乎?"贽始折节向学。[④]

(贽)以文章擢国子，历礼部司务。从豫章李材、兰溪徐用检讲学都门。谈论数日耳，而二公咸服其闻道早而见道卓，因自号卓吾。[⑤]

十二月，世宗崩，子载垕即位，是为穆宗，改明年为隆庆元年。李贽原名载贽，因犯载皇讳，去"载"字，改名李贽。

林载贽……旋改姓李，避胜朝讳，去"载"字。[⑥]

穆宗隆庆元年丁卯(公元1567年)　41岁

在礼部司务任上。

四月，张居正晋礼部尚书、武英殿大学士，预机务。[⑦]

① 《焚书》卷三《卓吾论略》。
② 《卓吾论略》。
③ 李贽《阳明先生年谱后语》。
④ 黄宗羲《明儒学案》卷一四《徐用检传》。
⑤ 何乔远《闽书》卷一五二引沈铁《李卓吾传》。
⑥ 泉州《清源林李宗谱》卷四。
⑦ 《明史》卷一一〇，宰辅年表。

"江陵，宰相之杰也。"[①]

隆庆四年庚午(公元 1570 年)　44 岁

在礼部任职五年，与刑部主事李材(号见罗，王守仁再传弟子)、李逢阳等人共研王学。

五载春官，潜心道妙。[②]

昔在京师时，多承诸公接引，而承先生接引尤勤。发蒙启蔽，时或未省，而退实沉思，既久，稍通解耳。师友深恩，永矢不忘，非敢佞也。[③]

号思斋居士。

憾不得起白斋公于九原，故其思白斋公也益甚，又自号思斋居士。[④]

常与上司顶撞。

司礼曹务，即与高尚书、殷尚书、王侍郎、万侍郎尽触也。高、殷皆入阁，潘、陈、吕皆入阁，高之扫除少年英俊名进士无数矣，独我以触迕得全，高亦人杰哉！[⑤]

隆庆五年辛未(公元 1571 年)　45 岁

改任南京刑部员外郎。

厌京师浮繁，乞就留都。[⑥]

① 《焚书》卷一《答邓明府》。
② 《焚书》卷三《卓吾论略》。
③ 《焚书》卷一《答李见罗先生》。
④ 《焚书》卷三《卓吾论略》。
⑤ 《焚书》卷四《豫约·感慨平生》。
⑥ 沈铁《李卓吾传》。

在南京聚友讲学。

> 宏甫为南比部郎，日聚友讲学。寮友或谓之曰："吾辈读书，义理岂有不明，而事讲乎?"宏甫曰："君辈以高科登仕籍，岂不读书？但苦未识字，须一讲耳。……《论语》开卷，便是一学字。《大学》开卷，便是大学二字。此三字，善敢道诸君未识得。何也？此事须有证验始可。"①
>
> 往，李卓吾讲心学于白下，全以当下自自然然指点后学，说个个人都是见见成成的圣人，才学便多了。闻有忠节孝义之人，却云都是做出来的，本体原无此忠节孝义。②

聚友讲学，以每月十六日为固定会期。

> 会期之不可改，犹号令之不可反，军令之不可二也。故重会期，是重道也，是重友也。③

南京为明王朝留都，很多学者在这里进行讲学活动。李贽在讲学中结识焦竑、耿定理等人。焦竑(公元1540～1620年)，字弱侯，号澹园，江宁人。嘉靖四十三年乡试中举。万历十七年殿试第一，官翰林院修撰。充顺天乡试副主考。后辞官归南京，不复出。与李贽成莫逆之交。

> 余至京师，即闻白下有焦弱侯其人矣。又三年，始识侯。既而徙官留都，始与侯朝夕促膝，穷诣彼此实际。夫不诣则已，诣则必尔，乃为冥契也。故宏甫之学虽无所授，其得之弱侯者亦甚有力。……然惟宏甫为深知侯，故弱侯亦自以宏甫为知己。④

隆庆六年壬申(公元1572年)　46岁

在南京刑部员外郎任上。

结识耿定理及其兄耿定向。

---

① 焦竑《焦氏笔乘》卷四《读书不识字》。

② 黄宗羲《明儒学案》卷六〇《太常史玉池先生孟麟》引。

③ 《焚书》卷二《会期小启》。

④ 《续焚书》卷二《寿焦太史尊翁后渠公八秩华诞序》。

岁壬申，楚倥游白下，余时懵然无知，而好谈说。先生默默无言，但问余曰："学贵自信，故曰吾斯之未能信。又怕自是，故又曰自以为是，不可与入尧舜之道。试看自信与自是有何分别?"余时骤应之曰："自以为是，故不可与入尧舜之道；不自以为是，亦不可与入尧舜之道。"楚倥遂大笑而别，盖深喜余之终可入道也。余自是而后，思念楚倥不置，又以未得见天台为恨。①

壬申，叔子(指耿定力)以差归，从余偕子征(指周思久)游天台。……仲子(指耿定理)偕存甫(指吴少虞)附其舟南游。……过金陵，与李宏甫、焦弱侯辈商学。②

耿定理(公元1534～1577年)，字子庸，号楚倥，黄安人，耿定向之弟。耿定向(公元1524～1590年)，字在伦，号天台，又号楚侗，嘉靖三十五年进士，历官刑部左侍郎、户部尚书，是当时知名的理学家。著有《耿天台先生全集》。李贽通过耿定理而认识耿定向。

在南京期间，还结识学者王畿和罗汝芳。

我于南都，得见王先生者再，罗先生者一。……自后无岁不读二先生之书，无口不谈二先生之腹。③

王畿(公元1498～1583年)，字汝中，号龙谿，浙江山阴人。年二十中举，官至兵部侍郎。受业于王守仁，主张良知就是佛性，为学要"致知见性"。罗汝芳(公元1515～1588年)，字维德，号近谿，建昌人。嘉靖进士，官至云南参政。曾师事颜山农，也是王学中接近禅宗的一派。李贽通过罗汝芳，开始接近泰州学派。适逢泰州学派创立人王艮的儿子王襞到南京讲学，李贽认他为师。王艮(公元1483～1540年)，字汝止，号心斋，泰州安丰场人。出身盐丁，自学经书，多有发明，不泥传注。后拜王阳明为师，从此以讲学终身。王艮提出"百姓日用即是道"的命题，对李贽颇有影响。李贽推崇王阳明和以王艮及其弟子为代表的泰州学派：

① 《焚书》卷四《耿楚倥先生传》。

② 耿定向《观生记》。

③ 《焚书》卷三《罗近谿先生告文》。

……因叹古人称学道全要英灵汉子……当时阳明先生门徒遍天下，独有心斋为最英灵。……心斋之后为徐波石，为颜山农。……盖心斋真英雄，故其徒亦英雄也。波石之后为赵大洲，大洲之后为邓豁渠；山农之后为罗近谿，为何心隐；心隐之后为钱怀苏，为程后台：一代高似一代。①

与焦竑、管志道(时任南京兵部车驾司主事)等人送周安披剃出家，拜云松禅师为师，改法名定林。②

与罗汝芳会面。罗汝芳，字近谿，泰州学派颜山农的学生，推崇王阳明心学，主张“赤子之心，不学不虑”。

我于南部，得见王先生者再，罗先生者一。”③

五月，穆宗病死。六月，朱翊钧立，是为神宗。改明年为万历元年。④

六月，高拱罢，以张居正为首辅。⑤

神宗万历元年癸酉(公元1573年)　47岁

在南京刑部任上。

日与耿定向、焦竑、李士龙等论学。

天台耿定向督学南畿，以学倡畿南士。白下李士龙、焦竑，其最著者。载贽日与定向、焦、李阐明道学，穷晷继夜，寝食靡辄也。⑥

在讲学中表现出怀疑圣教的“异端”思想，大受欢迎，士人“趋之若狂”。

李卓吾讲心学于白门，全以当下自然指点后学，说人都是见见成成的圣人，才学，便多了。闻有忠节孝义之人，却云都是做出来的，本体

① 《焚书》卷二《为黄安二上人三首·大孝》。
② 《焚书》卷三《定林庵记》。
③ 《焚书》卷三《罗近谿先生告文》。
④ 《明史》卷一九《穆宗本纪》。
⑤ 《明通鉴》卷六五。
⑥ 何乔远《闽书》卷一五二引沈铁《李卓吾传》。

原无此忠节孝义。学人喜其便利，趋之若狂，不知误了多少人。[①]

万历二年甲戌(公元 1574 年)　48 岁

在南京刑部任上。
作《解老》(又称《老子解》)一卷，并《子由解老序》。

近有《读史》数十篇，颇多发明。入九以后，雪深数尺，不复亲近册子。偶一阅子由《老子解》，乃知此君非深《老子》者，此老盖真未易知也。呵冻作《解老》一卷，七日而成帙，自谓莫逾。[②]

升南京刑部郎中，约在此时。

万历初，历南京刑部主事。[③]
迨卓吾官尚书郎至太守，称贵显矣。[④]
贽字宏甫，号卓吾，嘉靖壬子科举人……刑部郎中。[⑤]

王艮之子王襞在南京讲学。李贽认王襞为师，当在此时。

心斋之子东崖公(襞)，贽之师。[⑥]

万历三年乙亥(公元 1575 年)　49 岁

在南京刑部任上。
游黄安天中山。僧定林来访。

(定林)复创大华严阁，弱侯碑纪其事甚明也。阁甫成，又舍去之楚，

① 顾宪成《顾端文公遗书》卷一四《当下绎》。
② 《续焚书》卷一《与焦弱侯》。
③ 彭际清：《居士传》卷四三《李卓吾传》。
④ 耿定力：《诰封宜人黄氏墓表》。
⑤ 《荣山李氏族谱》。
⑥ 《续藏书》卷二一《储文懿公瓘》，又《东崖年谱纪略》。

访余于天中山，而遂化于天中山，塔于天中山。马伯时隐此山时，特置山居一所，度一僧，使专守其塔矣。[①]

一别山房便十年，亲栽竹篠已参天。[②]

开始撰《藏书》。

山中寂寞无侣，时时取史册披阅，得与其人会觌，亦自快乐……自古至今多少冤屈，谁与辨雪！……近有《读史》数十篇，颇多发明。[③]

又《续焚书》卷五《除夕李士龙至得吾字》有句云："百年今过半，除夕岂堪吾！……故人来白下，为我话东吴。"可知本年除夕李贽不在南京。

万历四年丙子(公元1576年)　50岁

春，自天中山回南京。时马逢旸(伯时)隐于天中山。《续焚书》卷一《与伯时马侍御》有"临行草此"和"异日当与佳楼并称天中之绝矣"等语。

途经安徽泗州，作《挂剑台》："一死一生交乃见，千金只得挂松枝。"[④]

开始研治佛学。进而有《道古录》、《易因》之作。

五十以后，大衰欲死，因得友朋劝诲，翻阅贝经，幸于生死之原窥见斑点，乃复研穷《学》、《庸》要旨，知其宗贯，集为《道古》一录。于是遂从治《易》者读《易》三年，竭昼夜力，复有六十四卦《易因》锓刻行世。[⑤]

万历五年丁丑(公元1577年)　51岁

出任云南姚安知府。

五十而至滇，非谋道矣，直糊口万里之外耳。[⑥]

① 《焚书》卷三《定林庵记》。
② 《焚书》卷六《重来山房赠马伯时》。
③ 《续焚书》卷一《与焦弱侯》。
④ 《续焚书》卷五。
⑤ 《续焚书》卷二《圣教小引》。
⑥ 《焚书》卷二《答何克斋尚书》。

道经黄安，访耿氏兄弟，留下女儿女婿。

丁丑入滇，道经团风，遂舍舟登岸，直抵黄安见楚倥，并睹天台，便有弃官留住之意。楚倥见余萧然，劝余复入，余乃留吾女并吾婿庄纯夫于黄安，而因与之约曰：待吾三年满，收拾得正四品禄俸归来为居食计，即与先生同登斯岸矣。①

初，先生以南京刑部尚书郎来守姚安，难万里，不欲携其家，其室人强从之，盖先生居常游，每适意辄留，不肯归，故其室人患之，而强与偕行至姚安，无何即欲去，不得遂，乃强留。②

入滇途中，在贵州龙里卫遇见进表入京的罗汝芳。罗时任云南参政。

及入滇，复于龙里得再见罗先生焉。③

四月，升户部主事刘东星为河南佥事。④
九月，张居正丁父忧，夺情。⑤
十一月，原任福建佥事顾养谦调补云南。⑥

万历六年戊寅(公元 1578 年)　52 岁

一到姚安，就自题两副楹联：

从故乡而来，两地疮痍同满目。
当兵事之后，万家疾苦总关心。

听政有余闲，不妨甓运陶斋，花栽潘县。
做官无别物，只此一庭明月，两袖清风。

① 《焚书》卷四《耿楚倥先生传》。
② 《焚书》卷二《又书使通州诗后》附《顾冲老送行序》。
③ 《焚书》卷三《罗近谿先生告文》。
④ 《明神宗实录》卷六一。
⑤ 《明史》本传。
⑥ 《明神宗实录》卷六九。

反映了李贽同情人民疾苦和廉洁从政的可贵品质。

治理姚安，政令清简，以德化人。

先生为姚安，一切持简易，任自然，务以德化人，不贾世俗能声。其为人汪详停蓄，深博无涯涘，人莫得其端倪，而其见先生也不言而意自消。自僚属、士民、胥隶、夷酋，无不化先生者，而先生无有也。此所谓无事而事事，无为而无不为者耶。[1]

对待少数民族，主张宽和相处，共享太平。

边方杂夷，法难尽执，日过一日，与军与夷共享太平足矣。……盖清谨勇往，只可责己，不可责人，若尽责人，则我之清能亦不足为美矣，况天下事亦只宜如此耶![2]

初仕时，亲见南倭北虏之乱矣，最后入滇，又熟闻土官、傜、僮之变矣。[3]

留心公益事业，倡建连厂桥，以利行旅。

连厂桥，在城西三十里，明万历间知府李贽建。[4]

万历七年己卯(公元1579年)　53岁

在姚安知府任上。

公余从事讲学，或与名僧共参玄论道。

为守，法令清简，不言而治。每至伽蓝，判了公事，坐堂皇上，或置名僧其间，簿书有隙，即与参论虚玄。人皆怪之，公亦不顾。[5]

① 《焚书》卷二《又书使通州诗后》附《顾冲老送行序》。
② 《焚书》卷四《豫约·感慨平生》。
③ 《焚书》卷五《蜻蛉谣》。
④ 《姚安县志》卷一四《舆地志交通》。
⑤ 袁中道《珂雪斋集》卷一七《李温陵传》。

结识新任云南佥都御史分巡洱海道顾养谦，交往密切。

谦之备员洱海也，先生守姚安已年余，每与先生谈，辄夜分不忍别去，而自是先生不复言去矣。①

顾养谦，字益卿，号冲庵，江苏通州人。官至兵部侍郎，总督蓟辽军务，卒赠兵部尚书。李贽后来多次提到他和顾养谦的交谊，《焚书》中收有复顾养谦书二通。

自隐天中山以来，再卜龙湖，绝类逃虚近二十载，岂所愿哉！求师访友，未尝置怀，而第一念实在通海，但老人出门大难，讵谓公犹惓惓念之耶！②

罗汝芳任云南参政，李贽曾两次到龙里卫会见罗汝芳。

在云南还与刘雄(新任云南按察使)、李元阳、骆问礼等相交往。李元阳，字仁甫，号中谿，太和(今大理)人，曾任户部主事、江西道御史、福建巡按、荆州知府，此时已辞官家居多年。与李贽有诗唱和。

重刻《太上感应篇》。时任云南布政司右参议兼洱海分巡道的骆问礼为作《重刻太上感应篇序》。③

作《卓吾论略》。后收入《焚书》。

正月，诏毁天下书院，改各省书院为公廨。先后毁应天等府书院六十四处。④

三月，何心隐在祁门被捕，辗转押解到武昌。九月，被湖广巡抚王之垣所仗杀。何心隐(公元1517～1579年)，原名梁汝元，以讲学名于时，因参与反对严嵩的斗争，遭通缉，改名何心隐，仍触犯当道，终以“妖道”罪名被杀害。李贽在《焚书》卷一《答邓明府》中论及何心隐被杀事。

万历八年庚辰(公元1580年)　54岁

在姚安知府任上。

---

① 《焚书》卷二《又书使通州诗后》附《顾冲老送行序》。

② 《焚书》卷二《复顾冲庵翁书》。

③ 《万一楼集》卷三六。

④ 《明通鉴》卷六七。

为姚安府属姚州知州罗琪作《论政篇》，赞扬罗琪的政绩，提出从政之道要“因乎人”，“因性牖民”，“顺其性不拂其能”，以“圣人之治”为目标，反对用“条教”、“刑法”进行专制统治，反映出反传统的思想。这些主张引起了封建正统论者的反对。当时的云南巡抚王凝和分巡道骆问礼也因此与李贽产生矛盾。骆问礼还作一篇《续论政篇》，反驳道：“礼乐刑政，未敢以桎梏视之也。”①李贽后来在《感慨平生》中说：

余唯以不受管束之故，受尽磨难，一生坎坷，将大地为墨，难尽写也。为县博士，即与县令、提学触；为太学博士，即与祭酒、司业触。……最后为郡守，即与巡抚王触，与守道骆触。②

三月，知府任职即将期满。按例，三年任满，有政绩者可以升官。但李贽不等期满，即携家到楚雄见巡按刘维，请求辞官。

万历八年庚辰之春……先生历官且三年满矣，少需之，得上其绩，且加恩或上迁。而侍御刘公方按楚雄，先生一日谢簿书，封府库，携其家，去姚安而来楚雄，乞侍御公一言以去。侍御公曰：“姚安守，贤者也。贤者而去之，吾不忍，非所以为国，不可以为风，吾不敢以为言。即欲去，不两月所为上其绩而以荣名终也，不其无恨于李君乎?”先生曰：“非其任而居之，是旷官也，贽不敢也；需满以倖恩，是贪荣也，贽不为也；名声闻于朝矣而去之，是钓名也，贽不能也。去即去耳，何能顾其他?”而两台皆勿许。于是先生还其家姚安，而走大理之鸡足。鸡足者，滇西名山也。两台知其意已决，不可留，乃为请于朝，得致其仕。③

后来李贽追述当时坚决辞官的原因：

数月间反反复复，闭门告老，又走鸡足，虽吾宜人亦以我为不得致其仕而去而闷也。……世间胜己者少，虽略有数个，或东或西，或南或北，令我终日七上八下。老人肚肠能有几许，断而复续，徒增郁抑，何

① 《万一楼文集》卷三。
② 《焚书》卷四。
③ 《焚书》卷二《又书使通州诗后》附《顾冲老送行序》。

自苦耶！是以决计归老名山，绝此邪念，眼不亲书，耳不闻人语，坐听鸟鸣，手持禅杖，以冷眼观众僧之睡梦，以闭身入炼魔之道场，如是而已。[①]

七月，获准辞官。在任时清廉自律，“禄俸之外，了无长物”[②]，离任时，士民庶道送行：

三载，竟自归，士民攀卧道旁，车不得发。囊中仅图书数卷。[③]

巡按刘维及藩臬两司汇集当时士绅名人赠言为《高尚册》，以彰其志。佥事都御史顾养谦亦撰序以赠。[④]

弟自三月即闭门，专为告归一事，全不理事矣。至七月初乃始离任，因兹得尽览滇中之胜，殊足慰也。[⑤]

第一等，怕居官束缚，而心中又舍不得官。既苦其外，又苦其内。此其人颇高，而其心最苦，直至舍了官方得自在，弟等是也。[⑥]

八月，福建巡抚耿定向奔父丧回黄安。[⑦]

万历九年辛巳(公元 1581 年)　55 岁

春，携眷离滇，不返泉州故乡而赴湖北黄安，访耿定理。

缘我平生不爱属人管。夫人生出世，此身便属人管了。……入官，即为官管矣。弃官回家，即属本府本县公祖父母管矣。来而迎，去而送，出分金，摆酒席；出轴金，贺寿旦。一毫不谨，失其欢心，则祸患立至，其为管束至入木埋下土未已也，管束得更苦矣。我是以宁飘流四外，不归家也。[⑧]

初与楚黄安耿子庸善，罢郡遂不归，曰：“我老矣，得一二胜友，终

① 《续焚书》卷一《寄焦弱侯》。
② 袁中道：《珂雪斋集》卷一七《李温陵传》。
③ 康熙《姚安州志》卷四《名宦》。
④ 民国《姚安县志》卷二九《李贽传》。
⑤ 《续焚书》卷一《与焦弱侯》。
⑥ 《焚书》卷二《复焦弱侯》。
⑦ 《观生记》。
⑧ 《焚书》卷四《豫约·感慨平生》。

日晤言以遣余日、即为至快，何必故乡也。”①

余自出滇，即取道适楚，以楚之黄安有耿楚倥、周友山二君聪明好学，可藉以夹持也。②

及至滇，而先生果欲便家滇中，则以其室人昼夜涕泣请，将归楚之黄安。盖先生女若婿皆在黄安依耿先生以居，故其室人第愿得归黄安云。……先生之行，取道西蜀，将穿三峡，览瞿塘、滟滪之胜，而时时过访其相知故人，则愿先生无复留，携其家人一意达黄安，使其母子得相共，终初念，而后东西南北，唯吾所适，不亦可乎？先生曰："诺。"遂行。③

初夏，到黄安，经耿氏兄弟安排寓居离城十五里的五云山天窝书院，耿定理讲学处。

侗天为我筑室天窝，甚整。时共少虞、柳塘二丈老焉，绝世嚣，怡野逸，实无别样出游志念，盖年来精神衰甚，只宜隐也。④

新邑（指黄安）僻陋实甚，然为居食计，则可保终老，免逼迫之忧。何者？薪米便也。⑤

年底，应友人周思久（号柳塘）之约，游麻城龙湖，并在龙湖钓鱼台讲学。

腊底走麻城，与周柳塘相约潭上，为一春之计。⑥

钓台，在县东二十里……其左为龙湖寺。……明季李卓吾尝讲学于龙湖台上，建楼名寒碧，台侧有洞，即李氏藏书所。⑦

本年，张居正在全国推行一条鞭法，把赋税、徭役及各种摊派并入田赋，同时改"计亩征粮"为改收银两，增加了封建租税中的货币成分，以刺激商品经济的发展。⑧

---

① 袁中道《珂雪斋集》卷一七《李温陵传》。
② 《续焚书》卷二《释子须知序》。
③ 《焚书》卷二《又书使通州诗后》附《顾冲老送行序》。
④ 《续焚书》卷一《复焦漪园》。
⑤ 《续焚书》卷一《答骆副使》。
⑥ 《李氏遗书》卷一《与焦弱侯》。
⑦ 《麻城县志》卷三《名胜》。
⑧ 《明史》卷七八《食货志二·赋役》。

意大利传教士利玛窦抵广州。[①]

万历十年壬午（公元1582年） 56岁

寓居黄安天窝书院，从事读书著述。

山中寂寞无侣，时时取史册披阅，得与其人会觌，亦自快乐，非谓有志于博学宏词科也。……自古至今多少冤屈，谁与辨雪！故读史时真如与百千万人作对敌，一经对垒，自然献俘授首，殊有绝致，未易告语。[②]

唯有朝夕读书，手不敢释卷，笔不敢停挥，自五十六岁至今七十四岁，日日如是而已。关门闭户，著书甚多……[③]

著《庄子解》，独注《内七篇》。

《南华经》若无《内七篇》，则《外篇》、《杂篇》固不妨奇特也，惜哉以有《内七篇》也。故余断以《外篇》、《杂篇》为秦汉见道人口吻，而独注《内七篇》，使与《道德经注解》并请正于后圣云。[④]

六月，首辅张居正卒，年五十八。太监冯保抄家，得金银一百余万两，珠宝无数。[⑤]

万历十一年癸未（公元1583年） 57岁

寓居黄安天窝书院。

读书著述之余，还教授耿家子弟。在论学和教学过程中与耿定向发生分歧，并逐步展开思想论战。

卓吾寓周柳塘（思久）湖上。一日论学，柳塘谓：天台（耿定向）重名

① 《明史》卷三二六《意大利亚传》。
② 《续焚书》卷一《与焦弱侯》。
③ 《续焚书》卷一《与焦弱侯》。
④ 《续焚书》卷四《读南华》。
⑤ 《明通鉴》卷六七。

教，卓吾识真机。楚倥(耿定理)诮柳塘曰：拆篱放犬。[1]

四月，焦竑下第归。李贽去信安慰。[2]
冬，又到龙潭。闻王畿卒，作《王龙谿先生告文》，并设位祭奠。[3]
三月，夺张居正谥号，罢张居正子锦衣卫指挥张简修为民。[4]

万历十二年甲申(公元1584年)　58岁

寓黄安天窝书院。
开春，曾游赤壁矶。

某粗疏无用人也，又且傲慢好自用。……优游以来，终年兀坐，户外事无知者，是以无由致私祝于下执事也。……开春便理舟楫，动远游之兴，直下赤壁矶头矣，而筋力既衰，老病遽作，不得已复还旧隐。[5]

七月，耿定理卒于黄安，李贽极为悲痛，作《哭耿子庸》诗四首，有"已矣莫我知，虽生亦何益"之语。

此间自八老去后，寂寥太甚，因思向日亲近善知识时，全不觉知身在何方，亦全不觉欠少甚么，相看度日，真不知老之将至。盖真切友朋，生死在念，万分精进，他人不知故耳。自今实难度日矣！[6]

耿定理死后，李贽与耿定向之间的矛盾日益公开化。本年三月，耿定向起任都察院左佥都御史，八月，又升任都察院左副都御史。他以卫道者自居，鼓吹"明明白白走着孔孟道经"，排斥"邪见罔谈"，对李贽进行非难。李贽回答：

夫天生一人，自有一人之用，不待取给于孔子而后足也。若必待取

① 黄宗羲：《明儒学案》卷三五《楚倥论学语》。
② 《续焚书》卷一《与焦弱侯》。
③ 《焚书》卷三。
④ 《明通鉴》卷六八。
⑤ 《续焚书》卷一《答骆副使》。
⑥ 《续焚书》卷一《与焦弱侯太史》。

足于孔子，则千古以前无孔子，终不得为人乎？……各从所好，各聘所长，无一人之不中用。……无学无术者，其兹孔子之学术欤！[①]

耿定向认为其子弟不注意举子业，是受李贽影响，“错怪李卓老曰：‘因他超脱，不以功名为重，故害我家儿子’”。[②] 李贽在答书中直接指出：“每思公之所以执迷不返者，其病在多欲。”[③]从此，与耿定向冲突日甚。“两家门徒，标榜角立，而耿、李分敌国。……(李贽)角巾髡首，日携同志遨游巷陌。缙绅衿佩骤睹，骇异之，谤声四起。”[④]

与耿定向关系恶化后，李贽亟想离开黄安。本月十日，到麻城，“以无馆住宿，不数日又回”。[⑤]

四月，抄张居正家。八月，“榜张居正罪于天下”[⑥]。

万历十三年乙酉(公元1585年)　59岁

三月，离黄安，徙居麻城，在周思久、周思敬兄弟帮助下，住进维摩庵。

今年三月复至此中……所幸菩萨不至终穷，有柳塘老以名德重望为东道主，其侄婿曾中野舍大屋以居我，友山兄又以智慧禅定为弟教导之师，真可谓法施、食施、檀越施兼得其便者矣。[⑦]

我初至麻城，曾承庵创买县城下今添盖楼屋，所谓维摩庵者，皆是周友山物，余已别有《维摩庵创建始末》一书寄北京与周友山矣。[⑧]

作《与耿司寇告别》，提出狂狷与乡愿的分途。

正月，海瑞任南京都察院佥都御史。[⑨]

---

① 《焚书》卷一《答耿中丞》。
② 《焚书》卷一《答耿司寇》。
③ 《焚书》卷一《答耿司寇》。
④ 何乔远《闽书》卷一五二《蓄德》引沈铁《李卓吾传》。
⑤ 《续焚书》卷一《与焦弱侯》。
⑥ 《明史》卷二〇《神宗本纪一》。
⑦ 《续焚书》卷一《与弱侯焦太史》。
⑧ 《焚书》卷四《豫约·早晚守塔》。
⑨ 《明通鉴》卷六八。

四月，左佥都御史耿定向升为刑部左侍郎。[1]

六月，顾养谦任都察院右佥都御史，巡抚辽东。[2]

万历十四年丙戌(公元 1586 年)　60 岁

寓居麻城维摩庵。

春，脾病发作。

> 我丙戌之春，脾病载余，几成老废，百计调理，药转无效。[3]

五月，罗汝芳到南京讲学，李贽原拟与周思久等同赴江西建昌转由浙江到南京听罗讲学，后因病未果行。[4]

夏，邓石阳子邓应析(号鼎石)任麻城县令，一到任就送礼帖给李贽。李在回帖中自称“流寓客子”。

> 我于邓鼎石初履县时，虽身不敢到县庭，然彼以礼帖来，我可无名帖答之乎？是以书名帖不敢曰侍生，侍生则太尊己；不敢曰治生，治生则自受缚。寻思四字回答之，曰“流寓客子。”[5]

在这期间，邓石阳“游荆湘，遇李卓吾，上下古今多所参证”[6]。李贽在《复邓石阳》中说：

> 弟谓兄圣人之资也，且又圣人之徒也。弟异端者流也，本无足道者也。……吁吁！二十余年倾盖之友，六七十岁皓皤之夫，万里相逢，聚首他县，誓吐肝胆，尽脱皮肤。[7]

带病评点《世说新语补》。

① 《明神宗实录》卷一六〇。
② 《明神宗实录》卷一六三。
③ 《焚书》卷二《答周柳塘》。
④ 《续焚书》卷一《与焦弱侯太史》。
⑤ 《焚书》卷四《豫约·感慨平生》。
⑥ 民国《内江县志》卷四。
⑦ 《焚书》卷一。

丙戌长夏，病，思无聊，因手校家本，精划其长注，间疏其滞义，明年以受梓。[①]

耿定向在《与李卓吾》[②]中标榜“不容已”、“泛爱众”，宣扬孔孟之道。李贽作《答耿司寇》，揭露其虚伪性，提出“人人皆可以为圣”、“何必专学孔子而后为正脉也”的著名见解：

试观公之行事，殊无甚异于人者。……所讲者未必公之所行，所行者又公之所不讲，其与言顾行、行顾言何异乎？以是谓为孔圣之训可乎？翻思此等，反不如市井小夫，身履是事，口便说是事，作生意者但说生意，力田作者但说力田。凿凿有味，真有德之言，令人听之忘厌倦矣。……圣人不责人之必能，是以人人皆可以为圣。……耕稼陶渔之人既无不可取，则千圣万贤之善，独不可取乎？又何必专学孔子而后为正脉也。[③]

这一年，麻城发大水，县令邓鼎石写信向李贽请教救灾对策，李贽在《复邓鼎石》中提出“世间何事不可处，何时不可救”的积极主张。[④]

万历十五年丁亥（公元 1587 年）　61 岁

寓麻城维摩庵。

秋，遣女婿庄纯夫护送原住黄安的家眷回闽中老家，只身一人留居麻城。

万历丁亥岁，宜人率其女若婿自楚归，而卓吾尚留楚。[⑤]

后因寓楚，欲亲就良师友，而贱眷苦不肯留，故令小婿小女送之归。然有亲女外甥等朝夕伏侍，居官俸余以尽数交与，只留我一身在外，则我黄宜人虽然回归，我实不用牵挂，以故我得安心寓此，与朋友嬉游也。[⑥]

---

① 《世说新语补》卷首。

② 《耿天台先生文集》卷四。

③ 《焚书》卷一。

④ 《焚书》卷二。

⑤ 耿定力《诰封宜人黄氏墓表》。

⑥ 《焚书》卷二《与曾继泉》。

眷属徒有家乡之念，童仆俱有妻儿之思，与我不同志也。志不同则难留，是以尽遣之归。非我不愿有亲随，乐于独自孤苦也。[①]

十月，南京右都御史海瑞卒，年七十四。

同月，泰州学派学者王襞卒，年七十七。

十一月，郧阳兵变。《续焚书》卷二《西征奏议后语》提到“郧阳之变”[②]。

本年，利玛窦到南京。

万历十六年戊子(公元1588年)　62岁

年初，河南道试御史梅国桢(麻城人)服丧归里，初次结识李贽。此后通信往来，时有咏和。《焚书》收有《偈二首答梅中丞》。

在麻城的讲学活动引起道学家的非议和各种流言蜚语，诬蔑李贽“宣淫败俗”。耿定向于这年二月回黄安料理其弟定理葬事期间，也在与周思久的信中利用谣言，讥讽李贽。[③] 李贽不为所动，“只知进就，不知退去”。梅国桢之女梅澹然寡居在家，时与李贽通过书信探讨佛理。《焚书》收有李贽给梅澹然的书信《复澹然大士》和《观音问》等。道学家针对李贽收女弟子事，提出“妇人见短，不堪学道”，李贽作《答以女人学道为见短书》，批驳这种论调，指出：“谓人有男女则可，谓见有男女岂可乎？谓见有长短则可，谓男子之见尽长，女人之见尽短，又岂可乎？”[④]

春，在《答焦漪园》信中介绍正在编撰的《李氏藏书》、《焚书》和《说书》三种著作的情况：

承谕，《李氏藏书》谨抄录一通，专人呈览。年来有书三种，惟此一种系千百年是非，人更八百，简帙亦繁，计不止二千叶矣。更有一种，专与朋辈往来谈佛乘者，名曰《李氏焚书》，大抵多因缘语、忿激语，不比寻常套语。恐览者或生怪憾，故名曰《焚书》，言其当焚而弃之也。……又一种则因学士等不明题中大旨，乘便写数句贻之，积久成帙，名曰《李氏说书》，中间亦甚可观。如得数年未死，将《语》、《孟》逐节发明，亦快人也。惟《藏书》宜闭秘之，而喜其论著稍可，亦欲与知音者一谈，

① 《焚书》卷二《答刘晋川书》。

② 《明史》卷二《神宗本纪一》。

③ 见《焚书》卷二《答周柳塘》。

④ 《焚书》卷二。

是以呈去也。[1]

夏，剃去头发，仅留胡须，以异端自居。

其所以落发者，则因家中闲杂人等时时望我归去，又时时不远千里来迫我，以俗事强我，故我剃发以示不归，俗事亦决然不肯与理也。又此间无见识人多以异端目我，故我遂为异端以成彼竖子之名。兼此数者，陡然去发，非其心也。实则以年纪老大，不多时居人世故耳。[2]

秋，从城内维摩庵移居城东龙潭湖芝佛院。

《类林》(指焦竑《焦氏类林》)成于万历戊子之春，余复以是秋隐于龙潭之上。[3]

近居龙湖，渐远城市，比旧更觉寂寞，更是弟之晚年便宜处耳。[4]

公遂至麻城龙潭湖上，与僧无念、周友山、丘坦之、杨定见聚，闭门下键，日以读书为事。性爱扫地……不喜俗客……其忻赏者，镇日言笑，意所不契，寂无一语。滑稽排调，冲口而发，既能解颐，亦可刺骨。所读书皆抄为善本，东国之秘语，西方之灵文，《离骚》、马、班之篇，陶、谢、柳、杜之诗，下至稗官小说之奇，宋元名人之曲，雪藤丹笔，逐字雠校，肌擘理分，时出新意。其为文不阡不陌，摅其胸中之独见，精光凛凛，不可迫视。诗不多作，大有神境。亦喜作书，每研墨伸楮，则解衣大叫，作兔起鹘落之状。其得意者亦甚可爱，瘦劲险绝，铁腕万钧，骨棱棱纸上。[5]

有《石潭即事四绝》等诗作。

在芝佛院后佛堂上挂孔子画像，并作《题孔子像于芝佛院》，指出，以孔子为大圣，是“儒先億度而言之，父师沿袭而诵之，小子朦聋而听之。万口一

① 《焚书》卷一。
② 《焚书》卷二《与曾继泉》。
③ 《初潭集·又叙》。
④ 《焚书》卷二《又与从吾孝廉》。
⑤ 袁中道《珂雪斋集》卷一七《李温陵传》。

词，不可破也，千年一律，不自知也”[①]。

本年完成在芝佛院编纂的第一部著作《初潭集》。此书把南朝宋刘义庆的《世说新语》和李贽友人焦竑的《焦氏类林》的材料重新剪裁，分类编排，加以批点和评论，称赞魏晋名士“非汤武而周孔”的反传统思想。

夏，接读邓应析论何心隐的文章后，作《何心隐论》一文，赞扬何心隐“以天下为家而不有其家，以群贤为命而不以田宅为命”，以及“独来独往，自我无前”的精神，进而得出“匹夫无假”、“谈道无真”的结论，批判了当时的假道学。[②] 在《答邓明府》中，既称赞了何心隐，也肯定了张居正，”然何公布衣之杰也，故有杀身之祸；江陵宰相之杰也，故有身后之辱”，进而指出：“非与世之局琐取容，埋头顾影，窃取圣人之名以自盖其贪位固宠之私者比也。”[③]据黄宗羲《明儒学案》卷三五《恭简耿天台先生定向》，李贽此话指向耿定向：

> 卓吾之所以恨先生(指耿定向)者，何心隐之狱，惟先生与江陵厚善，且主杀心隐之李义河，又先生之讲学友也，斯时救之固不难，先生不敢沾手，恐以此犯江陵不说学之忌。

闰六月，妻黄氏卒于泉州。时任福建提学按察司副使的耿定力作《诰封宜人黄氏墓表》，内称：

> 万历丁亥岁，宜人率其女若婿自楚归，而卓吾尚留楚。宜人念其夫在远方，郁郁不怿。越戊子闰六月初三日卒于家。庄生(指其婿庄纯夫)先期如楚省卓吾，独其女侍敛。

讣闻，李贽作《哭黄宜人》六首。[④]

九月，罗汝芳卒。门人私谥明德。十一月讣至，李贽作《罗近谿先生告文》[⑤]。

---

① 《续焚书》卷四。
② 《焚书》卷三。
③ 《焚书》卷一。
④ 见《焚书》卷六。
⑤ 《焚书》卷四。

正月，升成都知府耿定力为福建提学副使。[1]

万历十七年己丑(公元1589年)　63岁

寓居麻城龙湖芝佛院。

春，作《与庄纯夫》，悼念其妻黄氏。

相聚四十余年，情境甚熟，亦犹作客并州既多时，自同故乡，难遽离割也。……若平日有如宾之敬，齐眉之诚，孝友忠信，损己利人，胜似今世称学道者，徒有名而无实，由临别犹难割舍也。[2]

夏，在麻城颇感孤单，想蓄发赴京依好友焦竑以居，遣无念到京探问焦竑、顾养谦、杨起元等友人。不久，无念自京返，李贽得知焦竑“身心俱不得闲”，打消了赴京的念头。

无念回，甚悉近况。我之所以立计就兄者，以我年老，恐不能待也。既兄官身，日夜无闲空，则虽欲早晚不离左右请教，安能得？官身不妨，我能蓄发屈己相从，纵日间不闲，独无长夜乎？但闻兄身心俱不得闲，则我决不可往也无疑也。[3]

时顾养谦新任南京户部侍郎，函邀李贽到镇江焦山栖隐。李贽复书谢绝：

无念归自京师，持顾冲庵书。余不见顾十年余矣，闻欲攀我于焦山之上。余不喜焦山，喜顾君为焦山主也。……余有友在四方，无几人也。老而无朋，终日读书，非老人事，今惟有等死耳。既不肯死于妻妾之手，又不肯死于假道学之手，则将死何手乎？顾君当知我矣，何必焦山之之也耶？[4]

至于冲庵，方履南京任，当用才之时，值大用之人，南北中外尚未知税驾之处，而约我于焦山，尤为大谬。……计且住此，与无念、凤里、

① 《明神宗实录》卷一九六。

② 《焚书》卷二。

③ 《焚书》卷二《复焦弱侯》。

④ 《焚书》卷二《书常顺手卷呈顾冲庵》。

近城数公朝夕龙湖之上，虽主人以我为臭秽不洁，不恤也。[1]

作《说书·出门如见大宾篇》、《不患人之不己知患不知人》，均针对道学家。

大抵今之学道者，官重于名，名又重于学。以学起名，以名起官。使学不足以起名，名不足以起官，则视弃名如敝帚矣。无怪乎有志者多不肯学，多以我辈为真光棍也。[2]

本年，汪可受到龙潭会见李贽。汪可受，字以虚，号静庵，湖广黄梅人，曾任吉安知府。李贽死后，汪作《卓吾老子墓碑》，内云："岁己丑，余初见老子于龙湖。"[3]

三月，焦竑以殿试第一人考取状元，授翰林院修撰。同榜进士有陶望龄、马经纶、祝世禄、董其昌等。[4]

八月，升山东按察使刘东星为湖广右布政使。[5]

九月，升南京都察院御史耿定向为户部尚书。疏辞。十二月，准回籍调理。[6]

本年，湖广大旱。麻城大饥疫。[7]

正月，太湖刘汝国起事。[8]

万历十八年庚寅(公元1590年)　64岁

寓居麻城龙湖芝佛院。

《焚书》第一次在麻城刻印。此书收入万历十八年以前所写的书信、史论、杂著和诗歌。从中反映的哲理是儒佛杂糅，入世出世并重，其思想本质是批判性的，矛头指向封建统治的残酷和道学家的虚伪，反映出强烈的反传统意

---

① 《焚书》卷二《复焦弱侯》。
② 《焚书》卷二《复焦弱侯》。
③ 《李温陵外纪》卷一。
④ 《明史》卷二八八《焦竑传》。
⑤ 《明神宗实录》卷二一四。
⑥ 《观生记》。
⑦ 耿定向《悯时谣》。
⑧ 《明史》卷二〇《神宗本纪二》。

识。特别是对假道学的批判更为深刻。这种批判锋芒往往表现在与耿定向的来往书信中，因而引起了很大反响。这年春，耿定向告病返里。他看到《焚书》，十分恼火，在《观生记》中说："十八年庚寅，我生六十七岁。正月，归至黄城，借寓，至三月初抵里。六月，闻谤，作《求儆书》，蔡弘甫序梓之，以告同志。"在《求儆书》中攻击李贽的异端思想"使后学承风步影，毒流万世之下"，"所以异于禽兽者几希界限耳"。[①]

在耿定向的示意下，其门徒蔡毅中(号弘甫)为《求儆书》作序并刻印，又作《焚书辨》，直接攻击李贽。当地官员也开始对李贽进行迫害和围攻。

> 顾持论与定向不合，两家门徒标榜角立。……髡首日游巷陌，人人骇异，谤声四起。郡守与兵宪谓其左道惑众，捕持之急，乃去衡州，过武昌。[②]
>
> 公气既激昂，行复诡异，斥异端者日益侧目。与耿公往复辩论，每一札，累累万言，发道学之隐情，风雨江波，读之者高其识，钦其才，畏其笔，始有以幻语闻当事，当事者逐之。[③]
>
> 卓吾所著书，于上下数千年之间，别出手眼，而其掊击道学，抉摘情伪，与耿天台往复书，累累万言，胥天下之为伪学者，莫不胆张心动，恶其害己，于是咸以为妖为幻，噪而逐之。[④]

李贽到衡州，访晤州同知沈铁(号介庵，福建诏安人)。后沈铁在《李卓吾传》中说：

> 黄郡太守及兵宪王君，亟榜逐之，谓黄有左道，诬民惑世。捕曹吏持载贽急。载贽入衡州，过武昌。其入衡州，予方为衡丞，来过之。[⑤]

到武昌，结识在武昌任职的刘东星。刘字子明，号晋川，山西沁水人。隆庆二年进士，先后任湖广左布政使、右佥都御史、工部左侍郎、工部尚书等职。李贽在武昌期间，得到刘东星的保护和照顾。

---

① 《耿天台先生全集》卷八。

② 《泉州府志》卷五六《文苑·李贽传》。

③ 袁中道《珂雪斋集》卷一七《李温陵传》。

④ 钱谦益《列朝诗集小传》闫三《卓吾先生李贽》。

⑤ 何乔远《闽书》卷一五二《蓄德》引。

在湖北时，与公安“三袁”（袁宗道、袁宏道、袁中道）初次会面。

柞林叟（指李贽），不知何许人，遍游天下，至于郢中。常提一篮，醉游市上，语多颠狂。庚寅春，止于村落野庙。伯修（袁宗道）时以余告寓家，入村共访之。扣之，大奇人，再访之，遂不知所在。[①]

冬，重回龙湖。学生杨定见和僧常中、常通等着手为李贽修建塔屋，以为藏骨之室。

龙湖芝佛院佛殿之后，因山盖屋，以为卓吾藏骨之室。盖是屋时，卓吾和尚往湖广会城，居士杨定见及常住僧常中、常通等告神为之。[②]

万历十九年辛卯（公元1591年） 65岁

寓居麻城龙湖芝佛院。
春，袁宏道到麻城拜访李贽，留住三月，“大相契合”。

时闻龙湖李子冥会教外之旨，走西陵质之。李子大相契合，赐以诗，中有云：“诵君玉屑句，执鞭亦忻慕。早得以君言，不当有老苦。”盖龙湖以老年无朋，作书曰老苦故也。仍为之序以传。留三月余，殷殷不舍，送之武昌而别。[③]

五月，在武昌与袁宏道同游黄鹤楼，被诬为“左道惑众”，遭驱逐。

不肖株守黄、麻一十二年矣，近日方得一览黄鹤之胜，尚未眺晴川、游九峰也，即蒙忧世者有左道惑众之逐。[④]
在与杨定见信中指出此事系耿定向门下所为：

侗老原是长者，但未免偏听。故一切饮食耿氏之门者，不欲侗老与

① 袁中道《珂雪斋集》附录二《柞林纪谭》。
② 《焚书》卷四《移住上院边厦告文》。
③ 《珂雪斋集》卷一八《吏部验封司郎中中郎先生行状》。
④ 《焚书》卷二《与周友山书》。

我如初，犹朝夕在武昌倡为无根言语，本欲甚我之过，而不知反以彰我之名。①

乃偕袁宏道到武昌城外洪山寺住下。湖广左布政使刘东星往访，对李贽甚为崇敬，把他迎回武昌会城，加以保护。

闻有李卓吾先生者，弃官与家，隐于龙湖。龙湖在麻城东，去会城稍远，予虽欲与之会而不得。又闻有讥之者，予亦且信且疑之。然私心终以去官为难，去家尤难，必自有道存焉。欲会之心未始置也。会公安袁生今吴令（指袁宏道，万历二十三年任吴县令）者，与之偕游黄鹄矶，而栖托于二十里外之洪山寺，予就而往见焉。然后知其果有道者，虽弃发盖有为也。……嗣后或迎养别院，或偃息官邸，朝夕谈吐，始恨相识之晚云。儿相时亦在侧，闻其言若有默契者。②

二袁以语藩司晋川刘公东星。抠谒之，惊语人曰："是活佛再现者。"延入会城，馆舍之。楚省士翕然争拜门墙，高者乐其玄虚，可以略训诂；卑者乐其简便，可以忘拘检。③

刘东星常邀李贽入衙接谈，李贽必得刘当堂遣人迎接，以防谤者：

昨约其人来接，其人竟不来，是以不敢独自闯入衙门，恐人疑我无因自至，必有所干与也。今日暇否？暇则当堂遣人迎我，使衙门中人，尽知彼我相求，只有性命一事可矣。缘我平生素履未能取信于人，不得不谨防其谤我者，非尊贵相也。④

闰三月，因白莲教活动甚剧，"礼部题：'异端之害惟佛为甚。缘此辈有白莲、明宗、白云诸教，易以惑世生乱，故禁宜严。'……上命严逐重治之"。⑤

① 《焚书》卷二《与杨定见》。
② 刘东星《书道古录首》。
③ 何乔远《闽书》卷一五二《蓄德》引沈铁《李卓吾传》。
④ 《焚书》卷二《与刘晋川书》。
⑤ 《明神宗实录》卷二三四。

万历二十年壬辰(公元 1592 年)　66 岁

寓汉阳、武昌。

在汉阳与奉差南来的焦竑相会。

> 明春兄可奉差来也，只是汉阳尚未有怜我者，苟刘公别转以去，则江上早晚风波又未可知，恐未可取必于此专候兄来矣。……弟意在汉阳候兄为多。①

《袁中郎全集》卷四有《送焦弱侯老师使梁因之楚访李宏甫先生》诗。

四月，刘东星升都察院右佥都御史，巡抚保定。夏，赴任。刘东星走后，李贽甚为感念，有不知当归何所之叹。

> 迩居武昌，甚得刘晋老之力。昨冬获读与晋老书，欲仆速离武昌，甚感远地惓惓至意。②
>
> 晋老初别，尚未觉别，别后真不堪矣。③
>
> 尊翁兹转，甚当，但恐檀越远去，外护无依，不肖当为武昌鱼，任人脍炙矣。④

自汉阳回武昌时，刘东星已去任。

> 弟今又居武昌矣。江汉之上，独自遨游，道之难行，已可知也。归欤之叹，岂得已耶！然老人无归，以朋友为归，不知今者当归何所欤！汉阳城中尚有论说到此者，若武昌则往来绝迹，而况谈学！写至此，一字一泪，不知当向何人道，当与何人读，想当照旧薙发归山去矣！⑤

五月，袁中道到武昌相访。七月，因病回公安。袁去后，李亦病，沙弥常闻、怀林守侍，两个月后始愈。秋间，袁氏三兄弟又来访谈，大相契合。

---

① 《续焚书》卷一《寄焦弱侯》。

② 《焚书》卷二《与河南吴中丞书》。

③ 《焚书》卷二《与周友山》。

④ 《续焚书》卷一《与刘肖川》。

⑤ 《焚书》卷二《与焦漪园》。

三袁在诗文中对李贽大加赞扬。袁宗道《书读书乐后》称赞李贽“龙湖老子手如铁”、“胆气精神不可当”[①]，并说读李贽著作时“目力倦而神不肯休”，“读他人文字觉溃溃，读翁片言只语辄精神百倍”。[②] 袁宏道称读李贽的《焚书》，“愁可以破颜，病可以健脾，昏可以醒，甚得力”[③]。袁中道在李贽被迫害致死后作《李温陵传》，称颂李贽的著作“剔肤见骨，迥绝理路。出为议论，皆为刀剑上事，狮子迸乳，香象绝流，发咏孤高，少有酬其机者”[④]。三袁在当时创立了一个文学流派，被称为公安派，其文学主张是在李贽的直接影响下形成的。李贽倡《童心说》[⑤]，认为“童心者，真心也”，文学应表现真心，“天下之至文，未有不出于童心焉者也”。针对当时的复古思潮，李贽以为，“诗何必古选，文何必先秦”，各代有各代的文字，从六朝文学到近体、传奇、院本、杂剧，“皆古今至文，不可得而时势先后论也”。针对道学家以孔孟之道为幌子，食古不化，言行不一，李贽指出，六经、《语》、《孟》“要亦有为而发，不过因病发药，随时处方，以救此一等懵懂弟子、迂阔门徒云耳。药医假病，方难定执，是岂可遽以为万世之至论乎?”并进而指出，“六经、《语》、《孟》，乃道学之口实，假人之渊薮也，断断乎其不可以语于童心之言明矣”。这些主张，与公安派的“性灵说”和反对复古，强调“任性而发”，显有相通之处。

批点杂剧《西厢记》、《琵琶记》、《拜月亭》、小说《水浒传》、《金瓶梅》及《坡仙集》等，并作《忠义水浒传序》：

> 《水浒传》者，发愤之所作也。……则谓水浒之众，皆大力大贤有忠有义之人可也。……故有国者不可以不读，一读此传，则忠义不在水浒而皆在于君侧矣。[⑥]
>
> 《拜月》、《西厢》，化工也；《琵琶》，画工也。……要知造化无工，虽有神圣，亦不能识知化工之所在，而其谁能得之？由此观之，画工虽巧，已落二义矣。文章之事，寸心千古，可悲也夫！[⑦]
>
> 《焚书》五册，《说书》二册，共七册，附友山奉览。……外《坡仙集》四册，批点《孟子》一册，并往请教。……《水浒传》批点得甚快活人，《西

① 《白苏斋类集》卷一。
② 《白苏斋类集》卷一五《书答·李卓吾》。
③ 《袁中郎全集》卷二《李宏甫》。
④ 《珂雪斋集》卷一七。
⑤ 《焚书》卷三。
⑥ 《焚书》卷三《忠义水浒传序》。
⑦ 《焚书》卷三《杂说》。

厢》、《琵琶》涂抹改窜得更妙。念世间无有读得李氏所观看的书者，况此间乎！①

袁无涯来，以新刻卓吾批点《水浒传》见遗，予病中草草视之，记万历壬辰夏中，李龙湖方居武昌朱邸，予往访之，正命僧常志抄写此书，逐字批点。②

弟今秋苦痢，一疾几废矣。……《坡仙集》我有披削旁注在内，每开看便自欢喜，是我一件快心却疾之书，今已无底本矣，千万交付深有来还我！大凡我书皆为求以快乐自己，非为人也。③

三月，宁夏致仕副总兵官哱拜据城反叛，并与鞑靼相勾结，骚扰西北边防。东海又有倭寇侵犯。李贽于六月间得知宁夏兵变，对东西二警甚表关心。

承教方知西事，然倭奴水寇，不足为虑，盖此辈舍舟无能为也。特中原有奸者，多引结之以肆其狼贪之欲，实非真奸雄也，特为高丽垂涎耳。④

刘子明（东星）宦楚时，时过余。一日见邸报，东西二边并来报警，余谓子明："二俱报警，孰为稍急?"子明曰："东事似急。"盖习闻向者倭奴海上横行之毒也。余谓："东事尚缓，西正急耳。朝廷设以公任西事当若何?"子明徐徐言曰："招而抚之是已。"余时嘿然。子明曰："于子若何?"余即曰："剿除之，无俾遗种也。"子明时亦嘿然。遂散去。盖天下之平久矣，今者非但所用非所养，所养非所用已也。自嘉、隆以来，余目击留都之变矣，继又闻有闽海之变，继又闻有钱塘兵民之变，以及郧阳之变矣。当局者草草了事，招而抚之，非谓招抚之外无别智略可以制彼也。彼桀骜者遂欲以招抚狃我，谓我于招抚之外，的无别智略可为彼制，不亦谬乎！⑤

四月，神宗任命原宣府总兵李如松为提督陕西讨逆军务总兵，以侍御史

① 《续焚书》卷一《与焦弱侯》。
② 袁中道《珂雪斋集》《游居柿录》卷九。
③ 《焚书》卷二《寄京友书》。
④ 《焚书》卷二《答陆思山》。
⑤ 《续焚书》卷二《西征奏议后语》。

梅国桢为监军，率兵讨叛。[1] 李贽闻讯“喜见眉睫，走告子明曰：‘西方无事矣！’”[2]九月，破宁夏，杀哱拜，平定叛乱。朝廷论功行赏，不及梅国桢，李贽接连写了《西征奏议后语》、《二十分识》和《因记往事》，对国事和国家用人问题表明自己的看法。在《二十分识》里，李贽论及才、胆和识的关系：

有二十分见识，便能成就得十分才，盖有此见识，则虽只有五六分才料，便成十分矣。有二十分见识，便能使发得十分胆，盖识见既大，虽只有四五分胆，亦成十分去矣。是才与胆皆因识见而后充者也。空有其才而无其胆，则有所怯而不敢；空有其胆而无其才，则不过冥行妄作之人耳。盖才、胆实由识而济，故天下唯识为难。[3]

在《因记往事》里，李贽论及“海盗”林道乾。林道乾系当时活跃在东南海上的非法武装首领，广东潮州（一说是福建泉州）人，长期以台湾鸡笼为据点，曾率部袭击被西班牙殖民者占领的小吕宋（即菲律宾）首府马尼剌，又在安罗州北岸勃泥垦辟土地，立国称王。《因记往事》指出：

夫道乾横行海上，三十余年矣。……称王称霸，众愿归之，不肯背离。其才识过人，胆气压乎群类，不言可知也。[4]

进而指出朝廷用人不当，举世颠倒，驱民为盗：

嗟乎！平居无事，只能打恭作揖，终日匡坐，同于泥塑，以为杂念不起，便是真实大圣大贤人矣。其稍学奸诈者，又搀入良知讲席，以阴博高官，一旦有警，则面面相觑，绝无人色，甚至互相推委，以为能明哲。盖因国家专用此等辈，故临时无人可用。……唯举世颠倒，故使豪杰抱不平之恨，英雄怀罔措之戚，直驱之使为盗也。……吁，必如林道乾，乃可谓有二十分才，二十分胆者也。……则谓之曰二十分识亦可也。[5]

---

① 《明史》卷二三八《李如松传》。
② 同上引《西征奏议后语》。
③ 《焚书》卷四。
④ 《焚书》卷四。
⑤ 《因记往事》。

春，焦竑任会试同考官。[1]

四月，南京户部侍郎顾养谦任兵部左侍郎兼右都御史，总督蓟辽保定事务。[2]

九月，河南右参政耿定力升任太常寺少卿。[3]

五月，日本丰臣秀吉发动侵朝战争，陷王京。朝鲜国王李昖奔义州，遣使向明廷求援。七月，明政府派副总兵祖承训率师援助。十月，李如松提督蓟辽军务，救朝鲜。[4]

万历二十一年癸巳(公元1593年)　67岁

春夏间，自武昌回到麻城龙湖，并在塔屋塑佛像。

> 过暑毒，即回龙湖矣。回湖唯有主张净土，督课西方公案，更不作小学生钻故纸事也。……出来不觉就是四年，只是怕死在方上，侍者不敢弃我尸，必欲装棺材赴土中埋尔。今幸未死，然病苦亦渐多，当知去死亦不远，但得回湖上葬于塔屋，即是幸事，不须劝我，我自然来也。[5]
>
> 行李已至湖上，一途无雨，可谓顺利矣。我湖上屋低处就低处做，高处就高处做，可省十分气力，亦又方便。低处作佛殿等屋，以塑佛聚僧，我塔屋独独一座，高出云表，又像西方妙喜世界矣。[6]
>
> 至五月五日，和尚闲步廊下，见妆严诸佛菩萨及韦驮尊者像，叹曰："只这一块泥巴，塑佛成佛，塑菩萨成菩萨，塑尊者成尊者，欲威则威，欲慈则慈，种种变化成就俱可。孰知人为万物之灵，反不如一泥巴土块乎！任尔千言万语，千劝万谕，非聋即哑，不听之矣。果然哉，人之不如一土木也！"[7]

回龙湖后，梅澹然已落发为尼，李贽作《题绣佛精舍》："闻说澹然此日

① 焦竑《澹园集》卷一五《顺天府乡试录后序》。
② 《明神宗实录》卷二五二，《明史》卷二〇《神宗本纪一》。
③ 《明神宗实录》卷二五二。
④ 《明神宗实录》卷二四八，《明史》卷二〇《神宗本纪一》。
⑤ 《焚书》卷二《复澹然大士》。
⑥ 《焚书》卷二《又与杨凤里》。
⑦ 《焚书》卷四《三大士像议》。

生，澹然此日却为僧”[①]，澹然、善因、明因等女尼常向李贽请教佛法。[②]

五月间，袁宗道偕其弟宏道、中道及王以明、龚散木等人到龙湖向李贽问学。三袁均有诗文记此事。

> 癸巳，走黄州龙潭问学，归而复自研求。[③]

袁氏兄弟在龙湖留住十日。袁宏道作《别龙湖师》八首，有句云："十日轻为别，重来未有期"，"惜别在今朝，车马去遥遥"，依依惜别。别后袁宗道作《龙湖记》。袁宏道有《怀龙湖》诸诗，有句云："老子本将龙作性，楚人元以凤为歌"，"敢向乾坤寻胜览，只因李耳在西湖。"[④]"天下岂容知己二，百年真上洞山三。"[⑤]袁中道作《柞林纪谭》，详细记述与李贽论学的内容。李贽称道三袁的才华。袁中道《吏部验封司郎中中郎先生行状》载：

> 已复同伯修（指宗道）与中道游楚中诸胜，再至龙湖晤李子。李子语人，谓伯也稳实，仲也英特，皆天下名士也。然至于入微一路，则谆谆望之先生（指宏道），盖谓其识力、胆力皆迥绝于世，真英灵汉子，可以担荷此一事耳。[⑥]

九月，在衡州同知沈铁调解下，李贽到黄安，与耿定向重叙旧情：

> 铁招耿公曰："李先生信禅，稍戾圣祖，顾天地间自有一种学问，逃墨归杨，归斯受焉，此圣贤作用也。"于是耿、李再晤黄安，相抱大哭，各叩首百拜，叙旧雅，欢洽数日而别。[⑦]

九月十三日，患气急。[⑧]

---

① 《焚书》卷六。

② 见《焚书》卷二《与明因》、卷四《豫约·感慨平生》。

③ 袁中道《珂雪斋集》卷一七《石浦先生传》。

④ 《阻雨》。

⑤ 《龙潭》。

⑥ 《珂雪斋集》卷一七。

⑦ 何乔远《闽书》卷一五二《蓄德志》引沈铁《李卓吾传》。

⑧ 《焚书》卷四《寒灯小语》。

八月，诏通海禁。[1]

同月，升梅国桢为都察院右佥都御史，巡抚大同。[2]

九月，升刘东星为都察院左副都御史，理院事。[3]

万历二十二年甲午(公元1594年)　68岁

寓居麻城龙湖芝佛院。

汪本钶到龙湖从学。汪字鼎甫，安徽新安人。

忆钶甲午年始见师于龙湖。……留钶读书龙湖三月，日课举子业，夜读《易》一卦。[4]

此后汪一直随侍李贽到北京、南京、通州等地，直到李贽临终前两天才因故回乡。李贽死后，汪料理后事，作《哭李卓吾先师告文》，并收集整理刻印《续焚书》等李贽遗作。

四五月间一度到武昌，为白居易手写《楞严经》题词：

余每谓宋三四百年情人才士，止李易安一妇人。集中有"喜得乐天楞严偈"几千言，手腕如棉，胸中无尘。今又更见此经，与卓老何多缘也。甲午五月四日寓武昌，李贽题。[5]

作《西征奏议后语》，仍怀国事。

回龙湖后，著书之余，继续讲学论道，听讲者甚众，在社会上产生了很大影响，也引起了封建卫道者的忌恨。

载贽抵麻城，卜室龙湖寺中，鸠率好义者，大修佛殿，饰如来诸祖像。日著书谈道，听说者日益夥。间有室门女流持斋念佛，亦受业焉，虽不躬往，订于某日某时受戒，先致篚帛，甫反候，宦女在家合掌拜，载贽在寺亦答受之。坐是喧阗郡邑，符卿周公弘禴曰："李先生学已入

① 谈迁《国榷》卷七六。

② 《明神宗实录》卷二六三。

③ 《明神宗实录》卷二六四。

④ 《李温陵外纪》卷一《哭李卓吾先师告文》。

⑤ 李日华《味水轩日记》卷二。

禅，行多诞，祸不旋踵矣。”①

万历二十三年乙未(公元1595年)　69岁

寓居麻城龙湖芝佛院。

年初，新任湖广按察司佥事兼湖北分巡道史旌贤(耿定向门生)到黄安探望耿定向、耿定力，经麻城，扬言李贽“大坏风化”，“当以法治之”。

> 来书云：“昨巡道史临县，即对士大夫说：李卓吾去否？此人大坏风化，若不去，当以法治之。”②

耿克念一再来信邀请李贽赴黄安。李贽回信表示不畏当局“当以法治之”的威胁，不告饶，也不离麻城，“恭奉朝廷法律”。

> 前书悉达矣，嫌疑之际，是以不敢往，虽逆尊命不敢辞。幸告叔台与天台恕我是感。窃谓史道欲以法治我则可，欲以此吓我他去则不可。夫有罪之人，坏法乱治，案法而究，诛之可也。我若告饶，即不成李卓老矣。若吓之去，是以坏法之人而移之使毒害于他方也，则其不仁甚矣！他方之人士与麻城奚择焉？故我可杀不可去，我头可断而我身不可辱，是为的论，非难明者。③
>
> 我欲来已决，然反而思之，未免有瓜田之嫌，恐或以我为专往黄安求解免也，是以复辍不行，烦致意叔台并天台勿怪我可。丈夫在世，当自尽理。我自六七岁丧母，便能自立，以至于今七十，尽是单身度日，独立过时。虽或蒙天庇，或蒙人庇，然皆不求自来，若要我求庇于人，虽死不为也。历观从古大丈夫好汉尽是如此，不然，我岂无力可以起家，无财可以畜仆，而乃孤子无依，一至此乎？可以知我之不畏死矣，可以知我之不怕人矣，可以知我之不靠势矣。盖人生总只有一个死，无两个死也，但世人自迷耳。有名而死，孰与无名？智者自然了了。④
>
> 今唯有学佛是真学佛，做人是真做人便了，若犯死祸，我自出头当

① 何乔远《闽书》卷一五二《蓄德》引沈铁《李卓吾传》。

② 《续焚书》卷一《答来书》。

③ 《续焚书》卷一《与耿克念》。

④ 《续焚书》卷一《与耿克念》。

之，不敢避也。我此一等与世上人真不同，设有一点欺心罪过，愧死久矣，不待他人加一言也，况加以法耶！故我一生只是以法自律，复依律以治百姓，是自律最严者莫若我也。但自律虽严，而律百姓甚宽。今自律之严已七十载矣，环视大地众生再无有一人能如我者矣，谁敢不以律处我而妄意逐我耶？……我今只知恭奉朝廷法律也。[①]

在这期间，刘东星遣其子刘用相来接李贽去山西沁水。李贽原拟应邀赴约，但因麻城当道的威胁，决定暂不离开麻城，听候处分：

> 本选初十日吉，欲赴沁水之约。闻分巡之道欲以法治我，此则治命，决不可违也。若他往，是违治命矣，岂出家守法戒者之所宜乎！止矣止矣，宁受枉而死以奉治命，决不敢侥幸苟免以逆治命，是的也。大抵七十之人，平生所经风浪多矣。平生所贵者无事，而所不避者多事。贵无事，故辞官辞家，避地避世，孤孤独独，穷卧山谷也。不避多事，故宁义而饿，不肯苟饱，宁屈而死，不肯倖生。此其志颇与人殊。……只以黄安订约日久，不得不往。原约共住至腊尽，兄无事可与凤里送我到彼。盖黄安去此不远，有治命总不曾避；若山西则出境远矣，治命或不得达，是以决未敢去。[②]

冬，应邀到黄安天窝会晤耿定向，“天台闻余至，亦遂喜之若狂”，两人释嫌和解。李贽作《耿楚倥先生传》，叙述李、耿关系始末。[③]

这年冬，庄纯夫自闽来麻城、黄安探亲，逗留至十二月回闽。李贽作《庄纯夫还闽有忆》四首。[④]

万历二十四年丙申(公元 1596 年)　70 岁

二月初，从黄安回麻城龙湖。《续焚书》卷一《与方讱庵》有“弟自二月初回湖上之庐”之语。

在龙湖从事读书著述：

① 《续焚书》卷一《与马伯时》。

② 《续焚书》卷一《与城老》。

③ 《焚书》卷四。

④ 见《焚书》卷六。

今春湖上纂《读孙武子十三篇》，以六书参考，附著于每篇之后，继之论著，果系不刊之书矣。夏来读《杨升庵集》，有《读升庵集》五百页。升庵先生固是才学卓越，人品俊伟，然得弟读之，益光彩焕发，流光于百世也。岷江不出人则已，一出人则为李谪仙、苏坡仙、杨戍仙，为唐宋并我朝特出，可怪也哉！余琐琐别录，或三十页，或七八十页，皆老人得意之书，惜兄无福可与我共读之也。①

其中《读孙武子十三篇》为后来作《孙子参同》的基础，通过读《杨升庵集》，写了一些论史之作，后收入《焚书》，如《杨升庵集》、《蜻蛉谣》、《李白诗题辞》、《封使君》、《经史相为表里》等。

作《读书乐》，在前引里总结了自己读书经验和思想境界，自谓"是非大戾昔人"②。

闻麻城又有将李贽"递解回籍"以"正风化"的传言，在《与周友山》中表示毫不畏惧：

住居隔县三十余里，终岁经年未尝接见一人，闻有骂我递解回籍之语，便以为至当。谓不递解此人，我等终正不得麻城风化。不知孤远老叟化饭而食，安坐待毙，于风化何损也。彼其口出正风化之语者，皆其身实大坏风化之人。……盖自量心上无邪，身上无非，形上无垢，影上无尘，古称不愧、不怍，我实当之。是以堂堂之阵，正正之旗，日与世交战而不败者，正兵在我故也。③

因"老病日侵"，作《豫约》，为侍者预立戒约，作为遗嘱。其中《感慨平生》，是其一生经历的回顾。

春，汪本钶离开龙湖回家应试。李贽作《与潘雪松》：

汪鼎甫读书人也。会读书，又肯读书，正好在此读书，而家人来催回赴试矣。试中当自识拔，不劳公汇荐，但劳公先容也。鼎甫沈潜朴实，似一块玉，最好彫琢，愿公加意砻砺之，毋以酸道学灌其耳、假道学群

① 《续焚书》卷一《与方讱庵》。
② 《焚书》卷六。
③ 《续焚书》卷一。

侣汩其未彫未琢之天也。[①]

秋，吏部右侍郎刘东星丁父忧在家，遣其子用相到龙湖，邀请李贽到山西上党刘家作客。九月，李贽到上党沁水，住离城百余里的坪上村刘家。刘东星在《书道古录首》里记述结识李贽的经过和李贽的坪上的生活：

比者读《礼》山中，草土余息，惧有颠坠，特遣儿相就龙湖问业，先生欣然不远千里与儿偕来。从此山中，历秋至春，夜夜相对。犹子用健，复夜夜入室，质问《学》、《庸》大义。盖先生不喜纷杂，唯终日闭户读书。每见其不释手抄写，虽新学小生不能当其勤苦也。

李贽在《道古录引》里也有一段记述：

晋川昔辖楚藩，始会予，与余善。至是读《礼》山中，予往吊焉。晋川喜予至，故留予。谓予无家属僮仆，何所不可以栖托。晋川沁水人，而家于沁之坪上村。坪上去沁百里，村居不足数十家，颇岑寂。予喜其岑寂也，亦遂留。天寒夜永，语话遂长。或时予问而晋川答，或时晋川问而予应。

在坪上从事读书著述和讲学，精神愉快，时有诗作：

明朝七十一，今朝是七十。……
宛然一书生，可笑亦可爱。……
所幸我刘友，供馈不停手。
从者五七人，素饱为日久。
如此贤主人，何愁天数九！[②]
如鸟飞飞到处栖，今年九日在山西。
太行正是登高处，无菊亦应有酒携。[③]
坪上相逢意气多，至人为我饭楼那。

① 《续焚书》卷一。
② 《焚书》卷六《至日自讼谢主翁》。
③ 《焚书》卷六《九日坪上》。

烧灯炽炭红如日，旅夕何愁不易过！[1]

六月，耿定向卒。[2]

秋，汪可受以主考山西乡试到上党，与李贽相见。[3]

万历二十五年丁酉（公元 1597 年） 71 岁

春，仍寓坪上。

正月，刘东星六十寿辰，李贽为作《寿刘晋川六十序》。[4]

《道古录》在坪上成书，并刻印。这是刘东星父子与李贽之间的问学记录。李贽在《道古录引》里记述其成书经过：

> 或时予问而晋川答，或时晋川问而予应。……晋川之子用相、用健者二人，有时在坐与闻之而心喜，然亦不过十之一二矣。退而咸录其所闻之最亲切者，其不甚亲切者不叉录，则又不过百之一二矣。然时日既多，积久亦成帙。予取而复视之，不觉俯几叹曰：是录也，乃吾二人明灯道古之实录也，宜题其由曰《明灯道古录》。[5]

全书为问答体裁，以李贽的问答为主，分上下两卷，上卷十八章，下卷二十四章，每章讨论一个问题。这部著作多方面反映李贽晚年的哲学思想、政治思想和社会伦理思想。如：

> 道本不远于人，而远人以为道者，是故不可以语道。可知人即道也，道即人也，人外无道，而道外亦无人。故君子以人治人，更不敢以己治人者，以人本自治；人能自治，不待禁而止之也。……然其所以不能以人治人者，由其不能推己及人耳。
>
> 今之言政、刑、德、礼者，似未得礼意，依旧说在政教上去了，安能使民格心从化也？……夫天下至大也，万民至众也，物之不齐，又物之情也。……彼政教之所以不能使民格心归化者，正以条约之密，无非

① 《焚书》卷六《除夕道场即事》。
② 焦竑《澹园集》卷三三《天台耿先生行状》。
③ 《李温陵外纪》卷一汪可受《卓吾老子墓碑》。
④ 见《续焚书》卷二。
⑤ 《李贽文集》卷七。

使其就吾之条理……是欲强天下使从己，驱天下使从礼，人自苦难而弗从，始不得不用刑以威之耳。是政与刑自是一套，俗吏之所为也，非道之以德者之事也。……好恶从民之欲，而不以己之欲，是以谓礼，礼则自齐，不待别有以齐之也。若好恶拂民之性，灾且必逮夫身，况得而齐之耶？

尔勿以尊德性之人为异人也，彼其所为，亦不过众人之所能为而已。人但率性而为，勿以过高视圣人之为可也。尧舜与途人一；圣人与凡人一。

迩言者，近言也。……大舜无中，而以百姓之中为中；大舜无善，而以百姓之迩言为善，则大舜无智，而唯合天下、通古今以成其智。

在坪上得友人焦竑自京来信，告以有人扬言要杀李贽，经焦竑努力申辩，得以幸免，并劝李贽返回龙湖。李贽作《与焦弱侯》：

闻有欲杀我者，得兄分剖乃止。此自感德，然弟则以为生在中国而不得中国半个知我之人，反不如出塞行行，死为胡地之白骨也。兄胡必劝我复反龙湖乎？龙湖未是我死所，有胜我之友，又真能知我者，乃我死所也。……与其不得朋友而死，则牢狱之死，战场之死，固甘如饴也，兄何必救我也！死犹闻侠骨之香，死犹有烈士之名，岂龙湖之死所可比耶！大抵不肯死于妻孥之手者，必其决志欲死于朋友之手者也，此情理之易见者也。唯世无朋友，是以虽易见而卒不见耳。我岂贪风水之人耶！我岂坐枯禅，图寂灭，专一为守尸鬼之人耶！何必龙湖而后可死，认定龙湖以为冢舍也！[①]

夏，应大同巡抚梅国桢邀请，辞别刘东星，在刘用相等人陪同下，从沁水经太原到大同，住梅国桢抚署里。途中观赏三晋风光，作《晋阳怀古》、《过雁门》、《渡桑间》、《初至云中》等诗多首。

逢人勿问我何方，信宿并州即我乡。
明日桑间横渡去，两程又见梅衡湘。[②]

---

① 《焚书》卷二。

② 《焚书》卷六《渡桑间》。

在大同，除与梅国桢谈禅论道外，仍从事著述。撰成《孙子参同》十三篇，每篇下专收曹操为《孙子》所作的注释，加上李贽的评注，还附录《吴子》、《六韬》、《司马法》、《黄石公三略》、《尉缭子》、《李卫公问对》等兵书的有关论述，并在《孙子参同序》中述其经过：

因读《孙武子》，而以魏武之注为精当；又参考六书，以尽其变，而复论著于各篇之后焉。①

梅国桢在《孙子参同叙》中称赞此书"集兵家之大成，得《孙子》之神解"：

余友秃翁先生，深于禅者也。于兵法独取《孙子》，于注《孙子》者独取魏武帝，而以余六经附于各篇之后。注所未尽悉以其意明之，可谓集兵家之大成，得《孙子》之神解。余在云中始得读之。②

此外，在大同还修订《藏书》世纪八卷、列传六十卷。

刘肖川到，得《道古录》二册，谨附去览教。尚有二册欲奉弱侯，恐其不欲，故未附去，试为我问之何如？并为道《藏书》收整已讫，只待梅客生令人录出，八月间即可寄弱侯再订，一任付梓矣。③

所谓收整，即修订《藏书》世纪八卷、列传六十卷。④

八月，闻倭寇进逼王京，作《塞上吟》，旁注："时有倭警"。⑤

又作《解经文》，解释《楞严经》中"晦昧为空"的含义。李贽将《孙子参同》和《解经文》等作寄给袁宗道等友人。袁宗道来信赞扬备至：

① 《李贽文集》卷七。
② 《李贽文集》卷七。
③ 《续焚书》卷一《与耿子健》。
④ 见《续焚书》卷二《老人行叙》。
⑤ 《焚书》卷六。

不佞读他人文学觉懑懑，读翁片言只语，辄精神百倍，岂因宿世耳根惯熟乎？云中信使不断，幸以近日偶笔频寄，不佞如白家老婢，能读亦能解也。笑笑。[①]

在大同，闻顾养谦辞官归里，李贽在《与友人》中对国家有难而真才废绌感到惋惜：

顾冲庵毕竟又不用矣，不用当益老。生尝试评之。顾冲庵具大有为之才，负大有为之气，而时时见大有为之相……老不老，死不死，于英雄何损，但今日边方渐以多事，真才日以废黜，不免令人扼腕而太息耳。[②]

在大同，闻随他多年的怀林病死，作《哭怀林》四首。[③]

秋八月，告别梅国桢，离开大同，赴北京。行前托在京的耿定力觅西山僧舍。

弟因肖川促归，遂亦悽然。……从此东西南北，信步行去，所至填沟壑皆不悔矣。先此奉闻。倘得近西山静僻小小僧舍一寄信宿，则旅次有归，出入无虞，指引有使，是所望于执事者，想念故人必无爽也。费已预备，不缺。[④]

赴京途中作《晓行逢征东将士却寄梅中丞》、《晚过居庸》等诗[⑤]，表达对国事的关心。

九月九日到北京，寓西山极乐寺。作《九日至极乐寺闻袁中郎且至因喜而赋》[⑥]。袁宗道在《与李卓吾(二)》中说："二弟当在八、九月间谒选。"[⑦]

到京后，刘用相回沁水，李贽寄信给梅国桢，说明初到时的心情，并探问《孙子参同》和《藏书》的抄刻情况：

① 《白苏斋类集》卷一五《与李卓吾二》。
② 《续焚书》卷一。
③ 见《焚书》卷六。
④ 《续焚书》卷一《与耿叔台》，又《与潘雪松》。
⑤ 《焚书》卷六。
⑥ 《焚书》卷六。
⑦ 《白苏斋类集》卷一五。

在寓所时不觉有失，到极乐时始爽然自失矣。肖川以僮仆催逼，于十六日行。诸公多只一会，或一宿，唯雪丈(指潘雪松)时时对榻，不两日夜隔。……《孙子》刻何似？《藏书》抄出何时当竟？但望催发为感。极乐去城极远，足迹未尝出户，故不知城里事。①

作《净土诀》三卷。②

汪本钶到北京极乐寺，再次跟随李贽就学。

丁酉岁，余往西山极乐精舍，而鼎甫复来京师与余相就。③

丁酉，又寻师于北京极乐寺。师问钶曰：子不远千里而来，欲求何事？若只教尔举子业，则我非举业师也。④

翰林院修撰、皇长子讲读官焦竑任顺天乡试副主考，因事被劾，谪福宁州同知。⑤ 李贽去信劝慰。“盖祸福常相倚伏，惟主人真见倚伏之机，故宁处忧而不肯处乐。”⑥

三月，派兵部侍郎邢玠为兵部尚书，总督蓟辽、保定军务，经略御倭。⑦

九月，户部左侍郎周思敬卒。⑧

本年，袁宏道辞去吴县县令。⑨

万历二十六年戊戌(公元1598年)　72岁

元月，仍寓西山极乐寺。作《元日极乐寺大雨雪》诗。

春间，与被贬官的焦竑连舟南下，同到南京焦竑老家。在途中，选录宋代志怪小说《睽车志》：

① 上海博物馆藏李贽书札手迹。
② 《续焚书》卷二《老人行叙》。
③ 《续焚书》卷五《系中八绝》。
④ 汪本钶《卓吾先师告文》。
⑤ 《明史》卷二八八《焦竑传》。
⑥ 《焚书》卷二《与弱侯》。
⑦ 《明神宗实录》卷三一三。
⑧ 《明神宗实录》卷三一四。
⑨ 民国《吴县志》卷二《职官表》。

今弱侯罢讲官，余又与之连舟南行。舟中闲适，弱侯示余郭伯象《睽车志》。余取其最儆切者，日间细书数纸，以与众僧观省。[①]

在舟中，又将自己的论稿汇编为《老人行》，并在叙中回顾自己的著述生活：

……余是以足迹所至，仍复闭户独坐，不敢与世交接。既不与世接，则但有读书耳。故或讽诵以适意，而意有所拂则书之，或俯仰以致慨，而所慨勃勃则书之。故至坪上，则有《道古录》四十二章书；至云中，则有《孙子参同》十三篇书；至西山极乐僧舍，则有《净土诀》三卷书。随手辄书，随书辄梓，不能禁也。又有《坡公年谱》并《后录》三卷，陈正甫约以七八月余到金陵来索。又有《藏书》世纪八卷、列传六十卷，在塞上日，余又再加修，到极乐即付焦弱侯校阅，托为叙引以传矣。今幸偕弱侯联舟南迈，舟中无事，又喜朋盍，不复为闭户计矣，括囊底，复得遗草，汇为二册，而题曰《老人行》，不亦宜欤！……然而，老人之初心至是亦徒然耳。则虽曰'老人行'，而实则穷途哭也，虽欲不谓之徒然不可矣。虽然，百世之下、倘有见是书而出涕者，坚其志无忧群魔，强其骨无惧患害，终始不惑，圣域立跻……则此老行也，亦岂可遂谓之徒然也乎哉！[②]

舟过山东聊城，因感于正月间援朝战争之败，作《过聊城》：

谁道百夫长，胜作一书生。
渤海新开府，中原尽点兵。
倭夷两步卒，廊庙几公卿。
不见鲁连子，射书救聊城。[③]

又作《聊城怀古》二首，有“堪笑东西驰逐者，区区只为一文钱”[④]之句。

经邳县时，与时任国子监祭酒的朱国桢相会。后朱国桢对李贽作如下

① 《续焚书》卷二《选录睽车志叙》。
② 《续焚书》卷二《老人行叙》。
③ 《焚书》卷六。
④ 《续焚书》卷五。

评论：

卓吾名贽，曾会之邳州舟中，精悍人也，自有可取处。读其书，每至辩穷，辄曰：吾为上上人说法。呜呼，上上人矣，更容说法耶？此法一说，何所不至。……今日士风猖狂，实开于此，全不读《四书》本经，而李氏《藏书》、《焚书》，人挟一册，以为奇货。坏人心，伤风化，天下之祸，未知所终也。李氏诸书，有主意人看他，尽足相发，开心胸；没主意人看他，定然流于小人无忌惮。①

经仪征时，与袁中道相会，同游天宁寺。袁中道有《雨坐天宁寺，时将同卓吾子游陵，以雨不果》诗。②

舟过沧州时，会见何泰宁。何泰宁名继高，字汝登，山阴人，与王畿同乡，万历进士，官至江西布政使参政。李贽受何泰宁托，编选《龙谿王先生文录抄》，并作序：

《龙谿王先生集》共二十卷，无一卷不是谈学之书，卷凡数十篇，无一篇不是论学之言。……然读之忘倦，卷卷若不相袭，览者唯恐易尽，何也？盖先生学问融贯，温故知新，若沧洲瀛海，根于心，发于言，自时出而不可穷，自然不厌而文且理也。……今春余偕焦弱侯放舟南迈，过沧洲，见何泰宁。泰宁视龙谿为乡先生，其平日厌饫先生之教为深，熟读先生之书已久矣，意欲复梓行之，以嘉惠山东、河北数十郡人士……而命余圈点其尤精且要者……计新春二三月余可以览新刻矣。③

初夏到南京，初寓焦竑所造精舍，后移居永庆寺伽蓝殿。

明年（指戊戌年）春，师同弱侯先生抵白下，先生造精舍以居师。④

此余丙申中坪上笔也，今又四载矣，复见此于白下。……余以昨戊戌初夏至，今又一载矣。⑤

---

① 《涌幢小品》卷一六《李卓吾》。

② 《珂雪斋集》卷二。

③ 《焚书》卷三《龙谿先生文录抄序》。

④ 汪本钶《卓吾先师告文》。

⑤ 《焚书》卷二《书晋川翁寿卷后》。

住进伽蓝殿后，即在殿门两旁题写一副对联①：

少作书生，未见升堂入室
老为庙祝，粗知扫地焚香

在南京继续从事著述和讲学活动。当时与李贽同时讲学的著名人士有南京吏部右侍郎杨起元，字贞复，号复所，广东归善人，万历五年进士。师事罗汝芳，著有《证学编》、《杨子学解》、《白沙语录》等。《明史》卷二八三和《明儒学案》卷三四均有传。焦竑对当时杨、李二人的讲学特点作如下评论：

岭南复所杨先生倡道金陵，问学者履常满户外。二三高足弟子有契于中，辄笔其语以传，今载录中者是已。当是时，温陵李长者与先生狎主道盟。先生如和风甘雨，无人不亲，长者如绝壁巉岩，无罅可入。二老同得法于盱江(指罗汝芳)，而其风尚迥绝如此。余以为未知学者不可不见先生，不尔则信向靡从；既知学者不可不见长者，不尔则情尘不尽。天生此两人，激扬一大事于留都，非偶然也。②

杨、李二人也互相尊重。李贽在《续藏书》中把杨起元列为“理学名臣”，详细记载其生平事迹，并作如下评论：

四方之士受学者，履常满户外。公随机指授，人人跃然意满去。持论以明德、亲民、止至善为宗，而要归于孝、悌、慈。谓孩提不学不虑之良心，即圣人之不思不勉，耳目手足之生生即心，愚夫愚妇之知能即圣。气禀物欲，皆明德之寄寓，共睹共闻，即不睹不闻之本体。大抵皆本父师之言而推衍之。闻者始而疑，中而哗以辩，久之群然服者，以公之言，取成于心，非世儒矫强义袭，半途而废者比也。③

杨起元也推崇李贽，建议他的学生佘永宁(字常吉)和吴世征(字得常)向

① 佘永宁：《永庆答问》。
② 《澹园集》卷二二《题杨复所先生语录》。
③ 《续藏书》卷二二。

李贽求教。佘永宁将向李贽问学的经过和李贽的言行辑成《永庆答问》，内有如下记载：

> 万历戊戌仲夏，古歙佘永宁、吴世征同游白下，问学于杨复所先生。先生谓曰："温陵李卓老，今之善知识也，现寓永庆寺中，曾相见否?"对曰："久从书册想见，却未请见。"曰："何不亟请见?"一友从旁曰："闻其不肯与人说话。"先生曰："就是不说话，见见也好。"又一友曰："闻其常要骂人。"先生曰："他岂轻易骂人，能受他骂的方好。"①

焦竑在《书永庆答问序》中说："此编皆秃翁寻常情状，被佘常吉、吴得常两人等闲拈出，便如《传灯》数则公案，盖非秃翁不能道，非两人亦不能述也。"此外，《续焚书》卷一载有《与吴得常》，也有论学内容。

六月，游摄山(即栖霞山)千佛岭，并访袁文炜(字中夫)，作《六月访袁中夫摄山》诗一首。杨定见到摄山会见李贽。李有《喜杨凤里到摄山》诗。

时袁宏道任京兆校官，多次来信，对李贽行止极为关心。②

七月，顾养谦自通州派人送信来，并有馈遗。李贽回信答谢，并有赠诗。③ 在信和诗中对援朝抗倭战事表示关心。

> 请公更把上苍祷，不信倭夷曾有无。④

九月，编成《龙谿先生文录抄》九卷：

> 秋九月，沧州使者持泰宁手札，果来索书白下。适余与弱侯咸在馆。弱侯遂付书，又命余书数语述泰宁初志，并付之。计新春二三月余可以览新刻矣。⑤

每夜与焦竑论《易》，并编撰《易因》。

---

① 《李贽文集》卷七。

② 见《李温陵外纪》卷四《与李宏甫》。

③ 见《焚书》卷二《又书使通州诗后》、《续焚书》卷五《使往通州问顾冲庵二首》。

④ 《续焚书》卷五《使往通州问顾冲庵二首》。

⑤ 《焚书》卷三《龙谿先生文录抄序》。

又我自十月到今，与弱侯刻夜读《易》，每夜一卦，盖夜静无杂事，亦无杂客，只有相信五六辈辩质到二鼓耳。此书须四月半可完。①

四月，梅国桢升任兵部侍郎兼都察院右佥都御史，总理河漕，提督军务。②

十一月，中朝联军反攻，倭寇败逃，援朝抗倭战争取得胜利。③

万历二十七年己亥(公元1599年)　73岁

寓居南京，继续讲学著述。

秋，在焦竑主持下，《藏书》在南京刻印。此书自万历十六年送焦竑阅后，经过多次反复修改，至本年才刻印成书。明刻本《藏书》卷首载祝世禄《藏书序》，署“时万历岁己亥秋七月朔”，方时化《书李氏藏书后》也说：“因先生命予校正《藏书》，既校讫，遂志其语于此。万历己亥秋，门人方时化谨书。”

《藏书》是李贽的一部重要历史著作，全书六十八卷，收录自战国至元末约八百名历史人物的传记，分为世纪和列传两部分。人物事迹取材于正史，李贽通过取舍剪裁，加以分类编排，特别是通过总论、专论和评语，体现了鲜明的反传统思想，反映了独特的真理观、是非观、义利观、治乱观、道统观和对历史人物的评价，以及对正统思想的批判态度。

人之是非，初无定质；人之是非人也，亦无定论。无定质，则此是彼非，并育而不相害；无定论，则是此非彼，亦并行而不相悖矣。然则今日之是非，谓予李卓吾一人之是非，可也；谓为千万世大贤大人之公是非，亦可也；谓余颠倒千万世之是非，而复非是予之所非是焉，亦可也，则予之是非，信乎其可也。前三代，吾无论矣。后三代，汉唐宋是也。中间千百余年，而独无是非者，岂其人无是非哉？咸以孔子之是非为是非，故未尝有是非耳。④

《史记》者，迁发愤之所为作也，其不为后世是非而作也，明矣，其为一人之独见也者，信非班氏之所能窥也欤。⑤

---

① 《续焚书》卷一《复刘肖川》。

② 《明神宗实录》卷三二三。

③ 《明史》卷二〇《神宗本纪一》。

④ 《藏书》卷首《世纪列传总目前论》。

⑤ 《藏书》卷四〇《儒臣传·史学儒臣·司马谈司马迁》。

道之在人，犹水之在地也；人之求道，犹之掘地而求水也。然则水无不在地，人无不载道也审矣。而谓水有不流，道有不传，可乎？……吁！自秦而汉而唐，而后至于宋，中间历晋以及五代，无虑千数百年。若谓地尽不泉，则人皆渴死久矣；若谓人尽不得道，则人道灭矣，何以能长世也！……要当知道无绝续，人具只眼云耳。①

一治一乱若循环。自战国以来，不知凡几治几乱矣。……群雄未死，则祸乱不息；乱离未甚，则神圣不生。一文一质，一治一乱，于斯见矣。②

夫私者，人之心也。人必有私，而后其心乃见；若无私，则无心矣。……故官人而不私以禄，则虽召之，必不来矣；苟无高爵，则虽劝之，必不至矣。虽有孔子之圣，苟无司寇之任，相事之摄，必不能一日安其身于鲁也决矣。此自然之理，必至之符，非可以架空而臆说也。③

《藏书》付梓时，焦竑、刘东星、梅国桢、祝世禄、耿定力都写了序。焦竑称赞此书"程量今古，独出胸臆，无所规放"。刘东星说此书"包罗千古，鉴别众形"，"一从胸怀点缀以出，品骘区别，据事直书，真可谓断自本心，不随人唇吻者也"。梅国桢说它"一切断以己意，不必合于儒者相沿之是非"。后来袁中道在《李温陵传》中对《藏书》作如下评价：

上下数千年之间，别出手眼，凡古所称为大君子者，有时攻其所短；而所称为小人不足齿者，有时不没其所长。其意大抵在于黜虚文，求实用；舍皮毛，见神骨；去浮理，揣人情。即矫枉之过，不无偏有重轻，而舍其批驳谑笑之语，细心读之，其破的中窍之处，大有补于世道人心。而人遂以为得罪于名教，比之毁圣叛道，则已过矣。④

在南京期间，会见意大利天主教传教士利玛窦。利玛窦（公元 1553 年～1610 年）于万历九年（公元 1581 年）来华，先在肇庆、韶州等地传教，并学习中国语文和礼仪。万历二十三年、二十六年两次北上，路过南京，准备到北京传教，都没有达到目的。万历二十七年第三次去北京，在南京逗留期间和

① 《藏书》卷三二《德业儒臣前论》。
② 《藏书》卷一《世纪总论》。
③ 《藏书》卷三二《德业儒臣后论》。
④ 《珂雪斋集》卷一七。

李贽相识，并把自己的著作《交友论》赠送给李贽。利玛窦和金尼阁在《利玛窦中国札记》中对两人相会情况有所记述。《续焚书》卷一《与友人书》中介绍说：

承公问及利西泰(即利玛窦)，西泰，大西域人也。到中国十万余里，初航海至南天竺始知有佛，已走四万余里矣。及抵广州南海，然后知我大明国土先有尧、舜，后有周、孔。住南海肇庆几二十载，凡我国书籍无不读，请先辈与订音释，请明于《四书》性理者解其大义，又请明于《六经》疏义者通其解说，今尽能言我此间之言，作此间之文字，行此间之仪礼，是一极标致人也。中极玲珑，外极朴实，数十人群聚喧杂，雠对各得，傍不得以其间斗之使乱。我所见人未有其比，非过亢则过谄，非露聪明则太闷闷聩聩者，皆让之矣。但不知到此何为，我已经三度相会，毕竟不知到此何干也。

又有《赠利西泰》[①]诗一首。

冬，河道总督刘东星及其子刘用相函邀李贽赴山东济宁。李贽复信："尊公我所切切望见，公亦我所切切望见，何必指天以明也。但此时尚大寒，老人安敢出门。"并邀刘用相来南京听《易》。[②] 刘用相接信后即来南京，参加听《易》。[③]

二月，遣中官到各省征税，兼管矿务。[④]

四月，临清爆发市民反抗矿监、税监的斗争，驱逐中官马堂，并焚烧其公署，杀其参随三十四人。[⑤]

十二月，武昌、汉阳民变，击伤中官税使陈奉。[⑥]

八月，杨起元卒。[⑦]

万历二十八年庚子(公元1600年)　74岁

春正月，刘东星子刘用相设斋于南京新建的兴善禅寺，李贽请祖心法师讲《妙法莲花经》，并与方时化、汪本钶、马逢旸等人听讲。

---

① 见《焚书》卷六。

② 《续焚书》卷一《复刘肖川》。

③ 《易因小序》。

④ 谷应泰《明史纪事本末》卷六五《矿税之弊》。

⑤ 《明史》卷二〇《神宗本纪二》。

⑥ 《神宗本纪二》。

⑦ 《续藏书》卷二二《侍郎杨公》。

万历庚子春，正月人日，山西刘用相设斋于兴善禅寺，适法师祖心在会，余谓佛殿新兴，法师宜于此讲《妙法莲花》以落成之，俾兴善有劝，非祖心不可也。祖心许诺，寺主续灯亦喜诺。……余将听焉，今日同会诸友，若方时化、汪本钶、马逢旸，亦将听焉，十方善男信士亦将听焉。①

春，河漕总督刘东星以漕务到南京，并接李贽到济宁，寓居济宁漕署。时李贽正在编录《阳明先生道学钞》和《阳明先生年谱》，到济宁后编成并付刻。

一身漂泊，何时底定！昨为白下客，今日便为济上翁矣。②

余旧录有先生年谱，以先生书多，不便携持，故取谱之繁者删之，而录其节要，庶可挟之以行游也。虽知其未妥、要以见先生之书而已。今岁庚子元日，余约方时化、汪本钶、马逢旸及山西刘用相暂辍《易》，过吴明贡，拟定此日，共适吾适，决不开口言《易》。而明贡书屋正有《王先生全书》，既已开卷，如何释手？况彼已均一旅人，主者爱我，焚香煮茶，寂无人声。余不起于坐，遂尽读之，于是乃敢断以先生之为足继夫子之后，盖逆知其从读《易》来也。故余于《易因》之稿甫就，即令汪本钶校录《先生全书》，而余专一手抄《年谱》，以谱先生者须得长康点睛手，他人不能代也。抄未三十叶，工部尚书晋川刘公以漕务巡河，直抵江际，遣使迎余。余暂搁笔，起，随使者冒雨登舟，促膝未谈，顺风扬帆，已到金山之下矣。嗟嗟！余久不见公，见公固甚喜，然使余辍案上之纸墨，废欲竟之全钞，亦终不欢耳。于是遣人为我取书。今书与谱抵济上，亦遂成矣。③

不幸年甫四十，为友人李逢阳、徐用检所诱，告我龙谿王先生语，示我阳明王先生书，乃知得道真人不死，实与真佛真仙同……是春，予在济上刘晋川公署，手编《阳明年谱》自适。……余今者果能读先生之书，果能次先生之谱，皆徐（用检）李（翰峰）二先生之力也。④

① 《续焚书》卷四《说法因由》。
② 《续焚书》卷一《与凤里》。
③ 《阳明先生道学钞》卷首。
④ 《阳明先生年谱后语》。

《阳明先生道学钞》选辑王阳明的部分论文、书信和杂著，明刊共八卷，其中第八卷为《阳明先生年谱》。李贽对此十分满意：

……我于《阳明先生年谱》，至妙至妙，不可形容。恨远隔，不得尔与方师同一绝倒。①

《阳明先生年谱》及《抄》在此间梓，未知回日可印行否，想《年谱》当有也。此书之妙，千古不容言。《抄选》一依《年谱》例，分类选集在京者，在龙场者，在南赣者，在江西者，在庐陵者，在思田者，或书答，或行移，或奏请谢，或榜文，或告示，各随处附入，与《年谱》并观，真可喜。士大夫携之以入扶手，朝夕在目，自然不忍释去，事上使下，获民动众，安有不中窾者乎？唯十分无志者乃不入目，稍有知觉能运动，未有不发狂欲大叫者也。②

在济宁继续修改《易因》：

我此处又读《易》一回，又觉有取得象者，又觉我有稍进处。可知人生一日在世未死，便有一日进益，决无有不日进之理，不有日进，便是死人。③

我于三月二十一日已到济宁，暂且相随住数时，即返舟来矣。……又将《易因》对读一遍，宜改者即与改正。且再读一遍，亦自讽诵了一遍，自亦大有益也。④

在济宁，还批点姚广孝的《道余录》。清《四库全书总目》称《道余录》“持论尤无忌惮”，“专诋程朱”，李贽则认为“绝可观”：

公（指姚广孝）有书名《道余录》，绝可观，漕河尚书刘东星不知于何处索得之，宜再梓行，以资道力，开出世法眼。⑤

① 《续焚书》卷一《与汪鼎甫》。
② 《续焚书》卷一《与方伯雨》。
③ 《续焚书》卷一《与方伯雨》。
④ 《续焚书》卷一《与汪鼎甫》。
⑤ 《续焚书》卷三《姚恭靖》。

马经纶来济宁与李贽相会。马经纶，字主一，又字诚所，顺天通州人。万历十七年进士，除肥城知县，后为御史。因犯颜抗疏，被贬斥为民，回通州杜门却扫多年。闻李贽名，特来结识。(详见下文)

与马经纶同游太白楼、南池、孔庙诸名胜，有《到任城乃复方舟而进以侍御也》、《南池》、《太白楼》等诗作。

> 余偶来济上，乘兴晋谒夫子庙，登杏坛，入林中……①

在济宁的活动引起一些人的非议。与李贽同时的谢肇淛（福建长乐人）就说：

> 近时吾闽李贽，先仕宦至太守，而后削发为僧，又不居山寺，而遨游四方，以干权贵，人多畏其口而善待之。拥传出入，髡首坐肩舆，张黄盖，前后呵殿。余时客山东，李方客司空刘公东星之门，意气张甚，郡县大夫莫敢与均茵伏。余甚恶之，不与通。无何，入京师，以罪下狱。此亦近乎人妖者矣。②

在济宁住了一段时间，原拟回南京③，后送马经纶北上，过临清，抵直沽，沿途有《送马诚所侍御北还》、《同马诚所出临清闸》、《直沽送马诚所兼呈若翁历山并高张二居士》等诗④。送别马经纶后，因年老多病，想到麻城已建塔屋，乃改变回南京的计划，从潞河回湖北麻城。

> 今年病多，以病多，故归来就塔，既到塔所，病亦旋愈，愈又复病。大抵人老风烛春寒，自然不久。方病时，百念灰冷。唯知安坐以须时，然一愈则种种又生发，可知千古圣贤亦无奈此心何矣。⑤

回麻城后，继续修改《易因》。

---

① 《续焚书》卷四《释迦佛后》。
② 《五杂俎》卷八。
③ 见《续焚书》卷一《与汪鼎甫》。
④ 见《续焚书》卷五。
⑤ 《续焚书》卷一《与友人》。

又三年南都所刻《易因》，虽焦公以为精当，然余心实未了。何者？文王因象以设卦，因卦以立爻，而夫子为之传，直取本卦爻之象而敷衍之，即所系之辞而解明之，极易看，亦极难看。何者？后儒不知圣人之心，而徒求之于高远，是以愈离而愈穿凿，至今日遂不成文理耳，何以能使人人修身齐家而平天下乎？……故余仍于每日之暇，熟读一卦两卦，时时读之，时时有未妥，则时时当自知，今又已改正十二卦矣。此非一两年之力，决难停妥，是以未甘即死也。[①]

夏，李贽选批的《坡仙集》十六卷由焦竑在南京刊行。卷首有焦竑《刻坡仙集抄引》说，苏轼著作"简帙浩繁，部分丛杂，学者未睹其全……卓吾先生乃诠择什一，并为点定"。后署"时万历庚子夏琅邪焦竑书"。

回麻城不久，又遭非难，有人危言耸听，企图将李贽驱逐回泉州，并威胁要拆毁芝佛院。

说法教主四字真难当。生未尝说法，亦无说法处；不敢以教人为己任，而况敢以教主自任乎？唯有朝夕读书，手不敢释卷，笔不敢停挥，自五十六岁以至今年七十四岁，日日如是而已。关门闭户，著书甚多，不暇接人，亦不暇去教人，今以此四字加我，真惭愧矣！……则如生者，虽不敢当说法之教主，独不可谓流寓之一贤乎？可与麻城之乡贤名宦并声于后世矣，何必苦苦令其归其乡也。……且夫圣人通天下以为一身，若其人不宜居于麻城以害麻城，宁可使之居于本乡以害本乡乎？……此等见识皆生所不识，故敢与兄商之，以兄彼师也。[②]

我因人说要拆毁湖上芝佛院，故欲即刻盖阁于后，使其便于一时好拆毁也。芝佛院是柳塘分付无念盖的，芝佛院匾是柳塘亲手题的，今接盖上院，又是十方尊贵大人布施俸金，盖以供佛，为国祈福者。今贵县说喈者不见舍半文，而暗嘱上司令其拆毁，是何贤不肖之相去远乎？[③]

麻城人以异端惑世目之，以宣淫诬之……其意不在此老也，昭昭著矣。彼盖借宣淫之名，以丑诋其乡显贵之族。[④]

① 《续焚书》卷一《与友人》。
② 《续焚书》卷一《与焦弱侯》。
③ 《续焚书》卷一《答周友山》。
④ 马经纶《与当道书》，《马公文集》卷三。又见《李温陵外纪》卷四。

适逢湖广按察司佥事冯应京(字可大，安徽盱眙人)到任，采取极端措施，“毁龙湖寺，置诸从游者法”①。李贽事先得到消息，由杨定见把他藏起来，后又避入河南商城黄柏山中。关于这一事件，有人认为是梅国桢的仇家在暗中挑起的：

> 先是，有与中丞(指梅国桢)构者，幻语又闻，当事又逐之，至火其居。②
>
> 时又有以幻语闻当事，当事者又误信而逐之，火其蓝若。③

十月，马经纶自北通州冒雪赶到黄柏山，随侍李贽，习《周易》。马经纶在《与李鳞野掌科转上萧司寇》中说：“不佞冒雪三十里访之黄柏山中。”又在《与当道书》中说：“弟不远三千里就而问《易》”，“辨惑解缚，闻所未闻，四十日间，受益无量”。④

九月，袁宗道卒。⑤ 李贽作《哭袁大春坊》诗一首。⑥

十二月，武昌民变。⑦

万历二十九年辛丑(公元1601年) 75岁

春正月，寓商城黄柏山中。

继续修改《易因》，编录佛家语录，并作《释子须知序》，回顾致仕后二十年来的生活：

> 余自出滇，即取道适楚，以楚之黄安，有耿楚倥、周友山二君聪明好学，可藉以夹持也。未逾三年而楚倥先生没，友山亦宦游中外去。余怅然无以为计，乃令人护送家眷回籍，散遣僮仆依亲，只身走麻城芝佛院，与周柳塘先生为侣。柳塘，友山兄，亦好学，虽居县城，去芝佛院三十里，不得频频接膝，然守院僧无念者以好学故，先期为柳塘礼请在焉，故余遂依念僧以居。日夕唯僧，安饱唯僧，不觉遂二十年，全忘其

① 沈铁《李卓吾传》。

② 刘侗《帝京景物略》卷八《李卓吾墓》。

③ 袁中道《珂雪斋集》卷一七《李温陵传》。

④ 《马公文集》卷三。又见《李温陵外纪》卷四，《明史》卷二三四《马经纶传》。

⑤ 袁中道《游居柿录》卷五。

⑥ 《续焚书》卷五。

⑦ 《明史》卷二三七《冯应京传》。

地之为楚，身之为孤，人之为老，须尽白而发尽秃也。……余今年七十又五矣，旦慕且死，尚置身册籍之中，笔墨常润。砚时时湿，欲以何为耶？因与众僧留别，令尊抄录数种圣贤书真足以令人启发者，名曰《释子须知》，盖以报答大众二十余年殷勤，非敢曰为僧说法也。[①]

马经纶上书当道，批驳了所谓李贽"惑世"、"宣淫"的诬蔑。

虽以七十五岁风烛残年，孔大圣人所谓老者安之，而顾毁其庐，逐其人，并撤其埋藏此一具老骨头之塔，忍令死无葬所而不顾，此岂古今之势异哉！[②]

二月，与马经纶同往北通州。途中有《楼头春雨》、《温泉酬唱》、《汝阳道中》、《三月风》、《渡黄河》等诗作。[③]

四月间，到达北通州，寓马经纶别业。

辛丑，老子以马侍御之约，至通州，而余适起官霸上，约相见于侍御之别业。老子以儒帽裹僧头，迎揖如礼。余惊问曰："何恭也？"老子曰："吾向读孔子书，实未心降。今观于《易》，而始知不及也。敢不如其礼。"余少顷曰："如先生往事，犹在是非窠臼中。"老子曰："此非我事，乃人道中事耳。有手在，安得人打不打？有口在，安得人骂不骂？"余笑曰："依旧卓吾老子也。"[④]

卓吾先生……茕茕一身，自去年四月来止潞河。[⑤]

（贽）所居马侍御别业，在通州城中东南隅，近文昌阁，濒水，曰莲花庵（又名莲花寺）。[⑥]

与马经纶一起读《易》，继续修改《易因》。

① 《续焚书》卷二。

② 《与当道书》，《马公文集》卷三。又见《李温陵外纪》卷四。

③ 见《续焚书》卷五。

④ 《畿辅通志》卷一六六汪可受《卓吾老子墓碑》。

⑤ 马经纶《与蔡虚台郎中》，《马公文集》卷三。又见《李氏遗书》附录。

⑥ 《顺天府志》卷一一四《流寓·李贽传》。

越春二月，师与马先生同至通州。既至，又与读《易》，每卦自读千遍。又引坡公语语钶曰："经书不厌百回读，熟读深思予自知。"近一年所，而《易因》改正成矣，名曰《九正易因》。[1]

夏，与马经纶同游盘山和房山。[2]

袁宏道关心李贽行踪，来信探问，并请李贽为《净土诀》作注。

白下人来，云翁已去京，更不知住何地。有人云：住通州。老年旅泊，未得所依，世界真无友朋欤？何托足之无所也！……《净土诀》爱看者多，然白业之本，戒为津梁，望翁以语言三昧，发明持戒因缘。仆当募刻流布。[3]

袁中道自潞河发其兄宗道之榇归里，来见李贽。李贽为袁中道手卷题《书小修手卷后》：

岁辛丑，余在潞河马诚所所，又遇袁小修三弟，虽不获见太史家兄，得见小修足矣，况复见此卷乎！小修劝我勿吃荤。余问之曰："尔欲我不用荤何故?"曰："恐阎王怪怒，别有差委，不得径生净土耳。"余谓："阎王吃荤者，安敢问李卓吾耶！我但禁杀不禁嘴，亦足以免矣。孟子不云七十非肉不饱？我老矣，又信儒教，复留须，是宜吃。……我一生病洁，凡世间酒色财半点污染我不得。今七十有五，素行质鬼神，鬼神决不以此共见小丑，难问李老也。"[4]

后来袁中道在《书月公册》中回忆道：

昔晤龙湖老人于通州，予问当如何作工夫。龙湖曰："参话头。"予曰："某子甲半生参话头，而了无消息者，何也？龙湖曰：不解起疑也。夫疑为学道者之宝，疑大则悟亦大。予近来尚有余疑，可惜不遇大作家，痛与针扎一番耳。"予心佩其言，见世之学者，终日恬然，其稍敏捷者，

① 《李温陵外纪》卷一，汪本钶《哭李卓吾先师告文》。
② 《续焚书》卷一《答马侍御》。
③ 《袁中郎全集》卷一《与李龙湖》。
④ 《续焚书》卷二。

随口领略，自谓已得，始知老子所谓不解起疑者，真有见也。[1]

河漕总督刘东星在济宁数次派人来接，李贽没有去，只抄寄所编《史阁》二十一篇及《言善篇目》，由刘东星作序刻印。

岁辛丑夏，李卓吾同马诚所侍御读书山中，余屡遣迎不至，谓余宦邸非遨游之地，官署非读书之场。……且闻其病，以好著述故病也。老人甚不宜病，可奈何！所著何书，可示我。于是得《史阁》二十一篇以归。其所叙述，专以“为臣不易”一语，更端言之极尽。……遂即梓行以布告天下贤士大夫仁人君子，使知其为臣之不易盖如此云。[2]

刘晋川曰：《言善篇》者何？卓吾老子取其将死而言善也。夫苟其言之善矣，奚待将死，将自幼至壮，自壮至老，未有一言之不善者。若待将死而后善，则恐虽死亦未必善也。吾谓卓吾子欲人之听之也，故独以言善名其篇，而岂真谓将死而后善哉！……是书凡六百余篇，皆古圣要语，卓吾汇而辑之，欲以开来学而继往圣，余尚未见，见其《小引》三首与《言善篇目》而已。客冬、卓吾子大困于楚，适有马侍御者自潞河冒雪入楚，往携之以出，同居通州，朝夕参请身心之偕善。余愧羁留淮济，不能如侍御捷之速也。[3]

本年再往北京西山极乐寺，并到崇国寺访求明开国功臣姚广孝的遗书遗像。

余时年七十五矣，偶至燕，寓西山极乐寺，访问公(指姚广孝)遗书遗像甚勤。适有告者曰：“公自辍配享，祀大兴隆寺，而今毁矣。今移公像于崇国西偏，甚不称。”余斋戒择日，晨往崇国寺瞻礼，见墨蹟宛然，俨有生气，俯仰慨慕，欲涕者久之。以为我国家二百余年以来，休养生息，遂至今日，士安于饱暖，人忘其战争，皆我成祖文皇帝与姚少师之力也，而其可如此苟简弃置之哉！[4]

① 《珂雪斋集》卷二一。

② 《续焚书》卷二《史阁叙述》附刘东星《史阁款语》。

③ 《续焚书》卷二《释子须知序》附刘东星《序言善篇》。

④ 《续焚书》卷三《读史汇·姚恭靖》。

《续藏书》约于此时编成。

二月，意大利传教士利玛窦买通中官马堂，入京，献天主教天主、圣母图及自鸣钟、万国全图等贡物，得以留住京师，进行传教活动。①

三月，武昌民变，杀税监陈奉参随六人，焚巡抚公署。②

六月，苏州民变，杀织造中官孙隆参随数人。③

春，宣、大、山西总督梅国桢从父丧解任归。④

九月，工部尚书兼右副御史、河漕总督刘东星卒于河漕任上。⑤

汪可受任山东右参政。⑥

万历三十年壬寅(公元1602年)　76岁

寓通州马经纶别业。

《易因》修改定稿，名为《九正易因》。

> 《易因》一书，盖予既老，复游白门而作也。时天寒夜永，予每卧听读《易》者说《易》，既心中不解，辄惨然不乐，曰："此岂吾孔氏之书也哉?"遂不自量，三年白门就此《易因》。然其妄诞可笑，使后人听之，亦当如予之听前人也。因而封置箧笥，直上济北，而《易因》梓矣。……今侍御又携予北上，复读《易》于其所学《易》之精舍……昼夜参详，更两年，而《易因》之旧者，存不能一二，改者且至七八矣。……侍御曰："此真孔氏之书矣。他时后日，可以就正吾夫子于杏坛之上矣。夫乐必九奏而后备，丹必九转而后成，《易》必九正而后定，宜仍旧名曰《易因》，而加'九正'二字，即得矣!"予喜而受之，令汪本钶复读一过，而定其名曰《九正易因》也。⑦

《九正易因》为李贽晚年不断修订的一部力作，也是李贽的最后一部著作。

> 钶计从师先后计九载，见师无一年不读《易》，无一月不读《易》，无

① 《明史》卷三二六《意大利亚》，《明神宗实录》卷三五六。

② 《明史》卷二《神宗本纪二》。

③ 《神宗本纪》二。

④ 《明神宗实录》卷三五七。

⑤ 《明神宗实录》卷三六三。

⑥ 《明神宗实录》卷三五七。

⑦ 李贽《九正易因序》，《李贽文集》卷七。

一日无一时刻不读《易》，至于忘食忘寝，必见三圣之心而后已。[①]

《九正易因》撰成后，健康恶化，病情日重。二月五日，作《遗言》付随从僧徒。

春来多病，急欲辞世，幸于此辞，落在好朋友之手，此最难事，此余最幸事，尔等不可不知重也。

倘一旦死，急择城外高阜，向南开作一坑，长一丈，阔五尺，深至六尺即止。既如是深，如是阔，如是长矣，然复就中复掘二尺五寸深土，长不过六尺有半，阔不过二尺五寸，以安予魄。既掘深了二尺五寸，则用芦席五张填平其下，而安我其上，此岂有一毫不清净者哉！我心安焉，即为乐土，勿太俗气，摇动人言，急于好看，以伤我之本心也。……未入坑时，且搁我魄于板上，用余在身衣服即止，不可换新衣裳，使我体魄不安。但面上加一掩面，头照旧安枕，而加一白布中单总盖上下，用裹脚布廿字交缠其上。以得力四人平平扶出，待五更初开门时寂寂抬出，到于圹所，即可妆置芦席之上，而板复抬回以还主人矣。既安了体魄，上加二三十根椽子横搁其上，搁了，仍用芦席五张铺于椽子之上，即起放下原土，筑实使平，更加浮土，使可望而知其为卓吾子之魄也。周围栽以树木，墓前立一石碑，题曰：李卓吾先生之墓。字四尺大，可托焦漪园书之，想彼亦必无吝。……我生时不著亲人相随，没后亦不待亲人看守，此理易明。幸勿移易我一字一句！二月初五日，卓吾遗言。幸听之！幸听之！[②]

马经纶依此遗言，即为李贽营葬地于潞水之西的迎福寺侧，并作《书卓吾先生遗言后》。[③]

葬地选定后，李贽又作《书遗言后》，补充交代后事。[④] 随即抄录《遗言》、《书遗言后》各一份，托朗目师父带给焦竑和其他友人。

以上原合为一手轴，偶因朗目师父之便，录出以寄焦漪老并诸相知

① 汪本钶《哭李卓吾先师告文》。

② 《续焚书》卷四《李卓吾先生遗言》。

③ 《马公文集》卷四。

④ 见《续焚书》卷四。

者一览，则知余终老之概矣。[①]

闰二月乙卯（廿二日），礼科给事中张问达上疏劾奏李贽。

李贽壮年为官，晚年削发，近又刻《藏书》、《焚书》、《卓吾大德》等书，流行海内，惑乱人心，以吕不韦、李园为智谋，以李斯为才力，以冯道为吏隐，以卓文君为善择佳偶，以司马光论桑弘羊欺武帝为可笑，以秦始皇为千古一帝，以孔子之是非为不足据，狂诞悖戾，未易枚举，大都刺谬不经，不可不毁者也！尤可恨者，寄居麻城，肆行不简，与无良辈游于庵，拉妓女，白昼同浴。勾引士人妻女入庵讲法，至有携衾枕而宿庵观者，一境如狂。又作《观音问》一书，所谓观音者，皆士人妻女也。而后生小子，喜其猖狂放肆，相率煽惑。至于明劫人财，强搂人妇，同于禽兽，而不足恤。……近闻贽且移至通州，通州离都下仅四十里，倘一入都门，招致蛊惑，又为麻城之续。望敕礼部檄行通州地方官，将李贽解发原籍治罪，仍檄行两畿各省，将贽刊行诸书，并搜简其家未刊者，尽行烧毁，毋令贻祸乱于后，世道幸甚。[②]

疏上，神宗朱翊钧批："李贽敢倡乱道，惑世诬民，便令厂卫五城严拿治罪。其书籍已刊未刊者，令所在官司尽搜烧毁，不许存留。如有党徒曲庇私藏，该科及各有司访参奏来，并治罪。"[③]

于是，李贽被捕入狱，已刊未刊的著作被通令烧毁。袁中道《李温陵传》记载李贽被捕经过：

至是逮者至，邸舍匆匆，公以问马公。马公曰："卫士至。"公力疾起，行数步，大声曰："是为我也。为我取门片来！"遂卧其上，疾呼曰："速行！我罪人也，不宜留。"马公愿从，公曰："逐臣不入城，制也。且君有老父在。"马公曰："朝廷以先生为妖人，我藏妖人者也。死则俱死耳，终不令先生往而已独留。"马公卒同行。至通州城外，都门之牍尼马公行者纷至，其仆数十人，奉其父命，泣留之。马公不听，竟与公偕。

① 《续焚书》卷四《书遗言后》。
② 《明神宗实录》卷三六九。
③ 《明神宗实录》卷三六九。

明日，大金吾置讯，侍者掖而入，卧于阶上。金吾曰：“若何以妄著书？”公曰：“罪人著书甚多，具在，于圣教有益无损。”大金吾笑其倔强，狱竟无所置词，大略止回籍耳。①

李贽被捕后，下镇抚司狱。马经纶不顾自身安危，多次上书营救，在《启当事书》、《与李麟野都谏转上萧司寇》等文中有力地驳斥张问达疏中对李贽的诬妄，多方面为李贽辩护：

卓吾生今之世，宜乎为今之人，乃其心事不与今人同，行径不与今人同，议论不与今人同，著作不与今人同。夫彼既自异于今之人矣，今之人其谁不以彼为异为颇。……则忌者诬之曰淫纵……何也？其心诚疑之也。……夫以七八十岁垂尽之人，加以淫纵勾引之行，不亦可笑之甚乎？且所谓麻城士女云者，盖指梅衡湘守节之女言也。……盖此事起于麻城士夫相倾，借僧尼宣淫名目，以丑诋衡湘家声，因以败坏衡湘之官，如斯而已。……夫评史与论学不同，《藏书》品论人物，不过一史断耳，即有偏僻，何妨折衷。乃指以为异为邪，如此则尚论古人者，只当寻行数墨，终身惟残唾是咽，不敢更置一喙耶。……今李氏刊书遍满长安，可覆按也。乃不摘其论学之语，商量同异，而顾括其评史之词，判定邪正，何也？②

卓吾先生之素行何如也。宦游二十余年，一介不取，清标苦节，人所难堪，海内荐绅，谁不慕悦。夫以如是人品，如是操履，而以逾闲荡检之事诬之，亦大不伦矣。至于著述，人各有见，岂能尽同，亦何必尽同。有同有异，正以见吾道之大，补前贤之缺。假使讲学之家，一以尽同为是，以不同为非，则大舜无两端之执，朱陆无同异之辨矣。先生有官弃官，有家弃家，有发弃发，盖其天性孤峻，直行己志，老来任便，有何不可？……总计先生平生著述，见刊传四方者，不下数十百种。夫人之精神，岂有一生用之于著述至数十百种之多，而有淫纵不检之行者乎？……既以著书为先生罪，又以淫纵为先生罪，既曰晚年削发，又曰勾引妇女，不亦自相矛盾乎？此真可笑之甚矣。③

① 《珂雪斋集》卷一七。
② 《启当事书》，《马公文集》卷三。又见《李温陵外纪》卷四。
③ 《与李麟野都谏转上萧司寇》，《马氏文集》卷三。又见《李温陵外纪》卷四。

在马经纶多次上书申辩的情况下，案情迟迟没有处理。李贽被捕时，已“卧病三月，仅余喘息，门板抬来，一路昏迷，连日粒米难进，呕吐相继，诊脉变常，医者缩手”[①]。但“卓吾先生安然听命，无他意，无他言，惟曰：‘衰病老朽，死得甚奇，真得死所矣，如何不死?’日来呕吐狼狈，便溺不通，病苦之极，唯愿一棒子当为快耳!”[②]。但病情稍缓，即作诗读书自如。袁中道《李温陵传》载：“久之旨不下，公于狱舍中作诗读书自如。”[③]狱中诗作有《系中八绝》[④]，现录其中三首：

书能误人

年年岁岁笑书奴，生世无端同处女。
世上何人不读书，书奴却以读书死。

老恨无成

红日满窗犹未起，纷纷睡梦为知己。
自思懒散老何成，照旧观书候圣旨。

不是好汉

志士不忘在沟壑，勇士不忘丧其元。
我今不死更何待，愿早一命归黄泉。

三月十二日，汪本钶回新安省母。李贽作《送汪鼎甫南归省母并序》：

> 丁酉岁，余往西山极乐精舍，而鼎甫复来京师与余相就。今为岁壬寅，六载矣，念有老母，余送将归。时余病甚，故书数语于此。[⑤]

汪走后，李贽想念汪，作《系中忆汪鼎甫南还》[⑥]。

在狱中风闻将遣送回原籍。三月十五日，呼侍者剃发，遂持剃刀自割其喉，延至十六日夜，气始绝。

---

① 马经纶《与王翼廷主事》，《马氏文集》卷三。
② 马经纶《与黄慎辉宫谕书》，《马氏文集》卷三。
③ 《珂雪斋集》卷一七。
④ 《续焚书》卷五。
⑤ 《续焚书》卷五。
⑥ 《续焚书》卷五。

卓吾所著书，于上下数千年之间，别出手眼，而其掊击道学，抉摘情伪，与耿天台往复书，累累万言，胥天下之为伪学者，莫不胆张心动，恶其害己，于是成以为妖为幻，噪而逐之。马御史经纶，迎之于通州，寻以妖人逮下诏狱。狱词上议，勒还原籍。卓吾曰："我年七十有六，死耳，何以归为！"遂夺薙发刀自刭，两日而死。①

一日，呼侍者薙发。侍者去，遂持刀自割其喉，气不绝者两日。侍者问："和尚痛否？"以指书其手曰："不痛。"又问曰："和尚何自割？"书曰："七十老翁何所求！"遂绝。②

壬寅年五月二十六日，弟子汪本钶接纯夫庄先生书，而知吾师竟引决矣。……钶自三月十二日别师，师遽于三月十五日引决，到十六日夜子时长往矣。③

别后老子竟遭恶口，被逮至禁卫，蒙主恩不杀，而老子自杀，以实其言。④

对于李贽的死，官方的说法是：

贽逮至，惧罪，不食死。⑤

李贽死时，正值马经纶归觐其父，不在身边。听到李的死讯时，马经纶自责说："吾护持不谨，以致于斯也，伤哉！"⑥他依遗言，收葬在通州北门外马氏庄迎福寺侧，并函请焦竑题墓。

马公痛哭曰：天乎！先生妖人哉！有官弃官，有家弃家，有发弃发，其后一著书老学究，其前一廉二千石也。乃收葬之，葬于通州北门外迎福寺侧。冢高一丈，周列白杨百余株。碑二：一曰李卓吾先生墓，秣陵焦竑题。一曰卓吾老子碑，黄梅汪可受撰。碑不志姓名乡里，但称卓吾老子也。⑦

---

① 钱谦益《列朝诗集小传》闰集《卓吾先生李贽》。
② 袁中道《珂雪斋集》卷一七《李温陵传》。
③ 汪本钶《哭李卓吾先师告文》。
④ 汪可受《卓吾老子墓碑记》。
⑤ 《明神宗实录》卷三六九。
⑥ 袁中道《李温陵传》。
⑦ 刘侗、于奕正《帝京景物略》卷八《畿辅·名迹》。

李贽死后，除焦竑、汪可受题墓碑外，许多友人撰写诗文表示悼念，如袁中道作《李温陵传》，汪本钶作《哭李卓吾先师告文》，陶望龄作《祭李卓吾先生文》，佘永宁作《李卓吾先生告文》，吴从先作《李秃翁赞》，焦竑作《追荐疏》，詹轸光作《李卓吾碑记》和《吊李卓吾先生墓二首》，周汝登作《吊卓吾先生》，汤显祖作《叹卓老》等。

李贽的著作一再遭明廷禁毁。神宗下旨严拿治罪的同时，即令将李贽已刊未刊著作"尽搜烧毁，不许存留"。二十年后，熹宗天启五年(公元1625年)，又"奉旨，李贽诸书，怪诞不经，命巡视衙门焚毁，不许场间发卖，仍通行禁止"。[①] 但禁而不止，越是禁毁，流传越广。

> 宏甫殁，遗书四出，学者争传诵之。[②]
>
> 李卓吾先生殁，而其遗书盛传。[③]
>
> 虽奉严旨，而其书之行于人间自若也。……士大夫多喜其书，往往收藏，至今未灭。[④]
>
> (士人)全不读《四书》本经，而李氏《藏书》、《焚书》，人挟一册，以为奇货。[⑤]
>
> 尔时，部议并毁其书刻，而世人喜其高奇，反以盛传于世。[⑥]

① 顾炎武《日知录》卷一八引。

② 焦竑《续藏书序》。

③ 李维桢《续藏书序》。

④ 顾炎武《日知录》卷一八。

⑤ 朱国桢《涌幢小品》卷一六。

⑥ 沈铁《李卓吾传》。

附录四　有关《李贽评传》评论选录

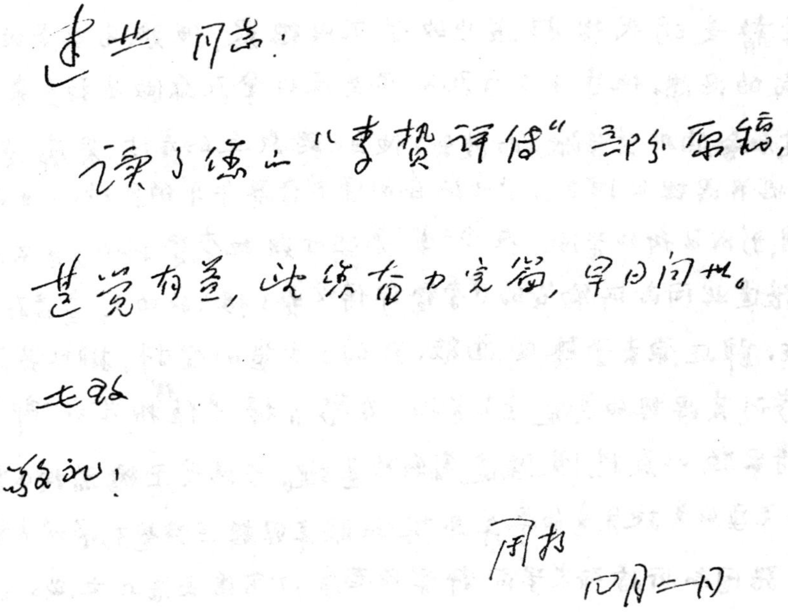

建业同志：

读了您的"李贽评传"部分原稿，甚觉有益，盼继续努力完篇，早日问世。

此致

敬礼！

周扬

四月二日

注：周扬同志此信写于 1979 年。

李贽是明代後期杰出的学术思想家，他賦有朴素地唯物论的思想。他並不反对孔子，而是反对拿孔丘做为旗号来维护封建社会的那些学派，而提出了他自己对孔丘的看法，来廓清当时学术思想界思想的混乱。当时执东南学术界牛耳的焦竑、王世贞等引为同调，形成了新的学风。在"四人帮"篡政时期把李贽神化了，是不合事实的。張建业同志所编著的《李贽评传》费了很大的功夫，旨在拨乱反正，歸还原来李贽的面貌。引據了大量的资料，排比其年代事实，考订其思想的变迁，言之有物，确凿有據，是值得推荐的一部著作，是值得出版以及提供深造有利的基础。昔清代王懋竑撰《朱子(熹)年谱》主要的是把朱熹的早年思想和晚年思想弄清楚了，遂成为有名的撰作。張同志所持研究学问科学的态度，大有後来居上之感。是对於历史学上可以培养的一位人才

评审人：（签字、盖章）

谢国桢　（签字、盖章）

1981 年 1 月 22日

注：这是谢国桢教授为《李贽评传》出版写的推荐评语。

李贽研究的一部新著①

——《李贽评传》评介

竹　篱

李贽是中国历史上著名的思想家。他在黑暗的封建社会后期，奇峰突起，出语惊人，好像在一潭死水里投下了一颗顽石，激起了一阵浪花。最后终于被封建统治阶级以“敢倡乱道，惑世诬民”的罪名迫害而死。对于李贽的评价，从他在世时起，三百多年来一直是毁誉交加，分歧很大，骂的骂为“名教罪人”，捧的捧为“民主斗士”。解放以后，对李贽的研究有了新的进展，但在十年内乱中又被搞得混乱不堪。因此，怎样正确评价李贽，至今仍是中国思想史方面的一个重要课题。最近福建人民出版社出版了张建业同志的《李贽评传》，值得人们重视。

线索清晰，观点明确，是《李贽评传》的一大特点。该书以李贽反对封建正统思想为主线，按照时间顺序，把李贽的生平事迹贯穿起来，展现出李贽思想的形成和发展的整个过程。作者根据李贽生平事迹和思想发展的不同特点，把李贽一生划为几个大的阶段，然后深入挖掘，溯源探流，既体现了李贽思想形成的阶段性，又反映了李贽思想发展的一贯性。作者的眼光跟踪着李贽的活动，对于表现李贽思想本质的东西，丝毫不肯放过，不少地方发前人所未发。例如，对李贽的《明灯道古录》和《九正易因》，都进行了比较深入的探讨，提出了新的见解，在以往的研究基础上前进了一步。可以看出，作者的努力是卓有成效的。

本书的另一个特点是材料丰富，内容充实。作者引用了大量的资料，并把这些资料加以排比，分别系于各个年代之下。书中还采用了许多新的资料，如《凤池林李宗谱》、耿定理撰写的《李贽夫人黄氏墓表》等等，都是近一二十年新发现的珍贵资料，对于李贽思想研究，提供了重要的佐证。由于材料丰富，言之有物，论点确凿有据，使本书内容具备了坚实的科学基础。

本书采取评传的形式，以年代为经，以李贽的事迹和著述为纬，有传有评，叙事和议论结合，这也是一个特点。作者把有关李贽的事迹介绍和思想分析熔于一炉，叙事时注意历史事件的完整性，并交代清楚背景、经过和影

① 这是对《李贽评传》初版的评介文章之一。

响，脉络分明；分析时注意虚实结合，前后照应，详略适宜。加上条理清楚、行文流畅，读来毫不费力。

容肇祖先生的《李贽年谱》问世到现在已经二十多年了。在这二十多年中，李贽思想的研究工作几经反复，比较有分量的专著还不多见。张建业同志的《李贽评传》，尽管有些论点还值得商榷，但不失为一家之言，而且可以说是继《李贽年谱》之后又一部研究李贽思想的力作。

原载《北京日报》1981 年 7 月 21 日

李贽研究的新成果[①]

——评《李贽评传》(修订本)

张辛洲

张建业教授著《李贽评传》(修订本)，由福建人民出版社推出。该书作为我国第一部全面系统地研究李贽生平、思想、著作的学术专著，自1981年出版后，就以其资料翔实、论证精湛而闻名于世。明史专家谢国桢教授评价说："《李贽评传》引据了大量的资料，排比其年代，考订其思想变迁，言之有物，确凿有据，是值得推荐的一部著作。昔清代王懋竑撰《朱子(朱熹)年谱》，主要是把朱熹的早年思想和晚年思想弄清楚了，遂成为有名的撰作。张建业同志所持研究学问科学的态度，大有后来居上之感。"

但是，张建业教授并不以此为止境。他以严肃的治学态度，经过十年资料搜集，理论思考，对《李贽评传》又进行了认真修订，从而使该著作体系更为谨严，资料更为翔实，论述更为精湛。例如，过去人们都依据《凤池林李宗谱》、《清源林李宗谱》等，认为李贽的家世是海商大贾。"修订本"根据近年新发现的《明故处士章田暨配丁氏、媵张氏合葬墓志铭》，纠正了以上说法，认为李贽的直系近亲并非海商大贾，但他的家世却与商业有一定联系，这对正确认识李贽的思想极有裨益。又如根据新版《利玛窦中国札记》，"修订本"详细论述了李贽与利玛窦的交往，从而显示出李贽思想开拓的一个方面及其爱国精神。

学术著作的可贵，不但在于资料的翔实，态度的科学，还在于有独到的见解，理论的深度。该书就体现了这一特色。对于李贽的研究，过去人们更多注意的是《焚书》、《藏书》，这无疑是正确的。但人们较少注意的《老子解》、《初潭集》以及不为人们所注意的《九正易因》、《孙子参同》等，也都是体现李贽思想的重要著作，应深入研究。《李贽评传》初版在这方面已下了不少功夫，"修订本"对这些著作的研究则更加充实。特别是对于《九正易因》，作者通过缜密的研究，指出："有些地方表现了形而上学的思想，甚至杂有占筮的神学观点。但很多解释则阐明、发挥了《周易》的朴素唯物论和朴素辩证法因素。"并通过在乾卦中李贽提出的"一物各具一乾元"，"人人各正一乾之元也，各具

① 这是对《李贽评传》修订版的评介文章之一。

有是首出庶物之资也”，表现了李贽认为人人都具有乾元这种大德，人人都可具备首出万物的资格的人人平等、人人皆圣的思想，显示出李贽一定的反封建压迫反传统思想的战斗精神。又如对于《〈忠义水浒传〉》序》一文，作者不像人们常常论述的那样，只是指出李贽强调“发愤之所作”这一思想，而是进一步论证了该文中所体现出的“民族之愤”、“不平之愤”和“忠义之愤”的内涵。

学术著作一般来说，文字缺乏生动性。而《李贽评传》(修订本)虽然是以评传方式撰写的学术专著，作者却能融文学与哲学为一体，以年代为经，以李贽著作事迹为纬，以清新流畅的笔调，寓论断于叙事的手法，使丰富翔实的资料，条分缕析，栩栩如生，勾画出了李贽“坚其志无忧群魔，强其骨无惧患害”的一代狂狷的动人形象，读起来颇使人受到感染与启迪。

原载《北京日报》1994 年 1 月 19 日

李贽的研究(节录)

(《北京周报》1993 年 8 月号)

At the symposium, professor Osoda Keisuke of the Department of Literature of Nisho Gakusha University in Japan presented a paper entitled"Li Zhi's Influence in Japan and Japanese Studies on Li Zhi. "He holds that Li Zhi's ideas exerted a far-reaching influence on the Meiji Reformation of Japan. A pioneering, thinker and noted Sinologist of the time Yoshida Shoin was deeply affected by Li Zhi. Suzuki Torao, a contemporary Japanese Sinologist, has made a penetrating study on Li Zhi and compiled the book *The Chronicle of Li Zhi*. Mizoguchi Yuzo, professor of Philosophy in the Literature Department of the University of Tokyo has been one of the most famous Japanese experts on Li Zhi and has published several books on the Chinese philiosopher. Japanese studies on Li Zhi have also been influenced by Chinese scholars. *The Chronicle of Li Zhi* by professor Rong Zhaozu and *A Biography of Li Zhi* by professor Zhang Jianye are considered highly by their Japanese counterparts.

以英文、日文、俄文等多种文字发行的《北京周报》1993 年 8 月号在《李贽的研究》一文中写道：“日本学者疋田啟佑在《中国的李贽研究》中说，日本学人在李贽研究中深受中国学者的影响……张建业教授的《李贽评传》就受到日本学人的特别关注。”

勤于耕耘自收获(节录)

心君　辛洲

张建业教授做学问、为人师，首先追求一个严肃的科学态度。正是这种冷静、严谨、一丝不苟的态度使他的著述具有了一种踏踏实实的风格。《李贽评传》是张教授的心血力作。这是我国第一部全面系统地研究李贽生平、思想、著作的学术专著，自 1981 年出版后，就以其资料翔实、论证精湛而闻名于世。当时中国文联主席周扬就称赞说："甚觉有益。"国务院古籍整理领导小组顾问、明史专家谢国桢教授评价说："《李贽评传》引据了大量的资料、排比其年代，考订其思想变迁，言之有物，确凿有据，是值得推荐的一部著作。"谢老还将《李贽评传》与清代王懋竑的名著《朱子(朱熹)年谱》相比，认为"张建业同志所持的研究学问科学的态度，大有后来居上之感"。周、谢二老的评价已表现出学术界对《李贽评传》的充分肯定。

但是，张建业教授并不以此为止境。他以严肃的治学态度，经过十年的资料搜集，理论思考，以锲而不舍的追求精神，对《李贽评传》进行了认真的修订。如根据近年新发现的《明故处士章田暨配丁氏、媵张氏合葬墓志铭》，纠正了一般认为李贽出身于海商大贾家庭的传统说法，并正确论述了李贽家世与商业的联系，这对正确认识李贽的思想大有裨益。又如根据新版《利玛窦中国札记》详细论述了李贽与利玛窦的交往，表现出李贽思想开拓的一个方面。正因为如此，《李贽评传》(修订本)一问世，就受到中外学者的高度评价，日本著名汉学家疋田啟佑教授称之为是"李贽研究的最具代表性与权威性"的著作。日本《阳明学》杂志 1993 年第 5 号称："本书是李贽的真正评传"，"可以说是当今李卓吾评传中资料搜集最为翔实，论证最精湛的著作"，"该著作应该成为研究李贽的必备的参考书"。

原载《北京日报》1994 年 3 月 12 日

李贽的真与奇(节录)

许苏民

新中国的李贽研究，又开新生面。以侯外庐为代表的中国老一辈思想史家，以马克思主义的观点重新研究李贽，提出了许多新颖而独到的见解。侯外庐在《中国思想通史》第四卷中，以“李贽战斗的性格及其革命性的思想”为标题，将李贽放在晚明中国资本主义萌芽的历史条件下加以研究和考察，辨析李贽与王阳明的区别，指出“王守仁是道学家，而李贽却是反道学家”，着重论述了“李贽的人道主义的平等观和个性说”以及“李贽的反圣教、反道学的战斗思想”，强调在李贽的思想中是“以反封建的战斗思想为矛盾起主导作用的方面”，从而充分肯定了李贽作为中国早期启蒙思想家的历史地位。而张建业的《李贽评传》一书则别具特色，将李贽的年谱与学谱的研究结合起来，分别论述了李贽在人生的不同阶段的经历和著述，最后得出了“李贽不愧是一位顽强的坚决的反封建压迫反传统思想的英勇斗士”的结论。①

① 《李贽的真与奇》，南京出版社，1998，第282～283页。

李贽儒学思想研究(节录)

王宝峰

1981年，张建业《李贽评传》出版。[②]作者以传主生平事迹为主线，全面考察论述了李贽思想的发展历程和主要内容。张建业认为，泉州的生活背景和家世对李贽反传统思想有着直接的影响；李贽不重道统加之对孔子不敬，并非泰州学派一员；佛道思想是李贽借以反封建压迫反传统思想的武器等。此外，他还探讨了此前未受学界重视的《孙子参同》、《九正易因》等两部李贽著作。

值得关注的是，张建业通过深入剖析李贽言论、性格和行为，特别表彰了李贽"反封建反压迫反传统思想的战斗精神"。认为这种战斗精神，是由于李贽狂狷性格所致，并誉李贽为"一代狂狷"。[③]李贽的斗争精神，既是建立在对封建压迫和传统思想的不满和反抗的思想基础之上，也是由于李贽有过人眼力、超人胆量的"异端"性格所致。[④]这种精神具体表现为"只知进就，不知退去"、"不畏死"、"不怕人"、"不靠势"、头可断而身不可辱的大无畏精神，以及爱憎分明、毫不妥协、毫不宽容的战斗精神。[⑤]张建业最后总结道："李贽在我国思想史上占有重要地位。他的著作所以引起封建统治阶级那样的仇视，在人们中间产生那样大的影响，其主要原因就在于他反封建压迫反传统思想的战斗精神，对封建统治阶级的反动统治起了冲击作用，对封建社会中人们思想的解放起了刺激作用。"[⑥]《李贽评传》沿袭了学界此前阶级分析、唯物唯心、进步落后等分析研究方法，但是，已不是"评法批儒"、"哲学政治等同论"那样的模式。由于作者在占有大量翔实材料基础上，对李贽思想进行了实事求是地学术探讨，使得这部专著成为李贽研究走出"文化大革命"模式的标志，也是迄今为止全面研究李贽思想的代表作之一。

《李贽评传》之后，李贽思想研究展现出丰富多彩的局面……

张建业《李贽评传》之后至今，李贽思想研究逐渐走出了政治话语笼罩，开始了从纯学术角度研究李贽思想的新阶段。[①]

---

① 《李贽儒学思想研究》，人民出版社，2012，第17～18页、36页。

[美]史密斯·理查德信(节录)

RICE

Dec. 20th, 2000

Dear Professor Jian-ye Zhang,

…

I have already read your work "Li Zhi Biography". Indeed I Iearned and benefited a lot from it. Your study and comment further deepen my understanding this great figure and his historical status in Chinese history. Now through Chinese Consul General in Houston, Mr. Wu Zurong, it is my privilege to be able to know you. We hope you would advis our study in our Center for Asian Studies to further strengthen culture exchanges between the United States and China.

Sincerely, 司馬富頓首

Richard J. Smith(司马富)
Professor of History and
Director of Asian Studies
E-mail: smithrj@ruf. rice. edu

尊敬的张建业教授:

……

早就阅读过您的《李贽评传》，从中受到很多教益，进一步加深了对李贽这一杰出人物的认识。现在由贵国驻休士顿总领事吴祖荣先生的联络，我得与您相识，甚为荣幸。希望您能对我们亚洲研究中心的工作给予指导，进一步加强美中文化的交流。

注：这是美国莱斯(RICE)大学教授、亚洲研究中心主任史密斯·理查德(中国名司马富)写于2000年的信。

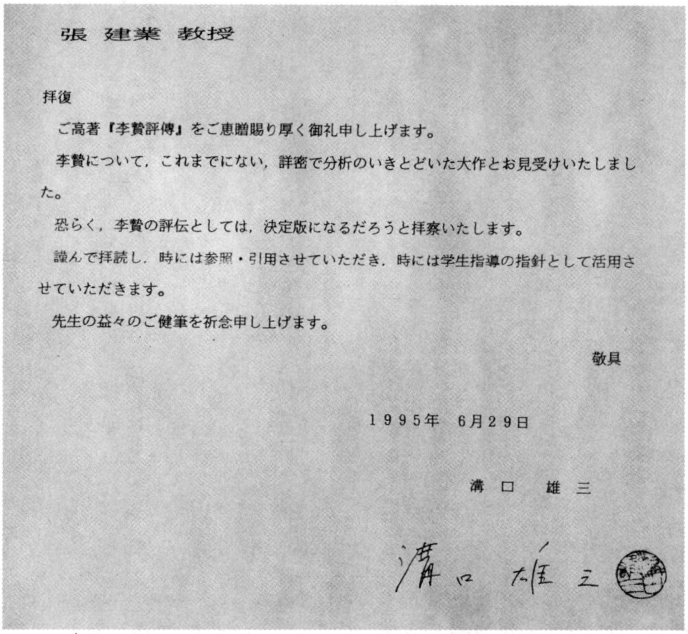

張 建業 教授

拝復

ご高著『李贄評傳』をご恵贈賜り厚く御礼申し上げます。

李贄について，これまでにない，詳密で分析のいきとどいた大作とお見受けいたしました。

恐らく，李贄の評伝としては，決定版になるだろうと拝察いたします。

謹んで拝読し，時には参照・引用させていただき，時には学生指導の指針として活用させていただきます。

先生の益々のご健筆を祈念申し上げます。

敬具

1995年 6月29日

溝 口 雄 三

溝口雄三

译 文

张建业教授：

拜复

谢谢您将大作《李贽评传》惠赠与我。

您的大作对李贽进行了详细的评析，从大作中我体会到，关于李贽的研究，前此还很有所不足。

作为对李贽的评价，我认为您的大作大概可以称为定版书了。

我认真阅读了您的大作，请允许我参照引用您大作中的内容，也请您允许我把您的大作作为指导学生的指南。

祝您健笔如流。

敬具

1995 年 6 月 29 日

沟口雄三 

注：这是日本东京大学教授沟口雄三写于 1995 年的信。

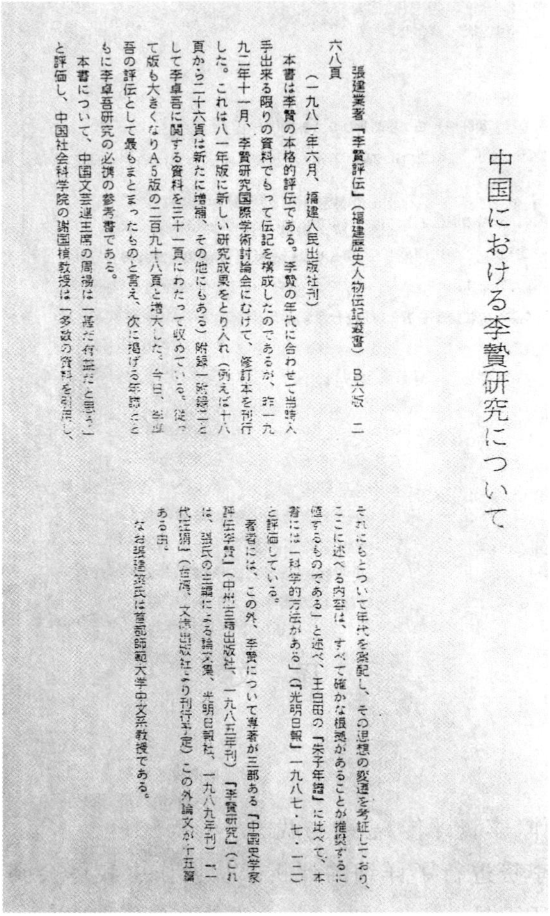

中国における李贄研究について

張建業著『李贄評伝』（福建歴史人物伝記叢書）B六版 二六八頁
（一九八一年六月、福建人民出版社刊）

本書は李贄の本格的評伝である。李贄の年代に合わせて当時入手出来る限りの資料でもって伝記を構成したのであるが、昨一九九二年十一月、李贄研究国際学術討論会にむけて、修訂本を刊行した。これは八一年版に新しい研究成果をとり入れ（例えば十八頁から二十六頁は新たに増補、その他にもある）附録一附録二として李卓吾に関する資料を三十一頁にわたって収めている。従って版も大きくなりA5版の二百九十八頁と増大した。今日、李卓吾の評伝として最もまとまったものと言え、次に掲げる年譜とともに李卓吾研究の必携の参考書である。

本書について、中国文芸連主席の周揚は「甚だ有益だと思う」と評価し、中国社会科学院の謝国楨教授は「多数の資料を引用し、それにもとづいて年代を案配し、その思想の変遷を考証しており、ここに述べる内容は、すべて確かな根拠があることが推奨するに値するものである」と述べ、王白田の『朱子年譜』に比べて、本書には「科学的方法がある」（『光明日報』一九八七・七・一二）と評価している。

著者には、この外、李贄について専著が三部ある『中国史学家評伝李贄』（中州古籍出版社、一九八五年刊）『李贄研究』（これは、張氏の主編による論文集、光明日報社、一九八九年刊）『一代狂狷』（台湾、文津出版社より刊行予定）この外論文が十五篇ある由。

なお張建業氏は首都師範大学中文系教授である。

原载日本《阳明学》一九九三年第五号

译　文

中国的李贽研究

疋田启佑

本书是对李贽的真正的评传。笔者依据李贽生活的年代，运用当时所能搜集到的最为详细的资料撰写成这本评传。去年即 1992 年 12 月，在“李贽研究国际学术讨论会”时，又发行了修订本。修订本在 1981 年初版的基础上，广泛收录了新的李贽研究成果(例如 18 页到 26 页是新增补的，当然也还有其他增补)。作为附录一、附录二，收录了多达三十一页的有关李卓吾的生平历史资料。随之版面也加大，变成 A5 版，共 298 页。本书可以说是当今李卓吾评传中资料搜集最为翔实、论证最为精湛的著作，该著作与此后出版的年谱应该成为研究李贽必备的重要参考书。

对于该著作，中国文联主席周扬曾高度评价说：“甚觉有益。”中国社会科学院的谢国桢教授也称赞其“引据了大量资料，排比其年代事实，考订其思想变迁，言之有物，确凿有据，是值得推荐的一部著作。与王白田的《朱子年谱》相比，本书更具有科学的方法。”

注：这是日本汉学家二松学舍大学教授疋田启佑在论文《中国的李贽研究》中对《李贽评传》的评介。

附录五　李贽研究互动资料选录

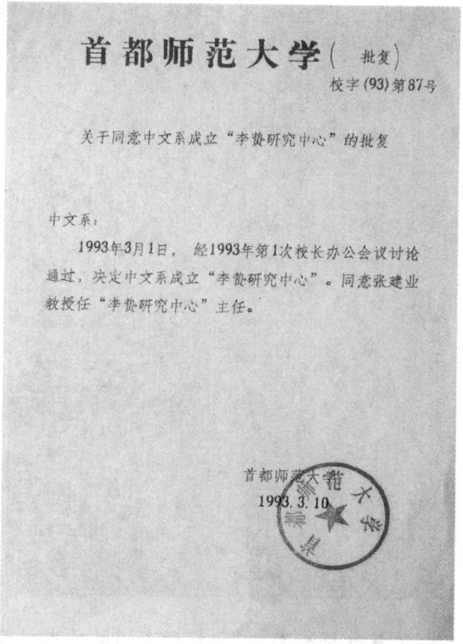

首都师范大学（ 批复）

校字（93）第87号

关于同意中文系成立“李贽研究中心”的批复

中文系：

1993年3月1日，经1993年第1次校长办公会议讨论通过，决定中文系成立“李贽研究中心”。同意张建业教授任“李贽研究中心”主任。

首都师范大学

1993.3.10

1993 年首都师范大学同意建立“李贽研究中心”的批复

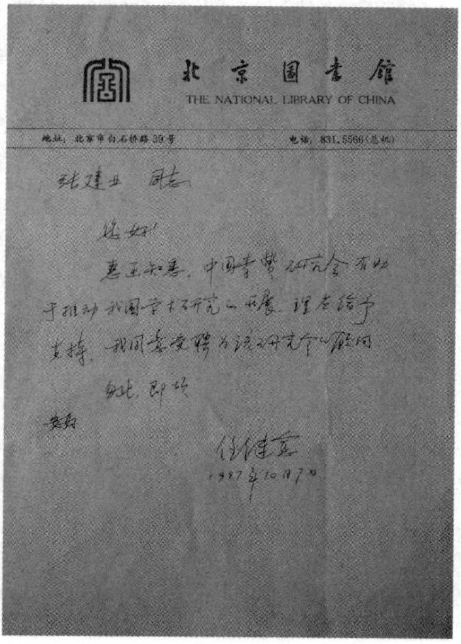

北京图书馆

THE NATIONAL LIBRARY OF CHINA

地址：北京市白石桥路39号　　电话：831.5566（总机）

张建业同志：

您好！

惠函知悉。中国李贽研究会有助于推动我国学术研究的开展，理应给予支持。我同意受聘为该研究会的顾问。

专此，即颂

安好

任继愈

1997年10月7日

1997 年国家图书馆馆长任继愈教授同意出任“中国李贽研究学会”顾问的信笺

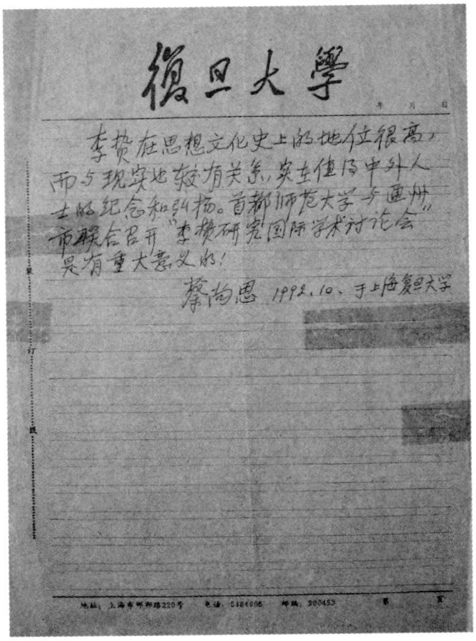

復旦大學

李贽在思想文化史上的地位很高，而与现实也较有关系，实在值得中外人士的纪念和弘扬。首都师范大学与通州市联合召开"李贽研究国际学术讨论会"是有重大意义的！

蔡尚思 1992、10、于上海复旦大学

1992 年复旦大学教授蔡尚思为"李贽研究国际学术讨论会"的题辞

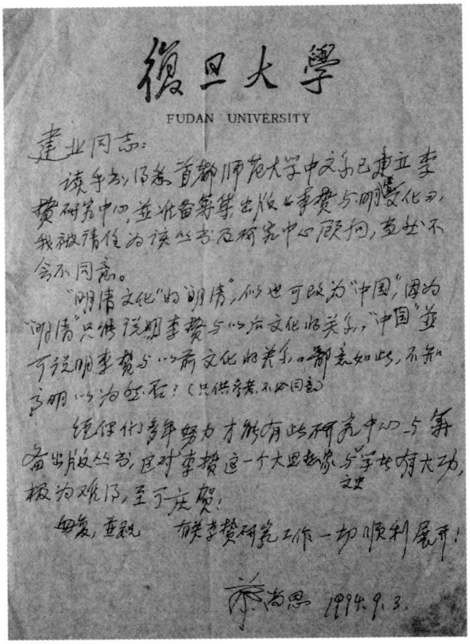

復旦大學

FUDAN UNIVERSITY

建业同志：

读手书，得悉首都师范大学中文系已建立李贽研究中心，并准备筹集出版《李贽与明清文化》，我被请任为该丛书及研究中心顾问，当然不会不同意。

"明清文化"的"明清"，似也可改为"中国"，因为"明清"只能说明李贽与以后文化的关系，"中国"并可说明李贽与以前文化的关系。鄙意如此，不知高明以为然否？（只供参考，不必同意）

经你们多年努力才能有此研究中心与筹备出版丛书，这对李贽这一个大思想家与文史学者有大功，极为难得，至可庆贺！

此复，并祝

有关李贽研究工作一切顺利展开！

蔡尚思 1994.9.3.

1994 年复旦大学教授蔡尚思为庆贺首都师范大学建立"李贽研究中心"的信笺

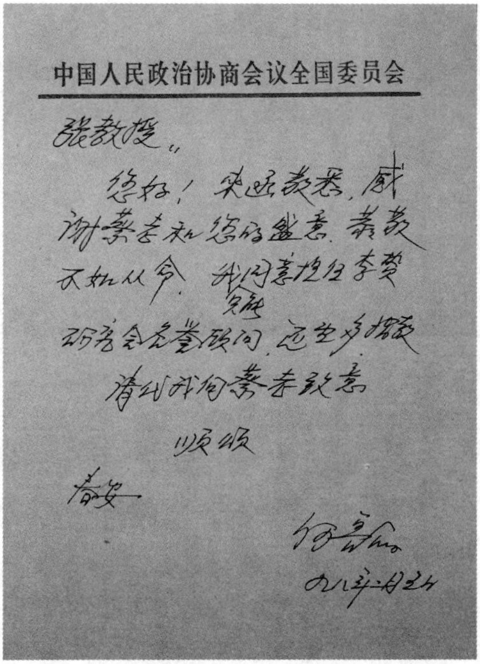

中国人民政治协商会议全国委员会

张教授：

您好！来函敬悉，感谢蔡老和您的盛意。恭敬不如从命，我同意担任李贽研究会名誉顾问，还望多指教。请代我向蔡老致意

顺颂

春安

何鲁丽

九八年二月二十四

1998 年全国政协副主席何鲁丽接受担任“李贽研究学会”名誉顾问的信笺

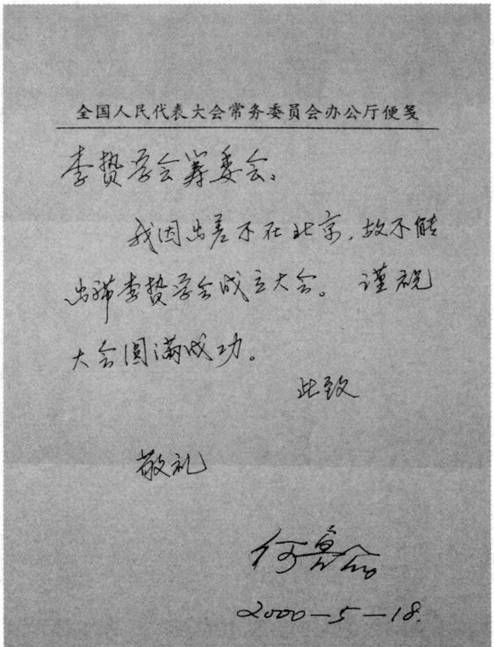

全国人民代表大会常务委员会办公厅便笺

李贽学会筹委会：

我因出差不在北京，故不能出席李贽学会成立大会。谨祝大会圆满成功。

此致

敬礼

何鲁丽

2000—5—18.

2000 年何鲁丽副委员长因公不能出席李贽学会成立大会的信笺

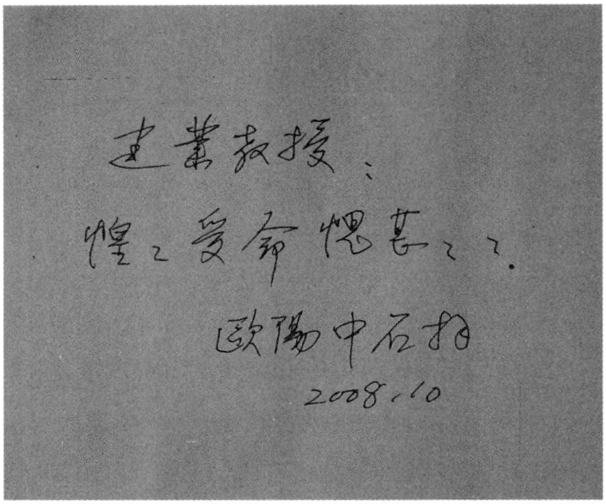
建業教授：
惶惶受命愧甚甚甚。
歐陽中石拜
2008.10

2008 年首都师范大学教授欧阳中石应允为“李贽书院”顾问的信笺

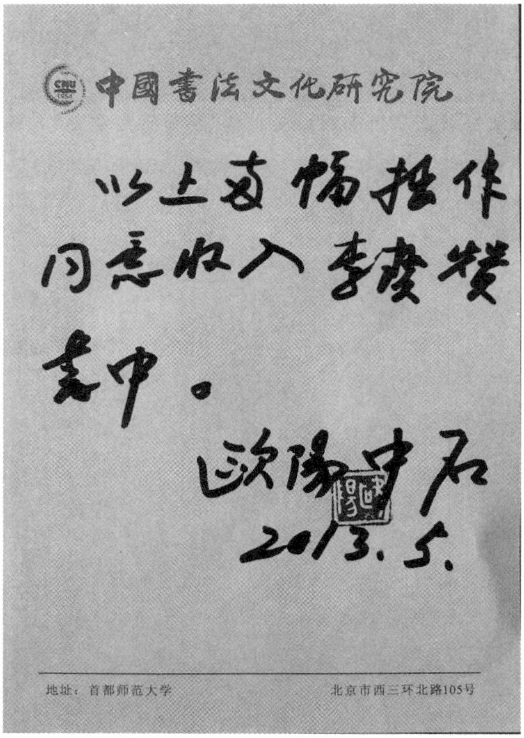
中國書法文化研究院
以上多幅拙作同意收入李贄贊書中。
歐陽中石
2013.5.
地址：首都师范大学　北京市西三环北路105号

2013 年首都师范大学教授欧阳中石同意将其有关李贽的多幅题赞收入“李贽赞”书中

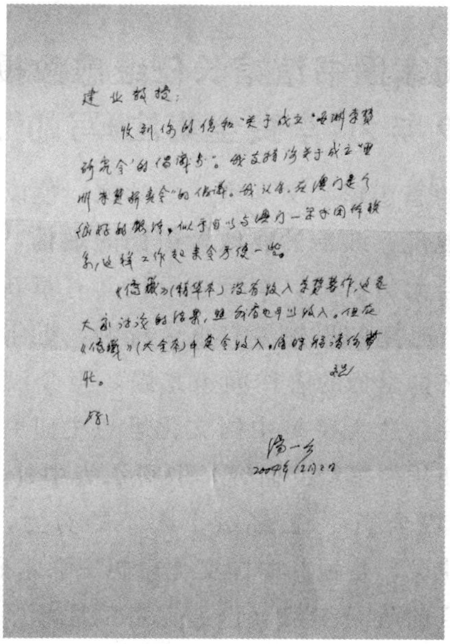

建业教授：

收到你的信和"关于成立'亚洲李贽研究会'的倡议书"。我支持你关于成立"亚洲李贽研究会"的倡议。我以为，在澳门是个很好的选择，似乎可以与澳门一些学术团体联系，这样工作起来会方便一些。

《儒藏》(精华本)没有收入李贽著作，也是大家讨论的结果，虽我有意也可以收入。但在《儒藏》(大全本)中定会收入。届时将请你帮忙。

好！

汤一介

2004年12月27

2004年北京大学教授汤一介关于成立"亚洲李贽研究会"和《儒藏》收入李贽著作事宜的信笺

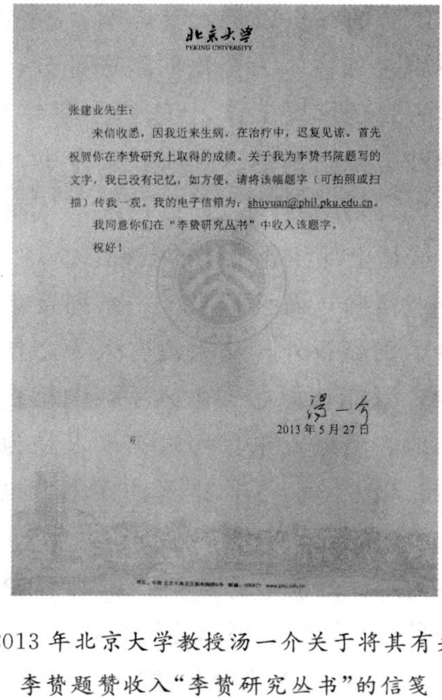

北京大学

PEKING UNIVERSITY

张建业先生：

来信收悉，因我近来生病，在治疗中，迟复见谅。首先祝贺你在李贽研究上取得的成绩。关于我为李贽书院题写的文字，我已没有记忆，如方便，请将该幅题字（可拍照或扫描）传我一观。我的电子信箱为：shuyuan@phil.pku.edu.cn。

我同意你们在"李贽研究丛书"中收入该题字。

祝好！

汤一介

2013年5月27日

2013年北京大学教授汤一介关于将其有关李贽题赞收入"李贽研究丛书"的信笺

国家图书馆馆长任继愈教授 2009年为《李贽全集注》写的“序”

李贽是一位杰出的思想家、文学家、史学家，他以激烈的姿态、激烈的言辞抨击当时社会的混乱，政治的腐败，道德的虚伪，他以犀利的言辞、挥洒自如的文风，向社会大声疾呼，李贽是一位具有革新精神的思想家。他的著述，对明末至“五四”时期的思想界有重大影响，近年来也引起欧美一些学者的关注。但长期以来，李贽的著作频遭禁毁，至今没有一部真正的“全集”行世，更无人为之作注，这无疑是中国文化思想史研究的一大遗憾。首都师范大学张建业教授长期从事李贽的研究，取得了为中外学术界所肯定的成绩。现今，由他主持的《李贽全集注》，经过十多年的努力，终于结题并将面世，这是一项重要的文化建设，是填补中国文化思想史学术研究的空白之举。

《李贽全集注》是目前收录李贽著作最完备的注本。很多长期不易见到的诸如《九正易因》、《孙子参同》、《老子解》、《读升庵集》、《阳明先生年谱》、《雅笑》等书，均多方搜求，收入全集，为全面深入认识和研究李贽提供了方便。李贽非常看重当时新兴起的小说、戏曲通俗文学，不但著文对之大加肯定与赞扬，还通过具体作品的评点以扩大其影响。《李贽全集注》对李氏有关的小说戏曲的评点，亦辑录加注，为全集的组成部分，也是很有意义的。对于有关是否为李氏之作的真伪辨疑工作，《李贽全集注》采取了极为审慎的态度，所确定的原则、标准也是正确的。凡所收录之书，皆选取最佳版本作为底本，又为多种刻本(包括部分手抄本)进行校勘，从而保证了《李贽全集注》“文本”问题的可能性，这是全部注释工作的基础。

本书广搜资料，务求精确，而且解决了一系列疑难问题。众所周知，李氏之学，博涉诸家，除个别篇章外，从来没有人为之作注。因此，此《全集》之注释可资借鉴者绝少，只能从原始文献入手，勾稽古籍，反复查核，无论是征引文献，辨析时、地，汲取成果，均以实事求是为原则。同时，对于李贽研究中一些误说误传，以及李贽著作本身的误书，也都予以辨析纠正。这都显示出注释者认真、严谨的学术态度。

《全集》的编排、体例是规范的，长篇“前言”与多种“附录”，都为读者理解李氏思想，了解其生平行止及后世诸家之论提供了参考。

在张建业教授主持下，参与《李贽全集注》工作的数十位教授，十多年来，不计个人得失，埋头苦干，极为艰辛。其严谨求实的学风也非常可嘉。深信此《全集注》之问世，必将受到海内外学界的欢迎与赞许，对学界的文化思想史研究有所裨益。

是为序。

任继愈

2009.2.16.

冯其庸教授为《李贽全集注》参加 2010 年度全国优秀古籍图书奖而写的推荐意见

张建业教授主编的《李贽全集注》一书，近日由社会科学文献出版社出版。这是我国古籍整理与思想史研究的一项重要新成果。

该书完备地收录了李贽的著作，不但收录了人们较为熟悉的《焚书》、《续焚书》、《藏书》、《续藏书》等，还收录了《九正易因》、《孙子参同》、《读升庵集》、《阳明先生年谱》、《雅笑》、《老子解》、《庄子解》等人们不易见到的作品。对学术界确认为赝品者如《疑耀》等则予以割弃；对一时真伪难辨、学界尚无定论的《史纲评要》、《四书评》及有关的戏曲小说评点等则进行了收录，为进一步探索和辨别提供了方便。

该书注释详实而精审。该书根据经史子集以及各种方志、笔记、杂著，对李贽著作中涉及的儒释道思想的观点术语，有关事件的背景与人物生平事迹及其朋辈交游，有关典章制度、地理沿革、历史传说以及引文、事典、时地、难懂词语等，都尽力予以详细注解。如对《焚书》、《续焚书》的注释，不仅校勘了万历二十八年（公元 1600 年）苏州陈证圣序刊本，万历四十年（公元 1612 年）陈大来《李卓吾先生遗书》本，明末海虞顾大韶校刊本《李温陵集》等，还广泛征引与参考了和李贽关系密切的士人的文集、诗集，以及晚明与清代其他士人的有关论述。在注释中还进行了精心的考证，纠正了一些版本和著作中的错误，体现了编著者一丝不苟、精益求精的治学态度。

《李贽全集注》的主编张建业教授长期从事文艺学、中国古典文学的研究与教学，对中国文艺思想史及文化思想史尤为用力，特别是对明代思想家文学家李贽的研究取得了为中外学术界所肯定的成绩，因此，被推举为中国李贽研究学会（筹）会长、李贽书院首席顾问。

总之，《李贽全集注》的出版，具有深远的意义和重要的价值，特推荐其参加优秀古籍图书的评奖。

签名　中国人民大学教授　冯其庸

賀　　電

北京中國李贄研究學會籌委會張建業教授：

欣聞李贄研究學會成立，特致電謹表祝賀之忱。作為李贄故里宗親，回鄉瞻仰卓吾先生故居，深為先輩精深的學說、學術的勇氣和宏富的著作而引以為榮。卓吾先生提倡個性解放，主張男女平等的啟蒙思想與強烈評擊假道學家之真知卓見，確為中華文化之優秀傳統，值得後人懷念與發揚。謹此祝願大會成功，並祝賀先生主編之“《李贄全集》注”順利付梓。

台北中央研究院院士　　李亦園

5/10/2000

台湾“中央研究院”院士李亦园在给李贽研究学会成立大会的贺电及对《李贽全集注》的关注

香　港　大　學

THE UNIVERSITY OF HONG KONG

中文系

DEPARTMENT OF CHINESE

Head : Professor L. Y. CHIU
Tel : 2859 2743　2859 2426
Office : 2859 2744　2859 2794
Fax : (852) 2858 1334

331-336 Main Building
Pokfulam Road
HONG KONG

建業教授：

煩請購《李贄文集》兩套。《李贄全集注》不知何時付梓？學界都盼早日面世，以張揚李贄精神，并爲宏揚祖國文化事業而盡力。

敬頌

鐸祺

趙令揚

二零零一年一月十日

香港大学文学院院长赵令扬教授对《李贽全集注》的关注

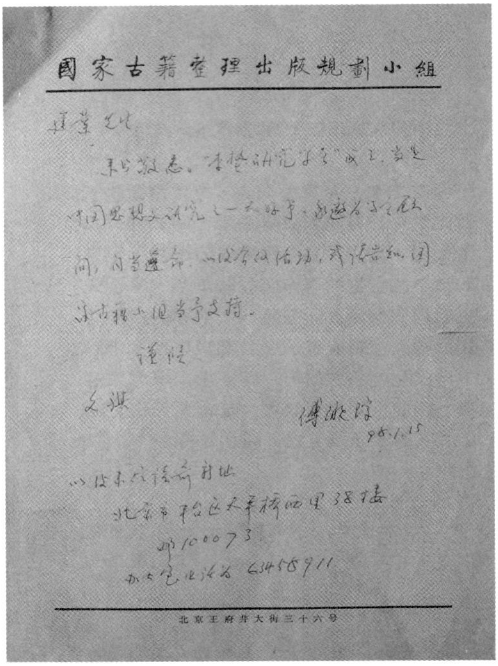

國家古籍整理出版規劃小組

建業先生：

來信敬悉。李贄研究學會成立，當是中國思想史研究之一大好事。承邀為該會顧問，自當遵命。以後有何活動，我請當與國家古籍小組當予支持。

謹復

文祺

傅璇琮

98.1.15

以後來信請寄新址

北京市丰台区太平桥西里38楼

邮100073

办公电话 63456911

北京王府井大街三十六号

1998 年中华书局总编辑傅璇琮同意出任

“李贽研究学会”顾问的信笺

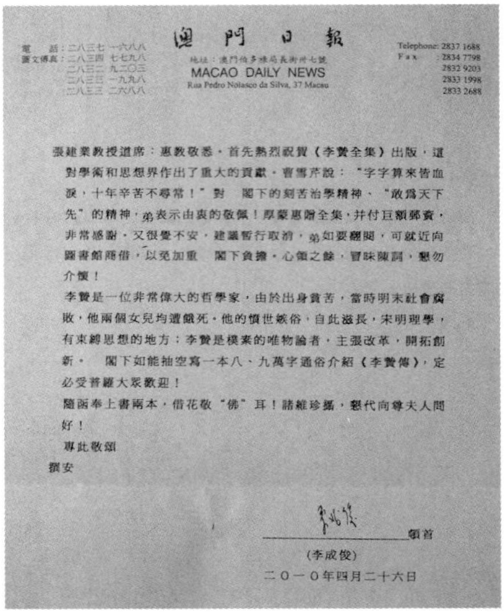

澳門日報

電　話：二八三七一六八八
圖文傳真：二八三四七七九八
二八三二九二〇三
二八三三一九九八
二八三三二六八八

地址：澳門伯多祿局長街卅七號
MACAO DAILY NEWS
Rua Pedro Nolasco da Silva, 37 Macau

Telephone: 2837 1688
Fax: 2834 7798
2832 9203
2833 1998
2833 2688

張建業教授道席：惠教敬悉。首先熱烈祝賀《李贄全集》出版，這對學術和思想界作出了重大的貢獻。曹雪芹說：“字字算來皆血淚，十年辛苦不尋常！”對　閣下的刻苦治學精神、“敢爲天下先”的精神，弟表示由衷的敬佩！厚蒙惠贈全集，并付巨額郵資，非常感謝，又很覺不安，建議暫行取消，弟如要翻閱，可就近向圖書館商借，以免加重　閣下負擔。心領之餘，冒昧陳詞，懇勿介懷！

李贄是一位非常偉大的哲學家，由於出身貧苦，當時明末社會腐敗，他兩個女兒均遭餓死。他的憤世嫉俗，自此滋長，宋明理學，有束縛思想的地方；李贄是樸素的唯物論者，主張改革，開拓創新。　閣下如能抽空寫一本八、九萬字通俗介紹《李贄傳》，定必受普羅大眾歡迎！

隨函奉上書兩本，借花敬“佛”耳！請維珍攝，懇代向尊夫人問好！

專此敬頌

撰安

李成俊　頓首

（李成俊）

二〇一〇年四月二十六日

2010 年《澳门日报》社长李成俊关于

《李贽全集注》的信笺

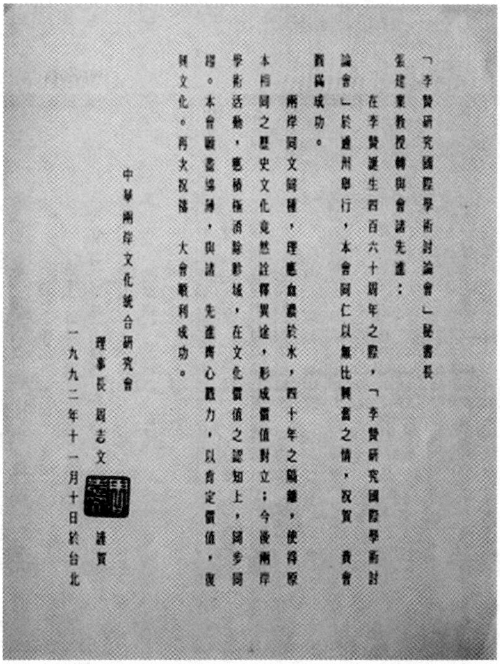

「李贄研究國際學術討論會」秘書長
張建業教授轉與會諸先進：

在李贄誕生四百六十周年之際，「李贄研究國際學術討論會」於通州舉行，本會同仁以無比興奮之情，祝賀 貴會圓滿成功。

兩岸同文同種，理應血濃於水，四十年之隔離，使得原本同國之歷史文化竟然詮釋異途，形成價值對立；今後兩岸學術活動，應積極消除影域，在文化價值之認知上，同步同摺。本會願盡綿薄，與諸 先進齊心戮力，以肯定價值，復興文化。再次祝禱 大會順利成功。

中華兩岸文化統合研究會
理事長 周志文 謹賀
一九九二年十一月十日於台北

1992 年台湾"中华两岸文化统合研究会"理事长周志文为
"李贽研究国际学术讨论会"发来的贺信

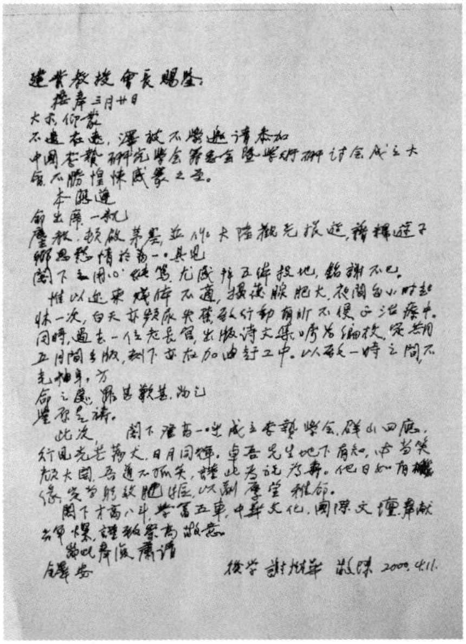

建業教授會長賜鑒：
接奉三月廿日
大示，仰蒙
不遺在遠，澤被不棄，邀請參加
中國李贄研究學會籌委會暨學術研討會成立大
會，不勝惶悚感篆之至。
本擬逕
命出席一執
摩教，頗欲[illegible]大陸觀光旅遊，稍釋遊子
鄉愁情懷於萬一。其見
閣下之用心純篤，尤感拜五體投地，銘謝不已。
惟以近來賤體不適，攝護腺肥大，夜間每小時起
床一次，白天亦頻尿失禁，致行動有所不便，正治療中。
同時，過去一位老長官出版詩文集，囑為編校，定於
五月間出版，刻下亦在加油趕工中。以致一時之間不
克抽身，方
命之處，歉甚歉甚，尚祈
鑒原是禱。
此次，閣下領導一些成立李贄學會，群山回應，
行見光芒萬丈，日月同輝。卓吾先生地下有知，亦當笑
顏大開，吾道不孤矣，謹此先祝成功。他日如有機
緣，定當躬[illegible]，以副厚望雅命。
閣下才高八斗，學富五車，中華文化，國際文壇，貢獻
各[illegible]，謹致崇高敬意。
耑此奉復，肅請
台安
後學 謝樹華 敬陳 2000.4.11.

台湾学人谢树华有关李贽研究的信

○張建業 主編、劉幼生 副主編「李贄文集」全七巻

二〇〇〇年五月、(北京)社会科学文献出版社刊。

第一巻 「焚書」「続焚書」 劉幼生 整理。

「前言」 張建業。附「李温陵伝」(袁中道)

第二巻、第三巻 「蔵書」上下巻 劉幼生、夏遠保、李書賢、閻瑞雄 整理。第三巻の巻末に四四ページにわたる人名字号筆画索引。

第四巻 「続蔵書」 劉幼生 整理。巻末に二二ページにわたる人名字号筆画索引。

第五巻 「初潭集」 王鳳孝 整理。

「四書評」 張賓敏 整理。

第六巻 「史綱評要」 劉幼生 整理。

第七巻 「老子解」「荘子解」「永慶答問」「柞林紀譚」「道古録」

「孫子参同」 張建業 整理。

「因果録」「闇然録最」 段啓明 整理。

「九正易因」 邱少華 整理。附録「李贄年表」

本書の編録について、主編者の張建業氏は「前言」で編集方針を、五つの点にまとめて説明している。①李贄の著作十六種について、最も善本とされるものを選び、広く他の版本を以て校訂し、標点を主として、注釈は加えず、明らかな誤りは正しても校注には出さず、必要とする所には簡単な校記を付した。基本的には白文ということにし、広く読者に李贄の代表的な著作を提供することで、読者に李贄の理解と研究を進めるために役立つことを目的とした。②具体的に作品にたいしては前述のような人が校訂・整理をしたが、細々について述べると、「焚書」「続焚書」は、明刻本に拠り、一九七五年中華書局刊の点校本と最近出た岳麓書社、北京燕山出版社の点校本を参照した。なおこの中華書局本より十五年まえに、同じ中華書局から「焚書」(一九六一年三月刊、簧王林の点校説明がついている)「続焚書」(一九五九年一二月刊、編輯部の出版説明)の二冊が出版されている。一九七五年刊本は合冊本である。「蔵書」「続蔵書」は、一九七四、七五年、中華書局刊の断句本に拠り、また「史綱評要」「初潭集」は一九七五、七四年刊の中華書局刊本に拠り、明刻本を参照している。「四書評」は明万暦刻本に拠り、一九七五年上海人民出版社刊本を参照している。他の書は、明燕超堂蔵版の「卓吾先生李氏叢書」、明海虞顧大韶刊本「李温陵集」に拠っている。③「史綱評要」「四書評」は李贄の著書とすることに、疑問の点があるが、その影響の広さを考えて、研究のために特に収めた。④李贄の評語のついた書については、原書の後に李卓吾の評語を楷書でのせているが、原書の方に文字の異同がある時も、卓吾が引いた形を残すためそのままにした。⑤頭注や傍注は正文と同じに刷り付け、明らかにするため楷書体の字を使用し、また底本には圏点が多くあるが、これらは全て削除した。このほか少数民族に対する偏見的表現のあるところは技術的な処理をした。

本書は、現代の中国人に普及するため、横書き簡体字を使用した点校本である。これまで入手し難かった書が収められているのは有り難い。ただ研究する立場からいうと、以前刊行された中華書局本のように、縦書き繁体字であってほしかった。今後は、本書の注釈作業が待たれよう。

原载日本《阳明学》十三号(二〇〇一年)“阳明学”国际研究情报专栏对《李贽全集注》前期成果《李贽文集》的评价。

最後に、最近、張建業氏が中心となって刊行した李贄の著作集を紹介しておこう。一点は、『李贄文集』二冊（北京燕山出版社、一九九八）で、『初潭集』『焚書』『続焚書』を収録している。もう一点は、『李贄文集』七巻（社会科学文献出版社、二〇〇〇）である。いずれも繁体字版ではなく、横組みの簡体字版である。

七巻本『李贄文集』の構成は、第一巻『焚書』『続焚書』、第二、三巻『蔵書』、第四巻『続蔵書』、第五巻『初潭集』『四書評』、第六巻『史綱評要』、第七巻『老子解』『因果録』『道古録』『荘子解』『永慶問答』『闇然録最』『九正易因』『柞林紀譚』『孫子参同』となっている。収録されている『史綱評要』と『四書評』は、文革期に刊行された『史綱評要』（中華書局、一九七四）と『四書評』（上海人民出版社、一九七五）に基づいて校訂されている。『史綱評要』と『四書評』は、崔文印「談『史綱評要』的真偽問題」（『文物』一九七七年第八期）、同「李贄『四書評』真偽弁」（『文物』一九七九年第四期）で指摘されているように、偽書の疑いが濃厚な著作であるが、研究資料として収録されている。

第七巻所収の諸書は、いずれも稀覯本から活字に起こされた文献である。『老子解』『因果録』『荘子解』『闇然録最』は明刊本『李卓吾叢書』を底本としている。『老子解』については、拙稿「蘇轍『老子解』と李贄『老子解』」（『東方学論集』一九九七）を参照されたい。『道古録』『柞林紀譚』『永慶問答』は明刊本『李温陵集』を底本としている。『九正易因』は蘇州市図書館所蔵の明刊本を底本としている。『九正易因』については、永冨青地「『九正易因』の成立をめぐって」（『アジアの文化と思想』第四号、一九九五）を参照されたい。第七巻所収の諸書はいずれも閲覧が容易ではなかったものばかりである。繁体字版でないことが惜しまれるが、今後の李贄研究に多大の便宜を与えるに違いない。

（北海道大学大学院教授）

— 42 —

日本北海道大学教授佐藤錬太郎：《李卓吾研究的历史》，原载日本《阳明学》十三号（二〇〇一年），对《李贽全集注》前期成果《李贽文集》的评介。

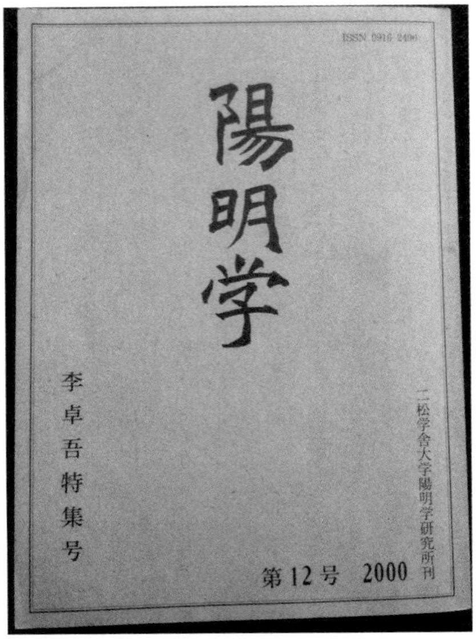

2000年日本二松学舍阳明学研究所主办的《阳明学》
第12号《李卓吾特集号》封面

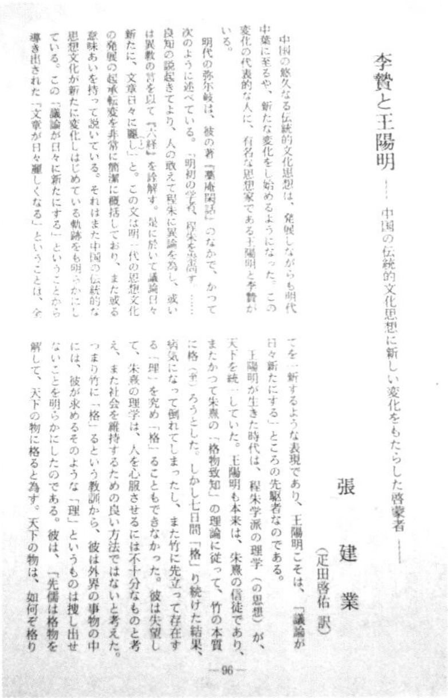

李贄と王陽明

——中国の伝統的文化思想に新しい変化をもたらした啓蒙者——

張 建 業

（疋田啓佑 訳）

中国の悠久なる伝統的文化思想は、発展しながらも明代中葉に至るや、新たな変化をし始めるようになった。この変化の代表的な人に、有名な思想家である王陽明と李贄がいる。

明代の弥尔岐は、彼の著『蒿庵閑話』のなかで、かつて次のように述べている。「明初の学者、程朱を崇尚す……良知の説起きてより、人の敢えて程朱に異論を為し、或いは異教の旨を以て『六経』を詮解す。是に於いて議論日々新たに、文章日々に靡し(1)」と。この文は明一代の思想文化の発展の起承転変を非常に簡潔に概括しており、また或る意味あいを持って説いている。それはまた中国の伝統的な思想文化が新たに変化しはじめている軌跡をも明らかにしている。この「議論が日々に新たにする」ということから導き出された「文章が日々靡しくなる」ということは、全てを一新するような表現であり、王陽明こそは、「議論が日々新たにする」ところの先駆者なのである。

王陽明が生きた時代は、程朱学派の理学（の思想）が、天下を統一していた。王陽明も本来は、朱熹の信徒であり、またかつて朱熹の「格物致知」の理論に従って、竹の本質に格（至）ろうとした。しかし七日間「格」り続けた結果、病気になって倒れてしまったし、また竹に先立って存在する「理」を究め「格」ることもできなかった。彼は失望して、朱熹の理学は、人を心服させるには不十分なものと考え、また社会を維持するための良い方法ではないと考えた。つまり竹に「格」るという教訓から、彼は外界の事物の中には、彼が求めるそのような「理」というものは捜し出せないことを明らかにしたのである。彼は、「先儒は格物を解して、天下の物に格ると為す。天下の物は、如何ぞ格り

—96—

日本《阳明学》第12号《李卓吾特集号》
发表张建业的《李贽与王阳明》一文

張 建業 教授

拝復

ご高著『李贄評傳』をご恵贈賜り厚く御礼申し上げます。

李贄について，これまでにない，詳密で分析のいきとどいた大作とお見受けいたしました。

恐らく，李贄の評伝としては，決定版になるだろうと拝察いたします。

謹んで拝読し，時には参照・引用させていただき，時には学生指導の指針として活用させていただきます。

先生の益々のご健筆を祈念申し上げます。

敬具

1995年 6月29日

溝口 雄三

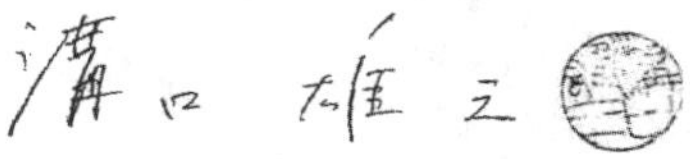

译文

尊敬的张建业教授：

拜复。

谢谢您将大作《李贽评传》惠赠与我。

您的大作对李贽进行了详细的评析，从大作中我体会到，关于李贽的研究，前此还很有所不足。

作为对李贽的评价，我认为您的大作大概可以称为定版书了。

我认真阅读了您的大作，请允许我参照引用您大作中的内容，也请您允许我把您的大作作为指导学生的指南。

祝您健笔如流。

敬具

1995 年 6 月 29 日

溝口雄三 

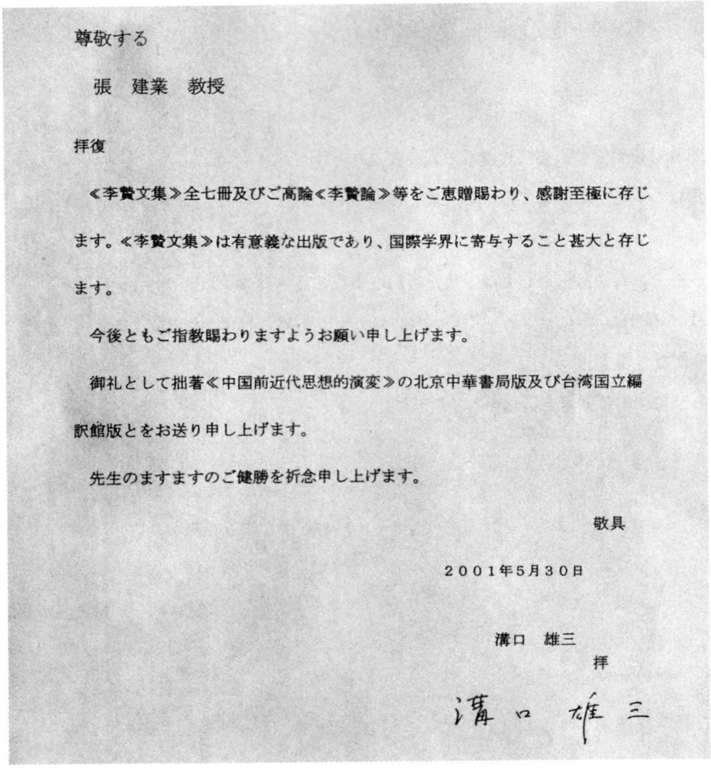

尊敬する

張　建業　教授

拝復

《李贄文集》全七冊及びご高論《李贄論》等をご恵贈賜わり、感謝至極に存じます。《李贄文集》は有意義な出版であり、国際学界に寄与すること甚大と存じます。

今後ともご指教賜わりますようお願い申し上げます。

御礼として拙著《中国前近代思想的演変》の北京中華書局版及び台湾国立編訳館版とをお送り申し上げます。

先生のますますのご健勝を祈念申し上げます。

敬具

2001年5月30日

溝口　雄三
拝

溝口雄三

译文

尊敬的张建业教授：

拜复。

非常感谢您将《李贽文集》全七册及大作《李贽论》等惠赠与我。《李贽文集》的出版具有很重要的意义，国际学术界对此寄以很大的希望。

今后也希望能得到您的指教。

我也将拙作《中国前近代思想的演变》的北京中华书局版及台湾“国立”编译馆版赠送给您。

祝先生的研究取得更大成绩。

敬具

2001 年 5 月 30 日

溝口雄三　拜

Dear Professor Zhang Jianye

I received your invitation letter gratefully. Thank you for inviting me to the academic meeting of Li Zhi. I will ride on the airplane and go to Beijing on October 10.

I want to join the academic meeting held in Yunnan with you. Please arrange that I can go to there together with you. Let me know the detailed schedule.

Sincerely yours.

Sato Rentaro
Graduate school of Letters
Hokkaido University.

2001.8.28

尊敬的張建業教授

Ninhao。７月２７日来函収到了。得知在雲南擧行“李贄与雲南”全国学術研討会，我非常高興。我接受邀請，非常感謝。我預定１０月１０日到北京，而後和大家一起同行。我應該預約飛機和宿處，請你給我通知詳細旅行日程。我現在準備着。

此致　真誠的敬意。

佐藤鍊太郎 敬上

〒060−0810 日本国北海道札幌市北区北十条西７丁目
北海道北海道大学大学院文学研究科中国文化論講座

佐藤　鍊太郎
２００１年８月２８日

日本北海道大学教授佐藤鍊太郎接受《“李贽与云南”全国学术研究会》邀请的复函。

拜复 张建业老师

敬寄给您2本封面照相。沟口雄三教授（1932-2010）一时当我的导师。在2010年去世。我在东京大学博士班的时候他出版《李卓吾　正道を歩む異端》，他承认我所著论文《李贽的经世思想》以后他关于《李卓吾》断笔。刘岸伟（1957-）在北京外国语学院与北京大学大学院念书后，留学日本在东京大学比较文化博士课程毕业。受到沟口教授影响。他执笔时当私立札幌大学教授。我想要自己退休以前两三年以内出版有关李卓吾著书日文版与中文版。请您多多指教。

沟口雄三《李卓吾　正道を歩む異端》集英社（shueisha）1985年２月刊、中国の人と思想⑩

刘岸伟《明末の文人　李卓吾（りたくご）　中国にとって思想とは何か》中央公論社、１９９４年８月、中公新書１２００

问康夫人好。敬祝健康，出版工作顺利。

佐藤炼太郎 敬上

2015年日本北海道大学佐藤鍊太郎教授关于日本李贽研究专著的信笺

韩国庆熙大学教授申龙澈在《孔子天下，撼动中国的自由人——李卓吾》中对李贽研究与《李贽文集》的记述

장건업의 《이지문집》

"한 시대의 으뜸가는 스승, 이탁오 선생의 묘〔一代 宗師 李卓吾先生之墓〕"라고 비석이 본래의 묘비 앞에 1983년에 다시 세워졌다. 이 비석의 글은 이탁오에 대한 아주 간단한 그러나 매우 명백하고 적절한 20세기의 평가라고 할 수 있다. 그의 고향인 천주의 옛집은 문화재로 수리 보존되고, 봉건시대의 교육기관인 천주의 부학(府學)에는 그곳에서 배출한 38인의 명인 가운데 한 사람으로 그의 초상이 전시되어 있다. 그의 원래 고향인 남안 용교리에는 이씨의 가묘에 이지기념관이 함께 마련되었다.

특히 1984년에는 《인민일보》와 중국공산당 중앙연구원 그리고 《홍기》가 합작하여 평가한 《중화영걸록》 82인 가운데 이지가 포함되었다. 이것은 아주 적절한 호칭과 평가로서 그에게는 더할 수 없는 영광이다. 그가 공격했던 주자나 존경했던 왕양명마저 탈락된 데 비겨 매우 놀라운 일이다. 전국적인 이지연구회가 조직되고, 1987년 그의 마지막 임지였던 운남성의 요안에서 '이지 국제학술토론회'가 개최될 정도이니 그에 대한 관심과 연구의 열기를 넉넉히 짐작할 수 있다. 2000년 이지연구회장인 장건업 교수 주편으로 4천 쪽이나 되는 《이지문집(李贊文集)》 7권이 북경의 사회과학 문헌출판사에서 나왔다.

译文

……

1984年《人民日报》和中共中央书记处研究室以及《红旗》合作的《中华英杰录》82人将李贽收入其中（按：这段叙述有误）。使我感到惊讶的是他曾经批判过的朱熹和尊敬的王阳明却没有中选。在全国范围建成李贽研究会，1987年在李贽最后的仕途所在地云南姚安县召开了"李贽国际学术研讨会"（按：这段叙述有误，1987年的研讨会是在北京通州），正式开始集中致力于对李贽的研究。2000年，李贽研究会会长张建业教授主编了4000余页共七册的《李贽文集》在社会科学出版社（按：应为社会科学文献出版社）出版。

1981 年张建业著《李贽评传》第一版封面

1992 年张建业著《李贽评传》(修订本)封面

2000年张建业主编《李贽文集》(七卷)第一卷封面

2010年张建业主编《李贽全集注》

(二十六卷)第一卷封面

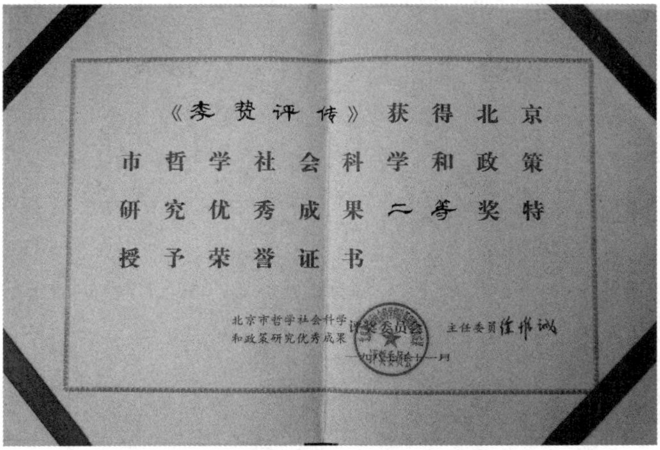

《李贽评传》获 1987 年北京市第一届社会科学优秀著作二等奖证书（按：这是文化大革命后举行的第一次社会科学著作评选活动，包括冯友兰、张岱年、费孝通、季羡林、白寿彝等众多学界泰斗都参与其中，在激烈的竞争中，《李贽评传》获二等奖，实为难得。）

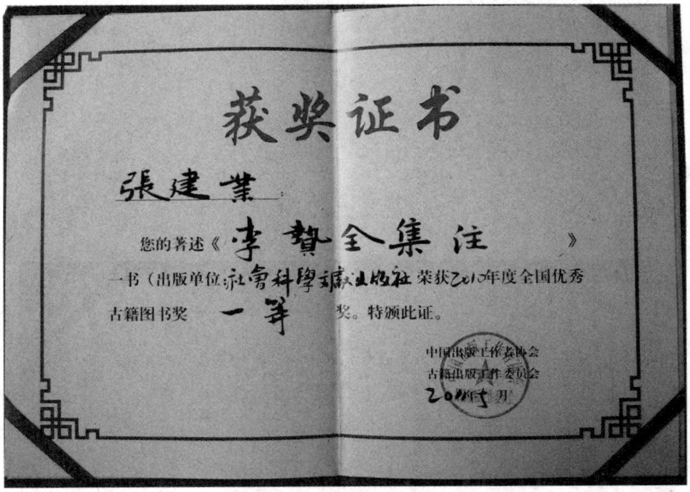

《李贽全集注》获 2010 年度全国优秀古籍图书一等奖证书（按：《李贽全集注》，1400 万字，1996 年被国家古籍整理出版规划小组立项为中国古籍整理出版“九五”重点规划，2010 年由社会科学文献出版社出版。从立项到出版被中外四十多家媒体给予高度评价，称为“重大的文化建设，艰巨的科学攀登”，“填补了学术领域的空白”，“李贽研究的里程碑”等。包括北京大学、武汉大学、日本北海道大学、韩国庆熙大学、新加坡国立大学等三十多所高校与科研单位指定为研究中国传统文化与李贽的必读参考书。）

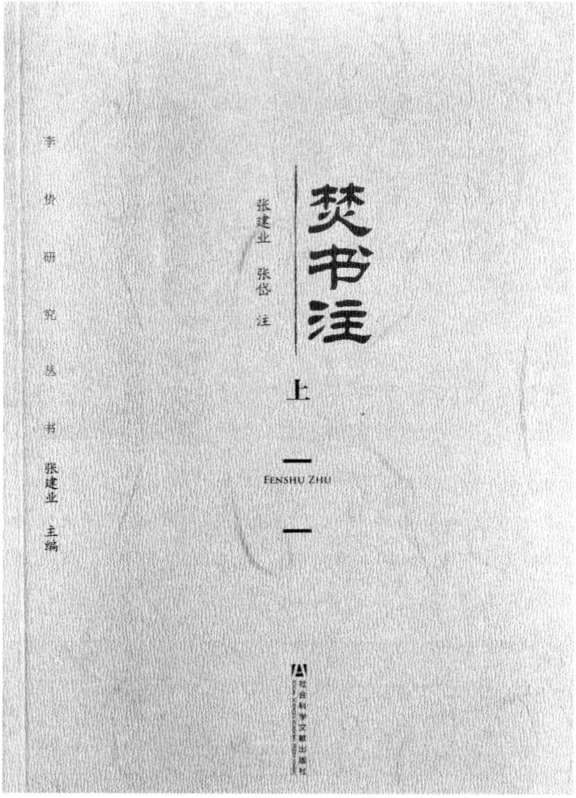

《焚书注》封面

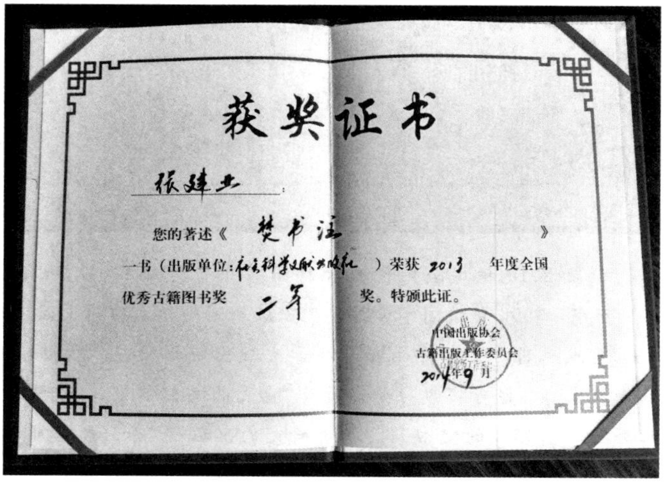

《焚书注》获2013年度全国优秀古籍图书二等奖证书

1985 年日本集英社出版的沟口雄三著《李卓吾》封面

2008 年韩国知识产业出版社出版的庆熙大学教授申龙澈的《孔子天下，撼动中国的自由人——李卓吾》(第三版)封面

证　明

张建业教授主编的《李贽全集注》被指定为武汉大学哲学学院研究生参考用书。特此证明。

武汉大学哲学学院

哲学学院

张建业先生主编的《李贽全集注》，无论从中国古籍整理的角度，还是从中国文化思想史和中国古代文艺思想研究的角度看，都具有重要学术价值。

本人近两年来，在进行学术研究和讲授“中国古代诗歌理论研究”课的过程中，均将《李贽全集注》作为基本参考书之一使用，效果很好。

北京大学中文系教授博导

杨铸

证　明

为张扬李贽精神，弘扬祖国传统文化，在中国李贽研究学会筹委会会长张建业教授的协助与指导下，我们在李贽被迫害时避难的河南黄柏山建立了“李贽书院”。我们将以此为平台，为推动李贽研究与中国传统文化研究而尽力。张建业教授主编的《李贽全集注》是第一次对李贽著作的系统整理与注释，得到中外学术界的高度赞誉。因此，我们以此著作作为学术研究与教学的重要参考书，特此证明。

河南黄柏山李贽书院

2012年3月20日

推荐和证明书

首都师范大学张建业教授先后撰写和主编过《李贽评传》、《李贽文集》、《李贽全集注》等重要著作，并发表过具有相当水平的研究论文。张建业先生治学严谨，孜孜不倦，刻苦以求，在文艺学和文化思想史研究方面颇多作为和建树，其著作《李贽评传》、《李贽文集》、《李贽全集注》等被列入我院研究生和博士生重要参考阅读书目，特此证明。

中国传媒大学传播研究院

2012年3月25日

《李贽全集注》列为山西大学文学院“李贽与山西”课题研究必备参考书目

李贽是明代杰出进步思想家、文学家、史学家，其生前，曾于万历二十四年(公元1596年)秋，受时任湖广布政使刘东星之邀，在刘东星家乡山西沁水生活了“历秋至春”之半年有余，完成《明灯道古录》一书。尔后李贽又于万历二十五年(公元1597年)春，应湖北麻城籍大同巡抚梅国桢之请，在山西大同生活了“历春至秋”之半年有余，完成《孙子参同》一书。

完成于山西的《明灯道古录》与《孙子参同》，都是李贽的重要著作。李贽实际在山西生活约一年半时间，他曾以山西沁水与大同为中心，与山西学者广泛交往，对山西古代思想文化发生了重要影响。山西大学文学院因将“李贽与山西”列为重要研究课题。

首都师范大学“李贽研究中心”主任张建业教授主编的国家重点科研项目《李贽全集注》，于2010年5月由社会科学文献出版社出版。山西大学文学院遂将《李贽全集注》，列为山西大学文学院教师与研究生的必备参考书目，以推进“李贽与山西”课题研究的深入。

山西大学文学院

2012年2月

2012 年 4 月 2 日

北京师范大学中文系
张建业教授

有关张建业编《李贽全集注》

《李贽全集注》为中国国家"九五"古籍整理出版计划的重要成果，全书共 26 册，自 2010 年 4 月出版以来，深受国际明史研究界的重视，为近年最重要的学术出版文献之一。

李贽是明代著名思想家、文学家，为晚明思想转型的重要人物，其著作众多，冒其名而刊印之专著亦不少。《李贽全集注》对李贽之著述详加考证，力求版本严谨可靠，又收录学术界不易见之作品，如《阳明先生年谱》、《雅笑》、《老子解》、《庄子解》、《九正易因》、《孙子参同》等，对李贽研究贡献良多。

《李贽全集注》出版以来，一直为我系明代研究之研究生和本科生的重要参考文献，并在国际明史研究学界大力推荐。

新加坡国立大学中国研究副修课程主任
明清研究群负责人

李焯然

Department of Chinese Studies
National University of Singapore
Shaw Foundation Building
5 Arts Link, Singapore 117570

The Shaw Foundation Building, 5 Arts Link, Singapore 117570 Tel: (65) 6516 3900 Fax: (65) 6779 4167
Website: www.fas.nus.edu.sg/chs
Company Registration No: 200604346E

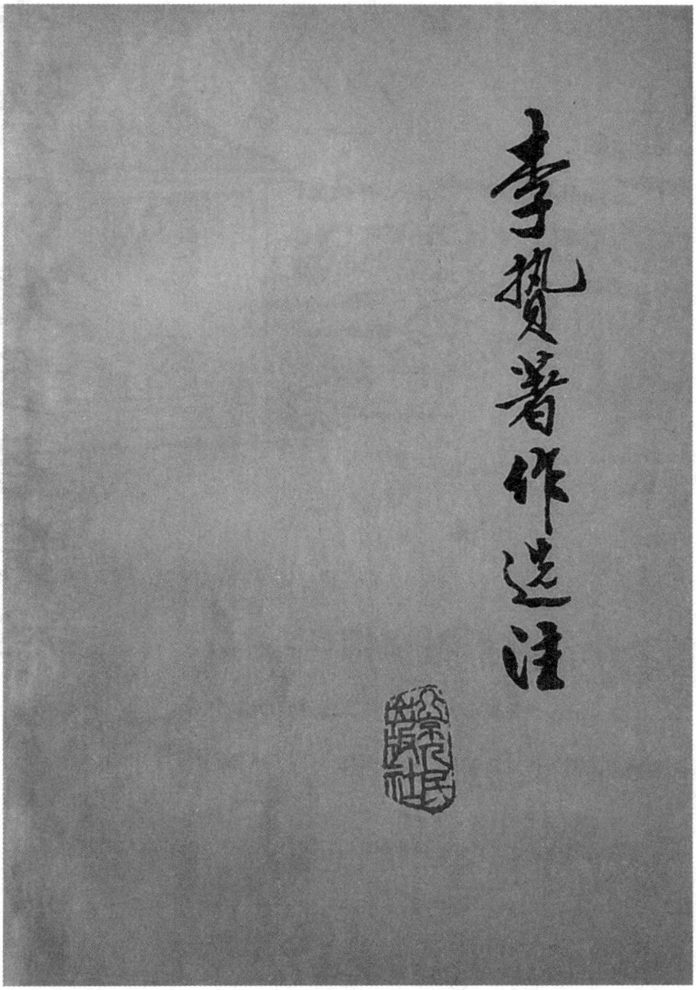

按："文化大革命"期间，在"批儒评法"思潮下，北京和福建分别成立了"李赞著作注释组"。北京负责"李赞著作选注"工作，福建负责"焚书注"工作。北京小组于1975年由北京人民出版社出版了《李赞著作选注》上册，下册已排版，"文化大革命"终结，未印行。福建的《焚书注》完成了初稿，但未能付梓。在此工作过程中，收集整理了不少有关李赞的资料，厦门大学历史系编辑了《李赞研究参考资料》三辑，由福建人民出版社于1975年至1976年先后内部发行(见下页)。另外还有福建的"李赞著作注释资料情报"有十二期，"李赞研究参考资料"有十期，另有"二十五年来书刊评介李赞论点综述"，现各录其封面一，以存备考。

李贽研究参考资料

第二辑

李贄著作注释資料情报(一)

·內部交流·

福建省李贄著作注釋組廈門小組編印

1974年11月20日

(1974年12月30日增刊重印)

目　录

李贽研究参考资料

（一）

李贄著作知見目录

福建省李贄著作注释組福州小組

一九七五年一月

二十五年来
书刊评介李贽论点综述

福建省李贽著作注释组福州小组

1975年3月

附录六　主要参考文献

李贽全集注　张建业主编　社会科学文献出版社 2010 年版
焚书注　李贽全集注第 1～2 册
续焚书注　李贽全集注第 3 册
藏书注　李贽全集注第 4～8 册
续藏书注　李贽全集注第 9～11 册
初潭集注　李贽全集注第 12～13 册
老子解注　李贽全集注第 14 册
庄子解注　李贽全集注第 14 册
道古录注　李贽全集注第 14 册
孙子参同注　李贽全集注第 14 册
九正易因注　李贽全集注第 15 册
读升庵集注　李贽全集注第 16～17 册
因果录注　李贽全集注第 18 册
闇然录最注　李贽全集注第 18 册
雅笑注　李贽全集注第 18 册
柞林纪谭注　李贽全集注第 18 册
永庆答问注　李贽全集注第 18 册
阳明先生年谱注　李贽全集注第 18 册
小说评语批语摘编　李贽全集注第 19 册
小说戏曲评语批语摘编　李贽全集注第 20 册
四书评注　李贽全集注第 21 册
史纲评要注　李贽全集注第 22～25 册
李贽研究资料汇编　李贽全集注第 26 册
李贽年谱简编　李贽全集注第 26 册
集外集　李贽全集注第 26 册
李卓吾遗书　明万历继志斋刊本
卓吾先生李氏丛书　明崇祯燕超堂刊本
李温陵集　明顾大韶校刊本
李氏六书　明万历痂嗜轩刊本
李温陵外纪　明信著斋刊本《李氏全书》附
大雅堂订正枕中十书　明博极堂刊本
李卓吾先生批评西游记　明袁幔亭刊本
李卓吾先生批评忠义水浒传　明容与堂刊本

出像评点忠义水浒全书　明万历袁无涯郁郁堂刊本
李卓吾先生批评三国志　明建阳吴观明刊本
李卓吾批点世说新语补　明万历陈文烛刊本
李卓吾先生批评琵琶记　古本戏曲丛刊　上海商务印书馆1954年版
李卓吾先生批评幽闺记　古本戏曲丛刊　上海商务印书馆1954年版
李卓吾先生批评玉合记　古本戏曲丛刊　上海商务印书馆1954年版
李卓吾先生批评红拂记　明万历容与堂刊本
李卓吾先生批评此西厢记　明万历容与堂刊本
阳明先生道学钞　明万历武林继锦堂刊本
龙谿王先生文录钞　明万历何继高刊本
朱熹：四书章句集解　中华书局1983年版
杨伯峻：论语译注　中华书局1980年版
陈鼓应：庄子今注今译　中华书局1983年版
陈鼓应：老子注释及评介　中华书局1984年版
杨伯峻：孟子译注　中华书局1960年版
银雀山汉墓竹简整理小组：孙子兵法　文物出版社1976年版
南怀瑾、徐芹庭：周易译注　岳麓书社　1988年版
张善文：周易辞典　上海古籍出版社1992年版
二程集　王孝鱼点校　中华书局1981年版
朱子语类　黎靖德编　中华书局1994年版
李元阳：李中谿全集　明刊本
何心隐集　容肇祖整理　中华书局1960年版
耿定向：耿天台先生全书　武昌正信印务馆民国十六年(1927)版
耿定向：耿天台先生文集　四库全书存目丛书　齐鲁书社1997年版
无念：黄蘖复问　明刊本
骆问礼：万一楼集　四库禁毁书丛刊　北京出版社2000年版
祝世禄：环碧斋尺牍　四库全书存目丛书　齐鲁书社1997年版
焦竑：澹园集　李剑雄点校　中华书局1999年版
焦竑：焦氏笔乘　上海古籍出版社1986年版
李廷机：李文节先生文集　明刊本
马经纶：马公文集　明刊本
潘曾竑：李温陵外纪　四库禁毁书丛刊补编　北京出版社2005年版
杨起元：太史杨复所先生证学编　续修四库全书　上海古籍出版社2003年版

顾宪成：顾端文公遗书　续修四库全书　上海古籍出版社 2003 年版
何乔远：闽书　四库全书存目丛书　齐鲁书社 1997 年版
梅国桢集　凌礼潮笺校　湖北人民出版社 2006 年版
汤显祖诗文集　徐朔方笺校　上海古籍出版社 1982 年版
白苏斋类集　钱伯城笺校　上海古籍出版社 1989 年版
袁宏道集笺校　钱伯城校点　上海古籍出版社 1981 年版
珂雪斋集　钱伯城校点　上海古籍出版社 1989 年版
张萱：疑耀　四库全书本
朱国桢：涌幢小品　中华书局 1959 年版
沈德符：万历野获编　中华书局 1959 年版
钱谦益：列朝诗集小传　上海古籍出版社 1983 年版
谈迁：国榷　中华书局 1958 年版
刘侗、于奕正：帝京景物略　北京古籍出版社 1980 年版
明实录　台湾“中央研究院”历史语言所影印本
黄宗羲：明儒学案　沈芝盈点校　中华书局 1985 年版
周亮工：书影　上海古籍出版社 1981 年版
黄汝成：日知录集释　岳麓出版社 1994 年版
王夫之：船山全书　岳麓出版社 1996 年版
彭际清：居士传　上海古籍出版社 2003 年版
高奣映：续鸡足山志　清刊本
张廷玉：明史　中华书局 1974 年版
纪昀：四库全书总目　中华书局 1965 年版
傅维鳞：明书　清刊本
金圣叹全集　江苏古籍出版社 1985 年版
吴虞文录　上海亚东图书馆民国十三年(1924 年)版
麻海权：李贽年谱考略　福建人民出版社 2005 年版
许苏民：李贽的真与奇　南京出版社 1998 年版
泉州府志　清乾隆刊本
福建通志　清道光重纂本
姚州志　清光绪刊本
麻城县志　清光绪刊本
姚安县志　清刊本
黄安初乘　清康熙刊本

商城县志　清顺治刊本
辉县志　清道光刊本
荣山李氏族谱　清光绪刊本
凤池林李宗谱　清嘉靖刊本
清源林李宗谱　清刊本
麻城梅氏族谱　1996 年复印本
(日本)吉田松阴：吉田松阴全集　岩波书店 1930 年刊本
(日本)铃木虎雄：李卓吾年谱　李贽研究参考资料第一辑　福建人民出版社 1975 年版
(日本)溝口雄三：中国前近代思想的演变　中华书局 1997 年版(该书又有龚颖的中文译本，书名《中国前近代思想的屈折和展开》，三联书店 2011 年版)
(意大利)利玛窦：利玛窦中国札记　何高济等译　中华书局 1983 年版
(意大利)利玛窦：耶稣会与天主教传入中国史　文铮译　商务印书馆 2014 年版

后　记[1]

《李贽评传》出版于 1981 年，现在将以修订本的面貌与读者见面了。

这是我的第一本学术专著。此书的撰写是在极为困难条件下进行的。当时一家五口，挤在筒子楼顶端的一间小屋，听着集体厨房锅碗瓢勺交响乐的伴唱，忍着楼道木工敲凿声的干扰，深夜孤灯，墙角小凳，历时寒暑，终成初稿。由于是第一本专著，真是兢兢业业，一丝不苟，为了征询意见，竟然在亲友帮助下手抄稿子三部。现在想起来好像有些迂，但在当时复印机寥寥而手中人民币又少少的境遇下，也只有用这种迂法以完成执着的追求了。

但是，写作过程中也感受到多种内在和外来的动力。首先是李贽那种反对迷信和偶像的大无畏精神，及其“只知进就，不知退去”、“不怕人”、“不畏死”的狂狷性格给我以激励。其次，一些前辈与友人的热情支持又给我以鼓舞。如 1979 年 4 月 2 日，周扬同志在百忙中看了部分原稿后特意写信给我：“读了您的《李贽评传》部分原稿，甚觉有益，望您奋力完篇，早日问世。”国务院古籍整理领导小组顾问、明史专家谢国桢教授，以 80 多岁高龄审读了原稿，不但提出了宝贵意见，还特意为该书写了长篇鉴定。其中说：“李贽是明代后期杰出的学术思想家，他赋有朴素的唯物论思想。……当时执东南学术界牛耳的焦竑、王世贞等引为同调，形成为新的学风。”“张建业同志所著《李贽评传》费了很大功力，引据了大量资料，排比其年代事实，考订其思想变迁，言之有物，确凿有据，是值得推荐的一部著作。”“昔清代王懋竑撰《朱子(熹)年谱》，主要是把朱熹的早年思想和晚年思想弄清楚了，遂成为有名的撰作。张建业同志所持研究学问科学的态度，大有后来居上之感。”我深知自己的撰述尚有极多不足，谢老之意，实在于前辈对后学的提携。正是前辈的这种鼓励，给我以克服困难、不懈进取的动力。

周扬同志和谢国桢教授都已仙逝，但他们的情谊将使我永志难忘。谢老逝世后，我曾就与谢老交往中的感受写一长篇悼文《在人生与治学的道路上——缅怀明史专家谢国桢教授》，刊于中华书局《学林漫录》十二集。其中

① 这是 1992 年出版“修订版”时所写。

说：“一个人在他一生的道路上，从学校到社会，会遇到许许多多的老师。童年时期的稚气心灵，需要老师的陶冶，少年时期的好奇心理，需要老师的疏导，青年时期的求知欲望，需要老师来满足，就是在成年以后的人生与治学道路上，也同样需要老师的教诲与导引。在我的生活与学习道路上，有幸遇到过不少好老师，著名史学家谢国桢教授就是其中之一。”“春秋交替，日月流逝，谢国桢教授与世长辞已经两年了。但他的音容笑貌依然在我眼前，他身上所体现出的师道美德，更深深刻在我的心中。”

《李贽评传》的出版，还得到福建人民出版社李端良同志的热情支持，他审稿、改稿，并以极快速度把书推了出来。该书出版后，立即获得社会好评，《北京日报》1981 年 7 月 21 日发表了《李贽研究的一部新著》专文，称其为“不少地方发前人所未发”，“是一部研究李贽思想的力作”。同年，获第一届北京市哲学社会科学研究优秀成果二等奖。并先后得到中国台湾以及日本、德国、美国、新加坡等地中国文化研究专家的好评。这一切也算是对自己辛勤劳动的慰藉吧。

今年是李贽诞辰 465 周年，逝世 390 周年，在北京将举办“李贽研究国际学术讨论会”。我愿以这一修订本献给参加讨论会的中外李贽及中国文化研究的专家、学者，献给在此书撰写过程中给过我帮助的已逝的先辈和仍在为人生和事业而奋斗的友人，也献给为追求真理和理想而被封建统治者迫害致死的一代狂狷李卓吾在天之灵。

张建业

1992 年 7 月于北京